IJS 서울대학교 일본연구소

현대일본생활세계총서 **6**

일본 생활세계의 동요와 공공적 실천

박지환 엮음

박문사

　　서울대학교 일본연구소에서는 정치외교연구실, 역사경제연구실, 사상담론연구실, 그리고 사회문화연구실 등 네 개의 기획연구실을 두고 현대 일본에 대한 인문학적 연구와 사회과학적 연구를 융합한 분석을 계속해 가고 있다. 각 연구실은 HK사업의 중심축으로 〈현대일본의 생활세계연구〉라는 대주제를 설정하고, 단계별로 집담회, 워크숍, 공개 심포지엄을 거치면서 연구 성과의 상호 검증을 통해 학제적 연구의 총체적인 발전을 도모하고 있다. 그 최종 성과물들을 〈현대일본생활세계총서〉라는 시리즈로 발간하고 있다. 이미 이 시리즈의 일환으로 5권의 총서가 출판된 바 있다. 제1권 〈전후 일본, 그리고 낯선 동아시아〉(2011.7.), 제2권 〈도쿄 메트로폴리스〉(2012.6.), 제3권 〈현대 일본의 전통문화〉(2012.6.), 제4권 〈전후 일본의 지식 풍경〉(2013.6.), 제5권 〈협조적 노사관계의 행방〉(2013.12.)이 그것이다. 이번에 출간하는 〈일본 생활세계의 동요와 공공적 실천〉은 제6권에 해당한다.

　　서울대 일본연구소는 연구 성과가 일본 전문가 및 연구자들에게만 공유되는 것을 넘어서서 사회적 공감을 확산할 수 있는 기회를 확장하고 있다. 공개세미나와 더불어 연구 성과물의 출판은 그 핵심적인 부분을 차지한다. 한국 내에서 일본에 대한 종합적이고 체계적인 이해의 확산을 도모하는 것이 연구소의 사명이라는 믿음이 있기 때문이다. 그런 의미에서 보다 일본을 전문적으로 연구하는 사람들을 대상으로 한 학술 저널 〈일본 비평〉 이외에도, 특별 강연 시리즈를 읽기 쉬운 글로 엮어내는 〈Reading Japan〉 시리즈도 만들어내고 있다. 2012년 이후 발간된 〈리딩 재팬〉 시리즈만 보아도 이를 알 수 있다. 제7권 〈독도가 우리 땅인 이유〉, 제8권 〈일본의 한반도 외교〉, 제9권 〈일본 전후의 붕괴〉, 제10권 〈아베의 일본 어디로 향하고 있는가〉, 제11권 〈천황의 전쟁 책임〉, 제12권 〈한일관계의 어제와 내일을 묻다〉 등은 모두 일반 독자들이 쉽게 현대 일본을 이해할 수 있도록 엮어낸, 학술적이면서도 동시에 대중적 저작물들이다.

현대 일본에 대한 이해는 과거와 현재를 포괄하는 통시적 시각을 필요로 하는 동시에, 인문학과 사회과학이 공존할 수 있는 학제적 연구 분석을 통한 융합의 가시화가 필요하다. 아울러, 다양한 분야에 대한 종합적이고 통섭적인 분석을 통해서만 일본의 전체상에 대한 입체적인 분석이 가능해진다. 일본연구소가 네 개의 기획연구실을 운영하는 이유이며, 연구자들의 구성을 학제적으로 짜가고 있는 이유이기도 하다.

일본연구소가 출판하는 다양한 연구 성과 중에서도 〈현대일본 생활세계총서〉는 연구소가 수행하는 HK사업의 핵심적인 연구 성과이자 동시에 일본연구소의 연구 방향을 담은 출판물의 의미를 가진다. 이번에 출판해 내는 책도 2년에 가까운 연구 활동과 반년에 걸친 출판 준비 작업을 통해 세상의 빛을 보게 되었다. 연구의 완성도 면에서는 아직 수정 보완이 요구되는 부분들도 남아 있으나, 연구의 성과를 다른 연구자들 및 일반 독자들과 공유하는 것도 사회적 책임의 일부라고 생각하여 조심스럽지만 동시에 과감하게 책으로 출판하게 되었다. 물론 미진한 부분이 있다면 연구소와 연구진의 책임이다. 이 책을 읽는 분들의 냉정한 비판과 조언을 구한다.

HK기획연구를 진행하는 동안 집담회, 워크숍, 공개 발표회 등을 통해 귀중한 의견을 주신 여러 분야의 연구자들의 조언과 도움이 없었다면 이 책은 빛을 보지 못했을 것이다. 이 기회를 빌려 연구 작업에 동참하셨던 모든 선생님들께 특별한 감사의 마음을 전하고자 한다. 또한, 일본 연구소의 연구 성과를 출판할 수 있도록 언제나 적극적으로 임해주시는 박문사 관계자들께도 심심한 사의를 표하는 바이다. 끝으로, HK 기획 연구에 참여해 주신 동료 연구자들, 세미나 보조, 자료 조사, 교정 등으로 다망했던 연구보조원들, 연구 활동 수행의 보이지 않는 조력자인 행정실 직원들에게도 그간의 노고에 진심 어린 감사를 드린다.

2014년 5월 26일
서울대학교 일본연구소장·HK사업단장
박 철 희

현대일본생활세계총서 **6**

일본 생활세계의 동요와 공공적 실천

포스트 전후체제로의 전환과 공공성의 재편

박지환

1. "불안정 사회 일본"

51세의 한 홀어머니는 "아침에는 도시락 만드는 일을 하며, 오후에는 신문 배달을 하고"있지만, 아파도 병원에 갈 여유도 없고, 딸에게 교복을 사주기 위해서는 "식사를 두 끼로 줄여야 할" 지경에 놓여 있다(Fackler, 2010). 38세의 또 다른 주부는 "승자와 패자가 나뉜 새로운 국가에서" 자녀의 지위가 "이미 고정되어 버린 것"은 아닌가 걱정한다. 왜냐하면, 남편이 작은 공장에서 일하며 받는 임금으로는 자녀를 대학진학에 도움이 될 만한 사립학교나 학원에 보낼 여유가 없기 때문이다(Onishi, 2006). 이 이야기들은 경제성장 과정에서 빈부의 격차가 확대되는 개발도상국에서 흔히 들을 수 있는 것일지 모른다. 그러나 위에서 언급한 "새로운 국가"는 개발도상국이 아니라 바로 경제규모 세계3위인 일본이라는 사실에 주목할 필요가 있다.

1970년대 이후, 일본사회는 국민의 90% 이상이 스스로를 중산층이라고 생각한다는 의미에서 총중류사회(総中流社会)라고 불렸다(橋本健二, 2009). 일본사회가 1950년대 중반부터 1970년대 초반까지 고도경제성장을 달성하면서, 대부분의 일본인들은 부모세대보다 경제적으로 윤택한 생활을 누리게 되었다. 또한, 고도경제성장기에 경제적으로 어려운 처지에 있었던 일본인들도 조금 더 노력하면 다른 사람들과 마찬가지로 일정한 부를 획득할 수 있으리라는 희망을 갖고 살았다. 그러나 현재 일본은 아무리 열심히 일해도 생계를 유지하기에 급급할 뿐이고, 부모의 경제력에 따라 자녀의 계층이 고정된다는 것을 뼈저리게 인식하게 된 사회가 되어가고 있다. 이런 변화를 반영해, 현대 일본사회에서는 "워킹 푸어"(가도쿠라 다카시, 2008), "격차사회"(橘木俊詔, 2006), 심지어 경제적인 의미에서만이 아니라 미래에 대한 전망과 태도에서까지 격차가 확대되고 있는 뜻에서 "하류사회"(미우라 아츠시, 2006)나 "희망격차사회"(야마다 마사히로, 2010)라는 말이 현실감을 갖고 공공연하게 통용된다. 즉, 불과 20년 전까지도 "총중류사회"라고 불리던 사회가 어느새 "불안정 사회 일본"이 되어 버린 셈이다(Allison, 2013).

이 책은 이처럼 1990년대 이후 유동화하고 있는 일본사회의 현실과 구조적 변화에 대한 국가와 시민사회의 대응 양상을 경험적인 사례연구를 통해 포착하려는 시도다. 서울대 일본연구소가 2008년부터 수행 중인 인문한국사업(Humanities Korea, HK사업)을 계기로 모인 인류학, 사회학, 지리학, 지역학 등의 연구자들은 각각의 분과학문의 방법론을 고수하면서도 학제적인 연구의 장점을 최대한 살려 포스트 전후체제로 접어든 일본사회의 실상을 다각적으로 드러내고자 했다. 각각의 연구는 시민사회의 질적 변화의 양상, 고령자와 다문화 집단에 대한 정책적 대응, 그리고 특정 세대에서 발생하는 불평등의 문제와 같이 구체적인 문제를 분석함으로써, 전후 일본사회의 구조가 생활세계의 차원에서부터 근본적으로 변하고 있음을 보여준다. 서문에서는 이 책에 수록된 개별 연구들의 위상을 전후(戰後) 체제의 구조적 변동 속에서 설명함으로써, 각각의 글들을 유기적으로 이해하기 위한 토대를 마련하고자 한다.

2. "공업화사회"에서 "포스트 공업화사회"로

일본이 불평등하고 불안정한 사회가 된 1차적 원인은 1990년대 말부터 도입되어, 고이즈미 정부 때(2001년 4월~2006년 9월) 적극적으로 실시된 신자유주의적 구조개혁에 있다. 1990년대 중반 이후, 일본 국민들의 명목 소득은 물론 실질 가처분 소득도 감소되거나 정체되는 경향을 보인다(이수진, 2011). 특히, 2002년 1월부터 2007년 11월까지 69개월간 이어진 전후 가장 긴 경제회복기에도 실질 가처분소득 수준은 정체되거나 완만하게 감소되었다. 또한 같은 시기에 계층 간 교육비 및 보건의료비 지출의 격차는 더 커졌다. 게다가 이런 경기확대 국면에도 비정규직 비율은 오히려 더 늘어나, 전체 노동자의 1/3이 비정규직에 이르게 되었다(양준호, 2011). 말하자면, 고이즈미 정부에 의한 구조개혁이 진행되던 시기, 일본경제 전체의 상황은 좋아졌지만 사회경제적 격차는 더욱 커지고 삶은 더욱 불안정하게 된 셈이다.

　신자유주의적 구조개혁의 핵심은 고용을 유연화하는 것이다. 단적인 예로, 1985년에 제정된 근로자파견법은 지정된 일부 업종에 한해서만 파견노동자의 고용을 허용하는 것이었으나, 1999년에는 제조업 등 일부 업종을 제외하고는 모든 분야에서 파견노동을 허용하는 방향으로 개정되었으며, 나아가 2003년에는 제조업에도 파견노동이 도입될 수 있도록 재차 개정되었다. 이처럼 고용의 급속한 불안정화로 인해, 파견노동자의 60%가 35세 이하의 남성 청년층에 집중되게 되었다(은수미, 2011). 그 결과, 1990년대 초반 이후 학교를 졸업하고도 일자리를 구하지 못하는 청년들, 그중에서도 특히 저학력층(低學歷層)이 상실의 세대(lost generation)를 구성하는 주된 성원이 된다(김영, 2011; Brinton, 2011).

　상실의 세대는 전후 일본사회가 구축해온 사회보장 시스템의 문제를 극적으로 보여준다. 오구마 에이지(小熊英二, 2012)가 "공업화사회"라고 명명한 전후 일본사회는 기본적으로 남성노동자의 고용보장과 남녀 간의 성별분업을 기반으로 사회적 안정을 이룬 체제였다. 1970년대 초 발생한 석유위기로 다른 선진국들이 경제 불황을 겪었던 시기에도, 후발 산업국이었던 일본은 여전히 제조업의 성장을 기반으로 지속적인 경제성장을 달성했다. 서구 선진국들의 경제구조가 1970년대부터 제조업 중심에서 서비스 산업으로 바뀌던 것과 달리, 일본은 공업화사회에서 포스트공업화사회로의 전환이 1990년대까지 연기되었던 것이다. 일본의 경우, 제조업 종사자의 수가 서비스업 종사자의 수에 추월당한 것이 1994년이었다는 사실이 이를 단적으로 보여준다.

따라서 일본은 1990년대 초반까지도 "고용을 축으로 하는 생활보장" 시스템을 유지할 수 있었다(미야모토 타로, 2011: 174). 즉, "민간 대기업이든 지방의 중소 영세기업이든지 간에 남성생계부양자의 고용을 확보하여 1차 소득을 안정시키고, 그것을 가족주의를 통해서 가족구성원의 복지로 이어지게" 했던 것이다. 반면, 일본의 복지정책은 노동가능인구에 사회적 안전망을 제공하는 것 보다 연금제도나 개호보험을 통해 퇴직한 고령자의 생활을 뒷받침하는 데 초점을 맞춰 수립되었다. 이 때문에, 앞서 살펴본 바와 같이 노동시장의 유연화로 고용이 불안정해지자, 남성생계부양자에 의존하던 가계가 흔들렸을 뿐만 아니라, 청년들은 비정규직 일자리를 전전하며 결혼을 하지 못하고(貴戸理恵, 2012), 극단적인 경우에는 홈리스로 전락하는 상황마저 발생했다(본서 제4장). 그러므로 "불안정 사회 일본"은 자본주의 경제에서 주기적으로 발생하는 불황에서 비롯된 일시적인 현상이 아니라, 일본사회가 공업화사회에서 포스트 공업화사회로 이행하는 과정에서 전후(戰後) 시스템이 더 이상 효과적으로 작동하지 않게 된 데서 발생한 구조적 사건이라고 할 수 있다.

한편, 고용의 유연화로 인한 생활보장 시스템의 기능부전과 더불어, 현재 일본사회를 구조적으로 규정하고 있는 요인은 바로 인구학적 변화다. 무엇보다도 인구의 세대별 구성에서 유소년층의 비율이 줄어들고 고령층의 비율이 높아지는 소자고령화(少子高齢化) 추세는 현재, 그리고 미래 일본사회의 존재양식을 규정하는 결정적 조건이다(Coulmas, 2007). 소자화가 일본사회에서 주목을 받게 된 것은 15세부터 49세까지의 여성이 평생 출산하리라고 기대되는 자녀의 비율을 나타내는 합계출산율이 1.57까지 떨어진 1989년이다. 2000년대에 들어서서 합계출산율은 1.2에서 1.3 정도에 불과하다. 특히 2005년 이후에는 한 해 출생자의 수가 110만 명에도 미치지 못한 상태다. 반면, 전체 인구 중 65세 이상 인구의 비율을 나타내는 고령화율은 세계 어느 곳에서도 전례가 없을 정도로 높은 수준에 이르렀다. 일반적으로 고령화율이 7%에서 14%일 때 고령화사회, 14%에서 21%까지를 고령사회, 21%를 초과한 경우 초고령사회라고 한다. 이 기준에 따르면, 일본은 1995년에 이미 14.5%의 고령화율을 기록해 고령사회에 진입했으며, 2007년에는 고령화율이 21.5%에 이르러 초고령사회가 되었다.

소자고령화는 일본이 고도경제성장기를 거쳐 1990년대 중반까지 누렸던 인구학적 이점을 더 이상 누리지 못한다는 것을 의미한다(小熊英二, 2012).[1] 젊은 세대가 노동자의 다수를 차지했을 때는 이들이 주된 구매층으로서 경제에 활력을 불어넣었을 뿐만 아니라, 사회 전체적으로도 의료, 개호, 복지 전반에 대한 지출이 억제될 수 있었다. 그러나 초고령사회에 진입한 현재 상황에서는 고령자 돌보기를 가족 내 여성 구성원이나 의료시설에만 맡길 수 없기 때문에 고령자를 누가 어디서 어떻게 돌볼 것인가가 첨예한 사회적 문제로 대두된다(본서 제1장). 또한, 고령자들을 단지 지원의 대상으로만 간주하는 것이 아니라 지역 공동체의 일원으로서 자리매김하고, 이들이 삶의 보람을 느끼며 생활의 안

---

1) 제조업 종사자의 비율이 1990년대 중반 정점을 기록했던 것과 마찬가지로, 노동가능인구도 1995년 8,717만 명에 도달한 이후 줄곧 감소하고 있다.

정을 재구축할 수 있는 방안을 찾으려는 노력도 요구된다(본서 제2장과 제3장).

한편, 소자고령화는 일본사회의 다민족화라는 또 다른 인구학적 변화와 연동되어 있다(Graburn, Ertl, and Tierney, 2008). 소자고령화는 결국 15세에서 64세까지의 노동가능인구 비율의 감소를 의미한다. 1980년대 말, 일본정부는 이처럼 노동가능인구가 감소하는 것에 대비해, 남미로 이주했던 일본인들의 후손인 닛케진(日系人)을 일시적 노동력으로 활용하고자 대거 받아들였다. 그러나 일본정부의 예상과는 달리, 지난 20년간에 걸쳐 닛케진이 일본과 출신국가를 왕래하거나 사실상 일본에 정착하면서 일본사회의 상시적 구성원이 됐다. 또한, 1990년대까지만 해도 일본에 거주하는 외국인의 대다수는 재일코리안이었지만,[2] 전지구화(globalization)의 흐름 속에, 공식적으로는 이민을 받아들이지 않는 일본에서도 중국인, 동남아시아인을 위시해 외국인 거주자의 비중이 점차 늘어나고 있다. 따라서 일본사회는 산업구조의 전환과 더불어 닛케진을 비롯한 외국인 거주자들을 노동력으로서 어떻게 활용하느냐는 문제에 직면하고 있으며(본서 제5장), 나아가 이들을 국가적 차원에서 적절히 관리하며 동시에 지역사회에서 더불어 살아갈 방법을 모색해야만 하는 과제에 부딪히고 있다(본서 제6장과 제7장).

---

2) 물론, 1980년대 말 이후 한국에서 일본으로 다양한 경로를 통해 이주한 한국인들이 늘어나면서, 일제강점기부터 일본에 체류한 사람들로 구성되었던 재일코리안의 인구구성도 크게 변화되고 있다. 재일코리안 사회의 이른바 올드커머와 뉴커머의 관계에 대해서는 유혁수(2014)를 참고하면 된다.

3. 공공성의 재편과 사회적 실천

"불안정 사회 일본"은 일본사회의 두 가지 구조적 전환, 즉 포스트 공업사회화와 소자고령화/다민족화라는 인구학적 변화로부터 비롯된 사건이라고 할 수 있다. 본서의 각 장은 이와 같은 구조적 변화를 일본사회의 구성원들은 생활세계 속에서 어떻게 경험하고 있으며, 이에 어떤 식으로 대처하고 있는가를 상세히 기술하고 있는 셈이다. 한편, 본서의 일부 장들은 전후 체제의 구조적 변용(變容)에 대한 일본사회의 대응이 중앙정부, 지역자치단체(이하 지자체), 시민사회 간의 관계를 새롭게 사고하는 공공성의 문제로 나타나고 있음을 보여준다.

일본에서 공(公)적인 것은 국가나 중앙정부의 독점물이라는 사고 방식이 강했으나, 1990년대 이후 일본경제가 침체되고 이에 대해 정부가 적절히 대응하지 못한다고 인식되면서, 시민사회에서 공공성을 국가가 독점하는 것에 대한 비판적 인식이 확산되었다(민현정, 2009). 구체적으로는 비영리조직이나 비정부조직이 일본사회의 각종 사회문제에 해법을 제시하고 문제 해결 과정에 주민참여를 적극적으로 추진함으로써 직접민주주의를 실현할 장으로서 주목을 받았다. 즉, 1990년대 이후 일본의 시민사회에서는 "시민적 공공성"이라고 할 수 있는 흐름이 생성되었다(사이토 준이치, 2009).

그러나 중앙정부와 지자체 차원에서 전개된 공공성에 관한 담론, 이른바 새로운 공공(新しい公共)에 대한 논의의 핵심은 "정부가 일원적으로 담당했던 공공 서비스 제공을 민간 비영리섹터 내지 시민사회로

이관하여, 공공적 과제를 시민의 주체적 참가를 통해 풀어가고자 하는 것"이다(한영혜, 2012: 35). 1990년대 이후 경기침체가 지속되면서 재정 상황이 악화되는 가운데, 중앙정부는 비용 절감 차원에서 행정개혁을 추진했다. 행정개혁의 주된 내용 중 하나는 복지 서비스에 대한 요구가 다양화되고 있으므로, 이에 대한 대응은 중앙정부가 담당할 것이 아니라, 주민과 가장 가까운 거리에 있는 지자체가 담당해야 한다는 것이었다. 그러나 지자체는 담당해야 하는 업무가 증가한 것에 비해 중앙정부로부터의 보조금은 줄어든 상황에서 다양화된 지역주민의 요구에 대응하기 위해 모든 공공 서비스를 직접 시행할 수 없는 상황에 부딪혔다. "시민적 공공성"에서 의미하는 시민의 자발적 참여와는 또 다른 의미에서, 중앙정부와 지자체는 행정비용의 절감을 위해 공적인 것에 대한 시민사회의 관여를 요구하게 된 것이다.

따라서 1990년대 이후 전개된 공공성에 관한 논의에는 비영리조직 등을 통한 시민사회의 역량 강화를 긍정적으로 평가하는 견해가 있는 반면(한영혜, 2012), 국가가 마땅히 담당해야 할 공적인 책임을 시민사회에 떠넘기려는 것이라는 비판적 관점도 존재한다(Ogawa, 2009). 구체적인 예를 들자면, 고령자에 대한 일본사회의 공공적 대응에 대해서도 두가지 평가가 모두 가능하다. 한편으로는 고령의 홈리스를 지원하던 운동조직이 비영리조직으로 법인화되면서 지자체와 협력적인 관계를 맺고 있으나, 이처럼 조직의 성격이 바뀌었다고 해서 운동이 쇠퇴한 것은 아니며 오히려 이러한 전환 과정에서 새로운 주체의 형성이 실현되고 있다고 평가할 수도 있다(본서 제1장). 반면, 고령자에 관한 주거 및 주택

정책이 정부의 재정 부담을 줄이기 위해 고령자 돌봄의 의무를 지역사회에 전가하는 방식으로 전개되어 왔다고 비판하는 것도 가능하다(본서 제2장).

결국, 새로운 공공론이 공공 서비스의 부담을 관(官)에서 민(民)으로 이양하는 것을 의미하는가, 아니면 시민사회의 활성화를 의미하는 것인가는 일률적으로 정의할 수 없다. 공공성에 대한 각각의 입장이 주목하고 있는 장(場)이 어디냐에 따라, 혹은 같은 장에 주목하더라도 그 공간에서 행위자가 어떤 식의 실천을 전개하느냐에 따라, 공공성은 국가가 시민사회의 역량을 전유(專有)하는 방향으로 재편될 수도 있고, 중앙정부, 지자체, 시민사회가 협동하여 새로운 공적 공간을 창출하는 것으로 재구성될 수도 있다. 따라서 현재 일본사회에서는 이 두 가지 가능성을 둘러싸고 개별 행위자들 간의 치열한 경합을 통해 공적인 것이 재조직되고 있다고 보는 편이 정확할 것이다.

한편, 1990년대 이후 일본사회에서는 이와는 별개의 공공성에 대한 담론과 실천이 형성되었는데, 그것은 바로 대중형 내셔널리즘이라고 요약할 수 있는 현상이다(민현정, 2009; 사이토 준이치, 2009). 이런 입장에서는 전후 일본사회가 물질만능주의적 풍조와 학교 교육의 오류로 말미암아 공(公)보다 사(私)가 중시되는 사회가 되었다고 본다. 따라서 공공성의 붕괴를 차단하기 위해, 애국심을 강조하는 교육을 통해 조국에 헌신할 수 있는 공민으로서의 덕성을 함양하는 것이 중요하다고 본다. 1999년 국기·국가법이 제정되고, 2006년에는 국가에 대한 충성을 강조하는 방향으로 교육기본법이 개정된 것은 이러한 민족주의적 공공론을 배경으로 하고 있다(이지원, 2006).

이런 식의 공공론이 보다 대중적이고 극단적으로 드러난 모습은 도쿄의 한인타운에서 인종주의적 시위를 벌이고 있는 '재일특권을 용납하지 않는 시민의 모임'(在日特権を許さない市民の会, 이하 재특회)의 예에서 찾아볼 수 있다(야스다 고이치, 2013; 본서 제6장). 그런데 재특회에 참가하고 있는 주요 구성원들이 불안정한 고용상태에 있는 사람들인 것에서 알 수 있듯이, 이런 종류의 공공론은 1990년대 이후 기업, 노조, 상공회와 같은 중간 공동체가 붕괴되면서 어디에도 속하지 못하는 고립된 개인들이 자신의 존재감을 국가에서 찾으려고 한데서 비롯된 것이라고 할 수 있다(小熊英二, 2002). 따라서 민족주의적 공공론도 사실상 "불안정 사회 일본"의 부산물로서 잉태된 것이라고 하겠다.

4. 본서의 구성

이상에서는 일본사회가 포스트 공업화 단계에 접어든 이후 직면한 문제들을 공공성에 대한 담론과 실천을 통해 풀어가고 있는 양상을 기술하며 본서에 수록된 각 논문의 위상을 규정해보았다. 이 절에서는 본서의 구성에 대한 위와 같은 이해를 바탕으로 개별 논문들의 내용을 보다 상세하게 소개하고자 한다.

제1장에서 조아라는 초고령사회에 접어든 일본사회에서 고령자 거주문제 및 주거정책이 시행되어 온 경과를 분석하고, 이 과정에서 제기

된 에이징 인 플레이스(Aging in Place)-고령자가 자신이 살던 곳에서 일생을 마칠 수 있도록 하자-라는 개념의 실천 양상을 비판적으로 고찰하고 있다. 지난 20년 동안 일본정부는 고령자의 개호 담당자를 가족에서 사회로, 다시 사회에서 지역으로 바꾸는 복지정책을 전개해왔다. 이에 따라 고령자 주거정책도 3세대 동거 전략에서 민간 임대주택의 공급을 통한 지역거주 전략으로 전환되었다. 또한 지방분권 추진의 일환으로 지역복지계획을 수립하는 업무가 중앙정부에서 지방정부로 이양되었다. 그러나 이러한 전환은 고령자의 삶의 질을 향상시키는 것보다 국가의 재정적자를 완화하는 것을 일차적인 목표로 추진되었다. 따라서 일본의 고령자 주거정책은 고령자 개호에 있어서 지역 간 격차를 초래할 위험성을 내포하고 있다. 즉, 이 논문은 고령자의 주거 복지 문제에서 이루어진, 관에서 민으로, 그리고 중앙에서 지방으로라는 정책 전환은 공적인 것의 다변화를 가져오기보다는 복지에 대한 국가의 책임을 축소하는 신자유주의적인 성격을 띠고 있다는 점을 보여준다.

제2장에서 진필수는 센리뉴타운이라는 오사카 신도시 지역에서의 현지조사를 통해 지역사회조직들이 고령화 문제에 대응하고 있는 양상을 검토하고 있다. 일본의 신도시는 주민들의 강한 정주 성향으로 인해 심각한 수준의 고령화를 경험하고 있다. 센리뉴타운의 일부 지역의 경우, 자치회와 같은 지연조직(地緣組織)이 노인의 고립과 고독사의 위기를 방지하는데 중요한 역할을 하고 있다. 그러나 최근에 진행되고 있는 신도시 재개발로 인해, 자치회가 해체되는 문제를 겪고 있다. 반면, 센리뉴타운의 또 다른 지역에서는 민(民), 관(官), 학(學), 공(公)의 합종연횡

속에서 비영리조직(NPO)과 같은 자발적 결사체를 중심으로 한 활동이 전개되고 있다. 이런 비영리조직은 현대 일본인들의 개인주의 성향과 상충되지 않는 낮은 수준의 사회적 유대를 단기간에 형성함으로써 고령화 문제에 대응하는 새로운 공적 공간을 지역사회에 창출하고 있다. 그러나 활동가 중심의 사업에서 벗어나 지역주민의 참가율을 높여야 하는 과제를 안고 있다. 결론적으로 이 장은 고령화라는 현실을 둘러싸고 지역사회의 맥락에서 공공성의 문제가 어떻게 재구축되고 있는가를 보여주고 있다고 하겠다.

제3장은 일본 오사카 시 가마가사키에서 1990년대 이후 전개된 홈리스 지원운동을 고찰함으로써 현대 일본의 사회운동에서 새로운 형태의 공공성과 주체화에 대한 모색이 이루어지는 양상을 보여주는 것을 목적으로 한다. 홈리스 지원운동이 전개된 가마가사키는 건설업을 중심으로 한 일용직 노동시장이 열리는 도시공간이자 동시에 일용직 노동자가 머무는 간이숙박업소가 모여 있는 거리다. 1990년대 초, 일본경제가 장기침체에 빠지면서 일용직 노동자가 일자리를 얻지 못해 대거 홈리스로 전락하는 일이 발생했다. 이에 1993년, 가마가사키에서 활동하던 각종 단체와 개인들이 연합한 반실업운동(反失業運動)이 시작됐다. 반실업운동의 참여자들은 지방자치단체와 국가를 상대로 행정투쟁을 전개해, 공공근로사업의 실시와 임시야간긴급피난소의 상설화라는 성과를 거뒀다. 1999년에는 지방자치단체로부터 위탁받은 이상의 사업을 보다 체계적으로 운영하기 위해 특정비영리활동법인(Non-Profit Organization, 이하 NPO)을 설립했다. 반실업운동조직과 NPO는 별도로 존재했음에도

불구하고 두 조직 간에 인적 구성이 중복되었기 때문에, NPO로의 전환 이후에는 행정기관과 협력적 관계를 맺게 되었다. 이 장의 저자는 반실업운동의 NPO화를 운동이 복지 서비스로 전환된 것이라고 보기보다는, 새로운 형태의 운동이 전개되는 것이라고 해석한다. 왜냐하면, NPO가 전개하는 반실업운동은 새로운 주체를 만들어 낼 뿐만 아니라 그런 주체에 의해 가능하게 되기 때문이며, 또한 일본사회에서 친밀권적 성격을 갖는 대안적 공공권이 구성되는 양상을 보여주기 때문이다.

제4장에서 김영은 청년 홈리스들의 생애사 분석을 통해 이들이 홈리스가 된 원인과 탈노숙의 가능성을 분석하고 있다. 이들 청년 홈리스에게서 공통적으로 나타나는 것은 가족, 학교, 회사, 즉 공업화사회 일본을 지탱해왔던 세 가지 제도 어느 곳에서도 안정적인 인간관계를 형성하지 못했다는 점이다. 어린 시절 부모의 이혼을 경험하고, 학교에서는 신체적 장애 등을 이유로 괴롭힘을 당했다. 또한, 일본이 포스트공업사회로 진입하면서 고용 상태가 유연화된 직장에서는 동료들과 긴밀한 인간관계를 형성하기보다는 상사로부터 괴롭힘을 겪었던 것이 노숙으로 이어지기도 했다. 따라서 김영은 홈리스로의 진입요인을 관계의 빈곤이라는 개념으로 정리하고 있다. 한편, 노숙생활에서 벗어나려는 의지를 보이는 청년 홈리스들이 갖는 공통점은 우연한 계기든 시민사회로부터의 지원을 통해서든 새로운 인간관계를 구축하게 되었다는 것이다. 그러므로 저자는 노숙에서 벗어나기 위한 방법으로 결핍된 인간관계를 뒷받침할 사회적 자본의 형성을 지원하는 것이 중요하다고 역설한다.

제5장에서 최민경은 재일(在日) 일본계 브라질인들이 개호(介護)

분야의 노동력 부족을 채우기 위한 인력으로 동원되는 과정에서 사용되는 '인재' 담론과 이들이 처한 노동조건의 괴리를 비판적으로 검토하고 있다. 주로 제조업 분야에서 파견노동자로 일했던 일계 브라질인들이 고령자를 돌보는 개호 분야까지 진출하게 된 것은 이들이 일본사회에 정주화하는 경향을 보여주는 것임과 동시에 일본사회가 겪고 있는 고령화, 그에 따른 개호 노동자의 부족현상이라는 인구학적 변화를 반영한 것이기도 하다. 제조업 분야에서 비정규직 노동자로 차별 대우를 받아왔던 일계 브라질인들은 이런 인구학적 변화 속에 문화적으로 개호 노동에 적합한 '인재'라고 불리며 개호 분야에 동원되고 있다. 장기간 일본에 체류했기 때문에 일본문화에 익숙할 뿐만 아니라, 브라질 문화 '특유'의 사교성을 갖고 있는 일본계 브라질인들이 고령자를 돌보는 일에 적합할 것이라는 논리다. 그러나 이들은 전문적인 개호 노동에 필요한 일본어 능력을 갖추고 있지 않고, 이로 인해 자격증도 취득하지 못한 채 개호 노동의 말단에 종사하며, 결국 소득은 제조업에 종사할 때보다 현저히 떨어지는 상황에 부딪히고 있다. 따라서 이 논문은 개호 분야에 종사하는 재일 일본계 브라질인들을 둘러싼 '인재' 담론의 허상을 드러내며, 또한 이들이 얼마나 사회적으로 고립, 배제되어 있는가를 여실히 보여주고 있다.

제6장에서 이순남은 재일코리안의 특별영주제도의 성립과 변형, 그리고 현재적 의의에 대해서 고찰하고 있다. 특별영주제도는 해방 이후 일본 국적을 일시에 박탈당한 재일코리안들에게 최소한의 거류자격을 보장해주는 것이다. 그러나 재특회는 재일코리안들이 마치 대단한

특권을 누리고 있는 것처럼 보고 있다. 이와 같은 태도는 특별영주제도가 성립된 역사적 배경과 재일코리안이 해방 이후 겪어온 정치적, 사회적 문제 등을 전혀 고려하지 않는 것이다. 이처럼 2000년대 이후 재일코리안의 '특권'이 문제시된 것은 앞서 지적한 바와 같이 일본사회의 전반적인 유동화, 특히 청년세대의 불안정화가 주된 요인이다. 즉, 사회에 대한 불만을 소수자에게 돌리는 방식으로 해소하려는 감성이 작동하고 있는 것이다. 한편, 일본정부는 2009년 외국인까지 주민등록 시스템에 편입시키는 조치를 취했다. 국제결혼의 증가로 인해 동일 세대 내에서도 국적이 다양한 경우가 늘어났기 때문에, 효과적인 인구관리를 위해서는 불가피한 조치였다. 그러나 이 조치 또한 외국인등록증의 무용화, 특별영주권자와 일반영주권자 사이의 차등적 대우, 그리고 재일코리안 중 사실상 무국적 상태인 '조선적' 보유자에 대한 배제 등과 같은 문제를 안고 있다. 따라서 이 논문은 재일코리안의 법적 지위를 둘러싼 논의가 2000년대 이후 일본사회의 유동화와 인구학적 변화에 연동되어 있음을 보여주고 있다.

제7장에서 박경민은 2006년 이후 공식적인 정책모델로서 제시된 일본정부의 다문화공생이 지역적 수준에서 일반 시민들에게 어떻게 해석되고 경험되는가를 분석하고 있다. 특히 이 논문은 오랫동안 일본의 지역사회에서 실천되어 왔던 다문화공생 이념이 정부에 의해 정책적, 정치적 모델로 재개념화되어 지역으로 다시 확산되는 과정에 주목한다. 일본정부에 의해 제시된 다문화공생 정책은 기존의 지역에서의 국제화 담론의 연장선상에서 논의되어 왔다. 1980년대부터 타자로서의 외국을

다루는 방식으로서 정부에 의해 정치 개념화되면서 전국적인 단위에서 적극적으로 홍보되며 대중적인 담론으로 자리 잡은 '국제화' 그리고 '국제교류'는 지역사회에서 가시화되기 시작한 외국인들과의 문화적 차이를 인식하게 함으로써 현재 일본 사회의 다문화공생 정책 실행의 지역적 기반을 이루는 데 기여했다. 그러나 사회 내에 증가하는 민족적, 문화적 다양성을 다루는 데 있어 다문화공생 정책을 정부가 이주정책으로서보다 국제화 정책의 일환으로서 인식하며, 외국인들의 삶을 '문화화'하는 기존의 국제교류의 방법론에 의존하고 있는 것은 한계로 지적될 수 있다. 결론적으로 이 논문은 이미 지역의 생활자(주민)로서 이주노동자 혹은 외국인들에 접근해왔던 지역의 다문화공생의 실천이 정부에 의한 정책적 용어로 재의미화됨으로써 일부 지역주민들에게는 다문화공생의 실천적 의미보다는 '무거운' 정치적 용어로 등장하게 되었음을 보여준다.

5. 맺음말을 대신하여

포스트 공업화사회 일본의 향방(向方)을 고찰하고자 기획된 이 책은 서울대 일본연구소 내의 사회와 문화 연구실에 참여한 여러 선생님들이 공동으로 노력한 성과물이다.

연구실의 여러 선생님들 중에서도 먼저 조아라 선생님에게 감사의 말을 전하지 않을 수 없다. 여러 가지 이유에서 기획연구의 방향이 흔들리고 있을 때, 조아라 선생님이 리더쉽과 조직력을 발휘해 연구자들을 규합하지 않았더라면 이 책은 결코 나올 수 없었을 것이다. 따라서 조아라 선생님은 사실상 이 책의 공동 편집자에 해당한다고 말해도 전혀 틀리지 않다.

다음으로, 부산과 서울을 왕복하면서 이번 기획연구에 적극적으로 참여해주신 김영 선생님과 최민경 선생님께 진심으로 감사드린다. 김영 선생님은 연구실 기획연구의 내용이 조금씩 변경되는 와중에도 기획연구의 취지에 맞춰 선생님의 연구를 자리매김하기 위해 대단한 유연성을 발휘해주셨다. 또한 최민경 선생님은 기획연구에 뒤늦게 합류했고 이로 인해 여러 가지 무리한 요구를 받았음에도 불구하고, 흔쾌히 연구실의 주제에 맞는 연구를 수행해주셨다.

또한 진필수 선생님과 박경민 선생님도 김영, 최민경 두 분 선생님에 못지않게 순발력을 발휘해 이번 기획연구가 결실을 맺는 데 크게 기여했다. 진필수 선생님은 신도시에 관해 기존에 해오던 연구와는 별도로, 본 기획연구의 취지에 맞춰 새로운 주제로 논문을 써주셨다. 박경민 선생님은 원래 예정되어 있었던 연구를 성실히 진행하고 논문의 초고까지 완성했으나, 연구실의 기획주제에 보다 부합하는 논문을 내기 위해 또 다른 원고를 준비해주셨다. 끝으로, 이순남 선생님은 일본연구소의 보조연구원으로 일하면서도 수차례에 걸쳐 원고를 수정하며, 재일코리안 당사자가 아니면 할 수 없는 분석이 담긴 연구 성과를 내주셨다. 이상 여섯 분의 노력에 대해 다시 한 번 진심으로 감사드린다.

한편, 이 책에 수록된 글들은 일본연구소가 주최한 워크숍과 심포지엄에서 여러 토론자들로부터 귀중한 조언을 받아 완성되었다. 2013년 8월에 열린 워크숍에서 무려 3명의 발표자에 대한 토론을 혼자 맡아 해주신 권순미 선생님(한국기술교육대학교 고용노동연수원)과 연구년을 마치자마자 토론을 맡아주신 한영혜 선생님(서울대 국제대학원)께 진심으로 감사드린다. 또한, 2013년 12월에 열린 심포지엄에서 지역연구의 맥락에서보다는 연구주제와 관련해서 조언을 받고 싶다는 연구실 성원들의 의견에 공감하시고 토론을 맡아주신 신광영 선생님(중앙대 사회학과), 황익주 선생님(서울대 인류학과), 이병하 선생님(서울시립대 국제관계학과)께도 깊이 감사드린다. 더불어, 심포지엄에서 현대 일본사회를 연구하는 동료 연구자의 입장에서 밀도 있는 질의를 해준 이영진 선생님(전남대 호남학연구원)과 김은혜 선생님(서울대 일본연구소)께도 감사의 말씀을 전한다.

끝으로, 이번 기획연구는 현대 일본 생활세계의 모습을 직접 보고, 듣고, 느낀 결과를 토대로 한 것이다. 그러므로 낯선 연구자에게 자신들의 개인적인 경험을 들려주고 일상생활을 보여준 수많은 일본시민들이 없었다면, 이 연구는 이루어질 수 없었을 것이다. 지면의 제약과 정보제공자의 익명성을 보장해야 한다는 원칙 때문에, 이번 연구에 응해주신 일반 시민들의 이름을 하나하나 언급하며 감사의 말씀을 드릴 수는 없다. 다만, 이 책에 수록된 글들이 현대 일본사회의 모습을 정확하게 그리고 균형 잡힌 시각으로 분석해, 한국의 독자들이 일본사회가 직면하고 있는 과제를 제대로 이해하는 데 기여한다면, 이 연구에 응해주신 모든 분들의 도움에 조금이나마 답한 것이라 생각한다.

현대일본생활세계총서 **6**

일본 생활세계의 동요와 공공적 실천

I 고령자 거주문제와 주거정책*

조아라

1. 어디에서 살 것인가

(1980년대는) 고향에 남아 있는 노친을 도시에 사는 자녀세대가 불러오는 '요비요세 노인'(呼び寄せ老人)이라는 사회현상이 발생한 시기였다. 도시로 이동한 고령자들은 인간관계가 단절된 맨션과 단독주택 안에서 낮 동안의 고립을 견디다 못해 다시 고향으로 돌아갔다.

(野口定久, 外山義, 武川正吾外, 2011)

2009년 3월 19일 군마 현에 있는 무등록 노인 홈 시설인 〈세요 홈 다마유라〉(静養ホームたまゆら)에서 화재가 나서 입거자의 절반에 가까운 10명이 희생되었다. 대부분의 입주자가 도쿄도의 생활보호 수급자였다. 시설은 실태로서는 유료노인홈이었으나, 무신고 시설이었고, 증개축을 반복하면서 방화 안전 체제에 문제가 있었다. (全日本民医連 홈페이지)

---

* 이 글은 『대한지리학회지』 제48권 5호(2013)에 게재된 「일본의 고령자 거주문제와 주거정책」을 본 단행본의 취지에 맞춰 수정·보완한 것이다.

전 세계적으로 '고령사회'는 오늘날 그리고 앞으로 직면해야 할 주요 화두이다. 특히 서구유럽에 비해 고령화가 급속히 진행되는 아시아의 여러 국가에서는 더욱 중요한 과제가 되고 있다. 고령사회에 대비하기 위한 과제는 여러 가지가 있을 터이지만, 그중에서도 중요한 것이 바로 '거주문제', 즉 '어디에서 누구와 함께 어떻게 늙어갈 것인가'라는 문제라고 할 수 있다.

최근 고령자의 거주문제를 생각할 때 중요한 키워드로 부상한 것이 바로 'aging in place'(AIP) 이념이다. AIP 개념이 제안된 것은 1970년대로 거슬러 올라가는데, 최근 전 세계의 많은 나라들이 AIP를 고령자 정책의 이념으로 채택하고 있다. 이러한 배경으로는 두 가지 요인이 지적된다. 첫째, 시설 거주의 한계이다. 그동안 많은 문헌이 시설문화의 폐해, 즉 지역에서 멀어지는 '지역이탈', 시설의 규칙과 상황에 따라야 하는 '관료적 관리' 및 '통제적 커뮤니케이션', 역할과 삶의 보람을 빼앗기는 '역할 박탈', '사생활 및 자립 상실' 등을 문제로 지적하였다(Townsend, 1962; Fields et al, 2011; 外山, 2003; 高齢者住宅財団, 2013). 이처럼 오랫동안 거주해온 자택(공동체)을 떠나서 시설에 입소하게 된 뒤의 문제점이 밝혀지면서, 시설에서 '관리'되는 것이 아닌 재택에서 '생활'하는 것의 중요성이 강조되게 된 것이다. 둘째, AIP가 각국의 고령자 정책에서 중시되기 시작한 것은 경제적 문제 때문이기도 하다. 고령자가 가능한 한 오래 자택(공동체)에 남아 있는 것이 시설 케어에 드는 비용을 절감시키는 데 유리하기 때문이다(Wiles et al., 2011; Fields et al., 2011).

한편, 고령화가 진전됨에 따라 일본에서도 1980년대 후반 지역복지의 이념으로서 AIP가 등장하여 중시되기 시작하였다.[1] 서두에서 인용한 두 사회현상은 일본의 고령자 주거정책에서 AIP의 중요성을 부각시킨 주요 사건이었다. 1980년대 화제가 되었던 '요비요세 노인' 문제는 나이 들어 고향을 떠나게 된 뒤 겪게 되는 사회심리적 문제를 부각시켰고, 이를 계기로 그동안 '3세대 동거'를 중심으로 추진해왔던 일본의 주거정책은 '고령자의 정주성'을 중심으로 하는 것으로 크게 전환되게 되었다. 한편, 2009년 발생한 '다마유라' 사건은 대도시 저소득 고령자의 주거 문제를 부각시켰다. 경제적 이유로 인해 오랫동안 살아왔던 '도쿄'를 떠나 교외의 산속으로 들어가야 했던 고령자의 문제가 가시화한 것인데, 이는 고령자 정책에서 지역거주의 필요성을 더욱 정당화하는 계기가 되었다.

그런데 최근의 현상을 보면, 고령자 주거정책에서 AIP는 이념문제라기보다는 경제문제로 접근되는 경향이 강하다. 즉 시설거주의 한계를 극복하여 고령자의 삶의 질을 향상시키는 것이 주요 목표라기보다는, 급속히 진행되는 고령화 속에서 증가하는 복지비용을 억누르기 위한 고육지책으로 강구되는 측면이 강하다. 그로 인해 AIP의 이념적 타당성에도 불구하고, 최근의 주거정책을 접할 때 풀리지 않는 몇 가지 의문을 품

---

1) 일본은 2010년 전체 인구의 20%가 고령자로 구성된 초고령사회(후기고령사회)에 진입하였다. 일본이 고령화사회에 진입한 것은 1970년이었으나 당시는 고도성장기를 구가하고 있던 시절로, 사회적으로 고령화에 대한 위기감은 그다지 크지 않았던 듯하다. 본격적으로 위기감이 고조되기 시작한 것은 1995년 65세 이상 인구가 총인구의 14%를 차지하는 고령사회에 접어들면서부터이다.

게 된다. 즉, 주거정책에서 지향하는 AIP란 무엇을 의미하는가, 지역거주 정책으로 고령자의 삶의 질은 보장될 수 있는가, 시공간적으로 진정한 AIP는 실현 가능할 것인가 등이다.

이 글은 초고령사회에 접어든 일본을 대상으로 하여, 고령자 주거정책에서 지향하고 있는 AIP의 의미를 분석해보는 것을 목적으로 한다. 이를 위해 먼저 AIP 정의를 이론적으로 고찰하여 AIP의 속성을 토대로 그 의미를 분석하기 위한 관점을 도출해본다. 또한 문헌연구와 함께 인터뷰 조사를 실시하여 일본의 고령자 주거정책이 자택에서 시설로, 나아가 시설에서 재택(지역)으로 전환되어 온 일련의 과정을 분석하고자 한다.

그동안 국내외에서 AIP에 주목하여 고령자 거주문제를 다룬 많은 연구가 진행되었으나, 대부분은 AIP의 정당성 또는 필요성을 주장하는 논의였거나 혹은 AIP를 전제로 지역복지를 논하거나 무장애 주택 또는 유니버설 디자인의 도시계획을 제안하는 연구가 많았다. 그런데 그동안 AIP 정의에 대한 명확한 합의는 부재하였고, 오히려 발화자에 따라 AIP의 의미는 달라지고 있다. 이 글은 일본의 주거정책에서 AIP가 제안되고 추진되는 과정에서, AIP라는 이념이 어떻게 해석되어 사용되고 있는가를 다차원적으로 밝힘으로써, 주거정책에서 진정한 AIP 이념을 실현하기 위한 시사점을 도출해보고자 한다.

구체적인 연구내용은 다음과 같다. 첫째, 선행연구를 검토하여 AIP 이념이 지니고 있는 다차원적인 속성을 검토하여 연구 분석틀을 도출한다. 둘째, 일본의 주거정책이 추진되어 온 과정을 간략히 고찰하여, 고령자 주거정책을 둘러싼 사회공간적 맥락을 살펴본다. 셋째, 일본의 주거정책에서 AIP 이념이 도입된 배경을 분석함으로써 그 이면에 놓여 있는 문제를 밝힌다. 넷째, 일본의 주거정책에서 AIP 이념이 어떻게 해석되고 있으며, 이러한 해석이 어떠한 문제를 지니고 있는지, 앞서 도출한 분석틀을 토대로 비판적으로 고찰하고, 시사점을 도출해보고자 한다.

2. Aging in Place 이념

최근 AIP 이념은 사회정책, 복지정책, 도시계획 등의 분야에서 핵심적인 논의의 주제가 되고 있다. 지리학에서는 인간주의 지리학을 중심으로 '장소애착' 개념 속에서 AIP가 논의되어 왔다. 그 대표적인 학자가 Rowles(1983, 1993)인데, 그는 일련의 연구 속에서 고령자의 자기 정체성이 어떻게 집(home)이라는 장소와 연계되는지를 보여주고자 하였다. Tahara & Kamiya(2002)는 Rowles의 연구를 일본에 적용하며, 고령자가 인구가 급감한 지역에 여전히 남아있는 이유를 설명하고자 하였다. Hockey et al.(2001)도 집(home)을 고령자의 역사적 정체성 및 애착과 연계시켜 고찰하였다.

AIP 이념은 고령자의 존엄과 자율성을 존중해야 한다는 철학과 연계되어 있지만, 명확히 합의된 정의는 없고, 해석의 여지가 불분명한 부분이 다수 존재한다. 가장 보편적으로 사용되는 AIP의 정의는 "[가능한 한] 인생을 마칠 때까지 익숙한 장소(공동체)에 남아서 생활하기"(Harris,

1988: 18; Frank, 2001에서 재인용), 혹은 "시설 케어보다는 독립성을 지니면서 공동체 안에 남아서 생활하기"(Davey et al., 2004; Wiles et al., 2011에서 재인용)이다. 그러나 이러한 정의는 이론적으로도 다소간 논쟁의 여지가 존재한다.

첫째, 가장 문제가 되는 부분이 바로 '시간적' 연속성이다. 처음 AIP 이념이 제기되었을 때는 '인생을 마칠 때까지'(until death) 지속적으로 거주하는 것을 의미하는 경향이 강했다. 그러나 최근에는 이러한 의미는 약해지고 있으며, 오히려 '가능한 한'(as long as possible)이라는 단서가 붙는 경향이 나타나고 있다(Frank, 2001 참고). 일본에서도 이는 마찬가지이다. 일본어로 AIP는 '거주해 온 익숙한 지역에서 계속 살아가는 것'(住み慣れた地域で暮し続けること)로 변역되어 사용되고 있는데, 이에는 '인생 최종의 장소'(終の住みか)라는 의미는 내포되어 있지 않다.

둘째, 또 다른 문제는 '공간적' 측면에서 찾을 수 있다. 즉 익숙한 장소(공동체)라는 것이 어느 정도의 규모(범주)냐는 것이다. 일례로 한국에서는 AIP의 '장소'라는 단어가 흔히 '집'과 동일어로 여겨지고 있다. 반면 일본에서는 지역복지와 맞물리면서 AIP의 장소는 '지역'을 지칭하는 것으로 간주되곤 하는데, 그런데 이 경우에도 지역이 '집'보다는 넓은 지리적 단위를 지칭한다는 것은 확실하나, 그 지역이 어느 정도의 규모인지, 즉 지구 단위인지, 마을 단위인지, 혹은 시정촌 단위인지 등은 명확하지 않으며, 상황에 따라 편의적으로 사용되고 있다.

셋째, AIP는 역동적인 과정으로 이해되어야 한다는 것이다. 이는 지리학에서 제기되어 온 장소론에 입각하면 쉽게 이해된다. AIP를 주창하는 많은 문헌에서 장소는 '고정된' 배경으로 간주되고 있다. 그러나 장소는 고정된 것이 아니다. 가령(aging)에 따라 거주하는 사람도 변화하게 되고, 장소의 물리적, 사회적 성격도 변화한다(Lawton, 1990). 이는 AIP가 역동적인 '과정'으로 다뤄져야 함을 의미한다. 최근 이러한 문제를 제기한 연구가 실시되고 있는데, 일례로 Cutchin(2001, 2003, 2004)은 지리학의 장소론과 생태론을 도입하여, AIP를 보다 동태적인 '과정'으로 파악해야 한다고 주장하였다. 그는 AIP를 이주, 데이케어 센터, 서비스 지원 주택(Assisted Living Residence) 등과 연계하여 고찰하면서, 고령자가 변화와 불확실성에 직면하면서 지속적으로 장소에 재통합되고 있음을 밝히고, 이를 통해 장소애착이나 장소감, 장소 정체성을 당연한 것으로 받아들여서는 안 되며, 오히려 인간 행동에 의해 창조되는 것으로 간주해야 한다고 주장하였다. 최근의 이러한 연구동향은 AIP 개념을 지리학에서 제기되어 온 장소론/공간론에 기반을 두고 보다 면밀히 검토가 될 필요가 있음을 시사한다.

넷째, AIP는 장소애착을 넘어서는 복잡한 '과정'이다. 현재 사회정책에서 AIP의 정당성은 고령자의 '장소애착' 혹은 '집의 의미'에 근거하여 제시되고 있다. 그러나 페미니스트 지리학자들이 지적했듯이 '집/고향'의 의미는 사람에 따라서 다르게 다가올 수 있다(발렌타인, 2009 참고). 어떤 사람들에게 이들 장소는 공포와 학대의 장소일 수 있으며, 외로움과 고립의 공간이 될 수도 있다. 결국 AIP는 고령자 개인 또는 사회가 장소에 부여한 의미(meaning of place) 속에서 고려되어야 한다. 이상의 고찰에 근거하여 다음 장에서는 일본의 고령자 주거정책의 변천을 검토해

보고자 한다.

3. 고령자 주거정책의 변천과 특징

3.1. 고령자 복지정책

먼저 일본에서 복지정책이 어떻게 변화되어 왔는지 그 과정을 간략히 살펴보고자 한다. 일본의 고령자 복지정책은 크게 세 시기로 나누어 살펴볼 수 있는데, 그 분기점이 되는 해가 골드플랜(Gold plan)이 책정된 1989년, 그리고 개호보험제도(介護保険制度)가 도입된 2000년이다.[2] 이러한 일련의 제도를 계기로 고령자 복지정책에서 고령자의 개호 담당자는 가족에서 사회로, 사회에서 지역으로 전환되었다. 구체적으로 시기별 주요 특징을 살펴보면 다음과 같다.

첫 번째 시기는 1980년대 후반 골드플랜이 책정되기 이전까지의 시기이다. 전후 고령자 정책은 생활보호법의 구제대상으로서 '빈궁노인' 문제가 사회적으로 이슈가 됨에 따라, 빈곤정책의 일환으로 실행되었다. 고도성장기 이후, 빈곤문제는 해결된 것으로 간주되었고, 고령자 복지는 '독거노인' 정책과 '삶의 보람'을 진작시키는 정책으로 전환되었다

---

2) 일본에서는 '케어'(care)라는 용어를 '개호'(介護)라는 단어로 번역해서 사용하고 있는데, 이에는 돌봄, 수발, 간병, 보호 등의 의미가 포함된다. 한편, 일본의 개호보험은 세금 및 40세 이상의 국민이 부담하는 보험료를 재원으로 하고 있으며, 요개호(要介護) 정도에 따라 제공되는 서비스가 달라진다 (厚生労働省, 2010).

(黒岩亮子, 2008). 이에 따라 1963년 노인복지법이 성립되었고, 노인복지 센터에 대한 국고보조, 노인클럽 조성사업 등이 실시되었다. 복지원년 이라 불린 1973년에는 70세 이상을 대상으로 한 노인 의료비 무료화 정책이 전국적으로 실시되었다.[3] 복지정책의 한편에서는 경제계를 중심으로 소위 '일본형 복지'가 제창되었다. 일본형 복지란, '서구사회에서는 개인주의 지향이 강하지만, 일본에서는 가족 간 연대가 강하므로, 자녀 세대(특히 가정 내 여성 노동력)는 부모세대의 돌봄을 담당하는 자산'이 라는 것이다. 일본형 복지는 1980년대 들어서도 강조되었는데, 당시의 나카소네(中宗根康弘) 수상은 1982년 소신 표명에서 "이른바 서구형의 복지와 다른 일본적인, 가정을 중심으로 하는 복지"를 추진하겠다고 강조하기도 하였다(河畠修·厚実薫, 2008).

그러나 현실에서는 일본형 복지로 인한 가족 돌봄의 한계가 여실히 나타났다. 낮 동안 홀로 남겨진 노인의 문제, 가족의 간병 부담 문제 등이 사회적 이슈가 되는 한편, 사회적 입원 문제도 크게 주목을 받게 되었다. 사회적 입원이란 고령환자가 퇴원 가능한 상황임에도 불구하고 사정상 입원을 지속하게 되는 상황을 지칭한다. 환자의 대부분은 자택으로 돌아가도 돌봐줄 가족이 없어서 퇴원이 곤란한 상황에 있게 된 것인데, 사회적 입원은 입원비 무료화 정책에 따라 정부 부담을 가중시켰고, 1980년대 후반 해결이 시급한 주요 과제로 간주되게 되었다. 골드 플랜이 실시된 배경에는 이러한 맥락이 자리 잡고 있었다.

---

3) 그러나 이후 지자체 재정압박이 심화되면서 자기부담이 도입되어, 현재는 소득에 따라 2할 또는 3할을 부담하고 있다(厚生労働省 홈페이지 www.mhlw.go.jp).

두 번째 시기는 골드플랜이 실시된 이후부터 개호보험 시행 전까지의 시기가 해당되는데, 이 시기에는 '장기요양' 문제가 고령자 복지정책의 핵심으로 두각되면서, '가족'에서 '사회'로 그 담당자의 전환이 꾀해지게 되었다. 1989년 수립된 '고령자 보건복지 추진 10개년 전략', 즉 골드플랜은 고령자 문제, 즉 경제, 주택, 돌봄, 의료, 일자리, 삶의 보람 등을 언급하고 있는데, 그중 가장 역점을 둔 것은 요양 문제였다.

골드플랜은 '재택 케어', 즉 AIP를 지향하는 계획이었고, 현재 일본의 '지역케어 시스템'의 원형이 만들어진 것도 이 시기였다. 골드플랜은 홈 헬퍼(home helper) 10만 명, 데이케어 센터(day care center) 1만 개소(중학교구마다 1개소), 쇼트 스테이(short stay) 확충 등을 목표로 내걸었고, 당시 후생성은 의욕적으로 이 플랜을 추진하였으며, 1995년에는 그 목표치를 상향조정한 신 골드플랜을 설정하기도 하였다(河畠修·厚実薫, 2008). 그러나 골드플랜은 재택 비율 자체를 향상시키는 것을 목표로 삼았던 것은 아니었다. 골드플랜의 일차적인 목표는 사회적 입원문제인 '자리보전하고 있는 노인'(寝たきり老人)의 장기입원을 감소시키는 데 있었고, 이를 위한 수단으로 시설정비를 촉구하고자 했기 때문이다(太田, 2005). 골드플랜은 당시 장기요양을 위한 입원환자의 40% 이상이 사회적 입원이라고 추정하며, 이들을 노인보건시설[4]로 커버하고자 하였다(厚生労働省, 1989).

---

4) 노인보건시설. 병원과 자택의 중간시설. 자택으로 돌아가는 것을 지향하는 시설이므로 장기간 입거는 불가능하다. 3개월~반년이 목표로, 재활을 전문으로 한다. 비용은 평균 6만~16만 엔 정도.

세 번째 시기는 개호보험제도[5]가 실시된 이후의 시기이다. 1997년 성립된 개호보험법은 '조치에서 선택으로'를 슬로건으로 내걸고 2000년부터 실시되었다. 즉 개호보험제도는 행정(시정촌)의 조치에 따라 시설(특별양호노인홈(특양))[6]에 입소하게 되는, '관리' 중심이 아니라 선택을 강조하였다. 그러나 재택개호를 중시하게 되면서 시설 정비는 억제되었는데, 이에 따라 특양의 경우 대기자가 급증하였고, 시설입소를 선택하는 것은 거의 불가능한 상황이 이어지고 있다. 한편, 지자체의 부담이 급증하게 되면서 재정문제가 크게 두드러졌는데, 이에 정부는 2005년 개호보험제도를 개정하면서, 시설을 최대한 억제하고 '지역포괄케어[7]'를 충실히 할 것을 제창하였다. 현재 개호보험제도의 제1호 피보험자 2,751만 명 중 요지원(要支援)/요개호(要介護) 인정을 받은 사람은 453만 명(16%)인데, 이 중 105만 명(4%)만이 시설을 이용하고 있다(厚生労働省, 2010).

---

5) 개호보험은 세금과 40세 이상의 국민이 부담하는 보험료를 재원으로 요개호 정도에 따라 서비스가 제공된다(厚生労働省, 2010).
6) 4인실이 기본이었는데, 신축된 특양은 개인실 및 유닛화되었다. 인기가 많아서 대기자가 200만 명이라고 일컬어진다. 신청 후 입거까지 1년 이상 소요되는 경우도 있다. 이는 유료노인홈보다 저렴하면서도(5만 엔~15만 엔) 시설이 좋기 때문이다. 가족이 있거나 개호도가 낮을 경우 입거는 거의 불가능하다고 한다(高齢者住宅財団, 관계자 인터뷰, 2013년 7월 필자).
7) 정부가 제시한 구상에 따르면, 고령자는 데이 서비스(day service)를 이용하다 약해지면 헬퍼가 집을 방문하고, 병이 악화되면 쇼트 스테이(short stay)에서 머무르고, 치매가 심해지면 그룹 홈(group home)에서 거주하는 시스템이 제안되고 있다.

3.2. 고령자 주거정책

일본에서 고령자 주거정책이 본격화된 1980년대 후반의 일이다. 이처럼 대응이 늦어진 배경으로 일본 특유의 주택정책의 특성이 종종 지적된다(野口定久 外, 2011). 고도성장을 거치면서 일본의 주택정책은 '자가'(持家)를 전제로 실시되어 왔다. 자가정책은 1990년대 초반 버블경제가 붕괴하기 전까지는 어느 정도 성공을 거두었는데, 비교적 많은 세대가 자가를 구입하는 것이 가능했을 뿐더러, 기업의 주택복지제도로 사택이나 기숙사, 주택취득 보조 등의 정책이 존재했었기 때문이다. 〈표 1〉과 〈표 2〉에서 나타나듯이, 현재 일본의 고령세대의 자가율은 80% 이상으로 상당히 높게 나타나고 있다.[8]

그러나 최근 이러한 상황은 크게 흔들리고 있다. 첫째, 65세 이상 고령자의 1인 단독세대의 비중이 높아졌고, 향후 더욱 증가할 것으로 예상되는데, 이에 따라 고령자의 임대주택에 대한 수요도 증가하고 있다. 2010년 현재 일본에서 고령자 단독세대는 약 480만 세대로 추정되고 있는데, 향후 2025년에는 약 200만 세대가 증가하여 약 670만 세대에 이를 것으로 추계되고 있다(高齢者住宅財団, 2012). 그런데 〈표 1〉을 보면, 단독 세대의 경우 자가율은 64.8%에 불과하며, 열악한 임대목조주택에 거주하는 사람도 11.6%로 매우 높은 것으로 나타나고 있다. 대도시일수록 이러한 경향은 더욱 높게 나타나는데, 그 결과 고령자의 안정된 거주 장소를 확보하는 것이 주요 정책과제로 등장하였다. 둘째, 청년 세대의 취

---

8) 総務省 統計局, 2009, 平成20年住宅·土地統計調査, 厚生労働省, 2011, 高齢者の住まいと地域包括ケアの連帯推進について.

업난은 과거와 같은 자가 취득이 더 이상 전제가 될 수 없음을 보여준다. 그동안 고령자 세대는 30-40대에 저금리의 주택 론을 이용하여 자가 취득에 성공하였다. 그러나 1990년대 이후의 장기 불황으로 젊은 세대의 자가 취득은 점점 더 어려워지고 있다.

〈표 1〉 일본 고령자 세대의 주택 소유관계

구분	65세 이상 단독세대수		65세 이상 부부세대수		65세 이상 세대원이 있는 세대 총수	
	세대수	비율	세대수	비율	세대수	비율
자가주택	2,679,700	64.8	4,401,200	86.1	15,173,500	83.4
임대주택	1,416,100	34.2	693,600	13.6	2,928,600	16.1
공영임대	404,900	9.8	228,600	4.5	846,600	4.7
UR/공사	122,300	3.0	88,200	1.7	289,300	1.6
민영(목조)	478,000	11.6	227,100	4.4	1,020,800	5.6
민영(비목조)	396,800	9.6	135,800	2.7	723,000	4.0
급여주택	11,000	0.3	13,900	0.3	49,000	0.3
총수	4,137,900	100.0	5,111,500	100.0	18,197,600	100.0

자료: 総務省 統計局, 2008, 平成20年住宅·土地統計調査

〈표 2〉 일본의 세대별 자가율

	29세 이하	30대	40대	50대	60대	70대	65세 이상
자가율	12.5	43.1	70.2	80.3	84.7	86	85.7
비자가율	87.5	56.9	29.8	19.7	15.3	14	14.3

자료: 厚生労働省, 2011, 高齢者の住まいと地域包括ケアの連帯推進について

　　　이러한 상황을 염두에 두고 일본의 고령자 주택정책의 전개과정을 세 시기로 나누어 살펴보고자 한다. 첫 번째 시기인 1980년대 후반까지 고령자 주거정책의 이념은 '3세대 동거'였다. 당시 건설성(현 국토교통성)은 '쇼와 53년도 건설백서'에서 "3세대 동거는 … 우리나라의 이른바 복지의 숨겨진 자산"이라며, 3세대 동거를 가능하게 하는 주택 등의 제 조건을 정비할 필요가 있다고 논하였다(稲見直子, 2012). 그러나 이는 당시 이촌향도와 '핵가족화'가 진행되었던 현실을 외면한 정책이었다. 당시 1970년대부터 구빈적 성격을 지닌 특양이 보급되기 시작했으나, 그 수도 많지 않았고, 제도상 '주택'도 아니었다.

두 번째 시기인 1980년대 후반, 현실에서는 사회적 입원이 문제시 되었고, 동거가족 유무와 상관없이 재택 생활이 가능하도록 환경을 조성하는 것이 주요과제로 제기되었다. 그 결과 1987년 주택행정과 복지행정이 결합되면서, 실버하우징(silver housing) 제도가 실행되기 시작하였다. 실버하우징이란, 공영주택에 무장애 설비를 설치하고, LSA(Life Support Adviser) 파견 등 일상생활지원 서비스를 제공하는 저소득 고령자 세대용 주택이다.[9] 그러나 양적으로 충분하게 공급된 것은 아니었으며, LSA의 운영도 불명확한 부분이 많았다(野口定久 外, 2011).

세 번째 시기에 접어들면서, 특히 민간임대주택을 활용한 고령자 주택 정책이 비교적 활발하게 제기되었다. 2001년 '고령자 주거의 안정 확보에 관한 법률'(고령자 주거법)이 제정되었는데, 이 법은 민간사업자 등을 활용하여 고령자용 임대주택의 공급을 촉진하는 것을 목표로 하였

---

9) 실버하우징은 공영주택이므로 입거의 수입요건이 있으며 자가 소유자는 입거가 불가능하다. 자립하는 고령자가 대상이므로 개호가 필요해졌을 때는 시설로 갈아탈 필요가 있다. 추첨으로 실시되는 경우가 대부분인데, 특히 도시부에서는 인기가 높아서 좀처럼 당첨되기 힘들다. 이 외에도 시니어 주택 공급 촉진사업(1990), 고령자용 공공임대주택 정비계획(1994), 고령자용 우량 임대주택 제도(1998) 등이 실시되었다(油井雄二, 2010).

으며, 이를 통해 고령자 전용 임대주택(고전임), 고령자 원활 입거 임대주택(고원임) 등[10]의 제도가 마련되었다.

고전임에 대한 수요는 복지정책의 전환과 맞물리며 증가하게 된다. 개호보험제도 도입으로 시설정비가 억제되는 가운데, 특히 2006년 이후 유료노인홈[11]의 건설도 억제되면서, 그 대안으로 고전임이 주목을 받게 되었다. 당시 지방분권개혁의 일환으로 시설의 허가 권한이 국가에서 도도부 현으로 이양되었는데, 지방정부는 개호비용을 억제하기 위해 이들 시설의 개설을 제한하기 시작했던 것이다(橋本俊明, 2011). 그 결과 고전임이 줄을 지어 건설되게 되었는데, 그러던 중 일부 고전임에서 설비나 서비스 면에서 문제가 있는 곳이 나오기 시작했다(油井雄二, 2010). 이에 정부는 여러 차례의 법 개정을 통해 고전임에 대한 규제를 강화하였고, 2011년에는 새로이 '서비스 부대 고령자 주택'(서고주) 제도를 창설하여, 고전임 및 고원임 등 고령자 주택제도를 일원화하게 되었다.

서고주로 등록하기 위해서는 건물 기준과 서비스 기준을 충족해야 한다. 먼저, 건물 기준의 경우, 바닥 면적이 원칙적으로 25㎡ 이상이어야 하며, 부엌 및 욕실 등의 시설 기준을 충족해야 한다.[12] 단, 공유 면적이

---

10) 2001년 고령자주거법(高齡者住居法)으로 '고령자의 입주를 거부하지 않는 임대주택의 정보'를 도도부 현(都道府県) 등에 등록하여 공개하는 제도가 마련되었는데, 이러한 주택이 '고원임'이었다. 고원임 중 일정기준을 충족한 주택이 '고전임'으로 등록되었다. 그러나 이후 등록제도 운영에 대한 여러 문제가 제기되었고, 이에 2011년 정부는 고령자주택을 통합하여 고원임, 고전임을 폐지하고 '서고주'로 일원화하였다.

11) 유료노인홈. 식사와 생활서비스를 제공하며 24시간 스텝이 상주한다. 거주 권리 형태는 '이용권 방식'이 많다(15만 엔~30만 엔). 주소지 특례가 사용 가능하다.

충분할 경우는 면적 기준이 18㎡ 이상으로 완화되는데, 일반적으로 이 기준을 충족한 서고주가 많다.[13] 서비스의 경우는 안부확인과 생활상담 서비스가 필수로 제공되어야 하며, 그 외 식사 및 가사원조 서비스는 선택적으로 실시할 수 있다.

정부는 서고주 공급을 증가시키기 위한 지원정책으로 서고주를 건설할 경우, 건물 개축비의 1/10, 개수비의 1/3(국비상한 100만 엔/호)을 보조해주고, 소득세 및 법인세, 고정자산세, 부동산 취득세 등을 우대하거나 융자 요건을 완화하는 조치를 마련해 놓고 있다(国土交通省 홈페이지). 그러나 서비스에 대한 지원정책은 부재한데, 이로 인해 정부의 지원정책이 여전히 건물 중심으로 개발업자에게 유리할 뿐, 서고주를 운영하는 담당자를 위한 지원은 부재하다는 목소리도 제기되고 있다(山梨惠子, 2012).

서고주는 주택의 일환으로 제기된 제도로, 정부는 '임대차 계약'을 체결하면 유료노인홈에서 제기되었던 주거 안전성 문제, 즉 장기입원을 이유로 사업자가 일방적으로 계약을 해약하던 문제가 해결될 것으로 기대하였다. 그러나 모든 서고주가 임대차 계약을 채결해야 하는 것은 아니며, 또한 임대차 계약을 채결한 이후에도 현실적으로 문제는 여전히 남아 있다. 오히려 최근 서고주는 집합 주택으로서의 성격보다는 '시설'로서의 성격을 지니게 될 가능성이 점차 농후해지고 있는 듯한데, 이에 대해서 더 상세히 살펴보고자 한다.

---

12) 일본 국토교통성 홈페이지(www.mlit.go.jp).
13) 高齢者住宅財団 담당자 인터뷰, 2013년 7월 필자.

4. 주거정책 고찰①: AIP이념의 도입 맥락

4.1. 고령자의 선택의 장

일본의 고령자 주거정책에서 지향하고 있는 AIP의 의미를 모색하기 위해서는 먼저 AIP 이념이 도입된 맥락을 검토할 필요가 있다. 일본 정부의 공식적인 문헌에서 지역거주 정책의 필요성을 주장할 때 제기되는 논리 중 하나는 바로 '고령자가 AIP를 원한다'는 것이다. 2010년도에 내각부가 실시한 여론조사에 따르면, '허약해졌을 때 희망하는 주거형태'에 대해 67%가 자택(개축 포함)을 선택하였고, 2.2%만이 자녀의 주택을 선택하였다. 노인 홈이나 병원을 선택한 사람은 26%로, 많은 거주자가 자택 거주를 희망하고 있었다(표 3).

〈표 3〉 허약해졌을 때 희망하는 주거 형태

	현재 자택	개축 후 자택	자녀 주택	고령자용 주택	노인 홈 입거	병원 입원	기타	무응답
2000	59.9	-	2.5	8	11.8	14.2	2.9	0.5
2005	50.5	16.5	3.6	5.9	12.5	7.2	2.9	1
2010	46.2	20.2	2.2	7.8	13.9	5.7	2.1	1.9

자료: 内閣府, 「高齢者の生活と意識に関する国際比較調査」(2000, 2005, 2010)
주: 대상은 60세 이상의 남녀

그러나 현실은 이러한 희망과는 큰 괴리를 보이고 있다. 일본에서 고령자의 80%는 현재 병원에서 최후를 맞이하고 있다. 후생노동성 자료에 따르면, 고령자의 사망 장소는 1951년 82.5%가 자택이었고, 병원은 9.1%에 지나지 않았으나, 2009년에는 78.4%가 병원이고 자택은 12.4%에 불과하다(표 7).

〈표 4〉 일본 고령자의 사망 장소 (단위: %)

구분	병원	자택	노인홈	진료소	노건	기타
비중	78.4	12.4	3.2	2.4	1.1	2.4

자료: 厚生労働省, 2013, 在宅医療の最新の動向

이러한 조사 결과는 고령자는 시설보다 자택을 선호하지만, 막상 현실로 다가왔을 때는 시설이나 병원을 선호하게 된다는 것을 보여준다. 이는 재택거주를 방해하는 다양한 요인이 존재하기 때문인데, 즉, '돌봐주는 가족의 부담'을 염려하거나 혹은 '돌봐줄 가족이 없거나' '증상이 악화되었을 때의 의료 불안'이 있거나 '자택에서 머물 때의 경제적 부담'이 크기 때문이다(厚生労働省, 2008). 이러한 해석을 배경으로 현재 일본의 복지 및 주거정책은 자택개호를 방해하는 장애요인을 완화시키기 위해 '지역포괄케어시스템'을 구축하는 것을 목표로 진행되고 있다.[14]

그런데 문제는 지역포괄케어시스템이 제대로 구축되기도 전에 시설이 억제되면서 실질적으로 고령자의 요양 환경은 더욱 어려워지고 있다는 점이다. 지역포괄케어시스템이 지향하는 목표가 고령자의 선택의 장을 확보하는 데 있다면, 급증하는 시설 수요에 어떻게 대응하느냐는 문제 또한 중요하다고 할 수 있다. 즉 시설과 재택의 균형을 잡을 필요가 있는데, 현재로서는 이러한 관점은 결여되어 있는 것으로 보인다. 오히

---

14) 한 가지 지적해야 할 점은 위의 설문조사에서 대상으로 하는 AIP의 '장소'는 자택인 반면, 정부의 복지정책에서 상정하는 AIP의 장소는 '지역'이라는 점이다. 이처럼 AIP의 장소는 편의에 따라 그 범위가 달리 사용되고 있다.

려 고령자의 주거문제는 시설이냐 재택이냐의 양자택일의 문제로 환원
되어, 고령자가 재택을 원하므로 시설은 불필요하다는 논리로 이어지고
있다.

4.2. 고령자의 삶의 질

앞에서 언급했듯이, AIP 이념은 '시설'이 안고 있는 다양한 문제를
인식하면서 제기되었다. 비록 고령자의 복지시설이 침대에서 휠체어로,
다인실에서 개인실로 개선을 거듭하고 있으나,[15] 그러나 여전히 많은
문제가 남아 있다. 예를 들면 유료노인홈의 경우 시설의 관리가 제대로
이루어지지 않아 고령자의 인권이 침해되는 사례도 여전히 존재하며[16]
사업체가 도산하여 돌아갈 장소가 없어지는 거주 불안감도 상존한다.
그런데 일본에서 사회적으로 더 부각된 것은 시설의 입지문제로, 즉 시
설 대부분이 지가가 저렴한 교외지역에 세워지면서 사회적으로 고립되
게 되는 문제였다. 현재 도쿄 도(東京都)의 경우 생활보호비를 급부하고
있는 요개호 인정자 중 약 5천 명이 이바라키(茨城), 지바(千葉), 시즈오

---

15) 2002년 후생성은 신설 특양의 경우 4인실 중심에서 개인실 또는 유닛 케어
중심으로 설립할 것을 정하였고, 유료노인홈도 '개인실'을 원칙으로 하는 지
침을 내리게 되었다.
16) 고령자주택재단(2009)이 출판한 고령자의 주거선택을 위한 가이드북에서는
유료노인홈에서 직원 부족으로 개호가 엉성하게 이루어진 경우, 입욕 횟수
나 기저귀 교환이 적어진 경우, 남녀 고령자를 함께 입욕시키거나 천천히
식사를 하면 폭력을 휘두른 경우, 개호 직원이 고령자의 카드를 훔쳐서 현
금을 횡령한 사건 등이 고령자 상담기관에 신고되었다고 설명되어 있다. 유
료노인홈의 허가는 도도부 현이 실시하는데, 그 결과 시정촌이 관리 감독하
기 어려운 측면이 있다.

카(静岡) 등 타 현의 (등록/무등록)유료노인홈에서 생활하고 있는데(『読売新聞』, 2009년 3월 3일 자), 이로 인해 가족 및 친구 등 사회적 관계에서 떨어지게 되었을 뿐 아니라, 복지사무소의 관리감독에서 멀어지게 되면서, 서두에서 다마유라(たまゆら) 사건처럼 열악한 거주·복지 환경에 놓이게 될 우려도 있다.

> 고속도로를 내려서 한참을 가면 길은 커브가 이어지는 산속으로 들어선다. 주변에는 상점은 고사하고 민가조차 없다. 차는 안개 속으로 들어섰다. 그때 산의 경사면에 붙어 있는 듯 서 있는 시설이 나타났다. 우바스테야마(姥捨山, 고려장).
> (『朝日新聞』, 2009년 5월 4일 자 〈行政無策受け皿ない〉)

> 건강이 나빠지면 산속에서 사는 수밖에 없는가. 남성(80세)은 이전 도내에서 '다마유라'를 향하는 차 안에서 그렇게 생각했다고 한다. [현재는] 익숙한 도쿄로 돌아와 가까운 공원에서 잡초를 뽑는 것을 일과로 조용히 살고 있다.
> (『読売新聞』, 2009년 10월 20일 자 〈生活保護者に支援付き住宅〉)

그런데 이처럼 시설의 입지문제가 부각되면서 다른 문제가 간과되는 경향이 나타난다. 먼저 제기되는 의문은, 그렇다면 시설이 아닌 재택이라면 문제가 해결되느냐는 것이다. 1980년대 후반 돌봄의 사회화가 진행된 것이 재택개호의 문제가 심각해졌기 때문임을 고려하면, 시설이 문제이니 재택을 선택하라는 것은 문제 해결로 연결되지 않음을 알 수 있다. 현재의 재택개호 플랜은 '가족 원조'를 전제로 작성되는 경우가 많다. 예를 들어 요개호 인정을 받아 개호보험 서비스를 주 4회 이용할 수 있게 되어도, 시간제이므로 쇼핑이나 세탁 외의 업무를 헬퍼에게 부탁하기는 어렵다(『東京新聞』, 2010년 10월 6일 자). 결과적으로 재택개호는 '가족 돌봄'을 전제로 그 부담을 조금 경감해주는 데 그치고 있는 것이 현실이다.

　가족 돌봄에 대한 지나친 의존은 고령자의 고립을 야기하기도 하며, '노인학대'로 이어지기도 한다. 후생노동성이 2006년 실시한 조사에 따르면, 가정 내 학대에서는 위협이나 모욕 등 언어, 위압적 태도, 무시 등 정신적, 정서적 고통을 주는 심리적 학대가 가장 많았고, 방치 및 방임, 신체적 학대, 본인의 합의 없이 자산이나 금전을 사용하거나 본인이 희망해도 사용하지 못하게 하는 경제적 학대가 그 뒤를 이었다(厚生労働省, 2006: 5).[17] 그 원인으로는 물론 학대하는 개인의 인격도 문제로 지적되었으나, 가족 돌봄의 부담 등도 심각한 문제로 인식되고 있다. 특히 최근에는 부부세대의 증대 및 평균수명의 상승에 따라, 배우자 혹은 고령의 자녀가 돌봄을 담당하게 되는 노노개호(老老介護)의 문제도 대두하고 있다.

　재택개호를 받는다 하더라도 고령자의 고립이나 삶의 질의 문제는 여전히 남아 있다. 홀로 거주하는 고령자가 증가하고 있을뿐더러, 동거하고 있더라도 낮 동안은 자녀가 일하는 경우가 많기 때문이다. 2006년 후생성이 재택개호를 하고 있는 65세 고령자를 대상으로 실시한 조사에

---

17) 일본에서는 이러한 상황이 사회적으로 이슈가 되자, 2005년 '고령자에 대한 학대의 방지, 고령자의 양호자에 대한 지원 등에 관한 법률'이 성립되어 이듬해 시행되게 되었다.

서는 약 3할이 '죽어 버리고 싶다'(死んでしまいたい)고 느끼고 있으며, 우울 상태에 있는 고령자도 23%에 달하는 것으로 나타나기도 하였다(河畠修·厚実薫, 2008).

물론 지역거주정책에서 '재택'이 반드시 '자택'을 의미하는 것은 아니다. 오히려 앞서 언급했듯이, 시설의 고립적인 '입지' 문제가 부각되면서, 시설이든 자택이든 지역 내에 입지하는 것이 좋다는 합의가 형성되었다고 보는 것이 타당하다. 그러나 대도시에서는 도심에 입지할 경우 높은 지가로 인해 시설의 입거비용이 상승되기 때문에, 부유층 고령자를 대상으로 하는 고급형 고령자 주택을 제외하고, 실질적으로 더 이상 시설을 증가시키는 것이 현실적으로 불가능해지게 되었으며, 그 결과 저소득 혹은 중산층 고령자의 경우는 시설 거주가 더욱 어려워지고 있다.

> 세타가야(世田谷)의 경우 이즈반도(伊豆半島)에 특양을 만들려고 했다. 그런데 이것이 현대판 우바스테야마(姥捨山)라는 비판도 받았다. 결국 그 계획은 폐기되었다. 그 배경에는 다마유라의 문제도 있는데, 개인적으로 다마유라는 이념이 좋았다고 생각한다. 저소득 고령자를 받아서 돌봄을 제공하고자 했으니까. 다만 관리상의 문제로 그렇게 된 것은 아쉽다고 생각한다. (고령자주택재단 담당자 인터뷰, 2013년 7월 필자)

한편, 고령자 주택이 높은 지가를 감수하고 도심에 입지할 경우에는 역으로 주거환경이 열악해질 수밖에 없다. 예를 들면, 도쿄에서 활약 중인 NPO 법인 후루사토노 카이(ふるさとの会)는 저소득 고령자의 도

심 거주를 지원해 오고 있는데, 이 법인이 운영하는 고령자 주택에서는 식사뿐 아니라 일상생활 지원 서비스(LSA)도 충실히 제공되고 있으나, 개인실은 한 평 반 남짓의 5㎡가 안 되는 넓이로, 거주하기에 넉넉한 환경이라고 보기는 힘들다. 후생노동성도 대도시 내 고령자 주거시설의 정비를 촉진하고자 2010년 경비노인홈(도시형 케어 하우스)의 면적 최저 기준을 현재 기준의 1/3인 7.43㎡로 인하한 바 있는데(『日本経済新聞』, 2010년 3월 15일 자), 이 역시 거주에 적합한 넓이라고 보기 힘들며, 결국 고령자 주거환경의 질적 저하는 피할 수 없게 된다.

개인적으로는 서고주가 정말로 좋은 것인가 하는 의문은 남아 있다. 개호시설의 商売만 만들고 있는 것 같다고 생각한다. 최후의 주거(最後の住まい)가 이대로 좋은지 의문은 있다. 일본의 개호시설은 병원에서 시작을 했다. 병원이라는 곳은 들어가면 불편한 것은 참아야 하는 곳이다. 조금씩 나아지는 형태로 발전은 했지만, 여전히 고령자가 참아야 한다는 것이 전제로 놓여 있다.

(고령자주택재단 담당자 인터뷰, 2013년 7월 필자)

고령자의 주거문제는 재택이냐 아니면 고립된 시설이냐의 양자택일로 환원되는 문제가 아니다. 그럼에도 불구하고 현재는 재택개호가 강조되면서, 시설 신축이 어려워지는 상황이 발생하고 있고, 그 결과 고령자 주택으로 출발한 '서고주'가, 현실에서는 주택이 아닌 '시설'처럼 기능하게 되는 경향이 나타나고 있다.

4.3. 국가의 지불 감축과 지자체의 재정난

그렇다면 왜 이처럼 시설 감소문제가 제기되고 있는가. 이는 고령자 주거정책이 AIP를 지향하게 된 또 다른 중요한 요인인 경제적 문제 때문이다. 일본의 사회보장급부비는 꾸준히 증가하여 국민소득 대비 사회보장급부비의 비율은 1970년대 5.8%에 불과했으나, 2009년에는 29.4%까지 상승하게 되었다. 그중 상당 부분을 차지하는 것이 고령자 관계 급부비로, 이에는 연금보험, 의료요양, 복지서비스 및 고용지속급부비 등이 포함된다. 최근의 국가 및 지자체의 재정난을 배경으로, 정부는 사회보장비를 최대한 억제하는 방안을 지속적으로 마련하였다. 2005년에는 개호보험시설 입소자의 식비 및 주거비가 자기부담화하였으며, 2006년에는 만성질환의 고령자가 장기 입원하는 요양병상이 문제시되어, 평균 입원 일수 규정, 의료병상 축소, 의료구분 도입 등이 실시되었다(『朝日新聞』, 2009년 6월 24일 자). 이를 계기로 1990년대 문제가 되었던 사회적 입원이 2000년대에는 퇴원을 강요당하는 '사회적 퇴원' 문제로 이어지게 되었다.

정부가 시설 건설을 꺼리고 요양병상을 축소하고자 하는 것은 개호보험제도상 재택개호, 즉 거택서비스의 보수가 특양 등 시설 서비스보다 낮기 때문이다. 2011년 4월 현재 개호서비스 이용자는 거택서비스가 306만 명(74%), 지역밀착형 서비스18)가 27만 명(6%), 시설 서비스가 84

---

18) 지역밀착형 서비스란, 2006년 개호보험제도 개정으로 창설된 서비스로, 소규모 다기능 거택개호, 정기순회·수시 대응형 방문개호간호, 복합형 서비스, 야간대응형 방문개호, 인지증 대응형 통소개호, 인지증 대응형 공동생활

만 명(20%)이다. 반면 개호급부비는 거택 서비스가 2,869억 엔(53%), 지역밀착형이 506억 엔(9%), 시설 서비스가 2,061억 엔(38%)으로, 이용자 수에 비해 시설서비스의 개호급부비 비중이 상당히 큰 편임을 알 수 있다(厚生労働省, 2012). 결국 정부는 고령자가 자택에서 살게 되면 시설의 부족도 해결되고 동시에 의료비 증가도 억제된다는 이유로 고령자의 재택을 적극 추진하고 있는 것이다.

다만 이에는 유의할 점이 있다. 표 5를 보면, 요양형의 급부금은 다른 유형의 서비스보다 급부한도액이 크다. 정부가 요양병상의 구조조정을 적극 추진하고자 하는 것은 이 때문이라 할 수 있다. 반면, 거택서비스의 경우, 요개호도가 낮을 경우는 특양보다 한도액이 적지만, 개호도가 중증화될 경우에는 한도액이 반대로 더 높게 책정되어 있다. 결국 지역거주를 통해 재정부담을 완화하기 위해서는 개호도가 높아질 경우 어떻게 대응할 것인가라는 문제에 대응할 필요가 있는 셈이다.

고령자의 입장에서도 개호상태가 중증화하였을 때, 과연 현재의 지급한도액으로 대응 가능할 것인가라는 문제가 남아 있다. 유료노인홈의 경우는 개호도가 상승해도 자기부담분을 제외하고는 시설에 지불하는 부담액은 일정하게 책정되어 있는 경우가 많다. 즉 시설 운영자가 요개호도가 높은 고령자에서 발생하는 적자를 요개호도가 낮은 고령자의 지불금으로 메꿀 수 있기 때문이다. 반면, 대부분의 서고주가 채택하고 있는 외부서비스 이용형의 경우는 기본서비스는 포괄지불 방식이지만, 개

개호, 지역밀착형 특정시설 입거자 생활개호, 지역밀착형 개호노인 복지시설 등으로 구성되어 있다.

호서비스는 그렇지 않아서, 지급한도액을 넘을 경우 자기부담으로 구입하거나, 개호시설로 다시 옮겨갈 수밖에 없는 상황이다(油井雄二, 2010).

〈표 5〉 요개호도별 지급한도액 (단위: 엔)

요개호도		거택 서비스	특양		요양형		특정시설	
			유닛형	다인실	유닛형	다인실	일반형	외부서비스 이용형
개호	요개호1	165,800	197,100	191,700	235,500	234,600	164,700	166,890
	요개호2	194,800	218,400	213,000	268,500	267,600	184,800	187,260
	요개호3	267,500	239,400	234,000	339,900	339,000	204,900	207,630
	요개호4	306,000	260,700	255,300	370,200	369,300	225,000	228,000
	요개호5	358,300	279,700	276,300	397,500	396,600	245,400	248,670
지원	요지원1	49,700					64,200	49,700
	요지원2	104,000					148,200	104,000

자료: 厚生労働省, 2012, 平成23年度版 高齢社会白書.

한편, 건설비도 시설 정비의 장애요인이 되고 있다. 골드플랜 책정 이후 상당기간 동안 국가는 개호시설의 정비 목표를 설정하고 건설비의 일부를 보조해왔다. 그러나 2000년대 들어서 상황이 바뀌었는데, 삼위일체개혁으로 국가의 보조금이 폐지되었고, 시설건설 보조금은 도도부현의 일반재원으로 충당하게 되었기 때문이다. 도쿄도의 경우는 특양 건설 시 1 침대 당 400만~600만 엔의 건설비를 보조하고 있는데(『朝日新聞』, 2009년 4월 23일 자), 나아가 시설이 증가하면 개호보험료가 증가할 것이라는 우려도 존재한다. 도도부 현은 시설을 얼마나 정비할 것인지 결정할 수 있는 재량권도 이양받았기 때문에, 재정부담을 억제하기 위해 신축을 꺼리게 되었다.

한편, 서고주의 경우도 중앙정부는 적극적으로 그 건설을 지원하고 있지만, 지방정부의 입장은 다르다. 특양과 유료노인홈 등은 주소지 특례가 적용되어, 다른 지자체의 시설에 입소한다 하더라도 개호비용은 예전 지자체에서 지불하게 된다. 즉 종신이용계약 등을 체결하게 되므로 주소를 남겨놓고 이주하는 것이 가능하다. 반면, 서고주의 경우는 일반주택처럼 임대차 계약을 맺게 되어 있으므로, 주소지 특례를 사용하는 것이 불가능하다. 결국 행정권 내에 서고주를 건설하면 새로운 부담을 안게 되는 셈이다. 서고주의 개호부담의 비용은 시정촌이 지불하게 되어 있기 때문에, 시정촌은 서고주의 건설을 환영하지 않고 있다.

일례로 서고주 제도가 도입된 이후 이바라키 현(茨城県) 쓰쿠바 시(つくば市)에는 100호 단위의 대형 서고주를 건설하는 구상이 10건 정도 부상했으나, 시는 사업자의 건설 요청을 모두 각하했다(週刊ダイヤモンド, 2013). 시가 서고주 등록 허가권을 지닌 것은 아니었으나, 건설 예정지가 모두 지자체의 허가가 없으면 주택을 건설할 수 없는 구역이었기 때문에, 이를 근거로 건설 허가신청을 각하한 것이다. 쓰쿠바 시는 서고주 건설로 소위 '빈곤 비즈니스'가 이뤄지지 않을까 우려하고 있었다. 빈곤 비즈니스란 고령의 생활보호수급자를 입거시켜서, 생활보호비 및 개호비를 통해 이익을 창출하는 산업을 지칭하는 신조어이다. 쓰쿠바 시의 자체 조사에 따르면, 과거 150호의 고전임 중 쓰쿠바 시민이 거주하고 있던 곳은 단 1호였고, 대부분은 도쿄도의 생활보호수급자였다고 한다(週刊ダイヤモンド, 2013). 원칙적으로 이 경우 생활보호수급비나 개호보험부담비는 쓰쿠바 시가 안게 되지만, 그동안은 암묵적 이해하에 도쿄도 내의 지자체가 지불하고 있었다. 그러나 이러한 암묵적 이

해가 어느 정도까지 지속될 수 있을지 불투명한 상황에서, 지자체는 재정을 압박할 수 있는 고령자 시설 또는 주택을 최대한 억제하고자 하고 있는데, 이 역시 향후 고령자주택정책의 전망을 어둡게 만들고 있다.

5. 주거정책 고찰② : 진정한 AIP 이념의 실현

5.1. 시간적 연속성: 지속적인 거주 여부

일본에서는 고령 단독세대가 증가하게 되면서 '고립사'가 사회적으로 이슈가 되었는데, 이에 독거의 불안함을 해소하는 유용한 방안으로 고령자 주택이 제안되었다. '자택이 아닌 재택'을 강조하는 지역거주정책에서는 고령자 주택으로서 '서고주'가 상당히 중요한 역할을 담당하게 된다. 그런데 서고주에서는 원하는 만큼 거주하는 것이 가능한가?

서고주는 제도상으로는 '주택'에 해당되기 때문에, 처음 고안되었을 때는 AIP를 실현하기 위해 건강할 때 미리 이주하는 것도 좋다고 선전되었다. 그러나 현실적으로 서고주는 주택으로 기능하기보다는 '시설'로 기능하고 있다. 서고주의 면적 기준은 시설보다는 다소 넓지만, 주택으로서는 협소한 규모이다. 임대료와 서비스 비용이 높기 때문에 건강한 고령자가 굳이 높은 비용을 지불하며 좁은 서고주에서 생활할 이점은 없다.

반면, 서고주에서 개호도가 높은 고령자에게 충분한 서비스가 제공될 수 있을지는 아직 미지수이다. 대부분의 서고주가 가벼운 돌봄이 필요한 사람을 대상으로 하고 있을뿐더러, 앞서 언급한 것처럼 외부시설 이용형의 보험급부 한도액이 낮게 설정되어 있기 때문에, 현실적으로 서고주에 입주했다 하더라도 향후 다시 이주를 해야 할 필요가 생기게 된다. 국토교통성은 '종신임대차 계약'을 장려하고 있지만, 이 계약을 채결할 때는 법률적으로 권리관계가 복잡하고 또 운영자 측에 이득이 되는 점이 거의 없기 때문에 종신임대차 계약을 체결하는 경우는 드물다. 물론, 임대차 계약으로 진행되는 경우가 대부분이라서, 종신이용권 계약이 주를 이루는 유료노인홈보다는 거주 안전성이 높아진 것은 사실이나, 이는 운영업체가 도산하더라도 임대권이 남아 있다는 의미에서이지, 개호도에 상관없이 본인이 선택했을 경우 남아 있을 수 있음을 의미하는 것은 아니다.

> 서고주의 경우 원칙상은 네타키리(寝たきり: 자리보전) 상태가 되었다고 내보내는 것은 금지되어 있다. 그러나 현장에서는 계약서에 애매한 조항을 넣어서 내보내고 있다. 예를 들면 '주위 사람에게 폐를 끼치지 않는다' 등의 조항이 있는데, 인지증에 걸리면 당연히 폐를 끼치는 행동을 할 수밖에 없다.　(高齢者住宅財団 담당자 인터뷰, 2013. 7. 필자)

실제로 미즈호정보총연(みずほ情報総研, 2012)이 서고주의 전신인 고전임을 대상으로 실시한 설문조사에 따르면, '고령자의 퇴거 이유'로 '시설에서는 대응이 불가능한 의료적 케어의 필요성이 발생해서 지속 거주가 곤란', '개호도가 심각해져서 신체개호의 필요성이 높아져서 지속 거주가 곤란', '인지증이 진행되어 돌봄의 필요성이 발생하여 지속 거

주가 곤란'하기 때문이라는 응답이 많았다. 현실에서는 고령자 주택이든 시설이든 개호도에 따라 퇴거/퇴소 조치를 당하게 되므로, 언제까지 여기에서 머무를 수 있을지 알 수 없는 상황이 발생하고 있는 것이다.[19]

〈표 6〉 고전임 입거자의 퇴거 이유

퇴거 이유	응답수	퇴거 이유	응답수
신체개호의 필요성이 높아져서	165	비용 지불이 곤란해져서	55
인지증이 진행되어	156	입거규칙 등을 지킬 수 없어서	28
의료적 케어의 필요성이 발생해서	364	특별한 이유 없음·불명	46
대기 중이었던 시설에 입소	190	기타	89
가족·친척 등과 동거	125		

자료: みずほ情報総研株式会社 (2012)

최근 일본 정부가 적극 추진하는 지역복지 정책의 주요 목표 중 하나는 재택의료 시스템을 구축하여 고령자가 최후까지 자택에서 머무를 수 있도록 지원함으로써 의료비를 절감하는 데 있다. 다만 이는 의료계의 반발로 인해 추진 실적은 더딘 편이다. 그 결과 서고주, 실버하우징, 경비 노인홈 등 고령자 주택 또는 주거형 복지시설의 경우는 모처럼 안심하며 마지막까지 살기 위해 자택에서 이사해 온 것임에도 불구하고, 요개호 상태에 따라 시설 또는 병원으로 다시 옮겨야 하는 필요가 생긴

---

19) 한편, 퇴거 이유로 '대기 중이었던 시설에 입소가 결정되었기 때문'이라는 응답도 상당수를 차지한다. 이는 특양으로 옮기는 경우인데, 특양의 경우 개호보험시설이므로 비용이 저렴하면서도 서비스의 질이 좋다는 측면에서 선호되지만, 공급량이 많지 않아 대기자 수가 길고 가족 및 개호도에 따라 입소가 결정되기 때문에, 가벼운 돌봄이 필요한 고령자의 입소는 거의 불가능하다. 그 결과 개호도가 중증화하였을 때 비로소 특양으로 자리를 옮기게 되는 것이다.

다. '개호'를 중심으로 하여 고령자 주택이 접근되어 왔기 때문에, 고령자는 오늘은 유료노인홈, 내일은 고전임으로 이동하며 전전하는 회전 도어 증후군(revolving door syndrome)이 발생하기 쉬운 구조가 된 것이다(野口定久 外, 2011). 현재 고령자 주택은 '집'으로 기능하기보다는 '머무는 곳'으로 기능하고 있는 데 그치고 있다. 지속 거주할 것이냐 아니냐는 고령자의 의지가 아니라, 서비스를 제공하는 측인 가족, 시설, 병원의 상황에 따라 결정되기 때문이다.

5.2. 공간적 의미: Place의 범위

앞서 살펴본 것처럼 제도적으로 고령자의 거주공간은 가령에 따라 불연속적으로 재편되고 있으며, 결과적으로 진정한 AIP와는 상당한 간극이 존재한다. 이러한 간극이 존재하게 된 이유는, 일본의 고령자 정책에서 제창되는 AIP에서 장소(place)의 범위가 극히 넓게 상정되어 있기 때문이다. 일본의 주거정책에서 제창되는 AIP는 '지역'과 거의 동일어로 사용되고 있다. 이때 지역은 상황에 따라 그 범위가 달라지는데, 대체로 고령자 임대주택의 정보를 소개하는 단위인 시정촌이나 혹은 지역포괄케어센터의 설립이 원칙적으로 의무화된 단위인 중학교구(인구 2만 명) 단위를 지칭하는 경향이 있다.

그런데 사실 고령자가 인식하는 '익숙한 지역'의 범위는 상당히 좁은 지역이다. 예를 들면, 돗토리 시(鳥取市)의 모치가세초(用瀬町)의 사회복지협의회가 실시한 설문조사에서는 '익숙한 지역의 범위'로 이웃, 집락, 지구를 꼽은 사람이 전체의 7할 이상으로 나타났다(『朝日新聞』,

2013년 5월 16일 자). 이를 감안하면 현재의 시정촌 혹은 중학교구 단위는 '익숙한 장소'의 범위로는 지나치게 넓음을 알 수 있다. 그런데 만약 이보다 더 작은 단위, 즉 인근이나 지구라면 괜찮을 것인가? 그 대답은 아래의 인용문에서 찾을 수 있다. 이 인용문은 유료노인홈에서 흔히 겪게 되는 경험을 소개한 것인데, 동일한 건물 내라도 자립동에서 개호동으로 방을 바꾸는 것만으로도 이미 고령자는 심리적 혼란을 경험하게 됨을 보여준다.

> 유료노인홈에 입거한 A 씨(여성, 75세), 수개월 후 지방이 악화되어 휠체어를 사용하게 되었다. 그러나 스스로 요리도 가능하고 화장실은 물론 입욕도 가능하다. 특별한 돌봄은 필요하지 않았다. 그러나 홈 측에서 '간병이 필요한 휠체어용 방으로 옮겨달라'고 요청이 들어왔다. … 홈 측은 '안전을 위해서'라고 설명했는데, 잠시 논의가 이루어지자 '자립동에 휠체어를 탄 사람이 있으면 홈의 이미지가 나빠져서 곤란하다'고 감춰둔 진심(本音)을 보였다. … 부부는 간병이 가능하고 둘이서 함께 거주할 수 있는 거주지를 희망했다. 그러나 개호형 유료노인홈의 경우 자립해 있는 남편 쪽은 '자립동' 방으로, 요개호 인정을 받은 부인은 '개호동' 방으로 입거하게 된다는 사실을 알게 되었다.
>
> (高齢者住宅財団(2009)에서 발췌)

AIP에서 장소는 단순히 '지역'으로 치환할 수 없는 복잡성을 지니고 있다. 그런데 왜 고령자 정책은 지역을 내세우고 있는가? 이 공간단위는 '익숙한 장소(특히 집)에서 최후를 맞이하고 싶다'는 고령자의 희망을 실현하기 위함이 아니라, 재정 부담을 최소화하기 위한 방책으로 제기된 것이라고 보는 것이 타당할 것이다. 앞서 살펴본 것처럼 일본의 고령자 복지정책은 개호 문제를 중심으로 대응해 왔고, 특히 골드플랜 이후 개호의 사회화를 추진해 왔다. 그러나 최근 정부의 재정적자를 배경으로 사회복지 예산이 부담으로 여겨지게 되었다. 이에 재정부담을 축소하기 위한 유용한 '대안'으로 떠오른 것이 바로 '지역'이다.

지역포괄케어 시스템은 '자조(自助), 호조(互助), 공조(共助), 공조(公助)'가 적절히 역할을 담당하는 지역 시스템으로 제창되고 있다. 즉 정부의 복지제도(公助-생활보호서비스)와 사회보험제도(共助-개호보험제도)를 넘어서 고령자 스스로의 책임(自助)과 지역의 볼런티어 및 주민조직, NPO법인 등의 활동으로 지지되는 호조(互助)를 강조하고 있는 것이다. 나아가 최근에는 정부의 역할(公助, 共助)을 자조와 호조로 대체하려는 경향도 나타난다. 즉 복지시설을 억제하고 요양병상을 축소하여 재정 부담을 줄이는 한편, 그로 인한 복지서비스의 공백을 자조와 호조로 메우려는 시도가 나타나는데, 이러한 의미에서 호조의 기반이 되는 '지역'이 한층 더 중요성을 획득한 것이다.

5.3. 공동체에 남아 있기 혹은 고립되기

일본 정부는 2006년 의료비 억제책의 일환으로 〈의료비적정화계획 (医療費適正化計画)〉을 수립하면서, 2012년까지 요양병상을 38만 상에서 15만 상으로 축소하는 것을 방침으로 세웠다. 그러나 의료계의 반응은 더디었고, 그로부터 2년 뒤인 2008년 정부는 2017년까지 22만 상을 축소하는 것으로 목표를 수정하게 된다. 일찍이 장기요양이 필요한 고령자를 받아들인 곳은 병원이었다. 문제는 요양병상의 축소로 인한 빈자리를 어떻게 채울 것이냐가 아직 불분명하다는 것이다. 국가는 재택의료지원 진료소를 창설하여 24시간 방문진료 등을 실시하는 제도를 마련하였으나, 그 진척은 더디다. 정비가 잘 진행되어 있다고 하는 도쿄도에서도 8.5%만의 진료소에서 재택요양지원 진료소로 등록을 하고 있을 뿐이다(東京都福祉保健局, 2012). 결국 갈 곳이 없는 고령자가 증가하고 있다.

본래 고령자가 병원으로 몰리게 된 것은 요개호자가 될 경우 현재의 의료·복지서비스로는 생활이 성립되지 않기 때문이다. 예를 들어, 재택의료로 진찰을 받는다 해도, 식사 돌봄이나 배설 간병을 해주는 사람이 없으면 적절한 요양환경이 되지 않는다. '통원으로 충분하므로 퇴원'을 권유받는 경우에도 동행해주는 사람이 없으면 통원은 불가능하다. 복약지원, 통원동행, 긴급 시 대응 등은 개호보험으로 지원되지 않는다. 여기서 다시 가족의 지원 또는 가족처럼 지원을 해주는 '호조'(공동체)라는 것이 주목받게 된 것이다. '지연'과 '혈연'이 희박한 사람을 포함한 주민의 '호조'의 거점을 만들자는 것이다. 이는 정부만의 생각은 아니어서, 앞서 언급한 NPO법인 후루사토노카이(ふるさとの会)에서는 그 실천의 일환으로 '일상생활지원' 서비스를 실시하고 있다.

토목공이었던 스기우라 씨(67). … 스기우라 씨의 경우 NPO법인 후루사토노카이가 금전관리나 아파트 보증인이 되어주었고, 매월 수회 직원이 방문하여 안부를 확인한다. … 중고 냉장고를 바꾸거나 디지털 방송을 신청하거나 개호보험에서 인정되지 않은 지원은 법인 직원이 받

아준다. 직원인 石田美枝(47) 씨는 "가족적인 지원으로 지역생활을 지속할 수 있다"고 설명한다. … 에어컨이 고장 났을 때도 동 법인의 직원이 대응한다.　(『読売新聞』, 2010년 11월 9일 자〈NPOが家族的な支援〉)

그런데 도쿄도의 경우 홀로 사는 고령자가 50만 명 이상이다. 반면 후루사토노카이의 일상생활 지원을 받는 고령자는 10명에 불과하다. 이러한 호조가 정부의 복지서비스를 보완하여 더 나은 삶을 실현하는 데 기여하는 것은 분명하지만, 문제는 이러한 호조를 기대하며 정부의 복지서비스가 억제 또는 축소될 수 있다는 데 있다. 정부 스스로 '호조'를 주창하는 모습은 이러한 의심을 더욱 강고한 것으로 만든다.

왜 호조가 강조되는가. 사실 그 이면에는 주민의 볼런티어 활동에 대한 소박한 기대도 존재한다. 한신대지진을 계기로 볼런티어 의식이 향상되고, 1998년 NPO법의 성립으로 그 활동 기반이 마련되었기 때문이다(黒岩亮子, 2008). 그러나 정부가 앞장서서 호조를 주장하는 더 중요한 이유는 바로 재정문제 때문이다. 재정상의 이유로 지역주민은 본래 행정이 제공해야 하는 복지실무를 담당하는 저렴한 노동력으로 간주되고 있다. 볼런티어 또는 NPO 활동은 건강한 고령자의 삶의 보람, 혹은 청년층의 고용의 장으로 장려되고 있다. 문제는 정부에 의해 이러한 활동이 조직되고 장려되면서, 자발적인 동기 저하 및 볼런티어 활동에 대한 의욕 상실이라는 역효과가 초래될 수도 있다는 점이다(Kearns, 1995; Cho, forthcoming). 볼런티어 활동으로 복지 서비스의 질을 얼마만큼 유지할 수 있느냐는 문제도 여전히 남아 있다.

현실적으로 지역거주 정책에서 제창하는 '지역에 남아 있기'란, 자신의 집에서 고립되어 남아 있을 수 있는 선택을 고령자에게 주는 것이라 할 수 있다. 공동체의 지원은 아직 준비가 되어 있지 않고, 혹은 오늘날 사회에서 공동체의 지원이란 결코 불가능한 환영에 지나지 않을지 모른다. 현재는 "당신은 커뮤니티에 남았지만, 커뮤니티에 참여하지는 않고, 당신의 아파트에서 여전히 고립"되어 있는 상황이 대부분이다 (Hostetler, 2011).

6. 고령자 주거정책의 재정립을 위해

이 글은 초고령사회에 접어든 일본을 대상으로 하여, 고령자 주거정책에서 AIP가 제안되고 추진되는 과정을 분석하고, 시간적 연속성, 공간적 범주, 고령자의 삶의 질이라는 차원에 AIP의 의미를 고찰해보고자 하였다. 그 결과는 다음과 같이 요약된다.

첫째, 일본의 고령자 주거정책은 크게 세 시기에 걸쳐 획기적인 전환을 맞이한다. 복지정책은 골드플랜과 개호보험제도 도입을 계기로 가족에서 사회로, 사회에서 지역으로 그 담당자가 전환되었으며, 주거정책은 3세대 동거에서 고령자 단독세대에 대한 지원으로, 공영주택보다는 민간임대주택으로 정책의 중점이 바뀌었다. 흥미로운 점은 일본의 복지·주거정책이 '개호' 문제를 중심으로 전개되었다는 점이다. 그 결과 현재의 고령자 주택은 주거보다는 시설에 가까운 형태로 전개되고 있다. 또한 '관'에서 '민'으로라는 흐름도 지적해야 하는데, 즉 복지정책에서는 자조와 호조가, 주거정책에서는 공영주택보다는 민간임대주택이 강조되고 있는 상황이다.

둘째, 고령자 주거정책에서 추진되는 AIP는 고령자의 선택을 중시하기 위함이라기보다는 정부의 재정적자를 완화하는 것을 일차적인 목표로 추진되고 있다. 그 결과 AIP의 중요한 측면인 고령자의 '삶의 질'보다는, 원래 거주하고 있던 지역에서 멀리 떨어져 입지해 있는 시설이냐 아니면 지역 내에 머무는 재택이냐는 문제로 환원되고 있었다. 그 결과 고령자의 선택권은 오히려 제한되는 결과가 발생되었고, 고령자 주택으로 제안된 서고주는 시설도 주택도 아닌 형태로, 오히려 주택과 시설의 중간지점에 있는 형태로 기능하게 되었다.

셋째, 고령자는 가령에 따라 자택에서 고령자 주택으로 또는 시설이나 병원으로 지속적으로 옮겨야 하는 문제에 봉착해 있다. 서고주 등 고령자 주택이 AIP 이념을 제창하며 고안되었으나, 현재 제도상으로는 자립할 수 있는 건강한 고령자가 굳이 고령자 주택에 거주할 필요가 없으며, 반대로 증상이 악화되어 장시간의 돌봄이 필요한 고령자는 고령자 주택에 머물 수 없다. 개호도에 따라 자택, 고령자주택 및 시설, 병원으로 단계를 옮겨가며 거주해야 하는 것인데, 이는 고령자 자신의 의사결정에 의한 것이라기보다는 돌봄 담당자의 상황에 따라 진행되는 것이다. 시간의 흐름에 따른 거주 연속성은 현행의 제도로는 실현되기 어려운데, 이를 극복하기 위한 장벽은 다기에 걸쳐 있다.

넷째, 일본의 고령자 주거정책에서 제기되어 온 고령자 주택은 진정한 의미의 AIP, 즉 '인생의 마지막 거주지'(終の住みか)라기보다는 자

택과 병원 사이에서 잠시 '머무르는' 공간이 되고 있다. 이는 고령자 주거 정책이 '요양' 문제에 초점을 두고 진행되면서, 고령자의 관점이 아닌 '개호자'의 관점에 입각하여 문제를 해결하려는 경향이 강했었기 때문이다. 고령자는 자신의 의지가 아닌 시설 운영자의 사정에 따라 떠남이 결정되므로, 과연 이곳에서 얼마나 머무를 수 있는지 정확히 알 수 없기 때문에 거주의 불안을 안고 있을 수밖에 없다.

다섯째, 그럼에도 불구하고 현재의 정책이 마치 진정한 AIP를 지향하고 있는 듯 보이는 것은 장소(place)의 범주를 극히 넓은 범위로, 행정구역과 일치하는 것처럼 상정하였기 때문이다. 장소는 고령자의 주관적 의미와 상관없이 정의되었다. 결국 장소(집, 고향, 지역)의 상황이 어떠하냐와 상관없이 고령자는 '남아 있을 것'이 장려되고 있으며, 다른 선택의 여지는 사라지는 문제가 나타나고 있다. 고령자의 장소감은 긍정적인 것이자 정적인 것으로 상정되고 있으나, 앞서 언급했듯이 고령자의 장소감은 단일한 경험이 아니다. 향후 장소감의 역동성에 주목하여 고령자 거주문제를 다각적으로 고찰한 연구와 정책이 필요하다.

마지막으로 지역적 격차의 문제도 지적해야 한다. 현재 일본정부는 지역복지의 책임을 공동체로 전가하려는 경향을 보이고 있는데, 그 결과 지역거주로 고령자의 삶의 질이 어느 정도 보장될 수 있느냐는 공동체의 지원 여부에 달려 있게 되었다. 문제는 공동체의 자원이 전국적으로 동일하지 않다는 것이다. 지방정부의 재정력에 따라 지역복지의 수준은 크게 차이가 나타나게 되고 있으며, 한계집락의 경우는 공동체의 고령화에 따라 지원해줄 공동체 구성원 자체가 존재하지 않는 상황도 나타나고 있다. 문제는 현재 이러한 지역격차가 사회문제로 여겨지고 있지 않다는 점이다. 일본에서는 지방분권 추진의 일환으로 지역복지계획을 수립하는 업무가 국가에서 지방정부로 이양되었다. 이는 '자기책임'을 강조하는 일본사회 분위기와 맞물리면서, 지역복지 수준이 떨어지는 것은 '선거로 지자체장을 선출하는 주민의 책임'으로 전가되고 있다. 한편으로 고이즈미(小泉純一郎) 정권 이후 일본의 정치 상황은 지역격차를 더욱 확산시키는 구조로 바뀌고 있다. 이전에는 자민당의 보수적 정치가가 재정배분을 통해 격차를 시행해가는 구조가 존재했으나, 최근 정치가의 시선은 도시주민에게 향해 있고, 여당과 야당 모두 지방을 중시하지 않고 있기 때문이다(野口定久 外, 2011). 결과적으로 대도시 고령자의 주거문제를 응시한 서고주 제도는 실행이 되었으나, 지방의 한계집락에서의 고령자의 주거문제는 오히려 간과되고 있는 상황이다.

이러한 비판에도 불구하고 일본의 고령자 주거정책은 확실히 한국의 상황보다 앞서서 시도되고 있음을 지적되어야 할 것이다. 비록 여전히 많은 문제에 직면해 있지만, 일본의 고령자 주거정책은 다양한 시행착오를 겪으면서 조금씩 진전하고 있다. 유료노인홈을 둘러싼 다양한 잡음도 상당 부분 개선되어가고 있으며, 고령자 주택 역시 시행착오를 거치며 수정 보완되어 정착되어가고 있다. 한국은 고령화의 진행속도가 일본을 상회한다. 고령자 주거정책이 마련되기까지 상당한 시행착오를 거듭할 시간이 필요하다는 점에서, 한국에서도 고령자 주거정책이 하루속히 체계적으로 추진되어야 할 것이다.

현대일본생활세계총서 **6**

일본 생활세계의 동요와 공공적 실천

II 고령화하는 센리뉴타운의 지역조직*

진필수

1. 일본 도시의 지역조직

　　최근 일본에서는 고령화, 무연사회, 고독사가 심각한 사회문제로 대두되고 있으며,[1] 이에 대한 대처방안으로서 지역조직과 지역공동체에 대한 관심이 꾸준히 확대되고 있다. 필자는 이미 이러한 문제들의 원인 진단을 시도한 적이 있다(진필수, 2013). 필자는 개인의 고립과 고독

---

* 이 글은『지방사와 지방문화』제16권 1호(2013)에 게재된「일본 신도시에 있어 고령화 문제와 지역조직의 양상 및 역할」을 본 단행본의 취지에 맞춰 수정·보완한 것이다.

[1] 최근 일본에서는 무연사회(無緣社會)나 고독사(孤獨死)의 문제가 큰 사회적 관심을 불러일으키고 있다. 무연사회라는 용어는 가족 및 친족(血緣), 이웃 및 지역사회(地緣), 회사(社緣), 신사나 절을 비롯한 종교적 결사체(社寺緣) 등의 사회관계에 깊이 연루되지 않고, 고립된 개인으로 살아가는 사람들의 상황을 표현한다. 고립된 생활의 결과로 아무도 임종을 지켜보지 않는 가운데 혼자서 죽어가는 사람, 소위 고독사하는 사람의 숫자가 매년 3만 2천 명에 이르는 것으로 추정되고 있다(NHK무연사회 프로젝트팀, 2012: 6).

사의 위기가 결코 사회경제적 약자에 국한된 문제가 아니라, 가족관계의 해체에서 기인한 현대 일본사회 전체의 문제라고 보고 있다. 본 연구는 이러한 사회문제들의 대처방안을 논의하는 차원에서 지역조직에 대한 고찰을 수행하고자 하는 것이다. 본고는 고령화 사회에서 지역조직이 변화하는 양상과, 개인의 고립 및 고독사의 위기를 해소하는 데 지역조직이 담당할 수 있는 역할을 구명하는 데 목적이 있다.

현대 일본의 도시에는 다양한 사회조직이 존재하고 있다. 특정 장소의 거주로 인해 발생하는 인간관계를 지연관계, 그에 따라 발생하는 사회조직을 지연조직이라 할 수 있다. 특정 범위의 지리적 영역에 의해 구성 및 운영에 구속을 받는 사회조직은 지역조직이라고 부를 수 있을 것이다. 지역조직에는 행정, 복지, 교육 등의 제도에 의해 만들어진 사회조직이 있는가 하면, 주민들의 자발적 의사와 사적 인간관계에 의해 만들어진 다양한 사회조직이 있으며, 각각의 사회조직은 중첩되기도 하고 특정의 지역 범위를 넘어선 사회조직과 연계되기도 한다.

주민의 입장에서 중요성을 갖는 지역조직은 스스로 가입, 참여, 탈퇴를 결정하는 자발적 결사체(임의단체)이다. 본고는 일본 신도시의 자발적 결사체를 논의 대상으로 삼고 있다. 그런데 본고의 논의를 위해서는 두 가지 난해한 문제에 대해 언급하고 지역조직의 성격과 유형을 구분하는 작업이 필요하다.

첫째, 일본에서 정내회(町内会)·자치회(自治会)와 같은 지연조직은 전형적인 지역조직인데, 자연발생성과 귀속성을 띨 수 있기 때문에 일반적으로 자발적 결사체와 구분된다.2) 외부자의 유입이 적고 오랜 공동체성과 공유재산을 유지해온 농어촌의 지연조직이 흔히 이런 성격을 가진다. 특히 지역사적 맥락과 제도적 강제에 따라서는 도시에서도 자동적 가입과 의무적 참여로 특징지어지는 전호가입형(全戶加入型) 자치회가 나타날 수 있다. 그러나 도시의 지연조직은 기본적으로 장기간 거주해온 구주민(원주민)의 지연조직과 다수의 신주민(이주민)의 역학관계에 의해 새롭게 형성된 것이며, 신주민의 가입 및 참여가 많을수록 그지연조직은 자발적 결사체의 속성을 강하게 가지게 된다. 특히, 구주민의 기득권이 소멸된 신도시의 자치회는 자발적 결사체에 상당한 정도로 근접한 성격을 가질 수 있다.

---

2) 일본에서는 정내회·자치회의 발생과정에 대해 이미 많은 연구가 이루어져 왔다. 근세의 무라(자연촌으로서의 村)·마치(상인 및 수공업자 거주지의 町)에서 연원하는 지역공동체가 근현대 지방행정구역의 개편, 산업화 및 도시화, 자연재해, 군국주의, 전후 고도성장과 같은 외부충격 속에서 특정의 지리적 영역에 대한 지배력(영토성)은 상실한 채, 인적 지연조직으로 지속되는 것이 정내회·자치회라 할 수 있다. 근현대 일본 전역에서 많은 시차를 가지고 도시화가 진행되었는데, 그 시기가 언제이든 정내회·자치회는 특정 구역의 지연조직이 구주민(원주민)과 신주민(이주민)의 역학관계에 따라 재편을 거듭한 결과로 보는 것이 타당하다. 근대적 의미의 도시화가 매우 늦게 진행된 오키나와의 사례를 보면 이 과정을 좀 더 쉽게 이해할 수 있으며, 이리아이지(入会地)나 온천과 같은 지역공동체의 공유재산이 있을 경우 구주민 집단이 지역사회에서 지배력을 어떻게 유지하는가도 흥미로운 논의거리이다. 본고의 사례와 같이 신도시 건설로 구주민이 사라진 상태에서 신주민들만이 모여 도시적 커뮤니티와 같이 정내회·자치회를 구성하는 상황이 일본에서 어느 정도로 일반적인 것인지는 앞으로 검토를 해보아야 할 문제이다. 한국에서도 일본 정내회·자치회의 역사적 성격이 정리된 바 있는데, 1920년대 재해(관동대지진) 대응과 1930년대 후반 이후 군사화(총동원체제)의 요인에 따라 일본의 정내회가 전전에 새롭게 창설된 것처럼 서술하는 데는 재고의 여지가 있다(이시재 외, 2001: 1-20쪽; 진필수, 2008; 2011; 倉沢進·秋元律朗, 1990; 東海自治体問題研究所, 1996; 中尾英俊, 2003 등 참조).

둘째, 자발적 결사체는 속성상 반드시 지역조직으로 존재할 이유는 없지만, 일본의 자발적 결사체는 지역조직으로 존재하는 경우가 많다.[3) 한국 도시의 자발적 결사체가 흔히 광역화(전국화) 또는 탈지역화의 경향을 보이는 것에 비교하면 흥미로운 현상이다. 이런 측면 때문에 일본이 지연사회라든지 지역조직이 활성화되어 있다는 표현이 생겨나는지도 모른다. 일본의 자발적 결사체는 흔히 시정촌이나 도도부현과 같은 지역 단위에서 활동하기 때문에 자치회 유형의 지역조직을 비롯해 다른 지역조직과 경쟁·협력 관계를 맺는 경우가 많다. 그동안 일본에서는 시대적 상황에 따라, 생활운동, 자원봉사, 여가활동, 시민활동 등 다양한 목적의 자발적 결사체가 출현하였지만, 본고는 신도시의 주민 고령화 및 주택 노후화에 직면하여 지역사회 재생을 목표로 활동하는 자발적 결사체에 논의의 초점을 맞추고자 한다.

본 연구는 다양한 성격과 유형의 지역조직 속에서 주민들이 어떠한 종류의 사회적 유대를 맺는가에 주된 관심을 가지고 있다. 고령화 사회에서 개인의 고립과 고독사의 위기에 대처하는 지역조직의 역할을 측정하는 데 있어 사회적 유대 형성은 핵심적 지표가 된다고 할 수 있다. 공동체는 흔히 사용되는 용어이지만, 필자는 개인의 심리적·사회적 상호의

---

3) 일본의 자발적 결사체는 농촌과 도시의 각 지역에서 처음 활성화될 때는 시민운동 조직의 성격을 띠는 경우가 많다. 한국에서는 정부 정책에 대한 대응으로 시민성(citizenship)을 자각하고 표현해야 할 때가 많지만, 일본은 지방자치제의 역사가 오래되어 지자체의 정책에 대한 대응으로 시민성을 표현해야 할 때가 많다. 이런 이유 때문에 일본의 자발적 결사체는 지역성을 강하게 띠는 것이 아닌가 생각된다(한영혜, 2004; 문옥표, 2002 등 참조).

존과 구성원들의 소속감이 명확히 드러나는 사회조직을 지칭하는 것으로 이 용어의 의미를 매우 좁게 사용하고자 한다.[4] 현대사회의 자발적 결사체는 특정 목적을 달성하기 위한 수단적 활동을 전제로 하기 때문에 구성원들의 관계와 상호작용이 일시적이고, 상황적이고, 피상적인 속성을 가질 가능성이 많다. 도시사회의 지연적 유대는 공동체적 유대로까지 심화되지 못하는 경우가 대부분이며, 현대 일본 도시에서 어떠한 종류의 지연적 유대가 형성되고 있는지는 본고의 구체적 사례를 통해 고찰하고자 한다.

본 연구는 일본 최초의 신도시(대규모 뉴타운)로 알려져 있는 오사카 센리(千里)뉴타운에 대한 사례연구의 방법을 취하였다. 일본의 베드타운 신도시 연구는 한국의 상황을 감안할 때 사례연구의 가치가 매우 큼에도 불구하고 그동안 본격적 연구가 진행되지는 못했던 것 같다. 필자는 2010년 11월부터 2013년 2월까지 총 7회에 걸쳐 평균 3-4일 정도의 방문조사를 실시하였다. 현지 전문가들과 친분 관계를 맺고, 이들의 도움으로 각종 문헌자료를 수집하거나 이들의 네트워크를 이용해 현지 주민들에 대한 인터뷰를 수행할 수 있었다. 각종 지역행사에 참여하는 방법으로 주민들과의 접촉 및 인터뷰 기회를 확대하기도 하였다.

---

4) 도시공동체에 관한 이론적 논의는 최병두(2000: 32-50)의 연구를 참조할 수 있다. 한국의 도시 연구에서는 '공동체'라는 용어가 남용되는 경향이 있다. 필자는 지역공동체보다 지역조직이라는 용어가 더 유용하다고 본다. 고전적 공동체 이론을 현대 도시사회 이해에 적용해 볼 수는 있지만, 현실과 괴리된 논리 전개나 공동체를 이상화하거나 낭만화시킨 운동론적 논의로 흐를 위험성도 있다.

2. 뉴타운이라는 고향

　　일본에서 뉴타운(ニュータウン)은 도도부현과 시정촌의 지자체나 일본주택공단의 종합적 계획에 따라 단기간에 건설된 주거지를 의미한다. 대부분이 대도시 근교에 위치한, 이른바 베드타운의 성격을 띠고 있으며, 주택양식은 아파트단지가 주류를 이루고 있다. 고도성장기 도시 임금생활자의 주택난 해소가 등장의 배경이었던 점까지 감안하면, 한국어로는 신도시로 번역되어도 무방할 것이다.[5] 다만, 한국어의 신도시는 대규모 주거지뿐만 아니라, 행정, 공업, 상업 등의 방향으로 특화된 도시를 총칭하는 단어이며, 일본어의 뉴타운은 한국식 감각이라면 그 규모가 신도시보다 작은 대규모 아파트단지까지 포괄하는 것으로 볼 수 있다.

　　센리뉴타운은 1962년 9월부터 주민들의 입주가 시작되어 1970년 6월 완료된 일본 최초의 신도시(뉴타운)이다. 그런데 최초라는 수식어에 대해서는 현지에서 적지 않은 논란이 있다. 센리뉴타운 주변에만도 먼저 건설된 수 개의 뉴타운이 있다. 최초임을 주장하는 센리 주민들과 전문가들은 뉴타운의 규모를 기준으로 제시한다. 일본 국토교통성은 계획면적 300헥타르 이상의 뉴타운을 대규모 뉴타운이라고 구분한다. 2010년 3월 말 현재 일본 전국에는 총 2,010개소의 뉴타운이 있으며, 이 중 300헥타르 이상의 대규모 뉴타운은 63개소이다. 여기서도 약간의 논란

---

5) 한국에서 '뉴타운'이라는 용어는 2002년부터 서울시가 시작한 '서울시 뉴타운사업'을 통해 대중화되고 있다.

의 여지가 있긴 하지만, 센리 주민들은 흔히 센리뉴타운이 일본 최초의 대규모 뉴타운이라고 말한다.

최초라는 수식어가 붙는 더 중요한 이유는 다른 데 있다. 우선 뉴타운 설계와 주민들의 라이프스타일에 있어 센리뉴타운은 이후에 생긴 많은 뉴타운들의 모델이 되었다. 센리뉴타운이 생긴 이후 일본 전국에는 유사한 경관과 구조를 가진 뉴타운들이 속속 건설되었다. 센리뉴타운은 새로운 도시 생활에 대한 동경을 만들어낸 최초의 성공한 뉴타운이었다.[6]

센리뉴타운은 전후 일본의 고도성장이 본격화되는 1950년대 후반 당시의 주택난 해소를 위해 오사카 부의 주도로 개발되기 시작했다. 1960년 7월 발족된 오사카 부 기업국이 설계 및 건설을 주관하였으며, 일본주택공단, 오사카부주택공급공사, 민간기업 등이 사업에 참여하였다. 1962년 9월 설립된 센리개발센터가 분양 및 임대와 관리 사무를 담당하였다. 센리뉴타운의 총 개발면적은 1,160헥타르이며, 수용계획인구는 15만 명, 완성된 주택 호수는 37,330호였다. 4층에서 14층의 아파트 형태

---

6) 센리뉴타운이 전국적 유명세를 얻고 성공적 뉴타운으로 자리 잡을 수 있었던 데는 센리뉴타운 바로 옆에서 1970년 개최된 오사카만국박람회가 결정적 영향을 미쳤다. 1960년대 후반 센리뉴타운의 건설과 입주는 오사카만국박람회의 준비 상황과 세트로 전국에 홍보되었다. 이 과정에서 새로운 개념의 도시계획에 따라 건설된 센리뉴타운의 생활공간과 아파트단지 경관은 일본 국민들로 하여금 고도성장기 경제발전 속에서 신생활에의 꿈을 갖게 만들었다. 1960년대 후반 일본의 천황가 일족, 총리를 비롯한 고위급 정부 인사, 국빈급 인사들이 만국박람회장과 함께 센리뉴타운을 방문하였으며, 센리뉴타운 건설과 지역만들기는 일종의 국책사업과 같은 의미를 갖게 되었다(진필수, 2013: 234).

<figure>

〈그림 1〉 센리뉴타운(千里ニュータウン)의 위치

센리뉴타운(千里ニュータウン)은 오사카 부(大阪府)의 북부에 위치해 있으며, 오사카 시(大阪市)의 도심에서 약 10~15km 정도 떨어져 있다. 행정구역은 스이타 시(吹田市)와 도요나카 시(豊中市)에 걸쳐 있다.

자료: 센리정보관(千里情報館) 홈페이지 http://www.senrint-jyohokan.jp/info.html

</figure>

의 집합주택이 총 31,101호 건설되었으며, 이 중 오사카 부 공영주택(부영주택)이 10,332호, 오사카부주택공급공사 주택(공사주택)이 4,767호, 일본주택공단 주택(공단주택)이 9,636호 기업소유 사택(社宅)이 6,366호였다. 단독주택은 6,229호 건설되었다(大阪府, 1970: 87).[7] 1980년대 이

---

7) 아파트 건물 벽면에 오사카부주택공급공사 주택은 A, 오사카 부 공영주택은

후 많은 아파트가 증축되긴 했지만, 소규모의 임대아파트 거주자부터 대지면적 평균 100평 규모에 사는 단독주택 거주자에 이르기까지 다양한 계급의 사람들이 혼합되어 살도록 설계되어 있다.

센리뉴타운은 오사카 부(大阪府)의 북부에 위치해 있으며, 오사카 시(大阪市)에서 북쪽으로 약 15km 정도 떨어져 있다. 센리뉴타운에서 오사카 시 도심 우메다역(梅田驛)까지는 전철로 약 30분 정도 걸리며, 북오사카급행선(北大阪急行線)과 한큐센리선(阪急千里線)의 두 개 노선으로 연결되어 있다. 오사카 지역의 주요 신칸센 역인 신오사카역(新大阪驛)까지는 20분 정도에 갈 수 있고, 도쿄를 비롯한 일본 전국의 대도시들이 일일생활권으로 연결되어 있다. 메이신(名神) 고속도로와 츄고쿠자동차도로(中国自動車道)에 대한 접근성이 매우 뛰어나며, 오사카 시 외곽의 순환도로인 오사카환상선(大阪環状線)이 센리뉴타운을 동서로 관통하고 있다. 항공 교통의 여건도 좋아서 센리중앙역과 오사카 이타미(伊丹) 공항은 모노레일이 연결되어 30분도 걸리지 않는 거리에 있다(진필수 2013:232-3).[8]

B, 일본주택공단 주택은 C, 기업소유 사택은 D의 표식이 붙어 있다(大阪府, 1970: 235).

8) 센리뉴타운의 소개에 관한 부분은 졸고(진필수, 2013)와 일부 중복되는 부분이 있음을 밝혀 둔다.

〈그림 2〉 센리뉴타운 각 주구(住区)의 배치

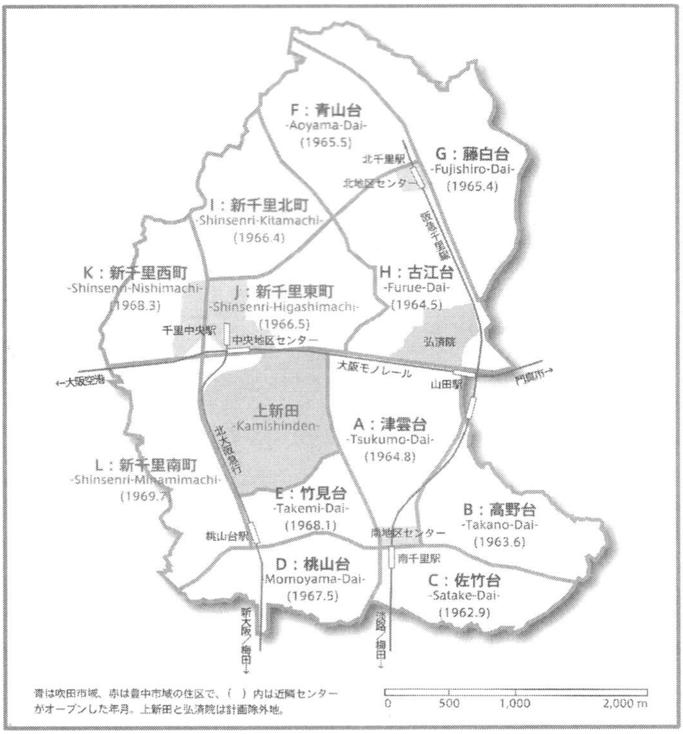

자료: 千里ニュータウン50周年記念行事実行委員会, 2012, 「千里ニュータウンウォーク・ガイド」.

센리뉴타운은 하나의 행정구역에 속한 것이 아니라, 스이타 시(吹田市)와 도요나카 시(豊中市)에 걸쳐 있다. 〈그림 2〉를 통해서 보면, A에서 H까지의 8개 주구가 스이타 시 행정구역에 속해 있으며, I에서 L까지의 4개 주구가 도요나카 시 행정구역에 속해 있다. 스이타 시에 속한 뉴타운 구역은 791헥타르이며, 도요나카 시에 속한 구역이 369헥타르이다. 뉴타운의 많은 주민들은 센리라는 지역에 대한 소속감과 자부심을

<사진 1> 센리중앙역 일대 풍경　　　　<사진 2> 센리뉴타운 아파트 풍경

가지고 있는 것으로 이야기되고 있다. 그러나 동시에 스이타 시 구역 뉴타운 주민들과 도요나키 시 구역 뉴타운 주민들은 서로를 구별하면서 통합되지 않는 경우도 종종 있다.

　센리뉴타운은 근린주구이론에 따라 설계되어 총 12개의 주구(住区)로 구성되어 있다. 하나의 주구는 2,000-4,000호 정도의 주택으로 구성되어 있으며, 아파트단지와 단독주택이 공존하고 있다. 센리뉴타운의 12개 주구는 고유한 명칭을 가지고 있으며, 1962년부터 주민들의 입주시기에 따라 순차적으로 형성되었다. 〈그림 2〉에는 각 주구의 입주시기가 괄호 안의 숫자로 표시되어 있다. 사타케다이(佐竹台), 다카노다이(高野台), 쓰쿠모다이(津雲台), 모모야마다이(桃山台), 다케미다이(竹見台)의 5개 주구는 남센리 지구를 구성하고 있으며, 남센리역(南千里駅) 일대가 지구센터이다. 후루에다이(古江台), 후지시로다이(藤白台), 아오야마다이(青山台)의 3개 주구는 북센리 지구를 구성하고 있으며, 북센리역(北千里駅) 일대가 지구센터를 이루고 있다. 신센리 키타마치(新千里北町), 신센리 히가시마치(新千里東町), 신센리 니시마치(新千里西町), 신센리 미나미마치(新千里南町)의 4개 주구가 센리중앙 지구를 이

〈사진 3〉 센리중앙역 쇼핑센터

〈사진 4〉 오사카만국박람회 기념공원 풍경

루고 있으며, 지구센터가 있는 센리중앙역(千里中央駅) 일대는 센리뉴타운 전체의 중심지이다.

근린주구이론은 하나의 주구를 하나의 촌락과 같이 자족적 생활 단위로 만들고자 하는 구상이다. 하나의 주구에는 주요 생활시설로서 근린센터(상가), 진료소, 보육원, 유치원, 초등학교, 근린공원이 배치되어 있고, 주민 집회소가 있는 주구도 있다. 센리뉴타운의 경우에는 생활시설이 밀집한 중심지 주변에 아파트단지가 형성되어 있으며, 단독주택은 배후지에 위치해 있다.

중학교는 2개 주구마다 1개소씩 설치되어 있다. 고등학교와 지구공원은 3개 지구별로 1개소씩 설치되어 있다. 지구센터에는 쇼핑센터, 음식점, 병원, 각종 생활편의시설, 각종 업무시설, 행정, 복지, 교육기관의 출장소를 비롯한 각종 공공시설이 밀집되어 있다. 센리중앙지구센터는 3개 지구센터 중 가장 늦게 완성되었는데, 센리뉴타운 전체의 중심지일 뿐만 아니라 오사카만국박람회의 영향으로 오사카 북부의 중심지로 부상하여 지금도 뉴타운 인근의 많은 주민들이 왕래하고 있다. 여기에는 일본 전국에서 위세를 떨치는 백화점, 언론사, 은행 및 금융회사 등의 지점이 위치해 있다. 센리뉴타운 주변에는 오사카만국박람회 기념공원, 국립민족학박물관, 간사이대학, 오사카대학 및 부속병원 등이 위치해 있어서 대단히 양호한 생활환경을 조성하고 있다.

근린주구이론에 따라 설계된 주구의 공간 구조는 주민생활과 지연조직의 형성에 중요한 영향을 미칠 수 있다. 하나의 주구가 자율성을 갖기 때문에 주구별로 지연조직이 형성될 토대가 마련되어 있다. 지연조직의 자세한 양상에 대해서는 다음 장에서 살펴보기로 한다.

〈표 1〉 센리뉴타운의 인구와 고령화(65세 이상 인구 및 비율) 추이

		뉴타운 내 스이타 시 구역	뉴타운 내 도요나카 시 구역	센리뉴타운	스이타 시 전체	도요나카 시 전체
1970년	명	2,396/78,090	-/30,574	-/108,664	-/259,619	-/368,498
	%	3.1	-	-	-	-
1975년	명	3,209/86,501	1,294/43,359	4,503/129,860	15,316/300,956	20,934/398,384
	%	3.7	3.0	3.5	5.1	5.3
1980년	명	4,047/81,775	1,718/41,526	5,765/123,301	19,055/332,418	25,780/403,174
	%	4.9	4.1	4.7	5.7	6.4
1985년	명	4,921/77,281	2,139/38,238	7,060/115,609	22,300/348,948	29,870/413,213
	%	6.4	5.6	6.1	6.4	7.2
1990년	명	6,230/71,920	2,802/36,893	9,032/108,813	26,805/345,206	35,236/409,837
	%	8.7	7.6	8.3	7.8	8.6
1995년	명	8,896/70,220	4,215/34,350	13,111/104,570	34,691/342,760	44,408/398,908
	%	12.7	12.3	12.5	10.1	11.1
2000년	명	12,334/64,678	5,976/31,263	18,310/95,941	44,885/347,929	56,598/391,726
	%	19.1	19.1	19.1	12.9	14.4
2005년	명	15,689/61,748	7,645/27,823	23,334/89,571	57,131/353,885	71,067/386,623
	%	25.4	27.4	26.1	16.2	18.4
2010년	명	17,423/57,771	9,588/31,566	27,011/89,337	68,710/347,495	84,826/390,325
	%	30.2	30.4	30.2	19.8	21.7

자료: 吹田市・豊中市千里ニュータウン連絡会議, 2011, 1~11쪽.

〈표 1〉에서 확인할 수 있듯이, 센리뉴타운의 인구는 2010년 3월 말 현재 89,337명을 기록하였고, 1975년 129,860명을 정점으로 지속적으로 감소하고 있다. 뉴타운 내에서 스이타 시 구역 인구는 도요나카 시 구역 인구의 약 2배 수준을 유지하고 있다. 센리뉴타운이 1970-80년대 중상류층의 거주지로 위세를 떨치면서 뉴타운 주변으로 주택지가 계속 확대되어 왔다. 뉴타운 이외의 스이타 시 및 도요나카 시 구역에는 젊은 층 인구가 계속해서 유입되었으며, 1975년 이후에도 인구가 증가하였다.

〈표 1〉을 통해 센리뉴타운의 고령화 추이를 살펴볼 수 있다. 2010년 10월 현재 65세 이상의 인구 비율이 30.2%를 기록하여 그야말로 초고령화 사회의 모습이 나타나고 있다. 2011년 10월 현재 일본 전국의 고령화율이 23.3%, 오사카부의 고령화율이 22.7%인 것[9]과 비교하더라도 센리뉴타운의 고령화율은 이례적인 것이라 할 수 있다. 이에 비해 스이타 시 전체와 도요나카 시 전체의 고령화율은 센리뉴타운의 고령자를 포함하고도 오사카 부의 고령화율을 밑돌고 있다. 이것은 뉴타운 이외의 구역에서 젊은 층 인구의 유입이 활발하게 진행되고 있다는 사실을 나타내고 있다.

센리뉴타운에서 나타나는 초고령화의 원인은 뉴타운에 초기 입주민들의 강한 정주 성향에 있다. 2003-4년에 실시된 한 표본 설문조사에 따르면, 거주연수 31년 이상의 세대가 59.1%, 21-30년이 10.2%, 11-20년이 16.1%, 1-10년이 14.5%를 차지하는 것으로 나타났다. 1972-3년 이전에

---

9) 內閣府, 2012, 「高齢社会白書平成24年度版」, 2, 7쪽.

입주해서 당시까지 거주하던 주민들이 60%에 육박했으며, 이들이 2010년대 이후 70-80대에 접어들면서 뉴타운의 고령화를 주도하고 있다(山本茂, 2009: 63쪽).

센리의 초기 입주민들은 일본 고도성장의 주역이었던 전형적인 도시 임금생활자로 구성되어 있었다. 1973년 오사카 부 센리센터의 조사 결과에 따르면, 1960년대 입주 당시 남편은 30대 초반, 아내는 20대 후반, 5세 이하의 자녀를 1-2명 가진 부부가 압도적인 다수를 차지했다. 성인 남성의 약 80%는 사무관리직이나 기술직에 종사하였으며, 자영업과 숙련·단순노무직 종사자는 각각 10%에 미치지 못했다. 성인여성의 약 70%는 전업주부였고, 파트타임·재택근무 취업여성을 제외한 직장통근 여성은 10%에 미치지 못했다. 뉴타운 입주 직전 거주지는 대부분 오사카 및 그 주변 지역으로 나타나고 있는데, 이는 출신 지역에서 오사카 지역으로 이주한 뒤 결혼한 부부가 후속 이주한 곳이 센리라는 것을 나타내고 있다(大阪府千里センター, 1973: 15-6). 필자가 인터뷰 과정에서 얻은 자료에 따르면, 1세대 주민들의 출신 지역은 대개 긴키(近畿) 지방으로부터 서쪽과 남쪽에 이르는 지역이다.

센리 주민들의 정주 성향이 일본 뉴타운 주민들 사이에서 얼마나 일반적인 현상인가에 대해서는 앞으로 좀 더 면밀한 검토가 필요할 것이다. 다만, 필자가 2013년 2월 방문했던 고베 시(神戸市) 근교의 스마(須磨)뉴타운에서도 현지 전문가로부터 초기 입주민들의 정주 성향에 따른 초고령화 현상에 대한 증언을 들을 수 있었다.[10] 한국의 아파트단지와 신도시의 경우에는 안정적 주거보다 아파트의 재산적 가치를 중요시하는 경제주의(economism)적 관념과 전세 제도 때문에 주민들의 이동성이 훨씬 높은 것으로 생각된다(진필수, 2012). 적어도 한국 아파트단지와 신도시에서는 최초 입주민들 가운데 약 60%에 달하는 주민들이 50년 이상 정주하는 현상은 생각하기 힘든 것이다.

센리뉴타운의 지역활동가들과 전문가들은 주민들의 고령화에 따른 지역사회의 활력 감퇴를 크게 우려하고 있다. 주구 내의 근린센터와 진료소의 상당수는 소비자 감소와 경영자 및 의사의 은퇴로 이미 문을 닫았고, 자녀를 출산할 수 있는 젊은 세대의 유입이 적어 초등학교의 학생 수도 급감하고 있다. 지역 언론에서는 무연사회와 고독사의 위기가 심화되어 나타나는 장소로서 고령화된 뉴타운에 주목하고 있다.

주민들의 최초 입주 이후 50년이 지난 센리뉴타운을 비롯해 1960-70년대에 건설된 일본의 많은 뉴타운들은 주민의 고령화 외에도 주택 및 각종 건물의 노후화 문제에 직면해 있다. 사실 지역사회의 활력 감퇴는 아파트 및 상가의 노후화로 젊은 세대의 새로운 주민들이 유입되지 않게 된 상황에 기인하는 바도 크다. 오사카 북부의 양호한 주거지로 명성을 떨치는 센리뉴타운은 젊은 세대로부터 입주가 회피되는 정도는 아니다. 오히려 기존 주민들의 정주 성향이 강해 외부인들에게 입주 기회가 잘 주어지지 않는다고 해야 할 것이다. 1세대 센리 주민들의 자녀 가족이 뉴타운 내에 입주하지 못해 뉴타운 주변의 주택가에 거주하는 경우를 흔히 볼 수 있다.

---

10) 도쿄 인근 다마(多摩)뉴타운의 경우에는 최초 입주민의 약 80%가 타지로 이주한 현상이 보고된 바 있다(임채성, 2012: 104).

〈사진 5〉 노후화된 한 근린상가의 풍경 　　〈사진 6〉 근린센터의 한 폐업병원

자료: 오쿠이 타케시(奧居武) 제공

　　센리뉴타운에서 아파트단지 재건축은 두 가지 측면에서 초미의 관심사가 되고 있다. 재건축업자 및 관계자들은 센리뉴타운의 부동산 가치가 높기 때문에 경제적 동기에 따라 재건축에 큰 관심을 가지고 있다. 센리의 활동가들과 많은 주민들은 주택의 질 개선은 물론이고, 젊은 세대가 유입되어 현재의 주민구성으로는 10-20년 더 진행될 극단적 고령화를 막을 수 있는 기회가 된다는 점에서 재건축에 비상한 관심을 가지고 있다.

　　그런데 센리뉴타운에서 아파트단지의 재건축은 매우 더디게 진행되고 있다. 단독주택의 재건축은 오래전부터 활발하게 진행되어 왔지만, 아파트단지의 재건축은 건물이 건축된 지 40-50년이 지난 시점에서도 제대로 진행되지 않고 있다. 센리에서 아파트단지의 재건축은 주민 합의를 이루는 데 무엇보다 큰 난관이 있다고 이야기되고 있다. 센리에서는 개별세대가 분할소유권을 가진 분양아파트보다 오사카 부가 소유권을 가진 임대아파트의 재건축이 먼저 진행되고 있다.

　　일본의 아파트단지 재건축에 있어서는 주민 합의가 다수결이나 다

수의 힘에 의해 결정되지 않으며, 거주자 개별세대와 주변 이해관계자의 권리가 비교적 잘 보호되는 경향이 있다. 한국의 경우에는 재건축이 대규모로 진행되는 가운데 지주조합의 구성원 다수나 사업자의 독단이 문제를 발생시키거나 국가 및 공공단체의 권리 남용이 문제를 발생시키는 경우가 흔히 있다. 센리의 경우에는 재건축이 소규모로 진행되고 있으며, 단지별 주민단체나 개별가구의 권리 주장이 내부적 충돌을 일으키면서 문제가 발생하고 있다. 예를 들어, 한 아파트단지가 층수를 높여서 재건축을 추진하는 데 대해 옆 단지의 주민들이 일조권을 침해받는다는 이유로 재판을 일으킴으로써 재건축이 지연된 사례를 볼 수 있다. 센리의 일부 활동가들과 지역재생 전문가들은 신속하고 바람직한 방향의 재건축을 위해 공공성에 대한 인식과 시민조직에 의한 새로운 공공주체 창출의 필요성을 제기하고 있다.

센리뉴타운의 고령화는 당분간 더 심화될 것이다. 이에 따라 고령자의 고립과 고독사의 위기 역시 심화되어 갈 것이다. 1세대 주민들의 자녀가족이 뉴타운 주변에 거주하는 경우가 많기 때문에 가족관계의 해체가 이례적으로 심각한 수준까지 진행되고 있는 것은 아니다, 그러나 핵가족주의가 지배하는 상황에서 고령화가 심화될수록 고령자 단신 가족의 수가 늘어나는 것은 필연적인 것이고, 센리뉴타운에서는 개인주의의 문화에 익숙하고 연금이라는 경제적 기반을 가진 노인들이 스스로 고립을 선택하는 중상류층 고독사의 패턴이 나타날 가능성이 많다(진필수, 2013).

1세대 주민들의 고령화와 함께 지역조직의 중요성이 확대되고 있다. 전업주부 여성들의 육아 종료와 직장생활을 하던 남성들의 퇴직은 센리의 지역적 인간관계에 새로운 국면을 열고 있다. 가정과 직장에서 해방된 고령자들은 낮은 이동성으로 인해 거주지의 인간관계에 많은 시간과 노력을 할애하는 상황이 되었다. 더구나 1세대 센리 주민들은 일본의 어느 뉴타운 주민보다 정주 성향이 강하고 센리를 자신의 고향으로 생각하는 관념을 가지고 있다. 40-50년 동안 뉴타운에서 살아온 센리 주민들이 어떠한 지역조직을 구성하고 지연적 인간관계 속에서 어떠한 종류의 유대감을 형성해 왔는가는 앞으로 주민의 고령화에 직면하게 될 일본과 한국의 신도시 연구에 중요한 의미를 지닌다.

3. 지역조직에서의 사회적 유대 형성

　뉴타운의 기본적 속성은 새로운 주민들이 정착한 완벽한 식민지이다. 센리뉴타운의 경우에는 예외적으로 가미신덴(上新田)이라는 구주민(원주민) 촌락이 뉴타운 개발에서 제외된 채 잔존하고 있다. 이 촌락에는 지역 신사가 번성하고 있고, 주민들은 인근 전답의 보상과 지가 상승으로 경제적 부를 축적하였다. 가미신덴 촌락의 구주민들과 센리뉴타운의 신주민들은 공식적 교류를 하지 않으며, 지연조직의 구성 및 운영이 단절되어 있다. 양쪽은 지연조직의 구성 원리에서도 중요한 차이를 보이고 있다. 뉴타운 형성 초기부터 뉴타운 주민들 사이에서는 신도와 불교를 비롯한 종교에 대한 관심이 매우 희박한 것으로 나타났다(大阪

府千里センター, 1973: 32). 신사나 절을 중심으로 결속되는 구주민의 지역공동체와 달리 뉴타운 신주민의 지연조직은 종교적 색채를 결여하고 있다.

1세대 센리뉴타운 주민들의 경우, 고도성장기 동안 정착된 성별분업 구조에 의해 남성에게는 직장생활이, 여성에게는 가정생활에서의 가사 및 육아가 중심적 역할이 되었다. 이 시기 동안 지역적 인간관계는 생활상의 편의와 성공적 자녀교육을 추구하는 여성들에 의해 주도되었고, 여성들의 일상적·비공식적 관계와 학부모회(PTA회)가 중요성을 가지고 있었다. 그러나 간사이(關西)지방 각지에서 모인 주민들의 지역조직이 어떠한 양상을 띨 것인지는 미지수였다고 해야 할 것이다.

센리뉴타운 주민들의 지역조직이 뉴타운 내 스이타 시 구역과 도요나카 시 구역에서 서로 다른 특성을 나타내는 점이 흥미롭다. 스이타 시 구역은 자치회 중심의 지역조직이 발달해 있고, 도요나카 시 구역은 NPO(비영리 시민조직) 중심의 자발적 결사체가 활발한 활동을 하고 있다. 그런데 이 차이는 조직의 구성 및 운영 원리의 차이에 그치는 것이 아니고, 두 구역 주민들 사이에서는 서로를 구별하는 차별성의 근거로 전환되는 경우가 있다. 스이타 시 구역 주민들에 대해서는 지역사회를 농촌 마을처럼 무라(村)화시키고 외부인에 대해 폐쇄적인 반면, 주민들의 유대와 결속력이 높다는 평가가 있다. 도요나카 시 구역 주민들에 대해서는 개인주의적이고 지역에 대한 관심도가 낮지만, 개방적이며 시민성이 높다는 평가가 있다. 본고는 지역조직의 서로 다른 두 유형에 따라 지연적 유대의 내용과 성격도 달라질 것이라고 보고, 이에 대한 고찰을 수행하고자 한다.

3.1. 자치회 유형의 경우

가까운 장소에 거주한다는 이유로 생겨나는 지연적 인간관계, 사회 조직, 유대가 봉건적이거나 전근대적인 것인가, 아니면 보편적 문화 요소인가에 대해서는 많은 논란이 있을 수 있다. 본고의 논의는 구주민들이 거의 존재하지 않는 상태에서 처음 대면하는 이주민들이 새롭게 지연조직을 구성하는 신도시의 사례를 다룬다는 점에서 중요성이 있다. 구주민들이 기존의 지연조직을 통해 영향력을 발휘하는 일본의 일반적 도시 지역과 달리 신도시에서는 자치회가 적어도 자발성이라는 측면에서는 다른 시민조직이나 자발적 결사체와 다르지 않다. 자치회가 생활의 포괄적 협력을 추구한다는 점에서 한정된 목적을 위해 운영되는 다른 결사체와 다르다고 해야 할 것이다.

센리뉴타운에서 주민들의 입주는 1962년 9월 사타케다이(佐竹台)부터 입주가 시작되었는데, 입주민들은 1963년 7월 7일 사타케다이자치연합회와 11개 단위자치회의 결성을 완료하였다.[11] 이후 입주가 이어진 다카노다이(高野台)와 후루에다이(古江台) 주민들도 입주 후 짧은 시간에 자치회를 결성하였다. 이 사실은 이촌향도 현상이 절정에 달하던 당시 일본의 시대적 상황에서 결코 예외적인 것만은 아닐 것이다. 당시의 입주민들에게 정내회나 자치회 같은 지역조직은 이미 농촌의 고향에서

---

11) 「千里山タイムス」, 1963.10.15.

경험한 적이 있었기 때문에 익숙하고 당연한 것으로 여겨졌던 것 같다. 그러나 센리 주민들의 자치회 결성을 문화적 관성으로만 설명할 수는 없다.

1960년대 센리뉴타운에서 발간된 지역신문들을 보면,[12] 자치회 결성 및 운영을 둘러싸고 뉴타운 내외에서 많은 논란이 있었던 것을 알 수 있다. 주민들의 자치회 결성을 누구보다 필요로 했던 것은 아파트단지와 주민들을 관리해야 할 입장에 있었던 뉴타운 사업주체 오사카 부였으며, 실제로 결성 당시의 자치회는 행정조직의 말단 기능을 하는 관제자치회의 성격을 띠고 있었다. 이후 자치회는 입주 당시의 열악한 생활환경의 개선을 행정 측에 요구하는 주민조직으로 변모하면서 관제성을 탈피해 나갔다. 센리뉴타운의 건설공사와 인프라 구축은 1970년까지 계속되었기 때문에, 주민들이 처음 입주할 당시 센리는 허허벌판의 공사판과 다름없었다. 통근수단, 주차, 쓰레기소각장, 보육원 등의 문제가 산적해 있었으며, 자치회는 주민생활의 고충을 수렴해서 행정 측에 전달하고 개선을 요구하는, 말 그대로의 주민 자치조직이 되었다.

입주민의 약 90%가 오사카, 고베, 긴키 지역으로부터 이주한 사람들이었다. 기득권을 행사할 구주민들이 없었기 때문에 입주민들은 자신

---

12) 1960년대 센리뉴타운에는 『千里山タイムス』, 『千里』, 『ニュータウン』의 세 개의 신문이 있었다. 『千里山タイムス』는 1962년 6월 磯野良三 씨에 의해 센리뉴타운 지역신문으로 처음 창간되었으며, 2012년 4월부터는 인터넷판으로만 발행되고 있다. 『千里』는 오사카부 산하 센리뉴타운 관리 단체였던 센리개발센터가 1964년 12월 창간한 지역신문이다. 『千里ニュータウン』은 1964년 5월 당시 센리뉴타운의 자치회연합회에 의해 창간된 지역신문이다.

들이 결성한 자치회에서 자유롭게 의사를 표현하고 민주주의적 원리에 따라 의사결정을 할 수 있었다. 초기에는 주민들이나 단위자치회들 사이에 의견대립이나 갈등이 생겨 임원이 사퇴하는 일도 있었다.13) 초기 자치회의 상황을 살펴볼 때, 센리뉴타운의 자치회는 전후 민주주의의 분위기 속에서 주민들이 시민성(citizenship)을 학습하고 실현하는 시민조직으로서의 성격을 가지고 있었다는 점이 간과되어서는 안 될 것이다.

뉴타운의 생활조건이 개선되면서 생활운동 조직으로서의 자치회의 성격은 퇴색되었던 것으로 보인다. 자치회와 행정 측은 협조적 관계로 전환되어서 현재에 이르렀다. 뉴타운 내에서도 도요나카 시 구역보다 스이타 시 구역의 자치회 활동이 훨씬 활발한 것으로 알려져 있다. 그 이유 중 하나는 두 구역의 자치회가 서로 다른 행정구역에 포함되고 있고, 자치회와 시의 관계 그리고 자치회에 대한 시의 정책에 차이가 있기 때문이다. 도요나카 시에 비해 스이타 시가 자치회 육성에 더 적극적이고 자치회 활동에 대한 재정적 지원도 더 많다(吹田市, 2012; 豊中市, 2012).

오사카 부 한 지자체의 홈페이지 자료를 보면,14) 2008년 현재 스이타 시 주민(세대)들의 자치회 가입율은 약 60%이며, 도요나카 시의 경우는 약 50%로 나타나고 있다. 그런데 뉴타운 내 스이타 시 구역의 자치

---

13) 『千里山タイムス』, 1963.10.15.
14) 이바라키 시(茨木市)의 http://www.city.ibaraki.osaka.jp/shisei/gyozaisei/suijun /1312175091730.html 참조(검색일: 2013.5.19.).

회 가입율은 약 80%에 이를 것이라고 주민들에 의해 이야기되고 있다. 최근에 입주한 일부 주민 세대들을 제외하고는 모든 주민 세대들이 자치회에 가입해서 적극적이건 소극적이건 활동하고 있는 것으로 인식되고 있다.

뉴타운 입주 순서를 보면, 스이타 시 구역의 주구에서 먼저 입주가 시작되었으며, 도요나카 시 구역의 입주는 1966년 4월에야 시작되었다. 먼저 입주가 시작된 주구의 주민들일수록 생활환경 개선을 위해 자치회 활동에 더 적극적일 수밖에 없었으며, 그 결과 주민들 간의 유대감이 더 강하고 센리에 먼저 들어온 사람으로서 일종의 원주민의식을 가진 경우도 있다. 그 대표적 예가 사타케다이 주민들이며, 도요나카 시 구역에서도 먼저 입주가 시작된 신센리키타마치(新千里北町) 주구의 일부 자치회가 강한 결속력을 유지하고 있다. 2005년 스이타 시에서 작성한 지역만들기 지침을 보면, 자치회 조직의 구성과 활동을 활성화하는 방안이 대부분의 내용을 차지하고 있으며, NPO와 자발적 결사체의 지원 방안은 거의 논의되지 않았다.15) 뉴타운 스이타 시 구역에서는 자치회가 지역조직으로서 독보적 위치를 차지하고 있으며, 자치회의 권익을 침해한다는 이유로 특정 NPO법인을 해산시킨 경우도 있다.

아파트 관리라는 측면에서 보면, 센리뉴타운에서는 이원적 체제가 형성되었다. 센리뉴타운의 관리 주체인 오사카 부 센리센터는 관리인제

---

15) 이 문서에서는 자치회 및 각종 지역행사 위원회도 NPO 및 자발적 결사체와 함께 시민참가형 커뮤니티로서 규정되고 있으며, 전자의 두 조직은 지연형 커뮤니티로, 후자의 두 조직은 과제형·테마형 커뮤니티로 구분되고 있다.

도나 관리조합을 만들어 아파트주택의 기술적 관리를 전담하도록 했다.[16] 동시에 주민들의 자치회는 생활조건의 전반적 관리를 담당하는 주체가 되어 지자체의 지원을 받아 왔다. 센리뉴타운의 아파트단지에서는 원칙적으로 관리비라는 개념이 없다. 주택 임차료나 가스·전기·수도 요금은 있었지만, 주택과 주변 환경의 관리는 모두 주민들의 몫이었다. 방재, 방범, 가로등 및 주변도로 관리, 쓰레기 처리, 주변 청소, 집회소 관리 등, 한국의 아파트 같으면 아파트 관리사무소에서 하는 일을 센리에서는 모두 주민들이 해 왔다.[17] 스이타 시 구역 주민들은 1967년경부터 주차 관리까지 도맡아 왔다.[18] 스이타 시 구역 주민들은 입주 초기부터 강한 자치성을 발휘하였고, 스이타 시는 주민들의 자주적 관리 활동을

---

16) 2012년 인터뷰 당시 82세이던 NA 씨의 가족은 1962년 9월 15일, 센리뉴타운에 제일 처음 입주한 네 세대 가운데 한 세대이다. 남편은 오사카 부의 공무원이었는데, 관리인 신청을 해서 임대주택을 배정받았고, 월세를 내지 않는 대신 관리인 업무를 담당했다. NA 씨의 남편은 평일 퇴근 후 시간과 주말을 이용해 아파트 상태를 점검하거나 주민들의 민원을 받았다. 때로는 임대주택 거주자의 월세 체납을 독촉하는 일도 있었다. 한편, 최근에 건설된 분양 아파트에서는 경비나 관리를 전문화한 업자를 고용하는 경우도 있는데, 이러한 아파트의 거주자들은 매월 관리비를 내고 있다.

17) 한국에서도 센리뉴타운의 자치회에 상당하는 조직으로서 입주자대표회의, 부녀회, 통반과 같은 것이 있다. 이러한 주민조직은 경우에 따라 자치활동을 벌이기도 하지만, 대개는 관리사무소를 감독하는 정도의 기능을 수행한다 (임석회·이철우·전형수, 2003: 314-28).

18) 1966년 센리뉴타운에서는 마이카 붐과 함께 급증한 자동차의 주차 장소가 부족해 심각한 문제가 발생했다. 각 단지의 자동차 소유자들이 클럽을 결성하고 주차 문제의 해결을 위해 노력한 결과, 주차 관리의 권한은 자치회에 귀속되었다. 1967년 10월부터 스이타 시 구역의 아파트 단지에서는 자치회 구성원들이 순번제로 주차 관리를 하는 관행이 생겨 지금까지도 지속되고 있는 단지가 있다.

재정적으로 지원하는 체제가 되었다. 주민들의 자치회 활동이 상대적으로 부진한 도요나카 시 구역에서는 시(市)가 가로등 설치, 도로 관리, 쓰레기 처리 등의 일을 일괄적으로 처리하고, 세금으로 환수하는 방식을 취했다.

센리뉴타운에는 12개 주구가 있고, 각각에 지구(주구)연합자치회[19]가 있다. 가장 기초적인 자치회는 丁의 구획(단독주택의 경우)이나 수 개의 동(아파트의 경우)별로 묶인 단위자치회이다. 단위자치회는 대략 50-300호의 규모로 구성되어 있으며, 자치회 활동의 근간을 이루고 있다. 센리뉴타운에서도 자치회 활동이 가장 활발한 것으로 알려진 사타케다이의 예를 중심으로 자치회의 조직 및 활동에 대해 좀 더 구체적으로 살펴보자.

사타케다이에는 45개 동의 부영아파트가 있었는데, 최근 재건축 과정에서 B1-B12의 4층짜리 12개 동이 철거되고 10층짜리 8개 동이 새롭게 건설되고 있다. 재건축 과정에서 자치회가 재편되어 사다케다이 부영아파트 구역에는 2012년 11월 현재 총 9개의 단위자치회가 있다. 각 자치회는 佐竹会, 幸睦会, 南幸睦会, 西幸睦会, 三和会, 千里会, 東陵会, 第一自治会, 第二自治会와 같은 고유한 명칭을 가지고 있다. 이 중에서 앞의 7개 자치회는 1962년 9월 입주와 함께 결성된 센리뉴타운에서도 가장 오래된 자치회들이다. 第一自治会와 第二自治会는 최근 아파트단지의 재건축으로 새롭게 결성된 자치회이다.

---

19) 여기서의 지구는 주구의 범위와 일치하는데, 이해의 혼란을 막기 위해 필요한 경우에는 괄호로 병기한다.

9개 단위자치회는 사타케다이 오사카 부 공영주택 연합자치회(이하 부영 연합자치회)를 구성하고 있으며, 부영 연합자치회는 사타케다이의 오사카부주택공급공사주택 연합자치회(이하 공사 연합자치회), 단독주택 연합자치회와 함께 사타케다이 지구(주구) 연합자치회를 구성하고 있다. 사타케다이 지구 연합자치회에는 2012년 11월 현재 약 30개의 단위자치회가 있는 것으로 알려져 있다. 사타케다이 지구(주구) 연합자치회는 스이타 시 연합자치회의 일원이며, 스이타 시 연합자치회에는 총 34개 지구 연합자치회가 있다.

각 주구별로 구성된 지구 연합자치회가 자치회 활동의 중심을 이루고 있다. 사타케다이 연합자치회는 연합자치회장과 단위자치회의 대표자들로 구성된 운영위원회 외에 청소년대책위원회, 사타케다이노인회연합회, 스이타방범협의회 사타케다이지부, 체육진흥회, 복지위원회의 5개의 산하단체를 두고 있다. 사타케다이 시민홀은 근린센터 내에 있는 2층짜리 건물로서 자치회 사무소이자 주민들의 집회 장소이다. 시민홀은 평상시 주민들의 써클 활동, 소규모 강좌 및 회합을 위한 장소로 개방되어 있다.

사타케다이 주민들이 참가하는 자치회의 3대 연중행사로서, 매년 8월 초의 여름마츠리, 10월 초의 시민체육제, 12월 초의 떡찧기 대회가 있다. 여름마츠리의 메인이벤트는 본오도리 대회인데, 1963년 8월 사타케다이 연합자치회 결성을 기념해서 처음 열린 이후 현재까지 계속되고 있다. 초기 대회 참가팀들은 여러 지방의 본오도리를 혼합하기도 하고, 무용전문가들의 조언을 얻기도 하면서 제각각의 안무를 만들었다. 그러한 혼종적 무용양식이 지금은 사타케다이만의 본오도리가 되었다고 관계자들은 말한다. 시민체육제는 체육진흥회가 준비한 다양한 종목의 경기를 치르면서 주민들의 친목을 도모하는 행사로서, 본오도리 대회와 같은 시기에 시작되었다. 떡찧기 행사는 옛날처럼 절구통에서 쌀을 찧어 떡을 만드는 행사로서, 주민들이 함께 모여 떡을 만들기도 하고 다른 주민들에게 나누어 주기도 한다. 3대 연중행사는 요즘도 30개 단위자치회가 적극적으로 참여하고 있으며 많은 주민들이 모인다. 이러한 행사들은 지구 내 다양한 계층의 주민들 사이에 정서적 친밀감이 생기도록 하는 효과를 가지고 있다.[20]

청소년대책위원회는 주로 초등학생을 대상으로 한 행사를 기획·운영하는 조직인데, 예를 들어 2012년 2월에는 사타케다이 초등학교에서 직업체험 마츠리를 개최했다. 사타케다이노인회연합회는 60세 이상의 주민이 가입할 수 있으며, 회원은 연간 1,500엔의 회비를 납부해야 한다. 노인회는 사회봉사 활동으로서 통학 및 공원 청소, 아동 보호 및 지역 순찰을 하고, 건강 유지를 위해 아침 체조, 그라운드 골프, 탁구, 하이킹, 무용 등을 하며, 문화·교양을 위해 가라오케, 하이쿠(俳句), 수예, 문화제, 일일여행, 사회견학 등을 한다.

스이타방범협의회 사타케다이지부는 매일 밤 10-12시에 지역 순찰을 하며, 지역 행사나 초등학생 입학을 전후한 기간 동안 방범 및 경비 활

---

20) 오쿠이 씨의 말에 따르면, 한 주구 내에 있는 공사 연합자치회와 부영 연합자치회가 한자리에 모이지 않는 주구도 있다고 한다. 계급적 격차 때문에 한 주구에 속해 있으면서도 자치회 주민들 사이에 친밀감이나 유대감이 형성되지 않는 경우가 흔히 있다고 한다.

동을 한다. 체육진흥회는 시민체육제를 포함해 그라운드골프 대회나 테니스 대회와 같은 체육 대회를 개최하며, 주말마다 초등학교와 중학교 운동장 및 체육관을 빌려 주야로 스포츠 교실을 열거나 걷기 대회를 주관하고 있다. 복지위원회는 스이타 시 사회복지협의회의 실천조직으로서 참가자들이 요리를 함께 만들어 점심식사를 하는 주민만남 식사회(ふれあい食事会)와 각종 놀이와 이야기를 즐기는 '활기찬 살롱(いきいきサロン)'을 비정기적으로 개최하고 있으며, 이 두 행사는 75세 이상의 주민을 대상으로 한다.

사타케다이 연합자치회는 주민들의 지연적 자치조직이자 지자체 행정의 말단조직으로서의 성격을 동시에 가지고 있다. 자치회 내 여러 조직의 활동은 단위자치회의 협력과 주민들의 참여 및 자원봉사에 전적으로 의존해 있다. 동시에 자치회는 주민들의 다양한 의견과 요구를 스이타 시에 전달하고, 스이타 시의 행정 정보를 주민들에게 알리거나 행정 요청을 실천하는 역할을 하기도 한다. 자치회는 행정 활동을 일부 대행해 주는 대신 집회소 건설이나 조직의 운영 및 활동에 있어 스이타 시로부터 적극적인 재정 지원을 받아 왔다. 최근에는 재건축 문제를 둘러싸고 오사카 부, 시공사, 당사자 주민들의 연결고리 역할을 하고 있기도 하다.

오쿠이 씨에 따르면, 현재 70-80대를 맞이하는 센리 주민들은 센리라는 지역을 자신의 손으로 만들었다는 자부심과 그에 따른 권리의식, 그리고 지역의 문제는 지역주민들이 결정한다는 자치의식을 강하게 가지고 있다고 한다.[21] 센리 주민들은 자치회 활동에 적극적으로 참여하며, 행정 측의 부당한 요청이나 명령에 반발하는 데에 익숙하다. 자치회 내부의 의사결정에서는 주민들 사이의 의견 충돌이 흔히 있는 일이다. 최근의 재건축 문제도 자치회 주민들 사이의 의견조정이 이루어지지 않아 일이 진행되지 않는가 하면, 사타케다이 부영 연합자치회는 오사카부가 소유권을 가진 임대주택의 재건축임에도 불구하고 주민들의 거주권을 상속할 수 있는 권리를 보장받고 새로운 아파트의 설계와 디자인 결정에까지 개입하였다.

1960-70년대 입주한 70-80대 주민들이 정주하면서 자치회를 장악해 온 결과, 자치회 내부의 폐쇄성이 문제로 지적되고 있다. 자치회 구성원들 간의 친밀감과 유대감은 높지만, 주민들의 고령화에 따라 자치회 행사의 참여율과 활력이 떨어지고 신주민들의 가입과 참여가 부진하다. 센리의 자치회가 고령화된 주민들의 주체적인 지역 활동을 보장하고 있긴 하지만, 지구(주구) 연합자치회의 수준에서는 지연적 관계와 유대의 중요성이 주요 임원 및 활동가와 자원봉사자들에게 한정된 것이다. 일반주민들에게 지연적 관계와 유대가 갖는 의미를 살펴보기 위해서는 단위자치회의 조직 및 활동에 대해 살펴볼 필요가 있다.

상기한 사타케다이의 단위자치회 가운데, NA 씨와 TA 씨[22] 등으로

---

21) 이들은 1960년대에 20-30대를 맞이한 세대로서 전후 일본의 민주주의 이데올로기의 영향을 가장 받았다고 할 수 있다. 센리에 입주하여 자치회를 결성하고 혼란된 생활환경을 개선해 나가는 과정에서 이러한 민주주의 이데올로기는 행정 측에 대해 자신의 의사와 권리를 주장하는 실천적 논리가 되었다.
22) TA 씨는 남성으로 2012년 인터뷰 당시 77세였다. TA 씨 가족은 1962년 9월 16일, 지금의 임대아파트에 입주하였다. 정년퇴직 때까지 한 회사의 영업직

부터 정보를 얻을 수 있었던 미쓰와카이(三和会)의 상황에 대해 살펴보기로 하자. 미쓰와카이(三和会)는 사타케다이 B39동, B40동, B41동의 3개 동 72세대로 구성되어 있다. 자치회 집행부 임원으로는 회장, 부회장, 회계, 공보부장, 위생부장, 방범부장, 주차관리부장, 체육부장, 문화부장의 9명과 감사 1명이 있다. 9명의 임원은 9개 계단의 대표자라고 일컬어져 왔다. B39동, B40동, B41동은 모두 4층의 아파트로 되어 있고, 1개 계단은 각 층마다 2세대씩 총 8세대로 이루어져 있다. B39동에는 2개 계단, B40동에는 3개 계단, B41동에는 4개 계단이 있다. 계단별 8세대 주민들은 대개 순번제로 매년 새로운 대표자를 선출하며, 매년 3월 말 자치회 총회에서 9명의 대표자에게 임원직이 배분된다.

공보부는 매년 3회 자치회 소식을 문서로 작성하여 주민 각 세대에 배부하고 있다. 이 문서에는 분기별 집행부 활동과 사타케다이 지구(주구) 연합자치회, 부영 연합자치회 소식이 실려 있다. 2011년도 자치회 소식을 살펴보면, 미쓰와카이 단위자치회의 활동은 대부분 두 연합자치회의 활동과 맞물려서 진행되고 있다. 미쓰와카이 집행부와 주민들은 두 연합자치회의 정례회와 총회에 참석하여 각종 행사와 행정 활동에 대한 정보를 청취하고 의사결정에 참여하며 단위자치회별로 할당되는 역할을 부여받는다. 방범부는 스이타방범협의회 사타케다이지부의 활동을, 체육부는 사타케다이 체육진흥회의 활동을 분담하고 있다. 문화부는 여

사원으로 일했으며, 1남 1녀의 자녀는 모두 결혼하여 시가 현(滋賀県)과 오사카 시에 살고 있다. 10년 전 부인이 심근 경색으로 사망하여 지금은 단신으로 살고 있으며, 재건축 아파트로의 이주를 기다리고 있다.

름마츠리, 떡찧기 대회 등의 축제 행사에서 미쓰와카이의 활동을 주관하고 있다.

미쓰와카이 단위자치회의 독자적 활동은 위생과 주차관리에 한정되고 있으며, 그것마저도 전문업자에게 위탁하는 방식으로 바뀌고 있다. 수년 전까지만 하더라도 주민들이 당번을 정하거나 정기적으로 모여 아파트 주변의 청소 및 잡초제거를 하고 주차구역 관리와 순찰을 했다. 주민들이 고령화되고, 최근 약 30세대가 재건축 아파트로 이주함에 따라 잡초제거는 업자에게 돈을 주고 위탁하게 되었고, 주차관리도 부영 연합자치회가 업자에게 위탁하는 방안을 모색하고 있다. 아파트 주변 청소만 미쓰와카이의 고유한 활동영역으로 남게 되었고, 매년 12월의 연말청소가 여전히 대부분의 미쓰와카이 주민들이 참여하는 중요 행사가 되고 있다. 자치회비는 2005년 연 6,000엔이던 것이 연 5,000엔으로 감액되었으며, 수년 전에는 연 3,000엔으로 감액되어 현재에 이르고 있다.

자치회의 공식적 활동 영역은 갈수록 축소되어 왔지만, 미쓰와카이 주민들의 지연적 유대는 일상생활의 영역에서 오랜 시간에 걸쳐 축적되어 왔다. 주민들의 일상생활에서 가장 기초적이고도 중요한 지연관계의 단위는 같은 계단을 함께 사용하는 8세대의 주민들이다. 이것은 미쓰와카이 주민들의 아파트와 유사한 구조의 아파트에 사는 센리 주민들에게도 공통된 것이다. TA 씨와 NA 씨에 따르면, 같은 계단을 사용하는 주민들은 수십 년의 기간 동안 일상적으로 만나면서 살아왔기 때문에 웬만한 친척보다 훨씬 친밀하고 익숙한 사이라고 한다. 이들은 자연스럽게 서로의 가정사까지 알고 지내 왔으며, 사건이나 사고로 위급한 상황에 처했을 때는 언제든지 서로에게 도움을 청할 수 있는 만큼 강력한 유대를 가지고 있다.[23]

미쓰와카이 주민들이 1960년대 처음 아파트에 입주했을 때는 대부분 20-30대의 젊은 부부였고, 생활수준도 비슷했다. 남성들이 직장생활을 했기 때문에 세대주 모임은 대개 일요일에 열렸다. 입주 초기에는 생활환경 개선을 위해 협력해야 할 일이 많아 세대주 모임이 매우 잦았으며, 1층 계단이 모임 장소였다. 자치회장이 전체 회의를 소집하면, 각 세대의 대표는 B39동 입구에 모여 회의를 하였다. 입주 초기에는 전원이 회의에 출석하곤 했는데, 시간이 지나면서 회의의 빈도도 줄고 출석자도 줄었다. 과거에는 미쓰와카이 주민들끼리 분기별로 소풍이나 여행을 가던 시기도 있었다.

샐러리맨 남편들이 직장생활로 바빴기 때문에 자치회 활동과 이웃 간의 지연적 유대를 형성하는 데 주도적 역할을 한 것은 주부생활을 하던 여성들이었다. 가사 및 육아의 과정에서 느끼는 생활의 불편함은 여성들로 하여금 지연적 유대를 형성하고 자치회 활동에 나서게 만드는 주요한 동기가 되었다. 일의 성격과 모임의 현안에 따라서는 남성들이

---

23) 약 10년 전 TA 씨의 부인이 심장마비로 쓰러져 위급상황에 처했을 때, 같은 계단에 사는 8세대 주민들이 모두 TA 씨의 집으로 달려와 응급처치를 도와주었다. 비록 부인이 사망하기는 했지만, 자치회 주민들이 장례식 때까지 많은 도움을 주었다고 한다. TA 씨는 스이타 시 구역의 자치회 활동이 활발한 편이지만, 자치회장의 성격이나 주민구성의 상황에 따라 주민들의 협력 정도에는 적지 않은 편차가 있다고 지적했다.

자치회 활동에 참여하는 경우도 있었지만, 자치회 주민들의 일상적 협력과 교류는 대부분 여성들에 의해 수행되었고 단위자치회의 집행부 임원도 대부분 여성들에게 맡겨졌다.

입주한 지 50년의 시간이 지나는 동안 미쓰와카이 주민들의 상황에도 많은 변화가 있었다. 직장을 다니던 남성들은 정년퇴직을 했고, 자녀들은 분가하였으며, 대부분의 주민들이 70-80대의 노인이 되었다. TA 씨와 같이 혼자서 살아가는 주민들도 갈수록 늘어나고 있다. TA 씨와 NA 씨는 자신들의 노후생활에 이웃 사람들과의 교제(付き合い)가 큰 의지가 된다고 한다. 이들은 최근 들어 미쓰와카이 자치회에서도 고독사의 문제가 자주 거론되고 있다고 말해 주었다. 스이타 시에서 고독사 방지를 위해 파견한 3명의 민생위원이 사타케다이 지역을 순회하고 있다고 하지만, 자신들의 집을 방문한 적은 없다고 한다. 미쓰카와이 자치회에서는 같은 계단을 사용하는 주민들끼리의 만남과 교제를 소중히 하라는 계몽 활동을 펼치고 있다고 한다.

그런데 사타케다이의 재건축에 따른 이주와 함께 단위자치회나 같은 계단 주민들 간의 지연적 유대가 깨지는 것이 큰 문제로 지적되고 있다. 2008년 사타케다이 재건축 공사가 시작되기 전 미쓰와카이 3개 동 주민들은 10층짜리 신축아파트 2개 동에 집단 이주할 것을 요구하여 오사카 부로부터 승인을 받았다. 그러나 오사카 부의 재정 악화로 미쓰와카이 주민들이 입주할 예정이던 신축아파트의 공사가 지체되고, 2011년 완공된 8개 동 신축아파트에 결원이 발생하자 미쓰와카이 주민 중 약 40세대가 주택을 배정받아 분산 이주하였다. 남아 있는 26세대의 주민들은 2015년 완공 예정인 신축아파트에 집단 이주할 예정이지만, 공사 지체에 분통을 터뜨리고 있다. 주민들의 분산 이주로 미쓰와카이 출신 주민들은 신축아파트의 자치회에 개별적으로 가입해야 하는 상황이 되었다.

재건축으로 인해 아파트의 구조가 10층 복도식으로 변화한 것도 주민들의 오랜 지연적 유대를 파괴하는 요인으로 지적되고 있다. 종래 단위자치회 주민들이 집단 이주한 경우에도 추첨식 주택 배정으로 인해 기존의 이웃관계가 뒤죽박죽되었다는 불만이 쏟아지고 있다. 특히 남성들의 불만이 두드러지는데, 계단을 오르내리면서 자연스럽게 만날 수 있었던 이웃들이 사라졌고, 한 층에 여러 세대가 있는 복도식 아파트에서는 이웃들에게 인사하기도 서먹하고 친분을 쌓기 힘들다고 한다. 이에 비해 여성들은 사는 곳이 달라져도 예전의 이웃들을 방문하는 데 대한 거리낌이 적고, 복도식 아파트의 한 층에 사는 새로운 이웃들과의 친분을 형성하는 데에도 적극적이다.

최근 들어 사타케다이 연합자치회들은 고령화된 주민들의 고립과 고독사의 위험을 방지하고 지역사회의 활력을 불어넣기 위해 새로운 방식의 주민 교류와 지연적 유대를 강화하려는 노력을 전개하고 있다. 사타케다이 공사(OHP) 연합자치회는 2009년 4월, 지구 연합자치회 및 연합노인회와 스이타 시 사회복지협의회 등의 협력을 얻어 '사타케다이 살롱'이라는 커뮤니티 카페를 개설했다. 이 카페는 단지 재건축에 따른 지역조직의 재편과 고령화된 주민들의 고립 위기에 대처하기 위해 지역주민들이 자유롭게 드나들면서 이야기를 나누고 사교를 할 수 있는 장소로 조성되었다. 사타케다이 A9동 집회실을 개조해서 26석의 규모로 만들어진 이 카페는 평일 정오에서 오후 4시까지 운영되고 있다. 100엔을 내고 커피를 마실 수 있으며 내방자가 음식을 가지고 들어갈 수도 있다. 약 30명의 지역 주민들이 교대로 자원봉사를 하면서 접객을 하고 신체가 불편한 노인들이나 장애인들을 돌본다.

사타케다이 지구(주구) 연합자치회는 2010년 4월부터 다세대 교류를 통한 지역활성화를 위해 스마일프로젝트를 수행하고 있다. 스마일프로젝트는 지구 연합자치회를 중심으로 산하단체는 물론, 지구 노인연합회, 지구 PTA회, 영유아보호자회, 주민 자원봉사자들이 긴밀히 협력하고, 오사카대학, 기업, 복지기관 등의 외부기관의 지원을 받는 대대적 사업이다. 연합자치회는 사타케다이 재건축 과정에서 다세대 교류 공간과 아동 학습실을 확보하여, 고령자, 아동, 보호자의 3세대가 교류하는 프로그램을 실행하고 있다. 2011년 9월에는 근린센터 상가의 한 점포에 '사타켄야'라는 커뮤니티 카페를 개설하였다. 자원봉사자들이 매일 11시부터 16시까지 저렴한 가격의 점심식사나 커피를 제공하면서 주민 교류의 장을 만들기 위해 다양한 노력을 하고 있다.

사타케다이 부영 연합자치회는 2011년 4월 오사카 부의 지원으로 집회소를 개조해 '후레아이리빙구'라는 커뮤니티 카페를 개설하였다. 후레아이리빙구는 매주 월·수·금 12시 30분부터 15시 30분까지 운영된다. 월·수·금마다 3명의 주민이 당번제로 자원봉사를 한다. 상기한 NA 씨가 자원봉사자 중의 한 사람이다. NA 씨는 남편이 노인요양시설에 있기 때문에 사실상 단신거주라고 할 수 있는데, 남편과 자녀가족을 만나는 시간 이외에 지역활동을 함으로써 즐거움과 보람을 느낀다고 한다.

사타케다이의 지역활성화 사업과 커뮤니티 카페는 재건축으로 인해 재편되거나 깨지고 있는 자치회 중심의 오랜 지연적 유대를 대신할 만한 새로운 방식의 주민 교류와 유대 형성을 모색하고 있는 것이다. 사타케다이 주민들은 오래되고 익숙한 이웃 관계나 자치회 중심의 인간관계에 강한 유대감을 가지고 있지만, 이를 넘어선 인간관계에 있어서는 폐쇄성을 보여 왔다. 기존의 지연적 유대가 고령화된 주민들의 고립과 고독사의 위기를 방지하는 장치가 될 수 있지만, 재건축 이후의 사타케다이 주민들은 새로운 성격과 방식의 지연적 유대를 형성해야 하는 상황에 처해 있다. 사타케다이의 커뮤니티 카페가 어떤 성과를 낼지는 아직 미지수이지만, 자치회에 의존하지 않는 새로운 유형의 지연적 유대를 형성하는 방향으로 나아가고 있다.

3.2. 자발적 결사체 유형의 경우

본고에서 자치회와 자발적 결사체는 근대성이나 시민성에 의해 그 성격이 구분되는 사회조직이 아니다. 센리뉴타운의 자치회는 시민조직의 성격을 갖는 것으로, 개인의 자발적 의사에 따라 가입과 참여가 선택된 것이다. 자치회의 가입률과 참여도가 높고, 그 역사가 오래되었다는 것이 특징이다. 뉴타운의 자치회는 다양한 자발적 결사체 중의 한 종류이다.

전형적 의미의 자발적 결사체는 자치회에 비해 단체의 목적과 구성원들의 관계가 좀 더 제한적이고, 속성상 지역범위의 제한을 받지 않는다. 그러나 본고에서는 지역범위의 제한을 받는 자발적 결사체에 한정해서 고찰하기로 한다. 다시 말해 본 절의 고찰은 센리뉴타운이라는 지역 내에서 활동하는 자발적 결사체를 대상으로 한 것이고, 센리 주민들이 자발적 결사체를 통해 어떠한 종류의 지연적 유대를 형성해 왔는가를 살펴보기 위한 것이다.

1960년대 입주 초기 생활환경 개선 운동을 통해 센리뉴타운 주민들이 시민의식을 자각하고 자치회를 시민활동 내지 시민운동의 조직기반으로 삼았던 사실은 앞에서 언급하였다.24) 그러나 당시부터 대부분의 남성들은 직장생활에 얽매어 있었기 때문에 거주지에서의 시민활동이나 자발적 결사체의 결성에는 적극성을 띨 수 없었다. 거주지에서의 시민활동은 주로 여성들의 몫이었으며, 그 동기는 주로 가사와 육아의 편의를 도모하기 위한 것이었다. 자녀들이 보육원에 들어가서 고등학교를 졸업할 때까지 여성들은 학부모회를 통해 자치회의 틀과는 다른 지연적 인간관계를 형성하였다.

자녀들의 성장과 함께 더 많은 여가 시간을 갖게 된 중년의 전업주부 여성이나 중년 부부들은 취미, 교양, 놀이, 스포츠, 사회봉사 활동 등에 대한 욕구를 확대하였다. 주민들은 이러한 욕구를 충족시키기 위해

---

24) 센리뉴타운에서는 1966년부터 자치회에 한정되지 않는 시민조직의 생활운동이 전개되었다. 지자체의 특정 정책이나 사안에 대한 시민들의 반대운동을 통해 주거환경 및 생활개선이 지속적으로 이루어져 왔다. 불합리한 주택 건설에 대한 반대, 녹지 및 레크리에이션 공간 확보, 교육, 의료, 복지, 교통시설 개선 및 확충, 상업 및 업무지구 확장에 대한 반대 등이 있었다(山本茂, 2009: 11-20).

개별적 소비활동을 하기도 하지만, 클럽, 써클, 동호회와 같은 자발적 결사체를 만들었다. 이러한 결사체는 센리뉴타운이라는 지연적 범위에 반드시 얽매일 필요는 없는 것이지만, 지자체의 행정, 복지, 사회(생애)교육 기관은 이러한 결사체의 활동을 지역사회 안으로 끌어들여 지역의 활성화를 추진하기 위한 물적 지원과 다양한 서비스를 제공해 왔다.

도요나카 시는 일본의 사회교육제도에 따라 4개 공민관과 41개 공민분관(초등학교구별 1개)을 설립하였고, 뉴타운 내 도요나카 시 구역에는 1개 공민관(센리공민관)과 4개 주구마다 공민분관이 있다. 이에 비해 스이타 시에는 30개 공민관(초등학교구별 1개, 센리뉴타운 구역만 예외적으로 8개 주구에 2개소)이 있고, 뉴타운 내 스이타 시 구역에는 2개 공민관(남센리지구 공민관, 북센리지구 공민관)과 8개 주구에 각각 자치회 사무소인 시민홀이 있다. 도요나카 시 구역에 있는 센리공민관에는 2013년 1월 현재 음악, 서예, 무용, 어학, 체조, 연극, 생활복지, 미술공예의 부문에서 총 165개 클럽이 활동하고 있으며, 11개 강좌가 운영되고 있다.

센리공민관이 위치해 있는 센리문화센터 '코라보'는 2008년 2월 개관한 도요나카 시의 복합공공시설이다. 이 안에는 센리공민관 외에도 도요나카 시 신센리출장소, 센리보건센터, 센리노인복지센터, 센리도서관 등이 있다. 코라보는 센리 주민들의 생애학습, 교류, 복지, 보건, 행정 등의 거점이 되고 있고, 주민들의 출입과 이용이 매우 활발하다. 센리도서관은 지자체 관할 도서관 중 주민 1인당 도서대출 수가 전국 1위를 한 적도 있다. 교양 및 취미에 대한 주민들의 활발한 관심에도 불구하고,

〈사진 7〉 센리문화센터 코라보 〈사진 8〉 히가시마치 마치카도히로바

센리뉴타운에 영화관, 예술극장, 교향악단과 같은 고급 문화시설 및 단체가 없는 것이 의외라는 지적도 있다.

'코라보'가 센리중앙지구 중심지에 위치해 있고, 그 속에 위치한 기관의 이름이 '센리○○'로 되어 있기 때문에 외견상으로는 센리뉴타운 주민들 전체에 의해 이용되는 것으로 보일 수 있다. 그러나 '코라보'는 도요나카시가 운영하는 공공시설이기 때문에 스이타 시 구역 주민들에게는 약간이라도 이용에 제약이 있을 수 있다. 또한 센리뉴타운은 독일 분단 시기의 베를린 같다는 말이 있을 정도로 도요나카 시 구역 주민들과 스이타 시 구역 주민들 사이에는 서로를 구별하는 의식이 강하다. 이 때문에 코라보는 도요나카 시 구역 주민들 중심의 교류 장소라고 하는 것이 정확한 표현이다. 스이타 시는 2012년 9월 센리뉴타운 입주 50주년을 맞이하여 남센리 지구에 '센리뉴타운 프라자'를 개관하였으며, 이 시설은 '코라보'와 유사한 성격을 가지고 있다.

1998년 일본에서 특정비영리법인촉진법이 제정된 이후 센리뉴타운에서도 다양한 목적의 비영리법인(이하 NPO라 함)들이 등장하여 새로운 방식의 주민들의 지역 활동을 선도하고 있다. 2000년대 들어 주민

의 고령화 및 주택의 노후화로 인해 지역재생의 필요성이 제기되고, 센리뉴타운의 개발사업과 관리를 총괄해 오던 오사카 부 센리센터가 2005년 해산함으로써 행정서비스가 축소되자 NPO라는 공공성을 가미한 자발적 결사체가 더욱 주목을 받게 되었다. 이 시기에는 남성들이 직장을 은퇴하면서 센리 주민들의 생활 패턴에도 큰 변화가 있었다. 고령화된 주민들은 시민 활동이나 지역의 공공 이익에 많은 관심을 갖게 되었고, 거주지 주변에서 새로운 사회적 유대를 구축해야 할 필요성이 생겼다. 이처럼 새로운 형태의 자발적 결사체는 센리뉴타운에서도 상대적인 것이기는 하지만 자치회의 기반이 약하고 외부자에 대해 개방적인 도요나카 시 구역에서 활성화되어 왔던 것으로 보인다.

야마모토 시게루 씨는 시민, 행정, 대학, NPO가 결합된 새로운 형태의 공적 주체가 센리의 지역재생을 주도하게 되었다고 주장한 바 있다 (山本茂, 2009). NPO단체들은 지역재생 프로그램에 참여하거나 자원봉사를 하는 주민들, 오사카 부 센리재생실(센리센터의 후신), 도요나카 시 및 스이타 시의 행정, 복지, 사회교육 기관들, 오사카대학, 간사이대학, 스이타 시립 박물관 등 센리뉴타운 주변의 연구 및 교육기관들을 연결시키는 접점에 있다. NPO단체들은 주민생활의 다양한 문제와 주민 요구를 파악하여 특정 목적과 방식의 지역재생 프로그램을 제안하고 실천하는 결사체로서 민(民)·관(官)·학(學)의 협동을 이끌어냄으로써 새로운 공공성(公)을 창출하는 역할을 하고 있다.[25]

---

25) 주민생활에 대한 의사결정에서 자치회는 결정권을 발휘할 수 있는 데 비해, NPO법인은 제안권밖에 갖지 못하기 때문에 주민생활에 대한 영향력이 상

센리뉴타운에서 지역재생 활동은 민(民)·관(官)·학(學)·공(公)의 합종연횡을 통해 이루어져 왔다. 1980년대 후반부터 고령자 생활지원을 위한 시민단체들이 생겨나기 시작했는데, 2001년 설립된 〈히가시마치 마치카도히로바(ひがしまち街角広場)〉(이하 마치카도히로바로 표기함)를 중심으로 센리 주민들의 지역재생 활동에 살펴보고자 한다. 〈마치카도히로바〉는 지역재생 활동에 획기적 도약을 가져온 센리뉴타운 최초의 커뮤니티 카페이다. 〈마치카도히로바〉는 '언제 가도 누군가를 만날 수 있는 곳'이라는 사업 슬로건을 내걸고 근린센터의 한 폐업상가를 개축하여 만든 카페이다. 100엔을 내고 커피나 음료를 마시면서 자유롭게 사람들을 만날 수 있는 장소로서, 그동안 센리뉴타운 주민들로부터 많은 인기와 명성을 얻었다. 〈마치카도히로바〉는 설립자인 아카이 스나오(赤井直) 씨의 수완으로 고령자들과 아이들이 부담 없이 모이는 장소가 되었을 뿐만 아니라, 센리의 지역활동가들이 모이는 장소가 되어 이후의 지역재생 시민조직을 파생시키는 근원이 되었다.

〈센리잡담네트워크(千里井戸端ネット)〉는 2001년 센리생애학습 지역만들기 실행위원회(千里生涯学習まちづくり実行委員会)의 제안으로 설립된 단체이다. 이 단체는 센리뉴타운이 세대를 초월하여 사랑과 매력이 넘치는 곳이 될 수 있도록 인터넷 공간을 이용하여 센리의 라이프스타일과 지역만들기의 바람직한 모습에 대한 의견 및 정보를 교환하고, 복지·환경·교육·문화(학예 및 스포츠)·정보화·주택 등의 분야에

대적으로 미약하다는 지적도 있다.

서 생활 주변에 뿌리내린 활동을 전개한다는 취지를 가지고 있다. 이 단체는 〈마치카도히로바〉와 긴밀히 연계되어 있으며, 〈마치카도히로바〉의 활동방식을 인터넷 공간으로 확대한 것이라고 볼 수 있다.

〈센리상품회(千里グッズの会)〉는 센리뉴타운의 매력을 발견하고 그 매력을 물건의 형태로 일반인들에게 알리는 활동을 하는 모임으로 2002년 결성되었다. 지역주민, 건축 및 지역만들기 전문가, 인근 오사카대학의 연구자 및 학생들이 참가하고 있으며, 〈마치카도히로바〉가 아이디어 창출의 모태이자 주요한 활동 공간이 되어 왔다. 〈센리상품회〉의 주요 활동은 두 가지이다. 첫째는 센리엽서 만들기인데, 센리뉴타운 내의 명소와 수려한 풍경을 사진엽서로 만들어 〈마치카도히로바〉와 각종 이벤트 행사장에 전시하고 엽서세트를 300엔에 판매하고 있다. 둘째는 2011년부터 새롭게 시작한 '디스커버 센리'사업이다. 이 사업은 센리 주민들의 생활사와 지역사에 대한 정보를 수집하여 그 속에서 매력을 발견하고 발신하는 작업을 하는 것인데, 도요나카 시와 오사카대학 건축학 전공자들의 지원을 받고 있다.

〈센리시민포럼(千里市民フォーラム)〉은 〈마치카도히로바〉에서 접촉하던 지역의 활동가들이 지역재생의 과제를 찾고 시민활동을 통합하기 위해 만든 협의체이다. 〈센리시민포럼〉은 2002년 창립된 〈센리뉴타운 지역만들기 시민포럼(千里NTまちづくり市民フォーラム)〉이 2003년 조직의 정비를 거친 후 명칭을 변경한 것이다. 2002년 창립선언문을 보면, 심각한 수준에 이르고 있는 저출산·고령화 문제, 아파트단지의 노후화에 따른 주거환경의 악화와 재건축 문제 등에 직면하여, 지역재생과 지역만들기 사업을 행정가와 전문가에게만 맡기지 말고 시민의 힘으로 '사람과 사람, 마음과 마음이 통하는 따뜻한 동네(まち)', '길모퉁이(街角)에서 잡담을 나눌 수 있는 동네', '센리에서 자란 사람들이 언제든지 돌아오고 싶은 동네'를 만들자는 것이 활동의 취지로 제시되어 있다. 2012년 12월 현재 110명의 다양한 구성원들이 느슨한 네트워크를 구축한 상태에서 활동하고 있다. 현재도 매달 1-2회씩 실행위원회 모임 및 지역만들기 회의가 개최되고 있으며, 크고 작은 사업들이 지속적으로 진행되고 있다. 〈마치카도히로바〉의 설립자인 아카이 스나오 씨가 초대 대표를 역임하였고, 현재는 오쿠이 다케시 씨가 대표로 활동하고 있다.

〈센리대나무회(千里竹の会)〉는 2003년 NPO법인으로 등록한 단체로 스이타 시의 지원을 받아 센리의 죽림을 정비하고 활용하는 일을 한다. 센리 지역은 뉴타운이 건설되기 전에 완만한 구릉지의 지형에 광대한 죽림이 분포하고 있었다. 뉴타운 건설 과정에서 뉴타운 외곽의 죽림은 보존되어 뉴타운 내외부의 경계를 표시하게 되었다. 센리대나무회는 관리가 제대로 이루어지지 않고 있던 이 죽림을 정비해서 센리뉴타운을 상징하는 경관으로 재구성하고자 하는 것이다. 현재 119명의 자원봉사자들이 교대로 거의 매주 죽림을 순회하며 작업을 하고 있고, 60대 이상의 고령자가 다수 참여하고 있다. 이 활동의 아이디어는 〈센리뉴타운 지역만들기 시민포럼〉에서 제안되었으며, 죽림 관리 및 보존에 고민하던 스이타 시의 적극적 지원을 받고 있다.

건축전문가들이 지역만들기 사업에 뛰어들어 적극적인 활동을 펼치는 모습도 볼 수 있다. 〈센리 주거를 돕고 싶다!(千里すまいを助けた

い!)〉는 고령자들의 주거문제에 대한 상담과 해결을 주된 사업으로 하고 있다. 이를 위해 이 단체는 상담회, 강습회, 강연회의 이벤트를 주기적으로 개최하여, 주거에 관한 고령자들의 고민을 청취하고 무료로 문제해결을 위한 조언과 정보를 제공한다. 또한 주택 수리, 부동산 매각, 이사 등 비용이 소요되는 경우에는 신뢰할 수 있는 업자를 소개한다. 〈센리주거학교(千里すまいの学校)〉는 비즈니스적 측면보다는 커뮤니티 활동에 훨씬 높은 비중을 두고 있다. 이 단체는 〈마치카도히로바〉를 주요 활동공간으로 하고 있으며, 〈마치카도히로바〉의 인적 네트워크 속에서 고령자를 비롯한 주민들의 주거조건 및 주거환경 개선에 대한 제언을 한다. 이를 위해 뉴타운 주민들의 주거 상황과 생활 전반에 대한 연구조사 활동을 활발하게 수행하고 있으며, 주거환경 관리(住環境マネジメント)라는 포괄적 개념을 통해 주택과 건축물과 같은 물질적 요소에 국한되지 않고 거주지의 인간관계와 일상생활의 환경 개선을 추구하고 있다.[26]

이상에서 살펴본 지역재생을 위한 자발적 결사체들은 활동가, 구성원, 자원봉사자 사이에 지연적 유대를 형성시킨다는 점에 중요한 의미가 있다. 자발적 결사체는 정해진 목적을 실현하기 위한 조직체이기 때문에 개인에게 목적 달성을 위한 노력에서 오는 만족감을 줄 수 있으며, 개인에게 어떤 역할을 부여함으로써 스스로의 존재 의의를 확인할 수 있게 해 준다. 또한 자발적 결사체는 활동가들에게 일상생활의 포괄적

---

26) 이 단체의 대표인 야마모토 시게루 씨의 저서(山本茂, 2009)를 참조하기 바란다.

〈사진 9〉 마치카도히로바 개업 10주년 행사 풍경

교류와 협력을 보장하지는 않지만, 자치회보다는 훨씬 자유롭게 개인의 의사에 따라 가입 및 탈퇴와 참여의 정도를 결정할 수 있다는 데 장점이 있다. 자발적 결사체는 목적 실현을 위한 구성원들의 상호 협력을 전제로 하기 때문에 개인성에 대한 불필요한 상호 평가가 줄어들게 되며, 이상적으로는 구성원들의 사회경제적 배경, 즉 성, 세대, 지역(좀 더 세분화된), 계급 등의 차이를 초월한 사회적 유대를 형성하는 효과를 가져 올수도 있다.

그러나 자발적 결사체의 활동이 소수 활동가들의 자족적 활동에 그치지 않고 센리 주민들에게 어떤 호응을 얻고 있는가에 대해서는 심도 있는 분석이 필요하다. 자발적 결사체가 주관하는 프로그램 및 행사에 어떤 주민들이 단순참여자, 수혜자, 고객, 객체가 되고 참여의 과정에서 어떤 의미를 갖는지가 중요한 문제이다. 이 문제는 자발적 결사체의 존폐와 사업의 성패를 결정하는 것이다. 초고령화 단계에 들어선 센리뉴타운에서는 고령자가 자발적 결사체의 주체로 활동하는 모습을 흔히 볼 수 있지만, 단순참여자, 수혜자, 고객, 객체가 되는 경우가 더 많다. 자발적 결사체에 대한 고령자들의 호응도는 지역재생의 문제뿐만 아니라 본고에서 주목하고 있는 고령자의 고립과 고독사의 위기를 해결하는 하는 데에도 핵심적 관건이 된다고 하겠다.

필자가 지금까지 수행한 활동가들에 대한 인터뷰 결과에 따르면, 자발적 결사체가 제공하는 지역재생의 프로그램 및 행사에 대한 고령자 주민들의 참여가 기대만큼 활발하지는 않다고 한다. 그 이유에 대해 활동가들은 다양한 견해를 제시하고 있다. 첫째, 사적 영역과 공적 영역을 강하게 구분하는 센리 주민들의 관념체계를 지적하는 견해가 있다. 다시 말해 센리 주민들은 자발적 결사체의 활동공간을 공적 영역이라고 생각하고 사적 영역의 행동패턴이나 담화 코드를 잘 보여주지 않는다는 것이다. '디스커버 센리사업'에 참여하고 있는 한 활동가는 센리 주민들의 생활사를 복원하기 위해 다양한 자료의 수집을 시도하고 있지만, 성공적인 결과를 얻지 못하고 있다. 그는 건축학 훈련을 받은 대학원생들이 자료 수집을 도와주고 있기 때문에 생활사 복원의 틀이 불명확하고 인터뷰 수행자 쪽에 여러 가지 문제점이 있을 수 있다는 점을 우선 지적한다. 그러나 그보다 더 중요한 문제는 센리의 고령자들이 프라이버시에 대한 의식이 강해서 개인사나 가족사에 대한 이야기를 잘 하지 않는다는 것이다. 이러한 지적은 〈마치카도히로바〉에 대한 연구에서도 드러나는데(田中康裕, 2007), 〈마치카도히로바〉의 성공 요인 중 하나는 개인성이나 프라이버시의 벽을 허물만큼 무겁지도(친밀하지도) 않고, 완벽하게 타인일 정도로 가볍지도(소원하지도) 않은 일상적으로 만나 이야기를 나눌 수 있는 '중간적 관계'가 형성될 수 있었기 때문이라는 것이다.

둘째, 〈센리주거학교〉의 대표자인 야마모토 시게루 씨는 활동가와 주민의 관계에 대한 문제를 지적한다. 최근 NPO가 대학, 행정, 사회적 기업 등과 연계되면서 지역재생 사업에는 센리뉴타운 주민이 아닌 외부자들이 참여하는 경우가 늘어나고 있다. 활동가와 주민 사이에 내부자와 외부자의 간극이 인지되고 나면, 시민활동에 대한 주민들의 참여도가 급격히 떨어진다는 것이다. 어떤 의미에서는 센리뉴타운 주민들이 가진 폐쇄성이나 사회적 차별의 관념을 표현하는 것으로 해석될 수도 있다.

그러나 외부인 활동가와 주민 사이의 간극은 단순히 내부인과 외부인이기 때문에 인지되는 간극이라기보다 어떤 문제를 보는 시점과 감각의 차이에서 나오는 간극일 수 있다. 외부인이라도 하더라도 센리 주민들의 생활자적 시점과 감각을 가질 수 있다면, 그러한 간극은 인지되지 않는다는 것이다. 다시 말해 지역재생이나 고령자의 문제를 주민의 시점(目線)에서 인식해야 시민활동이 주민들의 호응을 얻을 수 있다는 것이다. 소위 전문가들의 시점은 자신의 목적과 전문지식에 경도되어 있기 때문에 주민들의 시점과 간극이 생기는 경우가 많다. 특히 최근에는 건축전문가들이 커뮤니티 비즈니스라는 분야에 뛰어들어 사업성 강화를 위해 단지 재건축이나 물적 환경의 개조만을 제안하는 것은 주민들을 지역재생 활동에서 멀어지게 만드는 행위라고 지적한다.

셋째, 〈마치카도히로바〉의 사례를 통해 시민활동가 역량의 문제를 지적하는 견해가 있다. 상기한 바와 같이 〈마치카도히로바〉는 센리의 지역재생 활동 중에 가장 대표적인 성공 사례로 꼽힌다. 〈마치카도히로바〉는 센리의 시민활동을 성장시키는 거점이 되었고, 이 카페가 센리뉴 타운 전체에서 유명세를 타면서 스이타 시 구역에서도 상기한 커뮤니티 카페가 속속 등장했다. 〈마치카도히로바〉는 무엇보다 주민들의 참여를 유도하는 데 유례없는 성공을 거두었으며, 고령자, 아동, 보호자 3세대 의 교류와 자치회 단위의 지연관계에 얽매이지 않는 교류를 정착시켰다 는 점에서 고령화 및 지역재생 문제 해결에 새로운 비전을 제시했다.

다나카 야스히로(田中康裕) 씨는 카페 주인인 아카이 스나오 씨 및 자원봉사자들의 공간설치(しつらえ)와 카페운영 방식이 〈마치카도히 로바〉의 핵심적 성공 요인이라고 주장한다. 이들의 카페장식 및 운영방 식이 내부자와 외부자의 입장을 의식하지 않도록 하고, 의도하지 않는 프라이버시의 노출 없이 출입자들이 '중간적 관계'를 형성하도록 함으로 써 폭넓고 지속적인 주민 교류의 장을 만들 수 있었다는 것이다. 2011년 3월, 카페 개설 후 10년이 지난 시점에서 아카이 씨가 개인적 사정으로 은퇴하게 되자, 〈마치카도히로바〉는 쇠퇴의 위기를 맞고 있다. 센리의 한 활동가는 쇠퇴의 원인이 개인의 은퇴에만 있는 것이 아니라, 정년퇴 직과 함께 자원봉사를 위해 〈마치카도히로바〉에 몰려나온 남성들이 카 페운영에 공식성과 새로운 운영의 틀을 요구하게 된 데 있다고 본다. 즉 아카이 씨와 기존 자원봉사자들이 유지해온 여성적 운영방식이 남성들 에 의해 위협받으면서 혼란을 겪고 있다는 것이다.

다나카 씨가 말하는 중간적 관계는 자발적 결사체의 활동에 의해 어떠한 지연적 유대가 만들어질 수 있는가를 생각하는 데 시사하는 바 크다. 〈마치카도히로바〉의 출입자는 대부분 60대 이상의 고령자들인데,

이들이 원하는 사회적 유대는 고립감, 소외감, 낯섦이 불편하여 타인과의 교류를 원하지만, 일상적이되 특정 공간에서의 제한적 교류를 추구하는 사회적 유대이자 심리적·사회적 상호의존이나 사적 교류로 심화되지 않는 사회적 유대이다. 물론 이러한 중간적 관계와 사회적 유대는 〈마치카도히로바〉의 행위자들 사이에서만 통용되고 공유되는 문화일 수도 있다. 스이타 시의 커뮤니티 카페는 출입자들이 기존의 지연적 인간관계를 가진 주민들로 한정되는 점이 중요한 한계로 지적되고 있다. 이에 비하면, 〈마치카도히로바〉에서 형성되는 사회적 유대가 자발적 결사체가 제공할 수 있는 지연적 유대에 근접해 있다고 볼 수 있으며, 그것은 깊지는 않지만 폭넓고 빠르게 확대될 수 있는 사회적 유대라는 점에서 강점이 있을 수 있다.

이제 자발적 결사체가 제공하는 사회적 유대가 고령자의 고립과 고독사 위기에 어떤 의미를 가질 수 있을지 생각할 차례가 되었다. 자발적 결사체에 대한 고령자들의 비호응은 그 단체의 실패로만 끝나는 것이 아니다. 고령자들 중에는 가족, 자치회, 자발적 결사체의 커뮤니티로부터 유리된 고령자들이 있으며, 이들은 친구나 지인관계와 같은 사적 영역이나 종교를 비롯한 다른 사회적 영역에서 어떠한 유대를 형성하지 못할 경우 개인적 고립의 상황에 처하게 된다. 개인의 고립은 선택할 수 있는 다양한 선택지의 사회적 유대 중에 어떠한 것도 선택하지 않은 결과이다.

자치회가 발달하지 않은 조건에서 지역조직이 사회적 유대를 맺기 위한 고령자들의 선택지가 되기 위해서는 지역조직으로서의 자발적 결사체가 활성화되어야 한다. 이동성이 낮은 고령자의 참여가 많아지고 일상성 및 교류의 빈도가 높아지기 위해서는 가능한 한 좁은 지역에서 활동하는 자발적 결사체가 활성화되어야 한다. 본 절에서는 지역재생의 문제와 관련된 센리의 자발적 결사체에 분석의 초점을 맞추었다. 행정기관이나 대학에 연계되지 않고, NPO법인으로 공식화되지 않은, 소수의 시민들로만 구성된 자발적 결사체도 많이 있다. 고령자의 고립과 고독사의 위기가 해소되기 위해서는 다양한 규모와 목적을 가진 결사체들이 등장하여 기존의 시민조직의 틀 속에 수렴되지 않는 개인들의 다양한 욕구와 사회적 유대의 갈망을 흡수해 갈 필요가 있다.

〈마치카도히로바〉의 예에서 보듯이, '중간적 관계'와 낮은 수준의 사회적 유대의 형성은 자발적 결사체의 활동에 고령자들이 참여하도록 유도하는 데 하나의 모델이 될 수 있을 것이다. 고령자의 고립과 고독사의 위기를 방지하기 위해서는 높지 않은 수준에서라도 사회적 유대가 형성되고 지속되는 것이 중요하며, 그것이 일본 도시사회의 고령자들이 체득해온 개인주의 문화나 강한 프라이버시의 관념에도 잘 부합된다. 그러나 〈마치카도히로바〉에서의 관계 및 유대의 방식이 현대 일본에서도 지역적으로, 계급적으로, 세대적으로 어느 정도 폭넓게 통용되는 문화인지는 좀 더 검토가 필요한 부분이다. 또한 최근 〈마치카도히로바〉의 쇠퇴는 그러한 관계와 유대가 형성되는 조건을 만드는 것이 얼마나 어려운가를 반증하고 있다.

4. 도시 지역조직에 대한 비교문화론

본 연구는 오사카 센리뉴타운에 대한 사례연구를 통해 고령화, 무연사회, 고독사의 사회문제를 해결하는 데 다양한 지역조직들이 어떠한 역할을 할 수 있는지 고찰한 것이다. 고령화, 무연사회, 고독사는 현대 일본사회의 상황을 이해하는 데 갈수록 중요한 문제가 되고 있다. 2010년 고령화 비율 11.0%를 기록한 한국사회에서는 고령화에 따른 사회문제가 아직 피부로 체감되지 않는지도 모른다. 심각한 수준의 출산율 저하 속에서 한국전쟁 직후의 베이비붐 세대가 65세를 넘어서는 2015년 이후 한국사회에서도 급속한 고령화가 진행될 것이다. 필자는 한국에서도 노인의 고립과 고독사가 이미 나타나고 있음에도 불구하고, 그 실상이 제대로 밝혀지지 않은 것으로 알고 있으며, 본 연구가 이에 대한 문제인식을 공론화하는 자극제가 되기를 기대한다.

도시사회의 문제를 해결하는 방안으로서 지역조직의 역할을 상정하고 있다는 점에서 본 연구는 최근 한국의 도시공동체 연구와 유사한 문제의식을 가지고 있다.[27] 또한 경제적 고도성장 과정에서 아파트단지

---

27) 도시공동체 만들기가 서울시를 비롯한 지방자치체의 새로운 정책 목표로 설정되는 최근의 사회정세 속에서 한국에서도 도시의 지역조직이나 도시공동체에 대한 연구가 활발하게 진행되어 왔다(박태호, 2012; 박주형, 2013 등 참조). 1970년대 이후 산업화와 도시화 과정에서 한국 도시의 지역조직은 해체와 소멸의 일로를 걸어온 것으로 인식되고 있다. 지속적인 경제성장 속에서 수많은 사람들이 일자리를 찾아 수도권과 대도시로 몰려들었고, 국가와 자본은 이주민들의 주택공간을 마련하고 경제성장을 뒷받침할 만한 도시 기능을 갖추기 위해 끊임없는 개발 사업을 추진해 왔다. 개발의 목표와 결과에 대한 성찰을 뒤로 한 채 개발이익의 추구에 매몰된 경제주의적 개발

의 주택양식과 신도시 건설이 큰 중요성을 갖게 된 현대 한국의 상황을 고려할 때,28) 본고의 사례는 여러 가지 측면의 비교문화론적 논의를 가능하게 한다. 일본사회에서는 혈연에 비해 지연이 중시되어 왔다는 점과 지연적 사회조직의 활성화로 인해 사회적 신뢰가 높다는 점이 주장된 적이 있다(프랜시스 후쿠야마, 1996). 이 주장은 혈연을 중시하는 한국 및 중국과 같은 사회에서는 지역조직이 활성화될 여지가 적다는 함

논리는 1990년대 이후 지자체의 개발 논리로 확산되고, 2000년대 들어서는 도심재개발과 아파트단지 재건축을 위한 지주조합의 사업 논리로 확산되어 왔다. 개발 과정에서 도시 지역의 많은 원주민들은 본래의 거주지를 잃고 새로운 거주지를 찾아 계속해서 떠나야 하는 '도시 노마드'의 대열에 합류하게 되었다(진필수, 1999; 2012).

28) 2005년 현재 전 국민의 약 53%가 아파트주택에 살고 있다. 다세대주택과 연립주택에 사는 사람들까지 더하면, 공동주택에 사는 사람들의 비율은 이보다 더 높다(진필수, 2012: 5). 한국 도시경관을 지배하고 있는 아파트단지와 그것들이 밀집한 신도시는 원주민들의 지연조직과 토지 공간에 대한 지배력을 약화·소멸시키고 새로운 이주민들을 살게 만든 일종의 식민지이다. 원주민들이 아파트단지 건설이나 개발 사업을 위해 자발적으로 지주조합을 만들게 된 것은 비교적 최근의 일이다. 한국에서는 그동안 이러한 식민지들이 너무 많이 생겼으며, 본래의 거주지를 잃은 사람들은 아파트단지를 옮겨 다니면서 피식민과 식민의 경험을 함께해 왔다.

아파트단지를 전전하는 한국의 소위 '도시 노마드'들은 높은 이동성 때문에 지연조직을 만들거나 지연적 유대를 형성하는 데 취약할 수밖에 없다. 현대 한국의 도시민들은 지연조직을 잘 만들지 않으며, 특수한 지역조건에서 지속되고 있는 지연조직과 그 유대에 대해서도 사회적 자본으로서의 가치를 깊이 인식하지 못해 왔다(이재열, 2006; 하민철·진재구, 2009 등 참조). 원주민 조직이 사라진 자리에서 새로운 주민들이 생활조건 개선이나 권익 신장을 위해 지역조직을 만들 때에도 일상적 활동이 아니라 시민운동의 방식을 취하는 경우가 많았다(신명호, 2000; 정규호, 2012 등 참조). 한국 도시민들의 노마드적 삶 속에서 자신의 거주지를 고향으로 만들기 위한 노력이나 애착은 좀처럼 찾아보기 힘들다. 한국의 도시민들에게 고향은 어딘가 다른 곳에 있으며, 점차 사라져가고 있다.

의를 주고 있다.

본고의 사례는 일본의 신도시에서 지역조직을 중심으로 한 사회적 유대가 다양한 양상으로 발달해 왔음을 입증하는 하나의 사례이다. 개인은 가족 및 친족, 직장, 지연조직, 종교 공동체, 자발적 결사체 등 다양한 관계 및 조직에서 선택적으로 사회적 유대를 형성할 수 있다. 본고에서 제기한 무연사회와 고독사의 문제는 이 가운데 하나 이상의 관계 및 조직에서 사회적 유대가 형성되면 해결될 수 있는 문제이다. 필자는 가족관계의 해체가 심화되는 현대 일본사회의 상황에서 지역조직이 대안적 역할을 할 수 있는가를 검토한 것이다. 유사한 상황이라면, 한국에서는 아마도 지역조직보다 종교 공동체의 대안적 역할을 먼저 검토해야 할지도 모른다. 지역조직에서의 사회적 유대가 매우 낮다고 판단하기 때문에 그에 대한 요구가 급증하고 있는 것이 요즘 한국사회의 상황이 아닌가 생각된다.

일본 신도시에서의 지역조직 발달은 주민들의 정주 성향에 기인하는 바가 크다. 센리뉴타운에서 60%에 육박하는 초기 입주민들의 정주는 지역사회의 심각한 고령화와 활력 감퇴를 초래한 주된 원인이다. 그러나 초기 입주민들의 40-50년에 이르는 정주는 지연적 유대를 발달시키는 데는 긍정적 요인으로 작용한다. 1980-84년 건설된 한국 최초의 베드타운 신도시인 과천신도시의 상황과 비교하면, 뚜렷한 대조를 확인할 수 있다. 2010년 현재 전세가구 수가 전체가구 수의 약 42.5%를 차지하는 과천신도시에서는 세대주가 청장년층인 가구의 이동성이 높아서 2010년 고령화 비율이 9.2%를 기록하였고, 전국의 고령화 비율보다 오히려 낮게 나타나고 있다. 과천신도시에서는 일시 거주하는 청장년층 주민들의 생활운동을 통해 지연적 유대가 형성되는 점이 특징적이다. 그러나 이러한 지연적 유대는 주민의 이동이라는 요인 때문에 불안정성을 띠게 되며, 한국의 신도시와 아파트단지의 지역조직의 일반적 모습에 대해서는 앞으로 좀 더 심층적 연구가 필요할 것이다(진필수, 2012).

자치회 유형의 지연적 유대는 한국의 도시사회에서 좀처럼 찾아보기 힘든 것이다. 무엇보다 한국의 도시사회에서는 향우회 유형의 지연적 유대가 발달하는 것으로 알려져 왔으며, 자치회와 같은 지연조직이 잘 형성되지 않는다.[29] 본고의 사례에 비추어 볼 때, 아파트단지가 많기 때문에 한국의 도시에서 자치회 유형의 지역조직이 활발하게 형성되지 못했다고 보기는 힘들다. 이 부분은 도시화 과정에서 형성된 문화적 특성과 아파트 주택에 대한 경제주의적 인식과 요인을 통해 검토될 필요가 있을 것이다. 그리고 한국의 도시가 수없이 많은 아파트단지로 뒤덮이긴 했지만, 각 지역 원주민들의 지연조직이 어떻게 유지되고 있는지에 대해 활발한 연구가 진행되어야 한다. 한국 도시의 지역조직은 부재한 것이 아니라, 일본과 다른 형태로 존재할 가능성이 많다(이은주, 2009; 박미혜, 2010; 강효민, 2011; 이성희, 2011 등 참조).

---

29) 향우회는 일반적으로 현재 거주지와 다른 곳에 고향을 둔 사람들이 과거의 지연에 기초해서 결성한 사회조직을 말한다. 정형호(2011)의 보고에서는, 급격한 도시화 속에서도 서울의 특정 지역에 오랫동안 거주해온 원주민들의 조직이 향우회라는 명칭으로 불리는 경우를 볼 수 있다. 이 경우도 과거의 지연관계에 기초해 있다는 점에서는 향우회의 일반적 범주에서 벗어나지 않는다. 오키나와 요미탄손(読谷村)에서도 미군기지로 인해 이주당한 주민들이 이와 유사한 지연조직을 결성한 사례를 볼 수 있다(진필수, 2008).

본고에서 기술한 자발적 결사체 유형의 지연적 유대는 한국의 도시공동체 논의에서 참조할 수 있는 부분이 적지 않을 것이다. 특정 범위의 시민들이 심리적·사회적 상호의존과 같은 높은 수준의 사회적 유대, 소위 공동체적 유대를 형성하는 것이 결코 용이하지 않은 상황에서, 특정 목적을 위해 제한적 관계를 맺고 심리적 친밀성을 형성·유지하는 것이 한국에서도 하나의 대안이 될 수 있을 것이다. 행정과 학계의 실천적 노력이 시민들의 자발성과 결합되어야 하는 것도 일본과 한국의 도시에서 공통된 상황이다(정규호, 2012).

　　최근 한국에서는 텃밭 가꾸기와 같은 인위적이고 운동적 방식의 도시공동체 만들기가 많이 시도되고 있다. 텃밭 가꾸기는 자연과 유리되어 가는 한국 도시민의 생활과 감성을 자연친화적인 방향으로 변화시키는 데 공헌할 수 있을 것이다. 그러나 현대 한국의 도시민들에게 훨씬 중요한 과제는 자연과의 관계를 회복하는 것이라기보다 인간과의 관계를 회복하는 것이다. 현대 한국의 도시민들은 매일의 주거생활에서 많은 사람들과 관계를 맺고 있다. 본고의 사례는 일상성과 지역성에 기초한 커뮤니티 형성을 강조하는 것이다. 커뮤니티 카페의 예에서 보듯이, 본고의 사례는 특정 장소를 거점으로 그리 넓지 않은 범위의 주민들의 일상적 교류와 친밀감 확대, 거주지의 총체적 지역만들기(街づくり)에 대한 관심을 환기시키고 있다. 주민들의 고령화가 심화될수록 이동성이 떨어지기 때문에 도시사회의 지역만들기에서 일상성과 지역성이 점점 더 중요한 덕목으로 부각되어갈 것이다.

오사카시 홈리스 지원운동의 전개와 변형*

박지환

1. 파견마을의 새로움과 친숙함

2008년 12월 31일부터 2009년 1월 5일까지 도쿄의 히비야 공원에서 '해넘이 파견마을'(年越し派遣村, 이하 파견마을)이 열렸다(우석훈, 2009: 92-95). 파견마을은 실직과 동시에 회사가 제공하던 숙소에서도 쫓겨나 갑자기 홈리스가 되어버린 파견업체 노동자와 같은 실업자, 그 외에 여러 가지 이유로 주거를 상실한 홈리스를 위한 각종 활동을 전개한 곳이다. 2008년 가을 미국에서 시작된 세계경제공황을 계기로 일본에서도 비정규직 노동자들이 대량 해고되었지만, 공공기관은 연말연시를 맞아 취업 지원 업무 등을 중단했다. 이에 대해 '자립생활서포트센터·모야이'와 같은 NPO, '전국커뮤니티유니언연합회'와 같은 일반노동조합, 그리

---

* 이 글은 『민주주의와 인권』 제13권 3호(2013)에 게재된 「운동에서 복지로?」를 본 단행본의 취지에 맞춰 수정·보완한 것이다.

고 개인 활동가들이 모여 파견마을을 조직하고, 파견마을에 찾아오는
실업자와 홈리스에게 무료로 식사를 제공하거나 한국의 국민기초생활
보장제도에 해당하는 생활보호(生活保護)를 신청하는 방법과 절차를 알
려주고, 임시로 숙박할 곳을 마련해주는 등의 홈리스 지원활동을 실시
했다. 일시적인 해방공간으로 그칠 수도 있었던 파견마을은 이 공간이
글로벌 도시를 표방하는 수도의 한가운데에 등장했다는 상징성 덕분에
대중매체와 정치권의 관심을 끌었고, 일본사회에서 빈곤문제를 사회적
이슈로 만드는 데 큰 역할을 했다(박희숙, 2011: 98-101; 유아사 마코토,
2009: 258-259).

그러나 일본사회에서 행정기관에 의한 고용, 복지 서비스가 전적으
로 중단되는 연말연시에 거리로 내몰린 사람들을 위해 위와 같은 활동
을 전개하는 것 자체는 새로운 일이 아니다. 오사카 시 니시나리 구(西成
区)에 위치한 일본 최대의 요세바(寄せ場)인 가마가사키(釜ヶ崎)에서는
해마다 월동투쟁(越冬鬪爭)이라는 이름으로 파견마을이 실시한 것과 동
일한 활동이 이루어지고 있다.[1) 1970년, 이 지역의 노동조합을 비롯해

---

1) 요세바는 사람을 한 군데로 불러 모으는(寄せる) 장소(場)라는 의미에서 파
생된 단어로, 한국의 인력시장처럼 새벽에 일용직 노동자와 구인자가 일거
리와 노동력을 구하기 위해 모이는 곳이다. 하지만 넓은 의미에서는 도야
(ドヤ)라고 불리는 간이숙박소, 즉 일용직 노동자들이 묵는 값싼 숙소가 밀
집된 공간이라는 의미도 갖고 있다. 즉, 요세바는 "취로 계약 장소"이자 "간
이숙박소 거리"를 지칭한다(原口剛, 2011: 25). 요세바의 이런 복합적 의미를
살리기 위해, 이 논문에서는 요세바를 인력시장이라고 번역하지 않고 원어
그대로 사용한다. 참고로, 오사카의 가마가사키와 함께 도쿄의 산야(山谷),
요코하마의 고토부키초(寿町)가 일본의 3대 요세바라고 불리지만, 현재 일
용직 노동시장으로서의 기능을 유지하고 있는 곳은 가마가사키뿐이다(生田

홈리스를 위한 활동을 하는 여러 단체와 개인 활동가들이 모여 '가마가사키월동대책실행위원회'를 결성하고 지역 내에 있는 하나조노공원(花園公園)에서 사람들에게 식사를 제공하고 의료 활동 등을 전개한 것이 가마가사키 월동투쟁의 시작이다(逃亡者こと内田, 1995: 6).

매년 월동투쟁 기간 중에는 하기노차야미나미공원(萩之茶屋南公園)-공원의 모양이 삼각형인 까닭에 통칭 삼각공원(三角公園)이라고 불린다-에서 무료로 식사가 제공되고, 일용직 노동자와 홈리스가 참여하는 장기자랑대회가 열리며, 그 해에 길에서 죽어간 동료들을 애도하는 추모식도 거행된다. 또한 오사카 시가 제공하는 임시숙박시설에 들어가지 않은 사람들을 위해 실행위원회 관계자들과 자원봉사자들이 야간에 모포, 삼각김밥 등을 나눠주며 홈리스의 상태를 살피는 패트롤 활동(夜回り)을 전개한다. 즉, 가마가사키에 해마다 출현하는 또 다른 '파견마을'은 노숙상태에 내몰린 사람들에게 직접적인 도움을 제공하는 정치적 공간일 뿐만 아니라, 증여와 축제를 통해 살아남은 사람들 간의 연대를 도모하고, 나아가 산 자와 죽은 자 간의 연속성을 인식하도록 하는 의례적 공간인 셈이다(Aoki, 2000).

이처럼 가마가사키에서의 홈리스 지원운동이 오랜 역사를 갖는 이유 중의 하나는 일본 경제가 장기침체를 겪기 이전인 1990년대 초까지 홈리스의 대부분은 요세바의 일용직 노동자였기 때문이다(生田武志, 2007: 46). 가마가사키의 일용직 노동자-대다수는 건설노동자이다-는 경

武志, 2007: 21).

기 상황에 관계없이, 공공사업이 줄어드는 4월부터 장마가 끝나는 7월까지, 그리고 행정기관과 회사가 업무를 보지 않는 연말연시에는 늘 실업, 그로 인한 주거 상실의 위험에 직면했다. 하루 벌어 하루 생활하는 상황에서 일을 하지 못하면, 다다미(畳) 3장 크기의 비좁은 간이숙박소 방에도 투숙할 수 없기 때문이다.[2] 이런 이유로, 이 지역에는 '가마가사키 무료식사 제공회'(釜ヶ崎炊き出しの会), '목요일 야간패트롤회'(木曜夜回りの会)처럼, 연말연시뿐만 아니라 일 년 내내 지역 내 공원에서 식사를 제공하고, 야간에는 홈리스의 상태를 살피는 활동을 전개하는 단체도 있다.

따라서 일본의 홈리스 지원운동을 이해하는 데 가마가사키에서의 실천을 제외한 채 논할 수 없으며, 오히려 이를 고찰함으로써 빈곤문제에 대한 일본사회의 대응방식의 전개와 변형을 보다 장기적인 시각에서 이해할 수 있다. 단, 1970년대 초부터 이 지역에서 전개되어 온 홈리스 지원운동을 분석하는 작업은 한 편의 논문의 범위를 벗어나는 일이다. 대신 이 논문에서는 행정기관과 노동조합이 1990년대 이전에 이 지역에서 전개한 활동은 간략히 살펴보고, 1990년대 이후 일본사회의 사회경제적 변동과 가마가사키에서 일어난 인구학적 조건의 변화에 대응해 전개된

---

[2] 일반적인 다다미 1장의 크기가 0.7462제곱미터이므로, 다다미 3장짜리 방은 대략 1평 정도 밖에 되지 않는 좁은 공간이다. 붙박이장(押し入れ)이 있어 간이숙박소의 단기 투숙객이 물건을 수납하기에 큰 무리는 없다. 다만 방에는 화장실과 욕실이 설치되어 있지 않기 때문에, 투숙객은 각 층에 설치된 화장실과 1층에 설치된 공중목욕탕을 공동으로 이용해야 한다. 2013년 현재, 간이숙박소의 1일 숙박료는 1,500엔에서 2,200엔 정도다.

홈리스 지원운동의 양상과 그 변형에 분석의 초점을 맞추고자 한다. 특히, 2000년을 전후한 시점에 홈리스 지원운동의 주체들이 중심이 되어 특정비영리활동법인(이하 NPO)을 설립한다는 사실에 착목하여, 사회운동조직으로부터 NPO로의 전환이 갖는 정치적 의미를 일본사회에서 공공성이 재구성되는 맥락과 연관 지어 고찰한다.[3] 이에 앞서, NPO에 관한 선행연구를 권력관계와 통치성(governmentality)에 대한 푸코의 논의를 참고하여 비판적으로 검토하고자 한다.[4]

방법론적인 측면에서, 이 연구는 1990년대 이후 가마가사키에서 전개된 홈리스 지원운동에 관한 각종 문헌 및 디지털 자료를 기본적인 분석의 대상으로 삼았다. 예를 들어, 홈리스 지원운동 단체와 NPO가 각각의 홈페이지에 공개한 회보, 보고서, 사진, 활동기록 등을 적극적으로 활

---

3) 아오키 히데오(青木秀男, 2010: 88)는 필자와 마찬가지로 가마가사키에서의 홈리스 지원운동의 NPO화에 주목하고 있다. 그러나 그는 홈리스 지원운동 단체들이 전개한 담론상의 차이를 기술하고 있을 뿐 NPO의 활동 자체에 대해서는 분석하고 있지 않다. 따라서 NPO화에 따른 행정과 홈리스 지원운동 간의 권력관계의 양상에 대해 충분히 다루지 못하는 문제점을 안고 있다.

4) 푸코(2011: 162-163)는 통치성을 "인구를 주요 목표로 설정하고, 정치경제학을 주된 지식의 형태로 삼으며, 안전장치를 주된 기술적 도구로 이용하는, 지극히 복잡하지만 아주 특수한 형태의 권력을 행사케 해주는 제도·절차·분석·고찰·계측·전술의 총체"라고 정의한다. 즉, 통치성이란 근대국가에서 대규모로 늘어난 인구를 효과적으로 관리하기 위해 사용된 각종 권력의 기술과 이러한 관리방식을 합리화하는 논리를 의미한다. 푸코가 이처럼 생경한 단어를 만들어 낸 이유는 푸코의 권력 분석에서 국가에 대한 분석이 결여되어 있다는 비판에 대응하기 위한 것이었다. 그렇다고 해서 푸코가 국가를 권력의 중심에 두는 고전적 분석방식을 수용했던 것은 아니며, 오히려 근대국가는 이런 권력의 기술들에 의존적인 것이라는 점을 일관되게 강조하고 있다. 즉, 푸코는 국가를 자유주의적 통치 합리성의 효과라고 보는 셈이다.

용했다. 또한 이 단체들에 참여한 활동가들이 여러 잡지에 투고한 글들도 1차 자료로서 참고했다. 더불어, 가마가사키의 전반적인 상황을 이해하기 위해 이 지역에 대한 기존의 연구 중 최신의 연구 성과를 검토했다. 그뿐만 아니라, 2012년 1월과 2013년 2월에 이 지역을 단기간 방문해 이 지역의 현재 상황을 소개하는 스터디 투어와 모포, 속옷, 삼각김밥 등을 나눠주며 홈리스의 상태를 살피는 야간 패트롤에 참여했으며, 지역 내여러 NPO, 마을 만들기 단체, 지역자치회, 사회복지시설 등의 관계자와 인터뷰를 했다. 이를 통해 가마가사키라는 물리적 공간을 이해하고, 이상의 문헌자료를 통해 파악할 수 없는 사항을 보충했다.

2. NPO의 기능에 대한 비판적 고찰

NPO에 대한 기존의 연구에서는 NPO의 역할에 대한 이분법적인 입장이 두드러진다. 한편에는 NPO를 참여민주주의의 진정한 실행기관으로 보는 관점이 있다(샐러먼, 2000). 1980년대 말 동유럽 사회주의국가들이 민주화되는 과정에서 시민사회에 대한 관심이 활성화되면서, NPO가 시민의 직접 참여를 통해 민주주의를 실현할 주요한 기제로 각광을 받게 된 것이다. 반면 NPO는 기존에 국가가 담당했던 각종 공공 서비스를 대신 제공하는 기관에 불과하다는 견해도 존재한다. 특히, 제3세계 개발에 관한 논의의 맥락에서, 지역주민을 정치적으로 각성시키고 이들에게 적합하고 유익한 개발을 진행할 주체라고 기대되었던 NPO조차 세계은

행이나 국제통화기금과 같은 국제기구의 신자유주의적 논리에 따라 탈정치화하고 특정 개발 프로젝트를 수행하는 기관으로 변형되고 있다는 것이다(Kamat, 2004).

그러나 NPO를 사회변화의 동력과 서비스 제공기관이라고 이분법적으로 보는 것은 논리적인 맹점을 내포하고 있다. 먼저, NPO를 민주주의 실현의 주체로 보는 관점은 국가와 사회의 관계를 대립적인 것으로 전제하고 있다. 하지만 자유주의를 18세기 이후에 등장한 새로운 통치성의 원리라고 파악하는 푸코(2011: 474)에 따르면, "시민사회"란 자유주의적 통치성이 "국가에 필요한 상관물"로서 만들어 낸 것이다. 특히 신자유주의의 논리에 따르면, 국가는 시장경제에는 관여해서는 안 되며, 그렇다고 모든 역할을 포기해서도 안 된다. 오히려 시장을 둘러싼 환경을 시장의 원리가 작동할 수 있도록 재배열해야 하는데, 이처럼 조절의 대상이 되는 환경이 바로 시민사회이고, 그중에서도 인구의 안전관리가 핵심적인 일이다(푸코, 2012: 103-104). 그러므로 시민사회에 지나치게 사회 변혁적 의미를 부여하는 관점은 국가-사회의 관계를 대립적인 것으로만 보고, 양자를 모두 규정하는 권력의 기술인 통치성의 문제를 간과하고 있다. 그 결과, NPO를 시민참여를 촉진하는 민주주의적 기관이라고 일률적으로 정의하는 오류에 빠지게 되는 것이다.

반면 NPO가 국가를 대신해 각종 공공 서비스를 제공하는 기관에 머물고 있다고 비판하는 입장은 공공기관과 NPO 간의 관계를 행정조직에 의한 NPO의 이용, 혹은 NPO의 정부기관과의 공모(co-optation)라고 단순화시켜 파악하지만, 이것은 행정과 NPO 사이의 관계가 근본적으로 권력관계라는 점을 간과한 일방적인 해석이다(Fisher, 1997: 451). 푸코에 따르면, 권력관계는 어떤 전복의 가능성도 배제된 지배 상태와 다르다. 권력관계는 유동적이며, 그 관계 내에 속한 주체들은 자유롭다. 즉, "주체들이 자유로운 한에서만 권력관계가 가능하다"(Foucault, 2003: 34). 따라서 권력관계에는 저항의 가능성이 내포되어 있다. 푸코는 권력관계를 바라보는 이러한 관점을 정부기관과 NPO를 비롯한 사회운동단체와의 관계에 적용해, "결국 당신은 반대하면서도 여전히 관여할 수 있습니다. 정부와 일하는 것이 종속이나 전적인 용인을 의미하지 않습니다. 일하면서 동시에 저항적일 수 있습니다. 나는 심지어 그 두 가지가 함께 간다고 생각합니다."라고 말했다(Foucault, 1982: 33).

한편, 일본의 NPO에 대한 기존의 연구에서는 일본의 NPO가 국가 및 지방정부와 의존적, 심지어 종속적 관계를 맺고 있는 경우가 많아서, 약자를 옹호하는 기능보다는 행정기관을 대신해 공적 서비스를 제공하는 역할을 담당하고 있다는 견해가 우세하다(정정숙, 2005; Kawashima, 2000). 특히 최근에는 일본정부가 공적 서비스에 투입되는 비용을 절감하기 위해, 기존에 국가가 담당하던 공적 서비스를 NPO가 대신하도록 유도하고 있다는 지적도 있다(Shwartz and Pharr, 2003).[5] 예를 들어, 오

---

5) 한편, 오스본(Osborne, 2003)은 일본 NPO의 약자 옹호 역할이 약한 현상을 일본에서는 공적인 것에 대립하는 것으로서의 사적인 것이 대단히 취약하기 때문이라고 설명한다. 반면, 박명희(2012: 122)는 이런 현상을 일본의 상당수의 NPO가 재정을 행정에 의존하고 있기 때문만이 아니라, "정치적 기회구조"의 "제한", 즉 "시정촌의 불완전한 복지정책 권한, 의회, 정당의 기능부전"으로 인해, NPO가 정치적 의사결정구조에 자신의 견해를 반영할 여지가 별로 없기 때문이라고 본다.

가와 아키히로(Ogawa, 2009)도 평생학습에 관여하는 NPO에 대한 민족지적 연구에서, 2000년대 이후 일본에서 일어난 NPO의 증가는 정부가 공적 기능과 서비스를 축소하거나 민간에 위탁함으로써 비용을 절감하려는 신자유주의적 논리에 의해 조장된 것이라고 주장한다. 그에 따르면, 2000년대에 일본정부가 유포한 새로운 공공(新しい公共)이나 공공민간 파트너십(public private partnership)과 같은 담론은 공적인 일에 시민의 참여를 독려함으로써, 결과적으로는 국가가 담당해온 각종 서비스 제공 부담을 덜고, 시민을 국가에 봉사하는 존재로 규정하는 역할을 했다. 이런 신자유주의적 담론이 실현된 한 양태 중 하나로서, 일본의 NPO는 정부의 하도급기관에 머물고 있다는 것이다. 나아가, 그는 NPO에 참여하는 자원봉사자들은 자아실현 욕망을 이용당한 훈육된 주체이며, 이들은 바로 1945년 이전에 일어난 일련의 전쟁을 지지했던 주체들과 연결되어 있다고까지 주장한다.

일본의 홈리스 지원운동 내에서도 NPO화가 사회운동의 정치성을 훼손한다는 비판이 제기되고 있다. 나스비(なすび, 2004: 59)는 2002년 '홈리스 자립 지원 등에 관한 특별조치법'(ホームレスの自立の支援等に関する特別措置法)의 성립 이후, 홈리스 운동조직이 정부가 실시하는 홈리스 관련 사업을 수주하기 위해 NPO라는 법인격을 취하는 경우가 늘어나고 있다는 점을 지적하고, 그 결과 "NPO화에 따른 운동으로부터 활동으로의 전환"이 일어나고 있다고 비판한다. 홈리스 운동조직이 NPO로 전환되면서 행정에 대항적인 자세를 취하지 않고 고용상황의 악화나 복지관련 법안의 개악과 같은 거시적인 문제는 간과한 채, 홈리스에게

사회안전망을 제공하는 역할에 머물고 있다는 것이다. 결과적으로, NPO화된 홈리스 지원운동은 NPO에 참여하는 자원봉사자들의 선의를 이용해 행정비용을 줄이고 행정책임을 이전하려는 정부의 신자유주의적 정책에 기여하는 결과를 초래하는 셈이다.

새로운 공공과 공공 민간 파트너십과 같은 담론에서 일본정부가 상정하는 NPO의 위상이 신자유주의적인 측면을 갖고 있는 것은 사실이지만, 실제로 현재 일본사회에서 공공성이 실천되고 행정과 NPO 사이에 관계가 만들어지는 양상은 이처럼 일률적이지는 않다. 예를 들어, 소비자협동조합운동 등을 토대로 성립된 민주적 성격의 NPO는 단순한 복지서비스 제공기관이 아니라 지역공동체를 활성화하는 사회운동체적 성격을 갖고 있다(Yamashita, 2013). 또한, NPO 스스로 공공기관으로부터 일정한 독립성을 유지하면서 동시에 안정적인 재원을 확보하기 위해 행정과 협력적 관계를 유지하는 다양한 전략들을 구사하고 있다(Nakamura, 2002). 나아가, NPO를 구성하는 주체들을 수동적으로 이용당하는 존재로 규정한 것도 오가와(Ogawa, 2009: Ch.5) 스스로가 보여주고 있듯이, NPO의 구성원들이 지자체로부터의 위탁사업 실시요구에 저항하거나 본 논문의 사례가 보여줄 것처럼 NPO의 활동가들이 새로운 종류의 홈리스 지원방안을 지자체에 적극적으로 제안해 수용하게 한다는 점에서, 재고의 여지가 있다. 따라서 일본사회에서 NPO의 역할 및 행정기관과의 관계를 일률적으로 규정할 것이 아니라, 개별 NPO의 성격을 그 조직들이 형성되는 과정과 처해있는 사회적 조건을 고려해 파악해야 하며, 나아가 행정과의 관계도 양가적이며 역동적인 것으로 이해할 필요가 있다. 그리고 NPO 구성원들은 행정기관에 종속된 수동적 존재가 아니라, NPO 활동을 통해 다양한 방식으로 주체화될 수 있다는 점에도 주목할 필요가 있다.

그러므로 이 연구에서는 가마가사키에서 전개된 홈리스 지원운동의 변화를 1990년대 이후 발생한 사회적 조건의 변동 속에서 고찰하고, 새로운 주체들이 새로운 형태의 운동을 실천하는 과정과 그에 담긴 정치적 의미를 탐구하고자 한다. 우선, 홈리스 지원운동과 행정과의 관계를 규정하는 사회적 조건의 변화와 그에 따른 인구에 안전을 보장하는 기술의 변화에 주목함으로써, 그 관계를 획일화하는 논의에서 탈피하고자 시도할 것이다. 또한 홈리스 지원운동조직이 NPO라는 법적 지위를 획득한 것도 행정과의 공모 혹은 운동의 쇠퇴라고 보기보다는 사회적 조건의 변화에 따라 새로운 방식의 운동이 모색, 실천되는 것이라는 점을 보여줄 것이다. 나아가 홈리스를 지원하는 NPO가 새로운 형식의 주체화와 공공성의 재구성을 실현하고 있다는 점을 제시하고자 한다.

3. 가마가사키와 홈리스 지원운동 성립의 맥락

가마가사키는 오사카 시 남부의 번화가인 난바(なんば)로부터 조금 떨어진 곳에 위치에 위치하고 있다(〈그림 1〉[6]의 ★). 철도를 이용하

---

6) 이 그림은 原口剛·稲田七海·白波瀬達也·平川隆啓(2011: 10)에 있는 지도를 수정, 편집한 것이다.

〈그림 1〉 오사카 시와 가마가사키의 위치

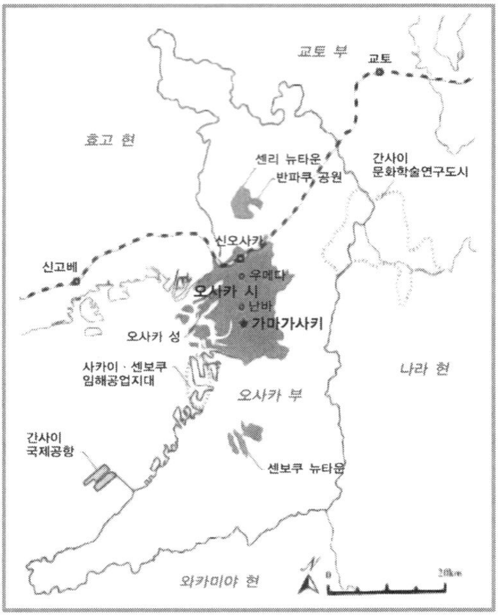

면 간사이국제공항(関西国際空港)에서 이곳까지는 약 45분 정도 걸린다. 또한, 공항에서부터 이어지는 난카이 전철의 신이마미야 역(南海電鉄新今宮駅), 서울 지하철의 2호선처럼 오사카 시를 일주하는 JR환상선의 신이마미야 역(JR環状線新今宮駅), 오사카 시 전철 미도스지 선(御堂筋線)과 사카이스지 선(堺筋線)의 동물원앞 역(動物園前駅), 그리고 경전철인 한카이 선 미나미가스미초 역(阪堺線南霞町駅)이 교차하고 있어, 오사카 시 내외로의 접근성이 좋은 지역이다(〈그림 2〉7) 참고). JR과

---

7) 이 지도는 한난대학 국제관광학부(阪南大学国際観光学部)의 마쓰무라 요시히사(松村嘉久) 연구실이 2005년 5월과 2006년 6월에 실시한 현지조사를 바탕으로, '젠리손 전자주택지도 디지타운 오사카부 오사키 시 24구'를 원지도로

〈그림 2〉 가마가사키 개관 (2006)

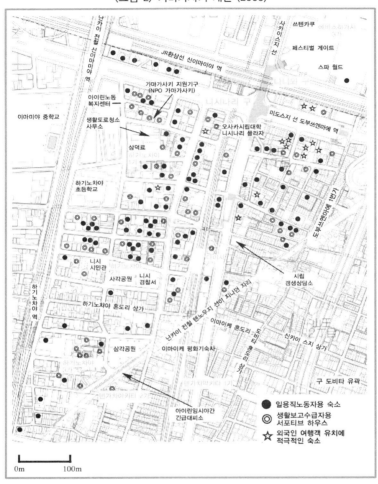

사용해 마쓰무라 교수가 작성한 것이다. 이 논문에서는 마쓰무라 교수의 사용 허락을 얻어, 글자를 한글로 바꾸고 지도의 제작경위에 관한 설명을 삭제했다. 마쓰무라 교수가 작성한 지도의 출처는 다음과 같고, 이 자리를 빌려 지도사용을 허락해준 마쓰무라 교수께 감사드린다. http://www.hannan-u.ac.jp/doctor/tourism/matsumura/mrrf4300000091ub-att/mrrf43000000befz.pdf(검색일: 2013.12.12).

난카이 전철, 그리고 난카이 전철 텐노우지 선이 지나던 자리(南海電鉄天王寺線跡)에 둘러싸인 지역이 가마가사키다. 다만 가마가사키는 이 지역의 정식명칭은 아니며, 이 지역은 행정적으로 니시나리 구(西成区) 하기노차야(萩之茶屋)와 다이시(太子)의 일부에 해당한다. 또한, 가마가사키는 이 지역에 대한 부정적인 이미지를 탈색하기 위해 1960년대부터 행정기관과 언론에서 사용하기 시작한 아이린 지구(愛隣地区), 혹은 가마가사키가 니시나리 구에 위치하고 있다는 이유 때문에 니시나리(西成) 등으로도 불린다.[8]

가마가사키에서 중요한 장소 중 하나인 아이린총합센터(あいりん総合センター, 이하 총합센터)[9]는 아이린직업안정소, 니시나리노동복지센터, 오사카사회의료센터가 입주한 건물로, 이 건물 1층에서 새벽 5시에 인력시장이 열린다. 총합센터의 앞쪽 및 난카이선과 마주 보고 있는 쪽을 따라 구인업자의 차량이 늘어서면, 일용직 노동자들은 각 차량의 앞 유리에 붙어 있는 구인조건을 살펴본 뒤 그날그날 일할 곳을 정하고 해당 차량을 이용해 작업장까지 이동한다. 한편, 총합센터 뒤편은 물론 한카이 전철과 오사카 시 지하철역 방향에도 간이숙박소가 산재해

---

8) 일반인은 물론 노동자조차도 가마가사키에 대해 부정적인 이미지를 갖고 있다. 교토에서 건설노동자와 홈리스로 지내다 지원단체의 도움으로 생활보호를 받게 되어 현재 가마가사키에서 살고 있는 한 재일조선인 남성은 "니시나리라고 하면 폭동, 타코베야(蛸部屋, 한 번 들어가면 빠져나올 수 없는 가혹한 노동자 합숙소), 착취, 범죄와 같은 이미지가 있었다. 하지만 살아보니까 그렇지 않았다."라고 말했다(인터뷰일: 2012.2.6.).
9) 〈그림 2〉의 좌측 상단에 아이린노동복지센터(あいりん労働福祉センター)라고 표시된 곳이다.

있다. 1980년대 말, 간이숙박소가 가장 많았을 때는 200개소, 총 수용인원은 20,000명에 달했지만, 현재는 60여 개만이 간이숙박소로 영업 중이며, 100개소는 생활보호수급자를 받는 일명 복지아파트로 전환되었고, 나머지 중 일부는 국내외 관광객을 대상으로 하는 숙박비가 저렴한 비즈니스호텔로 운영되고 있다(水內俊雄·平川隆啓·富永哲雄, 2011).

가마가사키의 긴자도리(銀座通り)-구·키슈카이도(旧·紀州街道)-를 따라 간이숙박소가 생기기 시작한 것은 1900년대 초부터이다(加藤政洋, 2011). 가마가사키보다 북쪽에 위치한 나가마치(長町)-현재 전자상가가 밀집해 있는 니혼바시(日本橋) 부근-에 있었던 저렴한 투숙시설(木賃宿) 등의 불량건축물이 철거되고, 1903년, 현재의 신세카이(新世界), 페스티벌 게이트(フェステイバールゲート)에서 열린 제5회 내국권업박람회를 전후로 오사카 시내의 슬럼지역 철거사업이 진행된 결과이다. 단, 가마가사키가 이처럼 오사카 시내에서 더 이상 허용되지 않는 불량건축물의 집결지가 된 것은 나가마치와의 지리적 근접성 때문만이 아니라, 현재의 동물원앞역 주위가 묘지와 처형장(鳶田墓)이었던 점, 즉 근세시대의 신분제도에서 천민에 해당하는 히닌(非人)의 거주지였다는 역사적 사실과도 관련이 있다.

가마가사키는 태평양 전쟁 중에 미군의 공습으로 인해 폐허가 되었다가, 다시 간이숙박소, 판잣집 등이 세워지면서 1960년대 초까지 오사카의 대표적인 빈민가로 자리 잡았다(平河隆啓, 2011; 原口剛, 2003). 도시 하층민 중 오사카항에서 일할 항만노동자, 건설노동자, 제조업 노동자를 모집하는 노천 인력시장도 1960년대부터 이곳에 출현했다. 그러나

1961년 일용직 노동자들의 '폭동'이 처음 발생한 이후 1973년까지 21차
례나 계속되자, 오사카 시는 자녀가 있는 세대를 외부로 이주시키는 정
책을 폈다. 반면, 1960년대 중반 이후, 오사카부와 중앙정부는 1970년에
열릴 오사카만국박람회를 성공적으로 치르기 위해 전국 각지에서 대량
으로 남성 노동자를 모집했다. 이와 같이, 행정기관에 의한 인구에 대한
개입의 결과, 1970년대부터 가마가사키는 인구의 90%가 단신 남성인 노
동자의 거리로 재구성됐다.

만국박람회가 끝나고 난 뒤 1970년 10월, 총합센터가 문을 열면서
오사카부(大阪府)는 직업안정소와 노동복지센터를 통해 요세바로서의
가마가사키라는 도시공간과 일용직 노동자를 본격적으로 관리하기 시
작했다. 또한, 오사카 시(大阪市)는 1971년에 시립갱생상담소(市立更生
相談所)를 개설해 일용직 노동자에 특화된 복지 상담을 실시하기 시작
했다. 아울러, 오사카부경(大阪府警)은 가마가사키 한복판에 요새와 같
이 위치한 니시나리경찰서(西成警察署)와 가마가사키 곳곳에 설치한 감
시카메라를 통해 노동자들을 통제했다. 즉, 1970년대 초에 이르면, 오사
카부, 오사카 시, 오사카부경이 각각 노동, 복지, 치안을 나누어 맡아 가
마가사키와 이곳의 남성 일용직 노동자를 통치하는 이른바 "아이린 체
제"가 성립됐다(生田武志, 2007: 24).

아이린 체제는 경찰과 같은 물리력에 의존하기도 했지만, 기본적으
로는 가마가사키의 일용직 노동자가 인력시장에 나가면 거의 항상 일자
리를 구할 수 있다는 것을 전제로 한 것이었다. 건설경기가 좋았을 때는
일용직 노동자가 투숙한 간이숙박소의 주소를 거주지-실제로는 그곳에

계속 거주하지 않더라도-로 제시하고 실업보험, 의료보험에 가입했기 때문에, 행정기관은 대략적으로나마 노동자 인구의 규모와 위치를 파악할 수도 있었고, 이들에 대한 최소한의 복지서비스를 제공함으로써 안전을 보장할 수 있었다. 예를 들어, 고용보험이 적용되는 사업소에서 두 달 동안 26일 이상 노동을 하고 이를 증명할 인지(印紙)를 받은 사람의 경우, 그 다음 달부터 일자리를 구하지 못한 날에는 실업수당을 최대 7,500엔, 최장 17일까지 받을 수 있는 제도가 마련됐다(藤井利明, 1999: 21).

한편, 아이린 체제가 성립되던 것과 같은 시기에, 가마가사키에서는 노동운동이 보다 조직적인 형태를 갖추게 됐다(原口剛, 2011). 1970년대 초, 학생운동의 경험을 가진 사람들 중 일부가 이 지역에 들어온 것이 계기가 됐다. 1972년, 이들 학생 운동가들이 중심이 되어 '폭력 구인업자 추방 가마가사키 공투회의'(暴力手配師追放釜ヶ崎共闘会議, 이하 가마공투)를 결성해 노동자에게 폭력행위를 일삼는 구인업자(手配師)를 추방하는 운동을 실시하고, 일용직 노동자들과 연대해 계급투쟁을 전개하고자 했다. 또한, '전일본항만노동조합 관서지방건설지부 니시나리분회'(全日本港湾労働組合関西地方建設支部西成分会, 1969년 설립, 이하 니시나리분회), '가마가사키일용노동조합'(釜ヶ崎日雇労働組合, 가마공투의 멤버가 중심이 되어 1976년 설립, 이하 일용노동조합), 가마가사키지역합동노동조합(釜ヶ崎地域合同労働組合, 1981년 설립)과 같은 노동조합들을 통해 일용직 노동자를 위한, 그리고 이들에 의한 노동운동이 보다 체계적으로 전개됐다(小柳伸顕, 1993: 84-85).

노동조합은 주요한 정치적 이슈가 발생할 때 정치투쟁을 전개하는 한편, 일상적으로는 고용주와 단체교섭을 벌이거나 노숙상태에 빠진 일용직 노동자를 대상으로 구호활동을 실시했다. 예를 들어, 니시나리분회는 1971년부터 2005년까지 해마다 두 차례씩 보너스 명목의 일시금을 건설업체와 행정기관으로부터 받아내는 일용노동자복리후생조치사업을 얻어냈다(海老一郎, 2011: 229). 또한, 1980년대에 일용노동조합은 건설업자 및 구인대리업자와의 협상력을 지속적으로 높여, 해마다 임금인상을 쟁취했다(小柳伸顕, 1993: 84-85). 1981년 1월, 가마가사키 노동자의 평균임금은 5,500엔이었지만, 일용노동조합은 1981년 3월 춘투(春鬪)를 통해 6,000엔까지 임금을 올렸으며, 이후 매년 500엔씩 임금인상을 달성했다. 특히 버블기인 1988년부터 1991년까지는 해마다 1,000엔씩 임금이 인상되었고, 1992년에는 전년도에 발생한 주가의 폭락 등으로 말미암아 500엔 인상에 머물렀으나, 평균임금은 전후 최고수준인 13,000엔에 달했다. 이와 같은 임금인상투쟁이 가능했던 것은 일본경제가 1990년대 초반까지도 지속적으로 성장했기 때문이었다.

그러므로 1990년대 초까지 가마가사키에서 전개된 행정대책과 노동운동은 모두 지속적인 경제성장을 전제로 일용직 노동자라는 인구에 개입했다는 점에서 공통적이다. 즉, 인구에 대한 통치실천과 그에 대한 대항실천은 모두 일자리가 충분히 존재한다는 것을 전제로 한 것이었다. 그러나 1990년대 초반 이후 이른바 거품경제가 붕괴되면서, 이런 통치실천과 대항실천은 더 이상 작동할 수 없게 됐다. 〈그림 3〉[10]에서 알 수 있듯이, 그날그날 고용여부가 결정되는 현금구인(現金求人)의 수가

1989년에는 역대 최고치를 기록했으나, 불과 4년 후인 1993년에는 그 수
가 반감됐다. 1995년에는 고베(神戶)와 그 인근 지역에 큰 타격을 준 한
신·아와지대지진으로 인한 재해복구 관련 사업이 실시되어 일시적으로
구인 수(求人數)가 늘어났으나, 1990년대 후반 이후 구인 수는 대체로 감
소추세를 보였다. 더불어, 일용직 노동자의 주된 취업분야인 건설업 부
문의 내적 변화-경기후퇴로 말미암아 취업이 잘 되지 않자 젊은 사람들
마저 건설업으로 유입되고, 건설작업 자체가 점차 기계화된 것-로 인해,
고령의 일용직 노동자를 위한 일거리는 더욱 줄어들었다(島和博, 2001).

〈그림 3〉 가마가사키 일용직 노동의 현금구인 추이

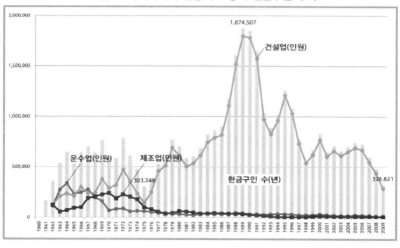

따라서 일용직 일자리가 충분히 공급되는 것을 전제로 한 기존의

10) 〈그림 3〉은 福原宏幸(2012: 79)에서 인용한 것이다.

통치와 운동 모두 효과를 발휘할 수 없게 됐다. 일거리가 급감해서 두 달 중 26일이라는 기준노동일수를 채우지 못하는 일용직 노동자들이 늘어나자, 이들을 대상으로 한 실업보험은 무용지물이나 마찬가지가 됐다. 한편, 일용직 노동자들이 당장 먹을 것과 잘 곳을 마련하기 위해 필요한 최소한의 소득도 올리지 못하는 상황에서, 종래와 같이 춘투를 통해 일용직 노동자의 고용조건과 임금인상을 쟁취하는 식의 노동운동도 더 이상 현실적으로 불가능하게 됐다.

경기침체의 영향은 홈리스의 급증과 상시화로 나타났다. 더 이상 예전처럼 장마철이나 연말연시와 같이 특정시기에만 홈리스가 발생하는 것이 아니라, 그날그날 일거리를 얻어 간이숙박소에서 하루를 보내는 생활조차 불가능해 거리에 내몰린 일용직 노동자들이 늘 존재하게 된 것이다. 1990년대 중반 이후 1일 평균 구인수가 격감하면서 가마가사키에서 생활하는 1일 평균 홈리스의 수가 300명 정도에서 1,000명 정도까지 급증했으며, 2000년대 말까지도 이 수준을 유지했다(大倉祐二, 2011: 11). 즉, 인력시장으로서의 가마가사키의 기능이 약화된 것이 홈리스 증가에 중요한 요인 중 하나로 작용했다.

따라서 1990년대 초에 가시화한 일본사회의 구조적 변동-경기침체와 산업구조의 재편, 그리고 노숙자의 증가-속에서, 행정기관은 물론 사회운동도 새로운 존립방식을 모색해야만 하는 상황에 직면하게 됐다. 이로 말미암아, 기존에는 관계가 소원하거나 반목하던 지역사회의 여러 주체들-노동운동가, 종교지도자, 간이숙박업자, 복지시설직원-이 힘을 합쳐 홈리스의 안전을 도모하는 데 초점을 맞춘 새로운 형태의 운동을 실시하게 됐다. 나아가 기존에 대립적인 관계에 있던 사회운동가들과 행정기관이 서로 연루되어 홈리스를 지원하기 시작했다. 즉, 1990년대 초에 가마가사키의 여러 주체들이 협력해 홈리스를 지원하는 운동조직을 만들고, 행정기관도 이들과 협력적인 관계를 맺게 된 것은 일용직 노동자에서 홈리스로 전락한 사람들에게 새로운 안전장치를 제공하는 것이 국가와 사회 양쪽 모두에게 요구되었기 때문이다.

4. 가마가사키 홈리스 지원운동의 전개

1993년 가을, 노동운동가와 가톨릭계열 종교지도자가 공동으로 '가마가사키 취로·생활보장제도 실현을 목표로 하는 연락회'(釜ヶ崎就労·生活保障制度実現を目指す連絡会, 약칭 釜ヶ崎反失業連絡会, 이하 반실업연락회)를 결성했다. 행정과의 교섭에 노동운동가만 참여해서는 신뢰를 얻기 어렵다고 생각해, 일용노동조합 위원장-1976년 조합 설립 당시 부위원장으로 취임해, 1980년부터 위원장을 역임하고 있다-이 이미 홈리스 지원활동을 하고 있던 신부에게 협조를 요청한 것이 계기가 됐다. 이 신부에 따르면, "당시 일용노동조합은 신좌익계의 무장투쟁집단이라는 이미지가 여전히 강했기 때문에, 같은 가마가사키에서 활동하고 있다고 하더라도, 그리스도교계 단체나 홈리스 지원그룹에 연대를 요청해 오리라고는 우선 생각할 수 없는 시대"였지만, 일용노동조합 위원장이 "길거리에 넘쳐나는 동지들을 위해 무언가를 하고 싶다"며 "광범

위한 조직으로 운동을 진전하고 싶다"는 의사를 표명하자, 신부도 반실업연락회의 공동대표를 맡는데 동의했다(神田誠司, 2012: 184-85). 이외에도, '가마가사키의료연락회', '노숙노동자네트워크', '가마가사키 고령일용직 노동자의 일과 생활을 쟁취하는 모임'(釜ヶ崎高齢日雇い労働者の仕事と生活を勝ち取る会) 등 지역 내의 여러 운동·지원 단체들이 반실업연락회에 참여했다(藤井利明, 1999: 23).

반실업연락회는 노숙상태에 빠진 노동자를 위한 일자리 창출과 잠자리 확보를 가장 중요한 과제로 내세웠다(松繁逸夫, 1999). 먼저, 1993년 10월, 오사카부와 오사카 시에 제출한 요망서에서, 국가 차원의 홈리스 대책 수립, 일용직 노동자의 취로보장 제도 확립, 우기와 연말연시 특별취로사업 실시, 홈리스를 위한 셸터 설치 등을 요구했다.[11] 그러나 행정과의 교섭에 별다른 진전이 없자, 우선 잠자리를 확보하기 위해 1994년 6월부터 8월까지 야간에도 총합센터의 셔터를 올려 홈리스가 밤새 적어도 비와 추위를 피할 수 있도록 했다(〈사진 1〉[12]). 야간개방이라고 불리는 이 활동에 500-600명 정도의 홈리스가 동참해 저녁 7시부터 다음 날 인력시장이 열리기 전까지 총합센터를 자주적으로 관리했다. 오사카 시가 모포, 매트리스, 건빵 등을 공급하면, 일용노동조합 멤버와 노동자가 이 물품을 동료 홈리스에게 나눠주고, 새벽이 되면 다시 침구류를 정리

---

11) "釜ヶ崎対策についての請願", http://www.npokama.org/kamamat/3web/hann/93seigan1.htm(검색일: 2013.5.1.). 별도로 명시하지 않는 한, 이하 인용하는 인터넷 자료의 검색일은 모두 이와 같다.
12) 반실업연락회 홈페이지, http://www.npokama.org/kamamat/3web/hann/hansitu.htm.

하는 작업을 수 주에 걸쳐 반복했다.

〈사진 1〉 1998년 총합센터 야간개방

〈사진 2〉 대형텐트

반실업연락회는 1일 평균 홈리스 수가 1,000여 명에 달한 1997년과
1998년 여름에도 재차 총합센터의 야간개방을 실시했다.[13] 그럼에도 불

---

13) "アブレ・野宿増大に伴う緊急要求", http://www.npokama.org/kamamat/3web
/hann/975.htm.

구하고 행정기관에서 적절한 대응을 취하지 않자, 1998년 7월에는 야간 개방을 중단하고 새로운 숙소 대책을 요구하며 오사카 시청 앞에서 야영투쟁을 시작했다.[14] 이와 같이 행정기관을 상대로 투쟁을 전개한 결과, 1998년 8월부터, 사회복지법인 오사카자강관(大阪自彊館)이 운영하는 구호시설인 삼덕료(三德療)에 임시생활케어센터를 한시적으로 설치, 운영하기로 하는 성과를 거뒀다.[15]

또한, 동년 11월에는 가마가사키 내 오사카부, 오사카 시 소유지를 빌려 홈리스가 야간에 숙박할 수 있는 대형텐트(〈사진 2〉[16])를 설치하는 성과를 얻어냈다.[17] 토지와 전기는 행정기관으로부터 제공받았지만, 텐트와 침상의 구입 및 설치, 텐트의 야간관리는 모두 반실업연락회가 담당했다. 결과적으로, 1,000여 명의 홈리스들이 총합센터 야간개방(800-1,000명), 대형텐트(200명)를 이용해 최저한도의 잠자리를 확보할

---

14) "写真で見る98年6月から9月", http://www.npokama.org/kamamat/3web/hann/987-9/987-91.htm.
15) 삼덕료 내에 임시생활케어센터는 처음 설치된 1998년에는 8월 17일부터 9월 28일, 그리고 10월 26일에서 11월 27일 사이에 한시적으로 운영됐다. 이 기간 동안, 하루 45명까지 2박 3일간 숙박할 수 있었다. 현재는 삼덕생활케어센터라는 이름으로 변경된 채 상설 운영되고 있으며, 224명의 인원이 2박 3일에서 1주일 정도 숙박할 수 있다. 오사카 시 조례에 의거한 시설로 생활보호법 등의 기준을 충족시키지 않아도 되기 때문에, 생활보호수급자 등을 위한 삼덕료 내의 다른 시설보다는 여건이 열악하다. 2층 침대가 설치된 방에 10명에서 100여 명까지 함께 지내야 한다. 그럼에도 불구하고, 주말에는 만실 상태이며, 100여 차례 이용하는 사람도 있다고 한다.(자강단 상담실 관계자와의 인터뷰, 2013.2.13.).
16) 반실업연락회 홈페이지. http://www.npokama.org/kamamat/3web/hann/hansitu.htm.
17) "写真で見る98年10月", http://www.npokama.org/kamamat/3web/hann/9810/98101.htm.

수 있게 됐다. 나아가, 행정기관을 상대로 한 지속적인 투쟁 및 교섭의 결과, 반실업연락회의가 설립 당시부터 요구했던 셸터가 임시야간긴급피난소(臨時夜間緊急避難所)라는 이름으로,[18) 기존에 대형텐트가 있었던 두 부지에 2000년 4월(이마미야셸터, 삼각공원 남측, 600명 정원)과 2004년 2월(하기노차야셸터, 삼덕료 옆, 440명 정원)에 설치됐다(釜ヶ崎支援機構, 2010: 7).

한편, 연령과 건강상의 이유로 일자리를 구하기 어려운 처지에 있는 고령의 노동자와 홈리스에게 일자리를 제공하기 위한 노력의 일환으로, 반실업연락회는 1994년 11월, 오사카 시와 오사카부로부터 55세 이상인 일용직 노동자를 대상으로 한 공공근로사업인 '고령자특별청소사업'(이하 청소사업)의 실시를 이끌어 냈다.[19) 이것은 공공근로사업에 참

---

18) 셸터의 이용은 하루 단위로 이루어지는데, 저녁 5시 30분에 총합센터가 난카이선과 마주하고 있는 쪽에서 줄을 서서 이용권을 받으면, 저녁 6시부터 다음 날 아침 5시까지 숙박할 수 있다. 2층 조립식 건물에 층마다 2층 침대가 두 줄로 배열되어 있으며 샤워시설도 설치되어 있다. 총 정원이 1,040명이지만, 2013년 현재 실제로 셸터를 이용하는 사람은 400여 명 정도다. 연구자가 2013년 2월 16일, '아이의 마을'(こどもの里)이 주최한 야간 패트롤에 참여했을 때 홈리스 집계 결과를 보면, 가마가사키 지역 및 오사카 시내 주요 지역의 홈리스 수는 총 504명이었는데, 이 중 402명이 셸터를 이용했다. '아이의 마을' 관계자에 따르면, 셸터를 이용하지 않는 사람들은 나름 노숙할 능력이 있는 사람들이고, 반드시 그렇지 않더라도 셸터에서의 집단생활과 그로 인한 불편함-가령, 주변 침상을 사용하는 사람이 코를 골거나 이빨을 갈면 숙면을 취할 수 없는 것-을 견디지 못하는 사람들이 노숙을 선택한다고 했다. 또한, 셸터는 투숙자가 다음 날 새벽에 일용 노동을 나간다는 것을 전제로 설치되었기 때문에, 새벽 5시에는 셸터를 나가야 한다는 점도 홈리스 중 일부가 셸터 이용을 꺼리는 이유라고 덧붙였다.
19) "第二回清掃事業就労者アンケート中間報告から", http://www.npokama.org/kamamat/3web/hann/koureibira.htm.

여하겠다고 등록한 사람을 대상으로 총합센터 건물과 그 주변 청소, 오
사카 시 내에 있는 공원 제초작업, 노후한 보육시설, 놀이기구, 버스정류
장 도색작업 등을 윤번제로 할당하고, 일당으로 5,700엔을 지급하는 일
이다. 이 사업은 모든 등록자가 매일 혹은 일정기간 동안 지속적으로 일
하는 것이 아니라 윤번제로 운영된다는 점이 특징이다. 따라서 청소사
업에 등록한 사람 스스로 자신의 번호가 포함된 날짜를 총합센터에 설
치된 게시판에서 확인하고 자신에게 해당되는 날에 나와서 일해야 임금
을 받을 수 있다. 1994년 당시에는 이 사업에 등록한 940명 중 취로기회
를 제공할 수 인원수가 하루에 50명 정도에 불과해, 1인당 연간 10회 정
도밖에 일할 기회를 얻지 못했으나, 2000년대 초반부터는 1인당 연간
30-40회씩 일을 할 수 있게 되었고, 2004년 이후부터 등록자 수는 감소했
으나 하루에 고용할 수 있는 인원수가 200명대로 안정화되면서, 1인당
연간 40회 이상 취로기회를 얻게 됐다(釜ヶ崎支援機構, 2010: 8-9).

셸터 설치와 청소사업 확보와 더불어 반실업연락회가 지방자치단
체를 대상으로 활발히 투쟁과 교섭을 전개한 결과, 1998년 11월, 오사카
시장이 총리를 직접 만나 국가 차원의 홈리스 대책 수립을 요구하기에
이르렀다.[20] 이를 계기로 1999년 2월, 중앙정부의 관계부처와 관련 지방
자치단체로 구성된 '홈리스문제연락회의'가 설치됐다. 홈리스문제연락
회의는 동년 5월에 '홈리스 문제에 대한 당면의 대응책에 관해'(ホーム
リス問題に対する当面の対応策について)라는 문건을 통해, 일본의 중

20) "野宿を余儀なくされている労働者への経済的自立援助策を求めて", http://www.
npokama.org/kamamat/3web/hann/kuni/kuni1.htm.

앙정부 차원에서는 최초로 홈리스 문제에 대한 대응책을 내놓았다. 전국에 자립지원센터를 4-5개소 설치해 6개월간 직업훈련을 실시하고 직업안정소를 통해 구직활동을 지원한다는 내용이 이 문건에 담겼다. 최종적으로는 반실업연락회를 포함한 일본 전국의 홈리스 관련 단체 등이 국회 앞과 오사카성공원 등에서 집회를 개최하고 국회의원들과 간담회를 갖는 등 노력한 결과, 2002년 7월 '홈리스 자립 지원 등에 관한 특별조치법'이 성립됐다. 따라서 반실업연락회의 홈리스 지원운동은 가마가사키 내의 일용직 노동자 및 홈리스에게 일자리와 잠자리를 제공하는 성과를 거두었을 뿐만 아니라, 일본사회에서 홈리스 문제를 국가 차원의 문제로 정치화하는 데도 중요한 역할을 했다.

5. 가마가사키 홈리스 지원운동의 변형

1999년, 반실업연락회의 홈리스 지원운동은 중요한 전기를 맞았다. 반실업연락회의 일부 멤버가 주축이 되어 "노숙생활자와 노숙에 빠질 위험이 있는 사람들의 사회적 처우 개선활동 및 자립지원이 도모될 수 있는 지역의 형성에 관한 사업을 실시함으로써, 사회복지의 향상을 도모하는 것을 목적"으로 하는 '특정비영리활동법인 가마가사키지원기구'(特定非営利活動法人釜ヶ崎支援機構, 이하 지원기구)라는 NPO를 설립하기로 한 것이다.[21] 일본정부가 1995년에 발생한 한신·아와지 대지진을 계기로 자원봉사활동의 역량과 가능성을 인식하고, NPO의 설립과 운영의 조건을 대폭 완화하기 위한 법적 조치로서 1998년에 '특정비영리활동촉진법'(이하 NPO법)을 제정한 것이 추동요인으로 작용했다 (Pekannen and Simon, 2003). 이런 제도적 변화를 배경으로, 반실업연락회는 행정으로부터 홈리스 지원 사업을 직접 수주받아 실시하기 위해 지원기구라는 별도의 NPO 조직을 설립하기로 한 것이다. 지원기구 설립 당시 부이사장을 맡은 반실업연락회의 공동대표는 "당시 정부와 지방자치단체에 의한 홈리스 긴급대책사업이 시작되려던 참이었습니다. 홈리스의 실정을 제일 잘 알고 있는 우리들이 그런 사업의 수용처가 되어 현장의 목소리를 반영해 가면서 시책을 담당해 간다, 이를 위해서는 노동조합이 아니라 법인자격을 가진 NPO를 설립할 필요가 있었습니다."라고 지원기구의 설립취지를 설명했다(神田誠司, 2012: 99).

반실업연락회의 공동대표가 각각 지원기구의 이사장, 부이사장을 맡은 것에서도 알 수 있듯이, 지원기구는 설립 당초부터 "노동자와 반실업연락회가 행정투쟁을 통해 획득한 '지붕22)과 일자리'를 사업으로서 운영함으로써 지키고, 노동자에게 환원해 나가는 것을 목적으로 한 '성과의 운영단체'로서의 색채를 농후하게 띠고 있었다(釜ヶ崎支援機構, 2010: 10)." 즉, 지원기구는 셸터와 청소사업의 운영을 오사카 시로부터 위탁받아 운영하는 것에 역점을 두고 홈리스를 지원하기 위한 각종 활동을 전개해 나갔다. 이로써, 가마가사키에서의 홈리스 지원운동은 본

---

21) "特定非営利活動法人釜ヶ崎支援機構定款", http://www.npokama.org/about /teikan2010.pdf(검색일: 2013.7.1.).
22) 지붕은 대형텐트나 셸터와 같은 잠자리에 대한 비유적 표현이다.

격적으로 행정기관과 협력관계를 맺고, 행정기관에서 지급되는 사업비를 이용해 홈리스를 위한 서비스를 제공하는 방향으로 나아갔다.

지원기구의 설립 이후에도 반실업연락회는 별도의 조직으로 유지되었지만, 홈리스 지원운동의 NPO화에 대해 반실업연락회 내부에서도 이견이 표출됐다. 예를 들어, '가마가사키 고령 일용직 노동자의 일과 생활을 쟁취하는 모임'은 행정과의 제휴로 인해 홈리스 지원운동이 NPO의 활동으로 축소될 수도 있다고 우려하며, NPO 설립을 추진하는 사람들이 지방자치단체뿐만 아니라 국회의원과도 긴밀한 관계를 맺는 것에 대해 의문을 제기했다. 이에 대해, 지원기구 설립에 찬성한 측은 "NPO의 설립"은 홈리스 지원운동의 목표가 아니라 "반실업투쟁의 일환"이자 "다음 투쟁에의 통과점"일 뿐이라고 반박했다(青木秀男, 2010: 96-99). 사실, 반실업연락회가 1994년부터 운영한 청소사업도 사회복지법인인 오사카자강관을 통해 수주한 것이었기 때문에, 홈리스에게 도움이 되는 사업을 보다 적극적으로 실시하기 위해서 NPO 설립이 필요하다는 주장은 현실적으로도 설득력이 있었다.

흥미로운 사실은 반실업연락회의의 활동 중에 이미 NPO로의 전환 가능성이 내포되어 있었다는 점이다. 반실업연락회는 1996년 9월, 오사카부와 오사카 시에 제출한 통일요망서에서 '고령자사업단'의 필요성을 제안했다.[23] "고령노동자의 취로보장을 담당할 조직"은 "관이나 민간이 독자적으로 설립하기 곤란하다." 왜냐하면 "취로 가능한 곳을 개척하는

---

23) "96年 9月 行政への要求", http://www.npokama.org/kamamat/3web/hann/969d.htm.

영업노력, 취업한 곳의 업무내용에 적합한 취로 희망자를 분배하는 인사, 채산성이 없는 것은 보완하는 일정한 자금 면에서의 뒷받침을 모두 만족시키는 것은 관 단독으로도, 민간 단독으로도 성립하기 곤란"하기 때문이다. 따라서 고령자사업단은 민간단체가 운영하되 "초동체제 확립과 계속적으로 일정한 일거리 보장, 보조금에 의한 경영지원"은 공공기관이 담당해야 한다는 것이다. 한편, 1998년 9월에 오사카부와 오사카 시에 제출한 요구서에서는 가마가사키 내의 공지(空地)에 셸터를 설치할 것을 제안했다.[24] 이 셸터의 운영과 관련해 오사카부는 "셸터 이용자에게 직업소개 및 알선"을 담당하는 한편, "잉크 카트리지 회수 및 재판매를 홈리스 지원 단체에 위탁해주면 행정에 의존하지 않고도 셸터를 건설해 운영할 수도 있다"고 제시했다. 즉, 지원기구를 설립하기 이전에 이미 반실업연락회가 취로기회 제공사업과 숙소제공사업을 담당할 수 있음을 시사했던 것이다.

따라서 반실업연락회에서 지원기구로의 이행은 인적인 구성에서뿐만 아니라 홈리스 지원운동의 성격 자체도 연속적이라고 할 수 있다. 이것은 반실업연락회가 행정기관에 대항하는 성격을 갖고 있으면서, 동시에 홈리스 문제를 풀기 위한 다양한 해결책을 제시하는 형태의 운동을 전개한 조직이었기 때문이다. 그러나 이처럼 홈리스 지원운동이 운동조직과 복지 서비스 제공조직처럼 이원화한 것은 행정기관과 대결하는 기존의 운동방식에 일정 부분 제한을 초래할 수밖에 없었다. 지원기

---

24) "写真で見る98年10月."

구는 반실업연락회가 거둔 성과를 집행하는 단체인 이상, 홈리스에게 각종 복지 서비스를 제공하기 위해 행정기관으로부터의 위탁사업에 의존하게 되었기 때문이다. 따라서 사회운동이 일정한 성과를 거두고 그 성과를 유지하려고 시도하는 것이 역설적이게도 사회운동 그 자체를 일정 부분 제약하는 결과를 초래한 셈이다. 지원기구 내부의 일부 구성원도 이런 역설적 상황을 명확하게 인식하고 있었다.

> 현재에도 노동조합과 반실업연락회가 (지원기구와는) 별도로 있습니다.[25] 사적인 견해를 전제로 한다면, 일용직 노동자들이 일거리가 없어 노숙을 할 때는 오히려 시간이 있기 때문에 데모에도 참여할 수 있습니다. 하지만 생활보호를 받아서 각자의 아파트에서 지내기 시작하면서 모두 고립되는 경향이 나타나고 있습니다. 이런 상황에서는 운동을 만들기 어렵지요. 결집해서 일자리를 만들어 달라고 운동을 하고 싶지만, 고립된 사람들을 연결해서 인간관계를 만들지 않으면 운동은 어렵습니다. 지금과 같이 사회복지법인으로서 노동자를 지원하는 사업을 하면

---

25) 지원기구가 성립된 동시에 반실업연락회가 행정투쟁 스타일의 운동방식을 포기하지 않았다는 점은 지적할 필요가 있다(釜ヶ崎支援機構, 2010: 11-12). 앞서 언급했듯이, 2002년 7월 '홈리스 자립 지원 등에 관한 특별조치법'이 성립될 때까지, 반실업연락회는 2001년 6월, 10월, 11월, 그리고 2002년 1월과 6월에 전국 각지의 홈리스 지원단체와 연대해 국회에 요망서를 제출하거나 법의 조기 성립을 요구하는 집회를 국회 앞과 오사카부청 앞의 오사카성공원에서 개최했다. '홈리스 자립 지원 등에 관한 특별조치법'이 성립된 이후에도 이 법이 실질적으로 시행되기 위해서는 관계부처와 지방자치단체가 실행계획을 수립해야 했기 때문에, 반실업연락회는 2002년 9월부터 2003년 12월까지 오사카부청 앞의 오사카성공원과 오사카 시청 앞의 나카노지마공원에서 집단으로 텐트를 설치하고 숙박을 하는 야영투쟁을 전개했다. 그러나 반실업연락회도 2003년 야영투쟁을 끝으로 대규모 행정투쟁을 실시하지 않았다.

서, 공부하는 모임을 만들어 언젠가는 운동도 함께 전개할 수 있었으면 좋겠습니다. 지원기구는 노동자를 대변하는 조직이라 행정기관에 강하게 이야기할 수 없습니다. 일용직 노동자 대신에 말하는 조직이지 당사자가 아니므로 운동을 적극적으로 펴나갈 수 없는 것이지요.

(인터뷰일: 2013. 02. 15).

실제로 지원기구는 조직 내에 복지상담부문을 설치하면서 행정기관을 상대로 한 대항적 자세보다 홈리스의 복지를 보장하기 위한 활동을 강화해 나갔다. 2000년 6월, 지원기구는 청소사업에 참여하는 노동자 중 65세인 사람들을 대상으로 상담을 실시해 생활보호를 받을 수 있도록 도와주는 일을 시작했다.[26] 그 결과, 2000년 6월부터 2001년 3월 사이에만 지원기구의 도움을 받아 생활보호수급자로 선정되어 간이숙박소를 개조한 복지아파트나 고령의 입주자에게 필요한 각종 서비스를 제공하는 직원이 배치되어 있는 서포티브 하우스(supportive house)에 들어간 사람이 169명에 달했다.[27] 특히, 2006년 이후에는 취로기회제공사업과 숙소제공사업을 기반으로 하면서도, "노숙상태에서 벗어나기 위한 길을 다양화·확대"하는 것과 "(그런 상태에서) 벗어난 이후에 다시 노숙에 되돌아가거나 고독사하지 않도록 하기 위한" 지원활동에 힘을 쏟기 시작했다(釜ヶ崎支援機構, 2010: 12). 즉, 지원기구는 "행정투쟁을 토대로 해서 쟁취한 성과를 운영하는 단체"에서 "기존제도의 간극을 메우는 다양

---

26) 『NPO釜ヶ崎 会報』 第3号(2000.8.8.), http://www.npokama.org/kaihou_archive. html(검색일: 2013.7.1.). 이하에서 인용하는 회보는 모두 위 사이트에서 동일한 날짜에 검색한 것임을 미리 밝혀둔다.
27) 『NPO釜ヶ崎 会報』 第5号(2001.5.28.).

한 지원 사업을 전개하는 단체"로 조직의 성격을 재규정했다. 지원기구의 이러한 성격 변화를 부분적으로 반영하듯, 2008년 이후 생활보호수급을 통해 노숙상태에서 벗어나는 노동자의 수가 극적으로 늘어나, 2009년도 청소사업 등록자 2,236명 중 약 1/3 이상이 생활보호수급자로 선정됐다(釜ヶ崎支援機構, 2010: 16).

이처럼 복지상담부문, 나아가 지원기구의 활동은 분명 홈리스의 생활여건을 크게 개선하는 효과를 가져왔지만, 다른 각도에서 보면, 거주지가 불분명해서 행정기관이 일일이 관리하기 어려운 홈리스를 생활보호수급자로 등록시킴으로써 통치할 수 있는 존재로 만들어주는 역할을 지원기구가 수행한 것이기도 했다. 복지상담부문의 구체적인 활동 내용을 살펴보면, 생활보호신청, 연금문제, 주소설정 문제, 채무문제 등과 관련된 상담접수, 생활보호 신청 준비 지원 및 신청할 때 따라가기, 시립갱생상담소나 병원에서 상담원, 의사, 노동자 간의 커뮤니케이션 도와주기, 아파트나 병원에서 생활하는 생활보호수급자를 정기적으로 방문하여 상태를 확인하기 등의 일을 포함한다.[28] 심지어 오랜 일용직 노동생활로 인해 돈을 적절히 관리하거나 약을 제때 챙겨 먹는 일상적인 생활습관이 몸에 배어 있지 않은 생활보호수급자들을 위해, 지원기구가 생활보호비를 관리해주거나 복약시간 및 여부를 일일이 챙겨주는 일도 한다.[29] 그뿐만 아니라, 청소사업에 참여하는 사람들 혹은 셸터에 거주하는 사람들을 대상으로 각종 실태조사나 행정기관과 협조하여 건강검진

---

28) 『NPO釜ヶ崎 会報』 第6号(2001.7.30.).
29) 지원기구 관계자와의 인터뷰(인터뷰일: 2013.2.13.).

을 실시함으로써, 이 불안정한 인구에 대한 정보를 축적하고 이를 토대로 필요한 개입을 진행한다. 따라서 지원기구는 홈리스라는 유동적인 인구를 관리 가능한 대상으로 만드는 생명관리장치로서의 기능을 갖고 있다고 하겠다.

그러나 지원기구의 활동이 반드시 행정기관과의 공모를 촉진하거나 홈리스를 생활수급자로 전환함으로써 통치 합리성을 증대시키는 효과만 갖는 것은 아니다. 지원기구의 개입이 없었더라면, 사회적으로 고립되어 버렸을 사람들이 사회적 유대를 형성하고 사회의 일원으로서 존재감을 확보할 수 있는 계기를 지원기구가 각종 활동을 통해 제공했다. 예를 들어, 복지상담부문은 '옛날영화를 즐기는 모임'(なつかしの映画を楽しむ会)[30]이나 '그라운드 골프를 즐기는 모임'(グラウンドゴルフを楽しむ会)[31]을 주관해, 이제 막 노숙생활에서 벗어난 고령의 생활보호수급자들이 서로 교류할 기회를 마련했다.

〈표 1〉 고령자특별청소사업의 의의 (복수응답)

항목	2007년도 조사		2009년도 조사	
	응답자 수	비율(%)	응답자 수	비율(%)
수입을 얻을 수 있다	1054	75.3	664	84.8
취로의욕을 유지할 수 있다	402	28.7	310	39.6
사회에 공헌/참가하고 있다는 의식을 가진다	244	17.4	229	29.2
동료와 함께 일할 수 있다	375	26.8	296	37.8
기능을 습득할 수 있다	92	6.6	33	4.2

---

30) 『NPO釜ヶ崎 会報』第9号(2002.1.31.).
31) 『NPO釜ヶ崎 会報』第6号(2001.7.30.).

건강을 유지할 수 있다	375	26.8	359	45.8
기타	20	1.4	12	1.5
특별히 없다/ 별로 도움이 되지 않는다	19	1.4	7	0.9
유효응답 수	1399	100	783	100
불명/무응답	63	4.3	38	4.6
응답 총수	1462	95.7	821	95.4

또한, 청소사업도 사회로부터 유리되는 경향이 있는 홈리스들이 재차 사회에 참여하는 데 일정한 역할을 했다(沖野充彦, 2009). 이 사업은 시작 당시부터 윤번제 번호가 가까운 사람들끼리 조별로 활동하도록 조직됐다. 이로 인해 같은 조의 성원들 간의 유대감이 형성될 수 있었다. 그뿐만 아니라, 각 조에는 '지도원'이라는 책임자가 1명씩 배정되었는데, 사업이 진행되면서 홈리스 중에서 지도원의 역할을 맡는 사람들이 나타나기 시작했다. 이런 변화를 뒷받침하듯, 청소사업 참여자들을 대상으로 2007년과 2009년에 실시한 조사에서, "특별청소에서의 취로는 당신에게 어떻게 도움이 되고 있습니까? 해당되는 것에 모두 동그라미를 해주세요."라는 질문에 대해, 설문응답자 중 상당수가 청소사업의 사회적 의미를 높이 평가했다(釜ヶ崎支援機構, 2010: 30-31). 〈표 1〉[32]이 보여주듯이, 참가자들은 청소사업이 취로의욕을 유지하고, 사회에 참여하고 있다는 의식을 가지며, 동료와의 관계를 형성하는 등의 의의를 가지고 있다고 보았으며, 이런 응답자의 비율은 2007년과 2009년 사이에 일관되게 증가했다. 홈리스는 청소사업을 통해 윤번제 번호가 가까운 동료들

---

32) 이 표의 출처는 釜ヶ崎支援機構(2010: 31)이다.

의 안부를 확인하고, 지원기구로부터 각종 지원 상담을 받기도 함으로써 사회와의 관계를 형성, 유지해 나가는 것이다. 즉, 청소사업은 "스스로 사회와 연결되는 방법"을 몸에 익히는 장으로서 "사회적 취로"의 의미를 갖고 있는 셈이다(釜ヶ崎支援機構, 2010: 50).

나아가, 지원기구의 홈리스 지원운동은 지역사회 내외의 다른 주체들의 참여 덕분에 진행될 수 있었다. 예를 들어, 생활보호를 신청할 때 관공서에 따라 가는 일이나, 생활보호수급자의 일상을 살피러 가는 일, '그라운드 골프를 즐기는 모임'과 같이 생활보호수급자 등을 대상으로 한 프로그램을 운영하는 것, 그리고 매년 연말연시에 펼쳐지는 월동투쟁에서 축제를 열고 홈리스의 상태를 살피기 위해 야간에 패트롤을 하는 것은 학생이나 일반시민과 같은 자원봉사자의 참여가 없이는 불가능하다(Stevens, 1997).

그뿐만 아니라, 생활보호수급자를 위한 독자적인 주거시설을 갖고 있지 않은 지원기구가 생활보호수급을 통한 노숙생활 탈피에 성과를 거둘 수 있었던 것도 가마가사키 내의 다른 주체들과 연대했기 때문에 가능했다. 지원기구가 설립되던 1999년, 사회복지법인 관계자의 제안에 의해 홈리스 주거문제 해결을 목표로 하는 마을 만들기 네트워크가 출범했고, 이 네트워크에 지원기구 관계자는 물론, 노동운동가와는 소원한 관계에 있던 간이숙박업주까지 참여했다(水內俊雄, 2007). 간이숙박소의 공실률(空室率)이 높아져 경영난에 직면한 간이숙박업주뿐만 아니라, 고객이었던 일용직 노동자가 홈리스로 전락하는 현실을 안타깝게 여긴 간이숙박업주가 간이숙박소를 복지아파트, 혹은 서포티브 하우스로 전환했다(水內俊雄·平川隆啓·富永哲雄, 2011: 23). 그리고 이 간이숙박업주들은 홈리스가 복지아파트와 서포티브 하우스의 주소를 근거로 생활보호를 신청할 수 있도록 하고, 생활보호비를 받을 때까지 보증금과 월세를 받지 않았다.[33] 즉, 지원기구의 홈리스 지원운동은 홈리스들 스스로 사회의 일원으로 참여하는 계기를 조성했을 뿐만 아니라, 이처럼 운동의 외연을 확대하며 지역주민과 연대하는 것을 통해 작동할 수 있었다.

정리하면, 가마가사키에서 전개된 홈리스 지원운동의 NPO화는 운동 그 자체의 성격을 변형시키는 동시에 새로운 형태의 운동을 만들어냈다고 할 수 있다. 한편으로는 행정기관과의 투쟁을 통해 쟁취한 홈리스 지원 사업을 체계적으로 운영하기 위해 설립한 NPO는 행정기관과 협력적인 관계를 유지하며, 이를 대신해 홈리스라는 유동적인 인구를 적은 비용으로 관리해주는 역할을 담당했다. 이로써 반실업운동이 행정기관을 대신해 홈리스를 관리하는, 기껏해야 행정기관에 홈리스의 입장을 대변해주는 역할에 머무르게 됐다고도 할 수 있다. 즉, NPO의 운영자가 되는 순간, 반실업운동가들은 예전처럼 "당사자가 아니므로 운동을 적극적으로 펴나갈 수 없는" 처지에 놓인 것이다.

그러나 이것을 단적으로 운동의 쇠퇴 혹은 NPO의 서비스 제공자로의 전락이라고 평가 절하할 수는 없다. 이런 식의 평가는 특정 형태의 운동만을 이상적인 것으로 상정하고, NPO의 역할을 이분법적으로 사고하

---

33) 제6자치회 회장 겸 서포티브 하우스 오하나 운영자와의 인터뷰(2013.2.16.).

는 데서 기인한다. 지원기구의 현직 이사장이 말하고 있는 것처럼, 사회적 노동을 창출하기 위해서는 사회운동도 모든 것을 국가에 맡기는 "종래형의 조치와 의존형 관계"에서 벗어나, "어떤 시스템을 만들면 좋을지 제시"하고 이에 대한 합의를 도출하기 위해 "옳은지 나쁜지는 별도로, 지방자치단체나 국가와 일정 정도의 밀고 당기기"를 할 필요가 있다고 본다면, 지원기구의 홈리스 지원'활동'도 '운동'의 한 형태라고 평가할 수 있다(山田實, 2009: 48).

특히 지원기구의 '운동'은 새로운 주체의 형성을 수반하며 그에 의존하고 있다. 지원기구는 설립 초기부터 줄기차게 복지자립을 주장해왔으며, 이를 위해 생활보호 수급자들을 여러 가지 방식으로 조직했다. 생활보호수급자들끼리 여가활동을 함께 한다거나 홈리스 스스로가 취로사업에서 지도원으로 활동하고, 혹은 자전거 수리기술을 익혀 자립의 기반을 만들며, 궁극적으로는 이 모든 행위를 통해 자기의 확립을 지향하는 것이다. 단 이 모든 활동은 일용직 노동자나 홈리스 스스로의 힘만으로 진행되는 것이 아니라, 이들을 뒷받침해주는 다양한 주체들의 등장과 지원에 의해 가능하다. 따라서 지원기구는 홈리스가 자기 삶의 당사자가 될 수 있도록 도와주는 운동조직이라고 규정할 수 있다.

6. 공공성의 재구성과 주체성

결론적으로, 1990년대 이후 가마가사키에서 전개된 노숙자 지원운동은 경제성장 시대의 종언이라는 사회경제적 조건의 변화와 고령의 일용직 노동자가 홈리스로 전락한 인구학적 조건의 변화에 따라, 이 인구에 대한 유효한 혹은 최적의 안전 전략도 변화될 수밖에 없는 상황에서 시작됐다. 경제성장이 지속될 때에는 기존의 실업급여 지급방식이나 임금인상투쟁이 효과적인 안전장치일 수 있었지만, 경기가 후퇴하고 홈리스가 상시화된 상황에서는 새로운 안전장치가 필요했다. 새로운 안전장치를 창출하는 과정에서 운동의 역할이 컸음은 분명하다. 그러나 이 과정에서 운동의 존재양태와 운동과 행정의 관계도 변할 수밖에 없었던 것도 사실이다. 그럼에도 불구하고, 이러한 변화는 NPO화로 인한 홈리스 지원운동의 탈정치화를 의미하지 않는다. 왜냐하면, 가마가사키의 홈리스 지원운동은 지배적인 공공권에서 배제된 소수자들을 위한, 친밀권적 성격을 갖는 대안적 공공권(alternative publics)을 만드는 실천이라고 볼 수 있기 때문이다.

사이토 준이치(2009: 31)에 따르면, "공공적 공간은 열려 있음에도 불구하고 거기에는 언제나 배제와 주변화의 힘도 작용한다." 소득, 인종, 성별에 따른 법적 제한을 통한 공식적인, 제도적인 배제뿐만 아니라, 자유시간이라는 자원의 차이, 담론 자원의 차이-적합한 주제에 대해 적절한 발화방식으로 이야기하는 것-에 의해 비공식적인 배제도 일어날 수 있다. 이처럼 지배적인 공공적 공간으로부터 버림받은 사람들에게는

"소수자로서 자신들을 이해하고 자신들의 공공권을 만들어내기 위한 최소한의 자원, 즉 타자의 존재가 결여되어 있다"(39). 따라서 이들의 목소리가 사회에 들리기 위해서는 "자신이 이야기하는 의견에 다른 사람들이 귀를 기울여 준다는 경험, 적어도 자신의 존재가 무시되지 않는다는 경험"이 필요하며, 이런 경험을 가능하게 하는 "대항적 공공권의 대부분은 그것을 형성하는 사람들의 구체적인 삶/생명을 배려하는 친밀권이라는 성격"을 가진다(37).

1990년대 이후 일본의 커뮤니티 유니언운동은 바로 친밀권적 성격을 갖는 대안적 공공권 만들기의 한 예다(이진경·신지영, 2012; 橋口昌治, 2011). 고전적인 의미의 산업노동자가 아니라, 프리터, 니트와 같이 불안정한 고용상태에 있는 사람들로부터 따돌림을 경험한 사람, 자살시도경험자와 같이 정신적으로도 불안정한 상황에 놓인 각양각색의 사람들까지 노동조합에 도움을 청하러 온다. 따라서 1990년대 생겨난 커뮤니티 유니언들은 조합비를 받는 노동조합을 운영하는 동시에 조합비조차 낼 수 없거나 심리적인 문제를 겪고 있는 사람들이 우선 스스로 일어설 수 있도록 지원하기 위한 NPO를 별도로 운영하고 있다.

가마가사키의 홈리스 지원운동도 마찬가지다. 본문에서 상술한 것처럼, 지원기구와 그 주변에서 활동하는 주체들은 거리와 공원에서 사회와 절연된 채 살아가는 고령의 홈리스, 혹은 비좁은 방에서 온종일 혼자 지내는 생활보호 수급자가 사회와 연결될 수 있는 장을 만드는 작업을 하고 있다. 즉, 가마가사키 홈리스 지원운동에 참여하는 주체들은 고독한 혹은 버림받은 홈리스/생활보호 수급자들의 말과 행동이 이해되고 들려지고 가시화되는 공적인 공간을 만드는 작업, 나아가 이들이 사회 속에서 주체로 설 수 있는 조건을 구성하는 실천을 전개하고 있다는 점에서, 친밀권적 공공권을 만드는 정치적 실천을 전개하고 있는 것이다.

이런 맥락에서, 지원기구의 홈리스 지원운동이 "스스로 사회와 연결되는 방법"을 강조한다는 점이 중요하다. 지원기구 운동의 이런 특성이야말로 국가와 사회의 관계가 일방적인 것에 머무르지 않도록 하며, 홈리스가 대안적 공공권의 객체에 그치지 않고 주체로 일어설 수 있는 근거가 되기 때문이다. 즉, 개인이 행정기관으로부터 단순히 생활보호를 받는 존재, 혹은 단지 청소사업에 참여해 일당을 받는 존재에 머무른다면, 국가와 사회 간의 의존적 관계에서 벗어날 수 없고, 이런 상황 속에서 NPO는 운동조직으로서 힘을 발휘할 수 없다. 각 개인이 사회와 연결되고자 청소사업이든 각종 취미활동 모임이든 능동적으로 참여하려고 노력할 필요가 있다. 따라서 지원기구의 운동은 단지 국가와 사회 차원의 구조적 변화뿐만 아니라, 개인의 주체화, 다시 말해 "권력관계에서는 벗어날 수 없는" 각 개인이 "가능한 지배 상태에서 벗어나 권력의 게임을 할 수 있게 해주는 윤리"를 획득할 것을 요구하고 있는 셈이다(Foucault 2003: 40).

그러나 주의할 점은 홈리스가 "스스로 사회와 연결되는 방법"을 체득해야 한다는 것이 자기책임의 논리를 정당화하는 것은 아니라는 사실이다. 오히려 지원기구의 홈리스 지원운동이 시사하고 있는 것은 그런 방법을 획득하는 일이 혼자 힘으로는 불가능하다는 것을 보여준다. 홈리스에게 최소한의 일자리와 잠자리를 제공해주는 사람, 청소사업에서 함께 노동하며 유대의식을 갖게 된 동료, 셸터에 머무는 홈리스를 상대로 생활보호신청을 권유하고 수급할 수 있도록 도와주는 사람, 생활보호를 받은 이후에도 고립되지 않도록 각종 모임을 꾸리는 사람이 없다면, 홈리스는 "자기 배려"(the care of the self)를 실천할 수 없다(Foucault, 2003: 29-30). "자기 배려"는 "자기 자신을 아는 것"일 뿐만 아니라, 나아가 "다른 사람과의 관계를 맺는 데 요구되는 행동의 규칙을 아는 것"이다. 즉, 자기 배려는 그 자체로 "윤리적"이다. 왜냐하면 자기 배려가 발달하는 과정에서 타인에 대한 배려를 포괄하게 되기 때문이다. 그러므로 가마가사키에서 전개되고 있는 홈리스 지원운동은 개인의 주체화를 요구하지만, 이로써 자기책임의 논리를 강요하는 것이 아니라 다른 사람들과의 공동의 노력을 통한 주체화를 지향하는 사회운동인 셈이다.

IV 청년 홈리스와 관계의 빈곤*

김영

1. 청년 홈리스의 등장

청년 및 여성, 그리고 가족 홈리스까지도 드물지 않은 구미와 달리 일본의 홈리스는 대부분이 50대 이상의 중고령층이라는 특징이 주목되어 왔다(岩田正美, 2007; 青木秀男, 2000). 후생노동성의 조사(厚生労働省, 2003, 2013)에 따르면, 홈리스는 2003년 25,296명에서 2013년 9,576명으로 크게 감소했고, 노숙자의 평균연령은 동기간 55.9세에서 59.3세로 증가했다. 그러나 이런 통념과 달리 홈리스 지원활동현장에서는 2000년경부터 20대에서 40대 전반까지의 청년과 여성 홈리스의 증가가 보고되고 있다(生田武志, 2007; 林真人, 2006). 자립지원센터 방문자 중 30대 이하 연령층의 비율은 2002년도 13%에서 2012년도 33%에 이르기까지 매

---

* 이 글은 『한림일본학』 제23집(2013)에 게재된 「관계의 빈곤과 청년의 홈리스화」를 본 단행본의 취지에 맞춰 수정·보완한 것이다.

년 증가하고 있다(NHK, 2013. 06. 28).

어떤 청년들이 어떤 이유와 어떤 과정을 통해 홈리스가 되어 거리로 나오게 되었을까? 그들이 홈리스 상태를 벗어날 가능성은 있는 것일까? 사회적인 차원에서 볼 때 청년 홈리스의 증가는 더 이상 노동시장에서 활약할 것을 기대하기는 어려운 중고령 홈리스의 증가와는 그 의미가 상당히 다르다. 사회의 중추가 되어야 할 청년층이 홈리스화하고 있다는 것은 현재의 사회문제일 뿐 아니라 그 사회의 미래가 밝지 않음을 의미하기 때문이다. 따라서 청년 홈리스의 창출요인 및 탈홈리스의 길을 탐색하는 것은 실천적 측면뿐 아니라 현대 일본 사회의 성격과 구조(변화)를 이해하는 이론적 측면에서도 큰 의미를 가질 수 있다.

구술 생애사 면접자료 분석을 통해 청년의 홈리스화와 탈홈리스화의 요인을 탐색하고자 이 논문의 구성은 다음과 같다. 먼저 홈리스에 관한 일본의 선행연구를 검토해 연구 과제를 구체화한 후, 연구방법과 연구 대상에 대해 소개한다. 이어서 연구 참여자들의 노숙 이전의 삶의 경험을 가족, 학교 및 친구관계, 취업을 중심으로 검토한다. 그리고 그들이 홈리스가 된 경로와 원인을 분석하고 당분간 홈리스 상태로 남아 있고자 하는 사람들과 홈리스 상태를 벗어나고자 하는 사람들을 비교해 탈홈리스의 가능성을 탐색한다. 그리고 결론에서 논의내용을 정리하고 청년의 홈리스화를 방지하기 위한 방안에 관해 논의한다.

1990년대 초반 장기불황의 시작과 더불어 대도시의 도심에 홈리스가 대거 등장했다. 경제성장 과정에서 "풍요로운 사회의 오물"이자 "중산층의 트라우마"로서 요세바(寄せ場)에 격리되어 "은폐된 외부"(西澤晃

彦, 1995)로 비가시화하였던 빈곤문제가 더 이상 은폐될 수 없는 현실로 가시화한 것이다. 요세바 출신의 중고령 홈리스가 대부분이었던 1990년 대 초와 달리 1997, 8년경부터는 상용직 노동자 출신의 홈리스, 소위 '전략 형 홈리스'가 증가하기 시작했다(高沢幸男·中桐康介·小川てつオ, 2006). "사회 전체의 요세바화"(島和博, 2008)가 진행되기 시작한 것이다. 홈리 스 문제가 '그들의 이야기'가 아니라 '내 이야기'일 수도 있다는 불안과 공 포가 되어 일본사회를 엄습했고, 정부는 홈리스 문제에 대해 정책적으로 로 개입하지 않을 수 없었다. 2002년 8월부터 「홈리스자립지원법」이 시 행되기 시작했다.

일본에서 초기 홈리스 연구는 누가 어떤 이유로 노숙자가 되었는 지, 노숙자들의 생활양상은 어떠한지 등의 사실 파악에 초점이 맞춰졌 다. 그 결과 불경기로 일자리를 잃은 중고령 노동자[1]들, 특히 요세바(寄 せ場) 출신의 건설업 일용노동자들이 다수를 차지하고 있고, 대다수의 노숙자는 어떤 식으로든 생계를 위해 노동하고 있으며 생활보호수급 등 복지혜택에 의존하기보다는 자립하고자 하는 경향이 강하는 점 등이 파 악되었다. 또 산업화 초기부터 정착한 일본의 독특한 노동관행인 출가 (出稼ぎ)노동으로 인해 타 지역 출신자가 다수를 점한다(岩田正美, 2000; 青木秀男, 2000; 生田武志, 2007). 그 외에 일본 홈리스의 특징 중 하나는 노동숙사 거주경험자가 많으며[2], 텐트촌을 중심으로 상호부조의 기능

---

1) 구미의 경우 홈리스 중 청년의 비율이 높다. 예를 들어 미국과 영국의 경우 35세 미만의 비율이 60-70%에 달하고 프랑스는 36%, 덴마크는 20%다(구인 회 외, 2012: 334).
2) 일본에서는 주변부 노동시장의 일부 일자리들이 숙식을 제공하기도 하기 때

을 가진 커뮤니티가 형성되어 있다는 것이다(전홍규, 2002; 岩田正美, 2007; 高沢幸男·中桐康介·小川てつオ, 2006).

일본에서 홈리스와 관련된 새로운 현상은 은폐된 홈리스와 청년 홈리스의 증가이다(稲葉剛[3], 服部広隆[4]와의 필자 면접조사). 1990년대의 장기불황 이후 노동력의 비정규화로 인한 타격을 더 크게 입은 집단은 중장년층보다 청년층(김영, 2011)이고, 고용불안정이 청년들을 거리로 내몰고 있기 때문이다. 그런데 청년들은 요세바 출신의 중고령 노동자들과 달리 거리 노숙인이 되기보다는 사우나, 캡슐호텔, 네트카페(24시간 영업 PC방), 패스트푸드점 등 24시간 영업점에서 지내거나 밤새 거리를 걷는 등 은폐된 홈리스(hidden homeless)가 되는 경향이 있어 실태를 파악하기 쉽지 않다(飯島裕子·ビックイシュー基金, 2011). 청년 홈리스 실태를 파악하기 위한 시도인 네트카페 심야이용자에 대한 조사(厚生労働省, 2007)에 따르면, 한 주의 절반 이상을 네트카페에서 거주하는 사람인 주거상실자(네트난민)는 전국적으로 약 5,400명(남성 82.6%), 40세 미만은 55.4%다. 또 이들 중 비정규 노동자는 2,700명(남성 90.0%), 40세 미만은 47.2%다.

문에 고용 불안정과 주거 불안정이 특히 밀접하게 연결되어 있다. 2000년 동경도 노숙인 중 29.7%의 노숙 직전 주거지는 직장에서 제공하는 기숙사, 입주, 아파트 등의 노동 숙사(岩田正美, 2007: 129)였으며, 동경 내 한 공원 노숙자들의 노숙 직전 주거지는 절반이 노동숙사였다(전홍규, 2002: 141).

3) 자립생활지원센터 모야이(自立生活サポートセンター　もやい) 이사장. 2011년 6월 20일 면접.
4) 빅이슈기금(ビックイシュー基金) 동경사무실 직원. 2011년 4월 9일, 11일, 6월 19일 면접.

청년 홈리스라는 현상 자체가 최근의 것이기 때문에 청년 홈리스에 대한 조사연구가 풍부하지는 않지만, 청년 홈리스 연구에서 일관되게 지적하고 있는 것은 총체적인 '배제'의 문제다. 가마가사키지원기구와 오사카시립대학 창조도시연구과의 연구(特定非営利活動法人釜ヶ崎支援機構·大阪市立大学大学院創造都市研究科ー이후 오사카조사, 2008) 및 이이지마와 빅이슈 기금의 면접조사(飯島裕子·ビックイシュー基金, 2011)에 따르면, 청년 홈리스들은 고용과 가족관계에서 불안정을 경험한 경우가 많고, 학교생활에서도 소외된 경험을 한 사람들이 많다. 오사카 조사 자료에서 추출한 청년 13명의 생애과정을 분석한 이와타에 따르면, 청년은 가족의 경제적, 관계적 불안정으로 인한 주거지 상실 및 불안정 취업을 둘러싼 부모와의 갈등 또는 부모에 대한 미안함으로 인한 가출로 네트난민이 된다(岩田正美, 2009: 86-98).

청년 홈리스 3명의 생애사를 분석한 하야시(林真人, 2006)는 극단적으로 진행된 노동력의 유동화와 개인화가 배제의 구조와 빈곤의 대물림을 비가시화하고 빈곤에 대한 책임을 개개인의 문제로 돌리는 '개인화된 빈곤'(506)에 주목한다. 그 결과 청년 홈리스들은 다른 홈리스들과의 소통과 연대조차 단절한 채 고립된 노숙생활에 빠지게 된다. 이 때문에 청년 홈리스들은 마음의 병을 가지고 있는 경우도 적지 않다. 빅이슈 기금의 조사(2010)에 따르면 면접한 50명 중 21명이 우울증 증세가 있으며, 알코올중독이 4명, 도박중독이 14명이다. 빈곤 활동가 유아사(湯浅誠, 2007)는 이런 청년들의 상태를 '의욕의 빈곤'으로 명명하며, 그 원인을 누군가 자신(의 행위)을 인정해준 경험(성공체험)의 부재/부족에서 찾는다.

그러나 빈곤하거나 배제된 사람들이 모두 홈리스가 되지는 않는다. 그렇다면 빈곤하고 배제된 사람들 중에서도 특히 어떤 사람들이 홈리스가 되는 것일까? 또 어떤 사람들은 홈리스 상태로 남아 있는 반면, 다른 사람들은 홈리스 상태에서 벗어나는 이유는 무엇일까? 물론 홈리스로의 진입과 탈출은 한두 가지 요인에 의한 것은 아니라 복합적 원인에 의한 것(岩田正美, 2009: 75)일 것이다. 그러나 그 복합적 요인을 관통하는 어떤 요인, 어떤 상태가 존재하는 것은 아닐까?

이 연구는 청년의 홈리스로의 진입을 초래하는 요인으로서 '관계의 빈곤'에 주목하고자 한다. 관계의 빈곤이라는 개념은 전반적인 사회적 관계 그 자체로부터의 분리를 지칭하기 위해 필자가 만든 개념이다. 관계의 빈곤은 사회적 배제와 밀접히 연결된 것이다. 사회적 배제라는 개념 자체가 프랑스에서 청년 실업자, 1인 가족, 홈리스 등이 경험하는 개인과 사회와의 단절을 지칭하는 개념으로서 등장한 것이기도 하다(강신욱, 2006: 12). 그러나 사회적 배제가 전통적 사회복지로 포괄되지 못하는 다양한 사회적 취약계층의 상황과 창출에 초점을 맞춘 폭넓은 개념(오사와 마리, 2009: 26-7)인 것에 비해, 이 논문에서는 사회적 배제의 누적과 중첩의 결과로 사회적 관계 그 자체가 결핍/단절되어 홈리스가 되는 과정에 주목하기 위해 관계의 빈곤이라는 개념을 사용하고자 한다.

홈리스가 공공 공간에서 거주할 권리를 주장하는 사사누마(笹沼弘志, 2008)는 집(홈)에 관한 바슐라르의 논의와 세계 속에서의 인간 '존재'에 관한 하이데거의 논의를 토대로, 거주지(홈)란 인권의 기초일 뿐 아니라 인간이 인간으로서 존재하기 위한 조건이라고 말한다. 인간은 타자와 관계 맺으면서 자아를 가진 존재로 형성되는데, 타자와 관계 맺기 위해서는 우선 내가 이 세계 안에 위치하지 않으면 안 되기 때문이다. 따라서 인간이 세계 안에서 존재한다는 것은 타자와 만나는 공간(거주지)을 갖는 것이 허용된다는 것이며, 홈리스 상태에 있다는 것은 이 세계 내에서 존재하는 것을 허용받지 못하는 것, 타자와의 관계 맺기가 허용되지 않는 것이다. 홈리스로의 진입이란 관계의 빈곤, 관계로부터의 차단 그 자체인 것이다.

　　일본에서 홈리스는 일반적으로 거리 노숙인을 의미하고 홈리스 자립지원법에서도 "도시공원, 하천, 도로, 역사 및 기타 시설 등을 기거 장소로 해 일상생활을 영위하는 자"로 규정한다. 이런 규정에 따르면 사우나, 네트카페, 패스트푸드점 등 24시간 영업점 등을 이용하는 사람들(은폐된 홈리스)은 홈리스가 아니다. 그러나 2000년대 들어 은폐된 홈리스가 증가하고 있으며 은폐된 홈리스 중에는 거리 노숙인에서보다 청년의 비중이 높다. 따라서 청년 홈리스의 형성 원인과 과정을 분석하는 이 연구에서는 홈리스의 정의를 주거상실자로 확대한다. 또 연구대상 연령층을 30대 후반까지로 한다. 최근 일본의 연구에서 청년은 35세 미만으로 정의되는 것이 일반적이지만, 홈리스 지원활동 현장에서는 청년홈리스를 30대 후반까지로 분류하고 있어 그 관행을 따랐다.

<표 1> 연구참여자 기본사항

성명*	나이 (출생연도)	학력	노숙기간 (최초 노숙연령)	현 거주지	가족	출신 지역
야마카와 (山河)	23 (1988)	전문학교 졸업	1년 9개월 (21세)	거리 노숙	부(56세, 방위대 교수→) 보험회사), 모(54-5세, 개호헬퍼), 형 둘(27세 경비, 25세 배우)	야마나시 →도쿄
타가미 (田上)	24 (1987)	대학원 중퇴	2주 (24세)	네트카페	부(57-8세, 전기설비관련 자영업), 모(57-8세, 전업주부)	효고
이와모토 (岩本)	29 (1982)	고졸 (특수학교)	5년 (20세)	거리 노숙	부(건설현장), 모(건설현장), 여동생 둘(27세, 28세)	오사카
이리쿠라 (入倉)	31 (1980)	고졸	2년 6개월(28세)	창고방	부(75세 이상, 제조업 정사원), 모(65세 정도, 제조업 파트), 누나(41세, 결혼 직후 이혼)	가나가와
하시오카 (橋岡)	33 (1978)	고졸 (정시제학교)	2년 (31세)	사우나	조부모(차 농사), 부(제조업 정사원, 파견, 현재 무직), 초등학교 4학년 때 부모 이혼, 아버지 4번 결혼	시즈오카
가쿠타니 (角谷)	38 (1973)	중졸	14년 (24세)	자립 지원센터	부, 모, 여동생(모두 사망)	도쿄
이와나미 (岩波)	38 (1973)	중졸	2년 (36세)	거리 노숙	조모, 부, 모(모두 사망), 누나(42세, 미혼)	효고
우에다 (植田)	39 (1972)	고졸 (상고)	14년 (25세)	거리 노숙	조부모, 부, 남동생(38세), 여동생 둘(38세, 35세). 초등학교 1학년 때 부모 이혼. 22년 전 부 가출. 10년 전 조부모 사망 후 가족 이산. 전원 연락 두절.	나고야→ 아이치

* 연구 참여자들의 성명은 모두 가명이다.

    연구 참여자들과는 빅이슈기금[5] 도쿄 사무실의 소개로 만났고 하시오카 씨는 수도권 청년 유니온(首都圏青年ユニオン)의 소개로 만났

5) 홈리스를 지원하기 위해 1991년 영국에서 창간된 격주간 잡지. 일본에서는 2003년 9월부터 발간되기 시작했고 2011년 현재 판매 부수는 3만 부 정도다. 잡지가격은 300엔인데 이 중 160엔이 판매자인 홈리스의 수입이 된다. 13개 도도부 현에서 약 150여 명이 판매자로 활동하고 있으며, 평균 수입은 월 7.5만 엔 정도다. 2010년까지 131명이 빅이슈를 통해 홈리스 상태를 벗어났다.

다. 면접은 사무실 근처 카페에서 이루어졌고, 면접시간은 1인당 2시간에서 6시간 정도였으며[6], 본인의 동의를 얻어 면접내용을 녹음해 녹취했다. 면접 종료 후 자리를 옮겨 함께 식사를 하며 좀 더 이야기를 나누었다. 최초 면접 시기는 2011년 2월-4월이었고 이와모토 씨, 이리쿠라 씨, 우에다 씨와는 2011년 6월에 두 번째 면접을 실시했다. 하시오카 씨와는 2013년 8월에 전화통화로 그간의 상황에 대해 들을 수 있었다. 연구 참여자는 전원 미혼남성이다. 또 홈리스 지원활동가 2명과 청년비정규노동조합의 전업활동가 3명, 청년문제 연구자 2명과도 면접했다.

면접방법은 개방형 서사 면접(narrative interview)을 선택했다. 개인의 생애사란 사회라는 거대한 틀 안에서 개인 주체와 역사가 상호작용한 산물(밀즈, 2004)이라는 점에서 개개인의 생애사는 '개별화된 보편성'으로 간주될 수 있다. 생애사 연구는 사회와 개인의 관계에 대한 이러한 이해에 기초하는 것인데, 그중에서도 구술 생애사 연구는 특히 역사와 환경에 대해 구술자 본인의 주체적 상황해석과 태도를 잘 드러낼 수 있

---

6) 이 연구의 분석범위를 넘어서기 때문에 본론에서 분석하지는 않으나, 홈리스와의 생애사 면접을 통해 필자는 홈리스 경험, 특히 거리노숙 경험이 언어와 사고를 폐쇄하게 만드는 경향이 있음을 절감했다. 즉 연구 참여자 중 홈리스 기간이 길거나 현재 거리 노숙 중인 사람들은 매우 제한된 언어만을 구사했고 자신의 삶의 경험에 대해 풍부히 설명하거나 자기 주도적인 서사를 전개하기보다 묻는 말에만 대답하는 경향이 있었다. 그런데 이런 현상은 노숙이 생활 전체가 다른 사람의 시선에 노출되는 것이라는 점을 생각해보면 전혀 이상한 일이 아니다. 노숙이 장기화될 때 사람들은 타인의 시선으로부터 자신을 방어하기 위해 감각, 언어, 사고를 무디게 만드는 것이다. 이런 현상은 홈리스만이 아니라 자신의 삶과 경험을 사회와 주변으로부터 인정받을 수 없는, 배제된 사람들에게서 보편적으로 발견될 수 있을 것으로 생각된다.

는 연구방법이다. 구술자의 구술은 구술자가 살아온 삶 그 자체가 아니라 삶의 체험의 결과 구술자가 처하게 된 현재의 상황에 대한 구술자 본인의 이해/해석 속에서 선택하고 가공한 것이기 때문이다(이희영, 2005). 따라서 청년을 홈리스로 진입/퇴장하게 하는 요인을 탐색하고자 하는 이 연구의 연구 과제를 수행하는 데 구술 생애사 분석은 매우 적합한 방법이다.

2. 부족한 자원과 취약한 관계: 홈리스 이전의 삶

홈리스 상태로의 진입과 탈출을 이해하기 위해서는 홈리스 상태가 되기 이전의 삶의 경험에 대해 이해할 필요가 있다. 4절에서는 가족과 학교, 취업을 중심으로 연구 참여자들이 홈리스가 되기 이전에 어떤 삶을 경험해왔는지 살펴보고자 한다.

2.1. 불안정한 가족관계와 가족해체

연구 참여자들의 가족의 경제적 상황은 야마카와 씨와 타가미 씨를 제외하면 윤택하다고 하기 어려우며, 가족관계에서 나타나는 가장 큰 특징은 가족관계 자체의 불안정성과 조기 가족해체다. 3명(하시오카, 가쿠타니, 우에다)은 아동기에 부모의 이혼을 경험했으며, 그 후 가족이 해체되어 돌아갈 곳이 없는 상태다. 또 2명(이와모토, 이와나미)은 아버지의 주취폭력이 심했다.

4형제 중 첫째인 우에다 씨는 소학교 1학년 때 어머니가 가출했다. 처음에는 잘 몰랐지만 "일주일쯤 지난 후에 아버지가 엄마는 안 와, 라고 말"해서 알았다. 아버지는 혼자서 4명의 자녀를 돌볼 수 없어 자신의 부모님 집 근처로 이사했다. 아버지는 집에 와서 잠만 잤고 실질적인 생활은 거의 아이들끼리 했다. 우에다 씨가 고3때, 살던 아파트도 노후화로 철거되었고 이때 아버지는 집을 나가 연락 두절 상태. 10년 전에 조부모님이 돌아가시면서 동생들과도 완전히 연락이 끊어졌다. 가쿠타니 씨도 중학교 1학년 때 부모님이 헤어졌다. 함께 살던 아버지가 24세 때 사망했으며 최근에 누군가로부터 어머니와 여동생도 사망했다고 전해 들었다. 외동아들인 하시오카 씨는 소학교 4학년 때 부모님이 이혼하고 아버지와 조부모님 댁으로 들어갔는데, 그 후 아버지는 3번이나 더 결혼했고 하시오카 씨에게 관심이 없었다.

> 아버지는 뭐 특별히 저를 데리고 오고 싶은 생각이 없었어요. 확실히 말해서. 그 당시에도. 다만 할머니 할아버지가 데려오고 싶어했어요. 아마 농사를 하고 있으니까. 당시에 보통 그랬어요.　　　　　(하시오카)

그런가 하면 이와모토 씨와 이와나미 씨의 아버지는 주취폭력이 심한 사람이었다. 이와모토 씨의 부모님은 가끔 건설현장에서 일용노동을 하기도 했으나 안정된 일이 없어 생활보호대상자였고, 가족 모두가 일상적으로 아버지의 주취폭력에 시달리며 살았다. 이와나미 씨 가족에서 매일같이 아버지의 주취폭력의 대상이 되었던 것은 주취폭력을 행사하는 아버지에게 맞서는 어머니였다.[7]

그러나 모든 연구 참여자의 가족이 불안정하거나 해체된 것은 아니다. 야마카와, 타가미, 이리쿠라 씨의 가족은 경제적으로도 가족관계도 소위 평범하고 안정적인 가족이다. 야마카와 씨의 아버지는 방위대학의 교수를 거쳐 지금은 보험회사에 근무하고 있으며, 어머니는 개호 헬퍼 일을 하고 있다. 두 살, 네 살 위의 형들도 안정된 직장이 있으며 가족관계도 매우 안정적이다. 다만 야마카와 씨가 소학교 1학년 때 왼쪽 눈이 실명한 좌절감으로 반항적인 태도를 보이는 것 때문에 오래 갈등을 겪었다. 타가미 씨의 가족도 전형적인 중산층의 가족이다. 자영업자인 아버지와 전업주부인 어머니의 외동아들인 타가미 씨는 부모님과의 관계가 매우 돈독하다. 이리쿠라 씨의 가족도 경제적으로 아주 윤택한 편은 아니지만 이리쿠라 씨가 가출하기 전까지 가족관계에서는 특별한 위기를 겪지 않았다.

2.2. 기억이 없거나 갈등을 겪거나: 학창시절과 친구관계

연구 참여자들의 학교 경험과 관련해 가장 큰 특징은 대학원 중퇴자인 타가미 씨 외에는 청소년기에 학업성적이 좋았던 사람이 거의 없고, 인문계 고교 졸업자가 없다는 점이다. 가쿠타니, 이와나미, 하시오카 씨는 성적이 너무 나빠서 고등학교에 진학할 수 없었다. 이와모토 씨는 장애인 학교에 다녔고, 야마카와 씨는 원예고, 이리쿠라 씨는 공고, 우에다 씨는 상고 출신이다. 야마카와 씨는 고교 진학 후 열심히 공부했지만

---

7) 이와모토 씨와 이와나미 씨는 위축된 인상이었는데, 이와모토 씨는 아직도 아버지가 자기보다 훨씬 힘이 세다고 생각한다며 아버지가 무섭다고 했다.

학교 자체가 "공부하는 놈이 하나도 없는" 학교였으며, 본인도 중학교까지는 공부와는 거리가 멀었다. 또 중학교 때의 부가쓰(部活)로 운동을 선택했던 사람들이 많다(야마카와, 이리쿠라, 하시오카. 우에다). 연구 참여자들의 대다수가 고등교육을 받지 않을 것으로 생각되는 청소년기를 보냈다는 것은 이들의 출신계층을 보여주는 현상인 동시에 이들이 향후 어떤 직업을 갖게 될 것인지를 시사하는 것이기도 하다.

선행연구(大阪調査, 2008; 岩田正美, 2009; 飯島裕子·ビックイシュー基金, 2011)에 따르면 청년 홈리스의 서사에서는 학교 관련 서사가 거의 등장하지 않는다. 하지만 이 연구의 연구 참여자들의 서사는 반드시 그렇지는 않다. 장기간 거리노숙자였던 가쿠타니 씨와 성장기에 아버지의 주취폭력이 심했던 이와모토, 이와나미 씨는 모든 서사가 소극적이었고, 학교관련 서사에서도 마찬가지였다. 학교생활에 대한 세 사람의 기억은 성적이 나빴고 수업을 따라가기 힘들었으며 학교에 가면 재미가 없었다는 것으로 요약될 수 있다. 특별히 기억에 남는 친구도, 교사도 없다. 나머지 사람들은 대체로 좋았든 나빴든 학교생활에 대한 여러 가지 기억을 가지고 있었다. 하지만 한마디로 말해 연구 참여자들의 학창시절은 행복하지 않았다.

학교에 관한 구술에서 가장 많은 내용은 갈등에 관한 것이다. 특히 장애를 가진 학생들이 학교생활에 잘 적응하기 위해서는 학교와 가족, 그리고 본인 모두의 특별한 노력과 관심이 필요한 것 같다. 선천성 수두증 환자이며 수두증 수술 후유증으로 왼쪽 다리를 저는 이와모토 씨는 이지메를 겪었으며 학교생활에 잘 적응하지 못했다. 누구보다 학교생활에서 어려움을 겪었던 사람은 야마카와 씨였다. 그는 이지메에 폭력으로 응했으며 급기야 급우의 손가락을 자르는 사건까지 일으켰다. 학창 시절에 '친구'라고 할 만한 사람에 대한 기억이 없다.

> 보이지 않으니까 특별대우를 받아요. 그리고 또 이지메를 당하지요. 소학교 고학년 정도부터 체격이 큰 애들보다 더 몸을 잘 단련시켰었어요. 그래서 때리고 그랬지요. 맞으면 반드시 때려주고. 팡팡 패줬어요, 전부. 하하하(웃음소리). (중략) (왜 그렇게 화가 났었어요?) 애꾸눈이라고 뭐라고 하니까요. 재수 없다고도 하고, 여러 가지 이지메를 당해서. 완전히 열 받았었어요. 그런 때는 멈출 수가 없어요. 그래서 (반 친구-필자) 손가락 하나 잘랐지요.　　　　　　　　　　　　　(야마카와)

가족관계의 해체도 학교생활 적응을 어렵게 만드는 요인 중 하나다. 친척 아이들 중에서 가장 공부를 잘했던 하시오카 씨는 부모의 이혼과 더불어 공부에 흥미를 잃기 시작했다. "소학교 때까지는 어머니가 굉장히 보고 싶었지만, 중학교를 들어가면서는 뭐 그냥 그런 건가 보다" 생각하면서 변하기 시작했고 나쁜 짓을 하는 것으로 외로움을 달랬다. 물건을 훔치고 부수는 등 학내외에서 온갖 비행을 저지르며 수시로 경찰서를 들락거렸으며, 경찰서에 가서 조서 작성 중에 경찰 담배를 훔쳐서 화장실에 가서 피우고 오는 것을 의기양양하게 생각하는 정도가 되었다.

> 중학교에 들어가면서, 그렇네요, 2학년 때부터 본격적으로 나쁜 쪽으로 빠지기 시작했어요. (중략) 친구들하고 경쟁하듯이, 어쨌든 나쁜 짓을

했어요. 하여간에 사람 죽이는 거 외에는 전부 했어요. 선생님에게도 했어요. 수업이 왜 이렇게 재미없어-, 이러면서 체육기구 넣어두는 곳에다 선생님을 가두고 그랬어. 재미있어하면서. **뭔가 나쁜 짓, 이상한 짓을 하고 싶었어요.**   (하시오카)

그 결과 하시오카 씨는 중학교를 졸업 후 고등학교에 진학하거나 소년감별소[8]에 가야 했다. 새어머니는 집에 돈이 없어 사립학교는 보내줄 수 없으니 기숙제 현립고교에 진학하라[9]고 말했다. 하지만 말썽만 피우던 그가 현립고교에 들어가는 것은 무리였다. 학교에서 보호사(保護司)가 되어줄 사람을 찾아주어 소년감별소에 가는 대신 목수의 입주 도제로 갔고, 도제 생활로 번 돈으로 자신이 일으킨 사건의 손해배상금을 모두 갚았다. 도제생활에서 특별히 어려움은 없었지만 "아직 어린 나이라 집에 돌아가고 싶어 향수병이 났다." 하지만 돌아오라는 연락이 온 건 2년쯤 지나 아버지와 새어머니가 이혼한 후였다.

연구 참여자 중학교에 관해 가장 긍정적인 기억을 가진 사람은 교사들의 특별한 관심을 경험한 우에다 씨다. 우에다 씨도 어머니가 가출한 후 격렬한 반항기를 겪었다. 교사들에게도 서슴지 않고 욕을 하는 정

---

8) 가정재판소의 판결을 위해 청소년에 대해 조사를 하거나 가정재판소에서 보호처분, 징역, 금고 판결을 받은 16세 미만의 청소년을 수용해 교정교육을 시키는 곳.

9) 하시오카 씨는 불량소년인 그가 자신이 데려온 아이에게 나쁜 영향을 줄까봐 집에서 내보내기 위해 새어머니가 이렇게 말했다고 생각하고 있다. 당시에는 조부모님의 차 농사도 상황이 그리 나쁘지 않았고 아버지도 새어머니도 직장을 다니고 있었기 때문에 사립고등학교에 보낼 수 없는 정도는 아니었다고 생각하기 때문이다.

도였다. 그러나 소학교 4학년 때 담임선생님이 입원하시면서 보낸, 자신을 진심으로 걱정하는 편지를 읽고 변하게 되었다. "선생님이 나 때문에 병 걸렸다"고 생각했고 "착한 아이가 되어야겠다"고 생각했다. "내가 말을 더 잘 들었으면 엄마가 집을 나가지 않았을지도 모른다"는 생각을 하고 있던 우에다 씨는 더 이상 소중한 사람들을 떠나보내지 않기 위해 밝고 긍정적인 태도로 생활하기로 결심했다. 중고등학교 때에도 따뜻하게 대해주는 교사들이 많았다. 허리 통증에 탈장까지 일어나 더 이상 육상을 할 수 없게 되었을 때 육상부 선생님이 "니 기록 생각하면 너무 아깝지만 탈장 때문이라니 어쩔 수 없지. 게으름 피우느라고 그만두는 거 하고는 다르니까"라고 이야기해주었을 때, 자신을 신뢰해주는 선생님이 고마웠다.

연구 참여자 중 유일한 인문계 고교 졸업자인 타가미 씨는 아르바이트도 하지 않고[10) 입시준비를 해 홋카이도의 작은 공대로 진학했다.[11) 대학을 다니면서 그는 대학(원)이 자신의 유지를 위해 그냥 학생들을 수용하는 것뿐이라고 생각하게 되었다. 공부를 하지 않아도 수업내용을 이해하지 못해도 출석만 하면 학점을 받을 수 있고, 실험 능력이나 논문작성능력이 없어도 졸업할 수 있었기 때문이다. 결국 대학원 입학 직후, 그는 학부 졸업논문 작성 시에 일본어 능력 부족 때문에 겪은 좌절을 석사 논문에서 다시 겪어야 한다고 생각하니 견딜 수 없어서 히키

---

10) 연구 참여자 중 고교 때 아르바이트를 하지 않은 사람은 타가미 씨뿐이다.
11) 집이 효고 현에 있음에도 홋카이도의 대학에 진학한 것은, 고교 때 "수요일 어때?"(水曜どうでしょう)라는 홋카이도의 지역방송국이 제작하는 TV 프로그램을 좋아했기 때문이고 공대로 진학한 것은 수학을 좋아하기 때문이다.

코모리 상태가 되었다. 머리로는 계속하지 않으면 사회의 레일에서 이탈하는 거라는 걸 알고 있었지만 더 이상 그대로 끌려가고 싶지 않았다. 2개월 후 아버지에게 전화를 해서 상의했고 아버지가 대학에는 상담소가 있으니 가보라고 알려줘서 갔었지만, "어떻게 했으면 좋을지 대답을 듣고 싶어서 갔는데, 자네는 무슨 일이야? 이런 식의 말만 하고 친구하고는 상담해봤어? 이런 말만" 듣고 왔다.

> 수업을 제대로 하느냐 하는 문제도 있었어요. 일단 학교에 나와라, 출석률이 좋지 않은 대학은 좋지 않은 대학이다, 이런 게 있어서 출석만 하면 의외로 학점을 받을 수 있었어요. (중략) (대학원에 입학한 후에—필자) 나는 이대로, 졸업논문도 제대로 못쓰고, 실험도 제대로 못 했는데, 이대로 괜찮을까 하는 생각을 계속하면서 처음에서 두 주 정도 학교에 갔어요. (중략) 머릿속으로는 계속하지 않으면 사회의 레일에서 이탈하는 거라는 건 알고 있었지만, 뭔가 멈추고 싶은 기분이 있어서, 그건 아마 멈추고 싶은 거였을 거예요. 멈추고 싶어서 아마 상담하지 않은 거라고 생각해요. (타가미)

연구 참여자들의 학창 시절에 대한 구술에서 특징적인 것 중 하나가 친구에 대한 구체적인 언급이 없는 것이다. 학창시절에 언제나 친구들과 함께였던 우에다 씨와 하시오카 씨의 구술에서도 친구와 함께 놀았다는 수준으로만 등장한다. 학창시절의 친구를 특정해서 언급한 유일한 사람인 이리쿠라 씨의 경우도 고등학교 2학년과 3학년 때 같은 반이었던 친구 한 명과 졸업 후에도 가끔 연락하는 정도가 전부였다. 타가미 씨의 경우도 대학 4학년 때 함께 여행을 다닌 친구가 있기는 했지만, 히키코모리 상태가 되었을 때 그 친구에게 상의하지는 않았다. 이런 점으로 봤을 때 전체적으로 연구 참여자들은 학창시절에 삶에서 중요한 역할을 할 친구관계를 형성하지 못했고 학교생활에 그다지 잘 적응하지는 못했던 것 같다.

물론 연구 참여자들의 삶에서 중요한 인간관계가 전혀 없는 것은 아니다. 하시오카 씨가 "낮에 하는 일을 하고 싶었던 것도 있"어서 25세의 늦은 나이에 야간고등학교를 다니게 된 것도 여자 친구와 캬바쿠라(キャバクラ)12) 동료들의 격려 덕이었다. 직장에서 해고당했을 때 포기하지 않도록 용기를 주고, 회사에 항의해준 사람도 지인이었다. 우에다 씨가 노숙 전에 기거할 곳을 제공해준 사람도, 이리쿠라 씨에게 현재 기거할 곳을 제공한 사람도 친구다. 하지만 이들은 모두 최종학교를 졸업한 후 형성한 인간관계이며, 학창시절의 친구는 아니다.

2.3. 고용불안정과 계급 재생산: 취업경험

홈리스가 되기 전에 연구 참여자들이 했던 취업경험에서 공통점은 안정된 일자리의 경험이 매우 짧거나 없으며, 한번 정사원 일자리를 잃으면 다시 돌아가지 못한다는 것이다. 연구 참여자 중 정사원 취업경험을 가진 사람들은 모두 5명이다. 이 중 이리쿠라, 하시오카, 이와나미 씨는 중소 제조업체의 정사원으로 취업했지만, 각각 2년 반, 3년, 8년 근무 후 회사의 도산/파산으로 (정리)해고당했다. 하시오카 씨와 같은 시기에

---

12) 캬바레와 클럽의 합성어. 춤 등의 공연을 하는 곳이 많다.

그의 아버지도 희망퇴직을 해야 했고, 이후 파견으로 일했다. 양쪽 다 종업원 50명 정도의 소기업이었지만, 정사원 실직 후 다시 정사원으로 취업할 수 있었던 사람은 이와나미 씨뿐이었다.

이리쿠라 씨는 고교 졸업 후 종업원이 200명 정도인 제조업체에 취업했으나 불황의 여파로 20살 때인 2000년 가을에 동료 50여 명과 함께 정리해고 당했다. 그 후 가출할 때까지 8년간 이리쿠라 씨는 단순노동을 하는 아르바이트를 전전했다. 야마카와 씨는 전문학교 졸업후 JA에 정사원으로 취업했으나 3개월 후 귀갓길에 큰 교통사고가 일어나 2주간 입원치료하게 되어 사직했다.[13] 몸이 회복된 후 야마카와 씨는 2008년 12월부터 3개월간 아르바이트로 경비 일을 했다.

> 고등학교를 졸업하고, 2년 반인가, **2년 반 정도 정사원**으로 히타치라고 있잖아요, 그 히타치그룹의 한참 아래쪽의 자회산데요, 거기서 일했어요. 2년 반 하고, 그 회사에서 **구조조정으로 잘렸어요. 그 후에는 여러가지 아르바이트를 전전했어요.** 아르바이트는 무슨 일을 했는지 말씀드리면, 음— 주로 초보적인 작업이 많았고, (중략) 누구든 할 수 있는 일을 계속했어요. (이리쿠라)

타가미 씨는 대학원을 중퇴한 후 1년간 공무원 시험 준비를 했다. 필기시험에서 몇 번 합격했으나 번번이 면접시험에서 떨어져, 기업채용

---

13) 사직 이유에 대해 본인은 신입사원 연수기간 중에 장기간 병가를 사용하는 것은 회사에 폐를 끼치는 일이라 생각해서라고 했다. 그러나 이즈음에 야마카와 씨가 술과 다량의 수면제를 섞어 먹고 환각상태에 빠진 일이 있음을 생각하면, 반드시 회사에 폐를 끼치지 않으려고 사직했는지는 의심스럽다. 그는 입사 직전에도 술과 수면제 복용으로 환각상태에 빠진 일이 있다.

설명회를 통해 영세무역업체[14]에 취업했다. 정사원이기는 했지만 보너스도 없이 17만 엔 정도의 월급을 받으며 평소 하루 11시간 정도, 일이 바쁜 봄에서 초가을까지는 13, 14시간 정도 일했다. 게다가 사장 가족의 태도가 무례하고 폭력적이어서 정사원 1명과 파트타이머 1명을 제외하고는 모두 1,2개월 단위로 입직과 사직을 반복하는, 몸도 마음도 고단한 직장이었다. 지난해 여름에는 과로와 열사병으로 쓰러지기조차 했다.

월급이요? 월급은 시급으로 환산하면 최저임금을 밑도는 수준인가. 음… 잔업이 많았어요. 그러니까 서비스 잔업을. 사장 부인은 6시에 귀가하면 꼭 화를 냈어요. 전혀 바쁘지 않을 때도 7시까지는 남으라고 하고 보통은 8시, 9시에 끝나는 경우가 대부분이었어요. 아침에는 9시까지 출근해서 8시 45분 정도까지네요. 보통 때가. **출하가 많은 봄부터 바빠져서 밤 11시 정도에 일이 끝났어요.** (중략) 겨울이 되면 조금 한가해지기는 한데, 겨울에는 겨울대로 돈 벌 수 있는 일을 생각해오라고 하고, 그건 근무 시간 외에 혼자서 알아서 생각해오라는 식이었어요.
(타가미)

학교 졸업 후 첫 직장을 정사원으로 출발하지 못한 네 사람(이와모토, 하시오카, 카쿠타니, 우에다)의 취업경력은 그야말로 노동시장의 최하층을 전전하는 것으로 채워져 있다. 그리고 이들은 모두 직장이 제공하는 숙소, 즉 노동숙사 거주경험과 유흥업소 근무경험이 있다. 특히 유흥업소는 최후의 선택지다. 그런데 정사원으로 첫출발을 하지 못한 네

---

14) 정사원 5명, 파트타이머 3명이 근무하는 스포츠용품 수입 및 판매업체.

사람이 모두 가족이 경제적으로 윤택하지 못했고 가족해체와 가정폭력을 경험했던 사람이다. 빈곤과 불안정한 삶이 세대를 통해 재생산되는 것이다.

18세에 중소전자업체에 취업했던 하시오카 씨는 21살인 1999년에 정리해고를 당했다. 이때부터 "사회보험도 못 내고 리듬이 깨지기 시작"했다. 실직 후 인근 도시의 캬바쿠라에서 '보이'로 일하기 시작했다. 25세에 고용사장이 되었지만 전 세계적 불황의 여파로 2009년 여름경에는 캬바쿠라를 폐업할 수밖에 없었다. 2009년 연말경 취업지원센터(ハローワーク, hello work)를 통해 기금훈련[15]을 알게 되어 2009년 12월부터 월 10만 엔의 생활지원금을 받으며 컴퓨터를 배우기 시작했다.

2010년 9월 말에 이와타 시(磐田市)의 쓰레기 처리 업무를 하는 2차 하청업체에 취업했다. 청소년 시절에는 문제아였고 청년시절의 대부분을 유흥업소에 일한 하시오카 씨는 쓰레기 처리가 "지저분한 일이고 사람들이 싫어하는 일이니까 뭔가 모두에게 도움이 되지 않을까"라는 생각도 들었고 "시가 하는 일이니까 업체가 망할 가능성도 없다"고 생각해 한번 열심히 해봐야겠다고, 이제부터는 낮일을 하면서 깨끗하게(クリーン)[16], 착실하게 살아봐야겠다고 생각했다. 하지만 직장생활은 쉽지 않았다. 회사는 쓰레기 처리 업무를 하는 모든 노동자에게 해야 하는

---

15) 고용보험을 수급할 수 없는 사람들을 대상으로 한 무료 직업훈련. 주로 청년을 위한 제도.
16) 그가 가장 많이 한 말이 "낮에 하는 일은 깨끗한 일이라고 생각했는데 막상 해보니 낮일과 밤일의 차이가 뭔지 모르겠다. 낮일도 규정과 법률을 지키지 않는 것은 마찬가지다."라는 말이었다.

의무 교육도 하지 않았을 뿐 아니라 크레인 면허가 없는 그에게 출근 직후부터 크레인 조작을 시켰다. 게다가 선임자의 직장 내 괴롭힘 때문에, 의사가 산업재해로 진단서를 써주겠다고 할 정도로 정신적으로 위축되어 출근조차 할 수 없는 상태가 되었지만 회사는 그만두라고 했다. 취업한 지 겨우 두 달 만에 벌어진 일들이다.

> 그러니까, 착실하게(まともに) 일해야지, 시가 하는 일, 공공의 일이라는 게 뭔가 정말로 착실하게 하는 일이지 않을까, 뭔가 그렇게 생각했었는데, 제대로 하지를 않네요. 요즘은 당연한 거라고 생각했던 것이 당연하지 않은 일이 많은 것 같아요. (중략) 일본 제도도 역시 고용 같은 것도 그렇지만, 이렇게까지 나빠져서 회사가 돈 버는 제도뿐이고 윗부분이 돈 버는, (중략) 전부 싸게 쓰고 잘라버리는 것뿐이고 **자칫 한 발 잘못 디디면 어그러지기만 하고 원점으로 돌리는 게 정말 힘들구나**, 라는 게 제가 인생경험을 하면서 제일 강하게 느낀 거예요. (하시오카)

이와모토 씨는 졸업(2000년 3월)과 더불어 학교의 소개로 종업원 100여 명 규모의 슈퍼마켓에 하루 8시간 일하는 풀타임 파트타이머로 취업했다. 2004년 6월에 사측으로부터 노동시간을 5시간으로 줄이겠다는 통보를 받고 소득이 너무 준다고 생각해 사직했다. 파견노동자로 자동차 부품 조립공장에 취업했지만 컨베이어 벨트의 속도를 따라갈 수 없어 3개월 만에 사직했다. 이어서 오코노미야키야에서도 2개월 일했지만, 매일 10시간을 일해도 숙식비를 제외하면 월급이 3만 엔밖에 되지 않아 그만두었다. 그 후 3년 가까이 교토와 오사카의 몇 개 구에서 생활보호를 받으며 노숙을 하다 2008년부터 캬바쿠라에서 1년 반 일했다. 그러나 캬바쿠라의 일도 너무 힘들어 교토에서 잠시 노숙을 하다 2009년 11월에 도쿄로 왔다.

고교 졸업 직후 월 26일 근무하고 출근수당을 포함해 월 32만 엔 정도(시간급 1,500엔)를 받는 신문배달소에 취업한 우에다 씨는 "아직은 젊을 때라 좀 더 놀고 싶었다." 하루 7시간 근무한다고는 하지만 근무시간이 새벽과 오후로 나뉘어 있는 신문배달 업무의 특성[17]상 밤 시간에 마음 편히 놀 수 없었기 때문이다. 1년 2개월 근무한 후 신문배달소를 그만두고 3년간 사우나 등에서 기거하며 건설, 운송, 이사 등의 일용노동을 했다. 새벽 5시 반에 집합해 8시부터 17시까지 일하고 일당 7천 엔 정도를 받았다. 그 후 친구의 소개로 가부키초에 있는 캬바쿠라(점장 포함해 남성 종업원 6명, 여성종업원 30여 명)에서 손님안내와 여성종업원 관리를 담당하며 3년간 일했으나, 업소 일로 야쿠자와 문제가 생겨서 그만두었다.

가쿠타니 씨도 중학교 졸업 후 불도저 조립업체에서 일하기 시작했으나 놀고 싶어서 1년 정도 다니다 그만두었다. 어머니의 재혼 상대가 운영하는 건설업 자영업을 물려받을 수 있다고 해서 18세부터 1년 반 정도 어머니와 함께 살면서 그 업체에서 일했지만, 놀고 싶어서 그만두고 아버지 집으로 돌아왔다. 그 후 아버지가 돌아가신 24세까지 풍속업체 '히키' 일을 하다 놀다 했다.

---

17) 조간은 3시에서 6시 반, 석간은 15시에서 18시 사이에 준비 및 배달하고, 오후에는 가끔 수금 및 구독 권유를 했다.

3. 관계의 단절과 홈리스로의 진입

　　연구 참여자들이 안정된 주거를 상실하게 된 직접적인 계기는 실직, 거주지 제공자의 사망, 그리고 가출로 나눌 수 있다. 실직으로 홈리스가 된 사람은 이와모토, 하시오카 씨고, 동거인의 사망으로 홈리스가 된 사람은 가쿠타니, 우에다 씨, 가출로 홈리스가 된 사람은 야마카와, 타가미, 이리쿠라, 이와나미 씨이다.

　　실직과 동거인의 사망으로 홈리스가 된다는 것은 다른 의지할 곳이 없다는 것이고, 이들의 홈리스 진입은 일회적인 사건이라기보다 일련의 과정이다. 취약한 관계가 조금씩 단절되어 마지막 끈이 끊어졌을 때 홈리스가 되는 것이다. 이들의 경우 어쩌면 사회적 관계 속에 안착해본 경험이 부재하다고 할 수도 있을 것이다. 4절에서 검토한 바와 같이, 이들은 모두 어린 나이에 가족이 해체되어 홈리스가 되기 이전에 이미 돌아갈 '집'이 없어져 노동숙사에서 거주한 경험이 있으며, 마지막 선택지로서 유흥업소에 종사한 경험이 있다. 또 성장 과정에서 가족으로부터 적절한 지원을 받지 못했고 첫 직업이 정규직이 아니었던 사람들이기도 하다.

　　이와모토 씨는 오코노미야키야를 그만둔 2004년 12월부터 거리 노숙을 시작했다. 아버지의 폭력이 끔찍해서 나온 것이기 때문에 집으로 돌아가고 싶지 않아서였다. 그런데 노숙한 것이 이때가 처음은 아니었다. 20세부터 받기 시작한 장애연금[18]이 그를 파친코로 이끌었다. 집에 갈 차비조차 남지 않을 때까지 파친코를 하고 노숙을 한 후 그대로 출근하는 일이 종종 있었다. 직장에서도 이에 대해 알고 있었고 사실은 노동시간 삭감을 핑계로 해고한 것이었다. 하지만 그만두기는 쉽지 않다. 지금도 장애연금이 나오면 그는 판매할 빅 이슈를 사고 게임을 하기 위해 휴대폰 요금(1-1.5만 엔)을 낸 후 돈이 없어질 때까지 파친코를 한다.

> 어려워요. 그게―, 그만두는 게. 그만해, 그만해라는 말을 아무리 들어도 벌써 10년이나 하고 있다는 건― (장애연금이 나오면 그걸 파친코로 전부 없애는 데 며칠이나 걸려요?) 2,3일이요. 그러니까 **빅이슈 구매를** 위한 돈 1회 정도는 남기고, 휴대폰도 내고 나머지는 전부(파친코 해요-필자). (중략) (슈퍼를 그만둔 건 파친코하고는 관계없어요?) 있어요. 완전히 돈 없어질 때까지 파친코하고 노숙한다는 거 회사에서 알고 있었어요. (싫어했어요?) 아마 그랬을 거라고 생각해요.   (이와모토)

하시오카 씨가 홈리스가 된 건 캬바쿠라의 문을 닫은 2009년 여름부터이다. 캬바쿠라 영업이 잘 안되면서 살던 집의 집세가 밀리기 시작했고, 결국 2009년 여름에는 쫓겨났다. 그 사이 조부모님 집에는 불이 나이전에 비해 아주 소규모로 재건축했기 때문에 그가 있을 공간이 없었다. 구청에 가서 생활보호를 신청했으나 "아직 젊으니까 더 노력해보라"는 말만 들었다. 일자리를 찾을 수 없기 때문에 생활보호를 받고 싶었던 것인데 신청도 못 하게 하는 것을 보며 "죽어줘, 라고 말하는 건가 생각"했다. 갈 곳이 없어진 그는 짐을 조부모 집의 창고에 두고 자동차와 부엌을 번갈아가며 자는 생활을 시작했다. 2010년 10월에 새 직장의 기숙사

---

18) 2011년 현재 2개월에 한번씩 132,016엔 수령.

(寮)에 들어갔으나 2개월 만에 해고되어 나왔고, 2010년 12월부터 2011년 2월 중순의 면접 시점까지 그는 사우나와 네트카페를 전전하며 살고 있다.

우에다 씨는 신문배달소를 그만둔 19살에 홈리스가 되었다. 그 후 3년간 일용노동을 하며 사우나를 전전했고, 캬바쿠라에서 일할 동안은 그 업소가 제공하는 맨션에서 동료들과 함께 살았다. 캬바쿠라를 그만둔 후 친구 집에서 1년 정도 살았으나 친구가 병으로 사망해 25살 때인 1997년에 거리로 나왔다. 노숙을 하면서도 한 달에 15, 16일은 일용노동을 했으나 점점 일거리도 없어지고 신분증을 요구하는 경향이 증가해 34살부터 37살까지 모든 것을 포기하고 거리 노숙만 했다. 18세에 집/가족을 떠난 후 우에다 씨는 40세에 가까운 나이가 될 때까지 한 번도 자기 '집'을 가진 적이 없는 것이다.

가쿠타니 씨가 홈리스가 된 건 24세에 아버지가 돌아가시면서부터였다. 그 후 그는 37세까지 거리에서 구걸을 하며 살았다.

이들과 달리 가출을 통해 홈리스가 된 청년들은 상대적으로 안정된 가족에 속해 있었지만, 가출 계기는 도박 중독, 고용불안정, 외로움 등 다양하다. 먼저 야마카와 씨의 가출은 파친코 중독 때문이었다. 경비 아르바이트를 하던 2009년 2월에 우연히 파친코를 했는데 "첫날 완전히 대박이 터졌"다. 술과 수면제를 섞어 먹고 환각상태에 빠지기도 했던 야마카와 씨는 그 순간의 짜릿함을 잊을 수 없어 파친코를 중단할 수가 없었다. 부모 돈 900만 엔을 훔쳐 파친코를 하다 경찰에 체포되어 도박중독으로 병원에 입원했으나, 어머니 지갑에서 3만 엔을 훔쳐 병원을 탈출했다.

4일 만에 돈이 없어졌고 시부야에서 노숙을 시작했다. 거리 생활이 힘들어 2010년 4월과 5월 두 달간 빈곤 비즈니스[19] 업체인 유니티(Unity)에 입소했었으나 "사육당하는 것 같아 도망쳐" 집에 돌아갔다. 그러나 한 달 만에 다시 부모님의 현금카드로 250만 엔을 훔쳐서 가출했고 파친코로 그 돈을 다 없애는 데 두 달도 걸리지 않았다. 2010년 9월에서 2011년 2월까지 다시 유니티에 입소했다가 도망 나와 빅이슈 판매를 시작했다. 면접 전달인 2011년 3월에도 집에 돈을 훔치러 들어갔다 형과 마주쳐 "죽도록 맞았다."

> 그런 일(경비 아르바이트-필자) 하다가 쉬다가, 하다가 쉬다가를 반복하면서 번 돈으로 파친코를 했어요. 그래서 파친코 의존증이 되어 버렸어요. 그래서 빚지고, 그래서 부모가 발견해 병원에 가서. (중략) **경찰에 붙잡혀서 파친코 의존증으로 병원에 입원했어요. 7월 중순까지. (중략) 빚을 지기도 하고 부모 돈을 훔치기도 하고. 심한 짓을 했지요. 전부 합치면 1,000만 엔 정도.** (야마카와)

타가미 씨는 사장 가족의 직장 내 괴롭힘(パワーハラ)에 대한 분노가 폭발해 출근하던 도중에 가출해 도쿄로 왔다.[20] 가출 전날의 사건은

---

19) 빈곤문제활동가 유아사 마코토(湯浅誠)가 만든 개념으로, 홈리스, 파견 노동자 등 빈곤한 사람들을 대상으로 돈을 버는 사업을 지칭한다. 네트카페, 파견회사, 제로제로물건(레이킨, 시키킨 제로), 무료저액숙박소, 소비자금융 등이 이에 해당한다. 사회적 기업의 외피를 쓰고 있는 경우가 많고 의료보호를 노리고 병원과 결탁하는 경우도 있다.
20) 가출해 도쿄로 온 이유는 좋아하는 게임을 만든 사람이 도쿄의 다마치(田町) 출신이라 전부터 다마치를 한번 방문하고 싶었기 때문이다. 타가미 씨의 대학 및 가출지 선택 이유에서 일본 오타쿠 문화의 일단을 볼 수 있다. 그는

특별한 일이 아니었다. 사장 가족은 일을 가르쳐주지도 않고 무조건 잘해 놓으라고 한 후 결과가 마음에 안 들면 욕을 했다. 부모님은 너무 힘들면 직장을 그만두라고 여러 번 말했지만, 대학원도 그렇게 그만두었는데 직장까지도 실패하는 건 부모님에게 미안해서 그만두지 못했다. 그러나 그렇게 참다 보니 가출 전에 이미 그는 출근할 때마다 자살충동을 느낄 정도로 정신적으로 궁지에 몰려 있었다.

> 그 전날은 신입사원을 돌봐주라고 해서, 그런 때는 현장에서 자가면서 해야 돼요. 그래서 아— 정말 힘들다—고 계속 생각하고 있었는데, 전부터 그런 생각은 많이 했지만, 그런 생각을 하면서 회사로 출근을 하고 있는데 (사장이-필자) 전화를 해서 "너 오늘 무슨 일 해야 하는지 모르지?"라는 식으로 이야기하길래, "이거하고 이거잖아요"라고 했더니 "너 정말 알고 있어? 잘 모르면 너 출근 안 해도 돼" 이런 식으로 말하는 거예요. 그래서 귀에는 귀, 눈에는 눈(売り言葉に買い言葉)이라는 식으로, "그럼 이제부터 출근 안 해요" 이런 식으로. (중략) 가벼운 패닉증세가 있어서, 그러니까 가출하기 한 달 전 정도부터 출근길에 뭔가, 가볍게, 거기 강이 있어요, 출근하는 길에, 그 강에 뛰어들면 편하지 않을까 하는 생각을 하면서 출근했어요.   (타가미)

이리쿠라 씨는 불안정 고용을 둘러싼 어머니와의 갈등 때문에 가출했다. 정리 해고된 후 아르바이트만 하는 그에게 어머니는 왜 정사원으로 취업하지 않느냐고 매일같이 잔소리를 했고 그는 그 잔소리를 견딜 수 없었다. 본인도 정사원으로 취직하고 싶지 않아서가 아니라 "시대가

대학 시절 중독이라고 할 만큼 게임에 몰두한 시기가 있었다.

시대라 좀처럼" 정사원으로 취업하기 어려웠기 때문이다. 그런데 아래 인용문에 나와 있듯이 이리쿠라 씨는 19살 때도 어머니와 싸우고 반년간 가출해 출근도 하지 않았다. 그 때문에 이리쿠라 씨의 어머니 입장에서는 가출로 인한 장기결근이 정리해고자 명단에 들어가게 된 원인이라고 생각하고 잔소리를 하게 되었을 것이다. 2008년 8월의 어느 날 이리쿠라 씨는 어머니와 크게 싸우고 입은 옷 그대로 집을 나와 노숙을 시작했고, 처음 1년 정도는 아무 생각도 없는 "멍-한 상태"로 지냈다. "이런 식으로 계속 살아야 한다면 죽어도 상관없겠다"는 생각을 했지만 실행에 옮긴 적은 없었다. 노숙하면서 다른 사람들처럼 일용노동을 하지는 않았고 설문조사에 응답해주고 받는 500엔이나 1,000엔짜리 도서카드를 돈으로 교환해 음식을 사고 네트카페에서 자기도 했다.21)

"왜 정사원으로 취직 안 하냐" "어쩔 수 없잖아" 이런 식으로 말다툼이 시작되어서 그게 커져서 내가 열받아서, 그때 바지에 지갑이 들어 있었는데, 집 열쇠는 가지고 있지 않았어요. 지갑은 바지에 들어 있으니까 됐다고, 그대로, 제 물건을 사실은 가지고 가고 싶었지만 또 짐이 될 것 같기도 해서, 돈이 있으니까 갈아입을 옷이나 이런 건 사면 된다고 생각해서 입은 옷 그대로 현관문을 쾅 열고 다다다다 달리듯이(집을 나왔어요-필자). (정사원이 되고 싶은 생각이 없었어요?) 저는 되고 싶었지만 시대가 시대라 좀처럼─. (중략) 다른 때도 싸우고 집 나가서, 어느 정도였더라, 반년 가출해서, 당연히 회사 사람들도 걱정하고─. 그때는 저는 휴대전화를 가지고 있었고 전화비도 내고 있어서 전화가 되는 상

---

21) 거리에서 설문조사 의뢰를 받으려면 홈리스처럼 보이면 안 되기 때문에 이리쿠라 씨는 청결이나 옷차림에 신경을 쓰는 편이다.

황이었지만 일체 무시하고 전화 안 받다가 반년 만에 돌아와서, **회사 잘리지 않을까 싶었는데 잘리지 않고 넘어갔어요.** (그때는 왜 싸웠어요?) **빚진 게 들켜서―.** 빚내서 어디에 썼는지는 별로― 안 좋다, 안 좋다고 하면 그렇지만, 말하자면 도박이나 **그런 데 썼어요.**

(이리쿠라)

가출 계기가 가장 특이한 사람은 이와나미 씨다. 가출 전날까지 출근했다는 이와나미 씨는 의도적으로 가출한 것은 아니지만, 그의 이야기를 들어보면 집을 나올 때 그의 무의식 속에는 더 이상 집에 있고 싶지 않다는 생각이 강했던 것 같다. 가출 전 유일한 즐거움은 일요일마다 혼자서 오사카 시내에 있는 게임센터에 가서 게임을 하고 맛있는 걸 먹고 돌아오는 것뿐이었다. 그런데 가출하기 5년 전에는 함께 살던 할머니가, 3년 전에는 아버지, 1년 전에는 어머니가 돌아가셨다. 인생에서 유일하게 애착관계를 형성했던 어머니가 돌아가시고 1년 남짓 누나와 함께 살면서 이와나미 씨는 무척 외로웠다. 그러던 어느 날(2009년 3월), 문득 혼자서 도쿄에 가고 싶다는 생각이 들어 통장에 남아 있던 돈을 모두 찾아서 도쿄로 왔다.

6월 초의 어느 날, 돈이 하나도 남아 있지 않다는 것을 발견했고, 히비야공원에서 노숙을 시작했다. 1주일쯤 굶었으나 "어떤 친절한 홈리스가 무료급식소가 있다고 알려줘" 처음 밥을 먹었다. 또 다른 홈리스에게서 신주쿠구가 운영하는 홈리스 상담소에 대해 듣고 가서 상담을 했지만 아직 젊은 그가 생활보호를 받는 것에 대해서는 "행정기관에서도 호의적이지 않"았기 때문에 샤워와 세탁만 하고 나왔다.

이와나미 씨는 20살과 28살 때 같은 동네에 사는 친구와 각각 2박 3일의 일정으로 동경에 놀러 온 적이 있다. 하지만 "이번에는 그냥 혼자 오고 싶었"다. 돈이 떨어졌을 때 누나에게 전화해서 자신을 데리러 오도록 할 수도 있었겠지만 그렇게 하지 않았다. 집에서 살던 때보다 동경에서의 노숙생활이 당연히 외롭지만 왠지 집으로 돌아가고 싶은 마음도 강하지도 않다. "어머니가 돌아가시고 나서 굉장히 외로웠"기 때문이다. 누나와 가끔씩 통화하는데 누나가 뭐 하고 지내느냐고 물어보면 "여기서 일하면서 그냥 그렇게 지낸다."라고만 대답한다.

> **특별히 가출한 건 아니고, 어쩌다가 동경에 놀러 와서 어슬렁거리다가 보니 돈을 다 써서ㅡ. 누나한테는 놀러 갔다 온다고 하고. 오다이바나 아사쿠사 같은 곳을 보러가고 싶어서, 캡슐 호텔이나 사우나, 만화방 같은 데서 자면서 여기저기 구경 다녔는데, 어느 날 보니까 돈이 하나도 남아 있지 않았어요. (중략) (동경에 올 때 돌아가지 않겠다고 생각했어요?) 그런 건 아니에요. (그런데 동경에 와보니 별로 돌아가고 싶지 않았어요?) 네. (동경에서 생활해보니 여기서 사는 게 즐거웠어요?) 아뇨. 동경에서 사는 건 외로워요. (그런데 왜 돌아가지 않아요?) 그냥 별로 돌아가고 싶은 생각이 없어서ㅡ. 돌아가기는 해야 하는데ㅡ. 누나가 빨리 돌아오라고 하는 것도 아니고ㅡ. (이와나미)**

이상의 내용을 정리해보면 연구 참여자들은 불안정 고용, 가족해체, 장애로 인한 도박 중독으로 인해 안정적인 인간관계 속에 안착할 수 없는 관계 빈곤자가 되었고, 그 결과 홈리스가 되었다.

안정된 가족관계를 갖지 못했던 사람들은 성장기에 가족으로부터 받아야 할 경제적, 정서적 지원을 제대로 받지 못해 힘들었을 뿐 아니라 그로 인해 학교생활에서도 적응하기 어려웠고 친구들과의 친밀한 관계를 형성하지도 못했다. 그 결과 사회로 나갔을 때 안정된 직장을 얻기 어려웠을 뿐 아니라 노동시장에서 곤경에 직면하게 되었을 때 일시적인 피난처조차 가지지 못해 거리로 내몰리게 된다.

가족관계가 안정적이었다 하더라도 노동시장 상황 악화는 청년들을 거리로 내몬다. 불안정한 시장 상황은 실업/해고의 형태로만이 아니라, 이리쿠라 씨의 사례가 시사하듯 가족 갈등을 매개로 청년을 거리로 내몰기도 하고, 타가미, 하시오카 씨의 사례에서 알 수 있듯이 직장 내 인간관계를 악화시켜 파워하라 문제를 야기함으로써 청년들을 거리로 내몰기도 한다.

야마카와 씨, 이와모토 씨의 사례와 같이 도박 중독 같은 요인도 청년을 홈리스로 만드는 계기로 작용하지만, 이들이 파친코 의존증이 된 이유는 장애로 인해 안정적인 인간관계를 형성하지 못했기 때문이다. 한때 파친코 의존증이었던 우에다 씨의 말처럼, "외로워서 파친코에 빠져"들게 되는 것이다. 유일한 애착관계였던 어머니가 돌아가시자 너무 외로워서 홈리스가 된 이와나미 씨의 경우도 안착할 수 있는 인간관계의 부재가 그를 홈리스로 만든 요인이다.

하시오카 씨와 이와나미 씨의 사례에서 알 수 있듯이 사회적 안전망의 취약성과 공공부조 수급에 대해 적대적인 사회적 분위기도 청년을 홈리스로 만드는 요인 중 하나다. 생활보호신청을 하기 위해 시청을 방문한 하시오카 씨에게 "아직 젊으니까 더 노력해보라"고 말하는 대신 생활보호를 신청할 수 있게 해주었다면 그는 홈리스가 되지 않을 수 있었다. 이와나미 씨가 생활보호를 신청할 수 없는 이유는 "행정기관에서도 호의적이지 않지만 아직 젊은데 생활보호를 받는다는 사람들의 시선이 부담스러워"서, "사람들이 입 밖으로 내서 말하지 않더라도 그런 생각을 할 것"이라고 생각하면 신청할 엄두가 나지 않기 때문이다.

4. 관계의 형성과 탈홈리스

여러 가지 이유로 친밀한 인간관계를 형성할 수 없었거나 상실해 홈리스가 된 청년들이 홈리스 상태에서 벗어날 수 있는 가능성은 어디에 있을까? 6절에서는 탈홈리스의 길을 적극적으로 모색하는 사람들(이리쿠라, 하시오카, 우에다, 타가미 씨)과 그렇지 않은 사람들(이와모토, 이와나미)의 차이를 비교 분석한다.[22]

이리쿠라 씨는 2011년 2월 중순에 2년 반의 거리 노숙을 끝내고 친한 홈리스 한 명, 그리고 고물상 업자 한 명과 함께 6조 크기의 방을 얻어

---

22) 가쿠타니 씨는 면접 당시 신주쿠 구에서 생활보호를 받으며 자립지원센터에서 거주하며 빅이슈 판매와 더불어 여러 가지 교육을 받고 있다. 하지만 필자는 그가 생활보호를 받으며 거리노숙에서 벗어날 수는 있지만 생활보호로부터도 자립하기는 어렵다고 판단했다. 필자는 면접을 통해 그가 저지능일 가능성이 있다고 생각했고, 문의 결과 빅이슈 사무실에서도 그런 것 같다고 했다. 하지만 그가 노숙 전부터 그랬는지 오랜 노숙을 통한 자기폐쇄의 결과 그렇게 되었는지는 알 수 없다. 야마카와 씨의 경우 파친코 의존증이 심해 탈홈리스의 가능성을 엿보기 어려운 상태다.

생활하기 시작했다. 매주 목요일에는 파지수집 아르바이트를 하고 있다. 하시오카 씨는 부당해고철회투쟁을 통해 안정된 일자리와 거주지를 마련하고자 하고 있다. 우에다 씨는 면접 당시에는 빅이슈만 판매하고 있었지만, 2011년 1월과 2월에는 경비원으로 취업했었고 다시 취업할 생각이다. 타가미 씨는 면접 당시에는 당장은 집으로 돌아갈 생각이 없다고 했지만 면접 후 집으로 돌아갔다. 그는 연구 참여자 중 부모와의 관계가 원만한 유일한 사람이었는데, 직접 확인할 수는 없었지만 구술 내용으로 보면 부모와의 심리적 유대감이 그를 귀가하게 만든 것으로 보인다.[23]

홈리스 생활을 벗어나겠다고 생각한 사람들의 공통점은 자신을 따뜻한 시선으로 봐주는 관계를 형성하거나 경험하게 된 것이다. 이리쿠라 씨는 빅이슈 판매를 시작(2009년 8월)하고 1년 정도 지나면서 친구가 생겼다. 이유는 잘 모르겠지만 자신을 무척 좋아해주는 동료와 만나게 되었고 그 관계가 탈홈리스를 결심하고 준비하게 해준 중요한 계기였다. 가을쯤에는 아파트를 빌리고 취업도 할 계획이다. 인생에서 이리쿠라 씨가 돌아가고 싶은 지점은 첫 직장에서 일하던 시점이다. 직장 분위기도 정말 좋았고 무엇보다 안정된 생활이 가능하기 때문이다.

---

23) 타가미 씨가 집으로 돌아갔다는 것은 면접 2달 후 핫토리 씨에게 들었다. 면접을 마치고 필자는 타가미 씨에게 휴대폰까지 놓고 사라진 아들에 대해 부모님이 무슨 상상을 하시겠느냐고, 있는 지역은 말하지 않더라도 살아 있다는 것만은 확인시켜 드리라고 부탁했다. 그는 처음에는 대답하지 않았으나 서너 차례 간곡히 부탁하자 그렇게 하겠다고 약속했다.

(파지 수집 일은-필자) 사이좋은 (빅이슈-필자) 판매자가 해보지 않겠느냐고 권유해서, 뭐 주 1회 정도는 괜찮겠다 싶어서, 꽤 많이 버는 거라, 많이 벌 때는 7,000엔 넘는 정도고, 교통비도 따로 주니까. 꽤 돈이 돼서 그걸 지금은 사무실에 저금해서 언젠가는 저- 아파트를 얻을 수 있는 정도까지 모아야, 아파트에서 살면 당연히 주소가 생기는 거니까 그 아파트를 기점으로 일을 찾아 장래에는, 아마 올해 내에는 뭔가, 아까 말했지만 8월 4일로 (빅이슈 판매한 지-필자) 벌써 2년이 되니까 졸업해야지 라고 지금은 생각하고 있어요. (중략) 그 사람은 제가, 이유는 모르겠지만, 좀 과장되게 말하면, 너─무 좋다, 는 정도, 제가 마음에 들어서 거의 매일 자기 집[24])에 가서 같이 자자고 권해줘서. 그때는 저도 별로 여유가 없을 때라, 그 사람에게 신세를 지면서.   (이리쿠라)

우에다 씨가 탈홈리스를 결심하게 만든 건 한 여성과의 만남이었다. 2년 전 생활보호를 받기 시작하면서 그는 구청이 지정한 게스트하우스에 들어가게 되었는데 거기에서 그녀를 만났다. 그녀는 미국에서 공부를 하고 미국, 뉴질랜드 등에서 컨설팅 일을 한 경험이 있는 "굉장히 머리가 좋은", "굉장한 미인"이었고 소학교 6학년인 딸이 있는 미혼모였다. 그런 그녀가 생활보호를 받으며 게스트하우스에서 살고 있는 이유는, 아동기에 부모에게 당한 학대경험 때문에 날이 추워지면 몸도 마음도 아파져 일할 수 없기 때문이다. 그러나 우에다 씨는 그런 그녀의 상황을 잘 이해해주지 못했고, 그 때문에 그녀와 두 번의 이별을 경험했다.

첫 번째 이별은 그녀가 겨울이 되면서 신경질적인 반응을 보이자

---

24) 동료 판매자는 아동기에 부모에게 당한 학대로 장애인이 되어 장애연금을 받고 있기 때문에 그 돈으로 게스트하우스에서 살고 있다.

2010년 초에 우에다 씨는 화를 내며 그달의 생활보호비를 들고 게스트하우스를 나온 것이다. 그렇게 해서 생활보호도 6개월로 끝났다. 가지고 나온 돈으로 다시 파친코를 했고, 돈이 없어져 노숙을 하다 2010년 5월부터 빅이슈 판매를 시작했다. 거리에서 빅이슈를 팔고 있는데 갑자기 그녀가 "잘 지내요?"라고 인사를 하며 나타났다. 2011년 초에는 빅이슈 판매를 중단하고 경비 일을 시작해 다시 그녀가 있는 게스트하우스에서 살기 시작했지만 재회는 오래가지 못했다. 추위로 건강이 악화돼 아이를 친정에 맡기게 되어 아이문제로 노심초사하는 그녀를 우에다 씨는 또 다시 이해하고 감싸주지 못했다. 이번에는 그녀가 화를 내며 게스트하우스를 나갔다. 그녀가 떠나자 우에다 씨는 좌절해 직장도 그만두고 다시 거리로 나오게 되었다.

처음에는 그녀에 대한 자신의 감정조차 분명히 알지 못했지만, 두 번째 이별 후 그녀가 오랫동안 음지에서 떨고 있던 자신의 삶에 빛을 비추어준 존재였음을, 그녀를 만나 자신의 내면이 변화했음을 깨닫게 되었다. 우에다 씨가 삶에서 되돌아가고 싶은 순간은 그녀를 처음 만났던 순간이다. 우에다 씨는 그녀와의 재회를 기대하고 있기 때문에 그녀에게 부끄럽지 않은 사람이 되기 위해 다시 직장을 찾고 있다. 거주지가 생기고 안정된다면 그녀가 자신에게 해준 것처럼 다른 사람들에게 빛을 비추어주는 사람이 되기 위해 NPO에서 일하고 싶다.

헤어지기 전에는 제 감정도 확실하게 잘 몰랐어요. 하지만 헤어지고 나서 알았어요. 그녀에 대한 감정을. (중략) 그녀 같은 훌륭한 여성과 만나, 미국 유학까지 한 머리가 굉장히 좋은 사람이에요. 저는 자신감을 가지게 된 것 같아요. 남자로서의 자신감이 되살아난 것 같아요. 저도 노력해서 발전하고 직장도 얻고 좋은 여자하고 결혼도 할 수 있을 거라는 자신감이요. (중략) 전에는 저는 거의 폐인 같은 상태였어요. 어떻게 되어도 상관없다고 생각했어요. (중략) 그녀에게 여러 가지를 배우고 알게 되면서 조금씩 바뀌었어요. 사람은 음지에 계속 있으면 안 돼요. 양지로 가지 않으면. 그걸 몰랐어요. 일단 햇볕을 쬐면 다시 음지에 가게 되더라도 금방 양지로 되돌아오게 되지만. 다른 사람들도 마찬가지예요. 누군가 햇볕을 쬐어주는 사람이 있으면 변하게 되지요. 더 많은 사람들에 햇볕을 쬐어주는 사람이 되고 싶어요. (중략) 그녀에게 정말 감사해요. 그녀와의 만남이 없었다면 저는 변하지 못했을 거예요.

(우에다)

하시오카 씨도 파워하라를 당해 병이 나 실직하게 되었을 때 처음에는 자신에게 문제가 있다고, 유흥업소에서만 일을 해온 자신의 커뮤니케이션 능력에 문제가 있어서 그런 거라고 생각했었다. 그러나 선배와 수도권청년유니온에 상담을 하면서 자신의 문제가 아니라 직장의 문제라는 점을 깨닫게 되었다. "정말로 위안이 되고 고맙고 마음이 편해지고, 굉장히 그런 상태"가 될 수 있었고 이런 도움을 받을 수 있어서 자신은 "정말 운이 좋다"고, 그러니까 부당함에 맞서서 자신의 권리를 찾아야겠다고 생각하게 되었다.

음— 그러니까, 저는 계속 제가 문제가 있는 건가, 커뮤니케이션 능력이 없는 건가, 뭔가 계속 그렇게 생각하고 있었어요. 그런데 수도권청년유니온의 가와조에 씨에게 상담을 해보니까 "하시오카 씨가 나쁜 게 아니예요. 이건 분명히 그런 게 아니에요."라고. 음— 요즘, 확실히 말해 노동 상황이 예전에 비해 상당히 나빠졌다고. 잘 생각해보니 그렇구나, 라는 생각이 들었어요. (중략) 젊은 사람들이 노력하지 않는다고 기성세대는 말하는데 저는 그렇게 생각하지 않아요. 오히려 **기성세대에게 이런 사태를 만들어 놓은 것에 대해 책임을 묻고 싶어요. 지금은 싸게 쓰고 잘라버리는 시대예요. 그래서 젊은 사람들은 결혼도 할 수 없어요. 일하는 시간도 길고 고용도 불안정하니까요.**   (하시오카)

홈리스 생활을 벗어날 생각이 별로 뚜렷하지 않은 이와모토 씨와 이와나미 씨의 이야기는 탈홈리스의 모색이 자신을 긍정해주고 받아들여 주는 관계의 발견과 밀접하게 연결되어 있음을 역으로 입증한다.

이와모토 씨는 2010년 8월과 10월에 빅이슈 판매장소를 변경한 일이 있다. 판매장소 변경은 규칙 위반 시 받는 제재 조치인데, 사전에 상의 없이 갑자기 사라지는 것도 규칙위반이다. 그가 갑자기 사라진 이유는 오사카에 갔기 때문이다. 오사카에 특별한 용무가 있었던 것도 아니고 그냥 오사카에서 노숙을 하다 돌아온 것이 전부다. 그럼에도 오사카에 간 이유는 "음ㅡ, 뭔지 모르겠지만 오사카가 그리워서"이다. 그는 누가 자신을 기다리고 있는 것도 아니고 반겨주는 사람이 있는 것도 아니지만 그냥 고향 오사카의 "풍경이 보고 싶어서" 가끔씩 자신도 모르는 힘으로 오사카로 가게 된다. 동경으로 돌아온 것은 두 번 다 빅이슈 사무실 직원이 "전화로 앞으로 어떻게 할지 함께 이야기해보자"고 했기 때문이다. 두 번째 돌아왔을 때는 다시는 사전 연락 없이 사라지지 않겠다고 서면으로 약속했다.

빅이슈를 판매할 때 그는 점심을 먹지 않는다. 세 끼를 먹을 돈이 없어서가 아니라 "언제 손님이 사러 올지 모르니까"다. 빵 같은 것으로 간단히 끼니를 때울 수도 있겠지만, "사러 왔는데 먹고 있으면 손님에게 실례"이기 때문에 먹지 않는다. 이와모토 씨가 가장 좋을 때는 "손님이 말을 걸어올 때, 지난번 무슨 무슨 기사가 좋았다고 말해 줄 때"이다. 그래서 아침 6시 반부터 저녁 6시 반까지 화장실에 가는 것도 억제하면서 큰소리로 빅이슈입니다, 빅이슈, 라고 외치며 판매에 몰두한다. 핫토리 씨에 따르면, 이와모토 씨는 갑자기 없어지는 걸 빼면 가장 성실한 판매자 중 한 사람이다.

이와모토 씨가 인생에서 돌아가고 싶은 지점은 "동경의 빅이슈에 처음 들어왔을 때"이다. 빅이슈 판매가 좋은 이유는 "사람과 접촉할 기회가 많기 때문"이다. 지금도 빅이슈를 판매하고 있지만 빅이슈 판매를 시작한 시점으로 돌아가고 싶은 것은 빅이슈 판매는 궁극적으로 홈리스생활에서 탈피하기 위한 것이라 "계속할 수 있는 일이 아니"기 때문이다. 이와모토 씨는 이미 1년 반 정도 빅이슈를 판매했기 때문에 사무실에서도, 언제까지 이 일을 계속할 수는 없다, 좀 더 수입이 많고 안정적인 일자리를 찾아야 한다고 이야기하고 있어 압박을 느끼고 있다.

평생 자신을 따뜻하게 대해주고 받아들여 주는 인간관계를 경험하지 못한 이와모토 씨에게 빅이슈 판매는 세상과 관계 맺는 유일한 끈이다. 자신이 없어지면 찾아주고 다시는 그러지 말라고 이야기해주는 사람도, 자신의 행위에 친절한 관심을 보여주는 사람도 빅이슈 판매 때문에 맺게 되는 관계다. 그 때문에 그는 홈리스 상태를 벗어나고 싶은 것이

아니라 그만두어야 한다는 압박을 한동안 느낄 필요가 없는 빅이슈 판매 시작 시점으로 돌아가고 싶다.[25]

이와나미 씨가 도쿄에 온 것을 후회하고 집에 돌아가고 싶지만 쉽게 돌아가지 못하는 이유는 어머니의 이미지를 느낄 수 있는 사람이 동경에 있기 때문이다. 이와나미 씨는 2009년 10월부터 매주 수요일과 일요일에 도쿄추오(東京中央)교회의 무료급식소에서 자원봉사 일을 하고 있다. 홈리스가 200-250명 정도 모이고 준비와 뒷정리까지 해야 하기 때문에 자원봉사를 하는 홈리스가 이와나미 씨를 포함해 14명임에도 불구하고 무료급식이 있는 날은 예배 보는 것을 포함해 거의 온종일 일해야 해서 무척 힘이 든다. 토요일에도 교회에 가는 경우가 많다. 그래서 2010년 11월부터 2011년 2월 초까지 쉬었다. 그러나 다시 시작하게 된 것은 홈리스 담당인 선생님(담임 목사)이 "이제 슬슬 다시 교회로 돌아와서 분발해달라고 부탁했기 때문"이다. 이와나미 씨에게는 "그 선생님이 가장 의지가 되는 사람"이고 "선생님이 정말 좋다." "선생님이 안 계신다면 교회에서 자원봉사활동을 하지 않을 것이다." 동경에 있는 것이 너무 외롭고 힘들어 귀향 문제를 상의했을 때 "선생님은 돌아가는 게 좋지 않겠냐고 했"다. 하지만 "당분간은 좀 도와 달라"고 했기 때문에 자원봉사활동을 계속하고 있다.

이와나미 씨가 집으로 "돌아가고 싶지만 돌아가기 어려운" 또 다른 이유는 "너무 오래 나와 있었고, 누나가 빨리 돌아오라는 말을 하지 않"

---

25) 연구 참여자들은 모두 빅이슈 사무실 직원들의 지원에서 큰 힘을 얻고 있다고 말했지만 이와모토 씨의 심리적 친밀감은 각별했다.

기 때문이다. "누나에게 동경에서 일을 하면서 그럭저럭 지낸다고 거짓 말을 계속 해왔는데, 누나가 이제 그만 집으로 돌아오라고 말하지도 않는데 돌아가기가 쉽지가 않"다. 그래서 "돌아가지 않을 생각으로 온 건 아니"고, "돌아가고 싶지 않다고 생각하는 건 아닌데, 고향에 가면 어렸을 때부터 알던 친구도 있고, 그런데 별로 돌아가고 싶지가 않"다. 자신을 필요로 하는 사람, 고맙다고 말해주는, 어머니를 떠올리게 해주는 사람(목사)은 동경에 있고, 돌아가고 싶은 곳에 있는 사람(누나)은 자신을 필요로 하지 않기 때문에, 그래서 돌아오라고 말해주지 않기 때문에 이와나미 씨는 외롭고 힘든 동경에서의 홈리스 생활을 유지해나가고 있는 것이다.

5. 관계 자원의 지원과 탈홈리스

지금까지 8명의 청년 홈리스의 생애사를 통해 청년을 홈리스로 진입/이탈하게 만드는 요인이 무엇인지를 검토했다. 청년들이 홈리스로 진입하게 된 것은 사회적 관계 속에 안착할 수 없었기 때문이다. 성장기에 가족으로부터 받아야 할 경제적, 정서적 지원을 받지 못한 사람들은 그로 인해 학교생활에도 적응하기도, 친구 관계를 형성하기도 힘들었다. 그 결과 노동시장 진입 시점부터 주변부 일자리를 전전해야 했을 뿐 아니라 노동시장에서 퇴출당했을 때 일시적인 피난처조차 가지기 어려웠다. 장애가 있는 사람들에 대한 사회적 차별도 청년들을 관계의 빈곤으로 고통받게 만들고 도박중독에 빠지게 만든다. 또 불안정한 노동시장 상황은 해고/실직의 형태로뿐만 아니라 가족갈등을 매개로, 그리고 파워하라를 통해 청년들을 거리로 내몬다. 나아가 취약한 사회적 안전망과 자립에 대한 왜곡된 사회적 시선도 청년들을 고통받게 만드는 요인이다.

관계의 빈곤이 청년을 홈리스로 만들었듯이 청년을 홈리스 생활에서 이탈하게 만드는 요인도 자신의 존재를 인정하고 받아들여 주는 관계를 발견하고 경험하는 것이다. 자신을 친구로, 남성으로 인정해주는 사람을 만나게 되었을 때, 현재 자신이 처한 역경이 자신의 잘못이 아니라고, 실패했을지라도 다시 도전하면 된다고 위로해주고 지지해주는 사람들을 만나게 되었을 때, 그런 관계가 존재할 때 청년들은 자신의 삶을 방기하지 않고 용기를 내어 새로운 시도를 하게 된다.

이뿐만 아니라 연구 참여자들의 생활보호 수급 경험은 경제적 지원보다 관계적 자원이 탈홈리스의 길에 더 필요한 것임을 시사한다. 이와 관련해 생활보호를 통해서는 경제적 자립과 안정된 생활에 대한 열망과 의지를 느끼지 못했지만, 애정을 느끼는 여성이 생기자 안정된 생활을 추구하게 된 우에다 씨의 경험은 매우 시사적이다. 여러 차례 생활보호를 받은 경험이 있는 이와모토 씨[26]와 야마카와 씨에게 생활보호는 홈리스 생활에서 벗어날 동기를 제공하지 못했지만, 자신을 지지하는 관계를 형성한 이리쿠사 씨와 하시오카 씨는 적극적으로 탈홈리스의 길을

---

26) 2005년 이후 현재까지 오사카, 교토, 도쿄의 여러 구에서 최소한 7회 이상 생활보호를 받은 적이 있고 의료보호도 몇 차례 받은 적이 있다.

모색하고 있다.[27)]

　20세기 후반 이후 탈근대사회로의 이행 속에서 진행되는 고용과 가족의 유동화는 점점 사회성원들이 안정된 관계 속에 정착하기 힘들게 하고 있다. 연구 참여자들의 경험을 통해 알 수 있듯이, 고용유동화는 단지 실업과 저임금으로 인한 경제적 빈곤을 의미할 뿐 아니라 고용을 통한 사회적 관계의 파괴이기도 하기 때문이다. 이 때문에 탈근대 사회의 청년들은 가족의 보호하에 있는 아동기가 끝나고 성인기로 진입하는 순간 관계의 빈곤으로 고통받는 홈리스가 될 위험이 근대 사회에서 성인기로 진입했던 기성세대보다 더 높을 수밖에 없다. 청년 홈리스의 등장이라는 새로운 사회적 변화는 바로 이러한 사회적 변화에 기초하는 것이다.

　홈리스가 된다는 것은 세계 안에서 거주하면서 타자와 관계 맺는 것이 허용되지 않는 것이라는 사사누마(笹沼弘志, 2008)의 논의를 빌린다면, 연령을 불문하고 모든 홈리스는 관계의 빈곤 상태에 있다고 할 수 있다. 그러나 사회적 관계 속에 안착했다가 그 관계를 상실하는 경험을 한 중고령 홈리스에 비해 청년 홈리스들은 생애의 전 과정에서 걸쳐서 관계 속에 안착하는 경험이 부재하거나 빈곤한 경향이 있다. 중고령 홈리스의 관계의 빈곤이 관계의 상실에 의한 것이라면, 청년 홈리스의 그것은 관계의 부재/미형성으로 인한 것이다. 청년 홈리스들은 인간으로

---

27) 하지만 이런 결과는 생활보호를 통한 사회적 관계 안착에 아직 성공하지 못해 현재 홈리스인 사람들을 면접했기 때문에 나온 결과일 수 있으므로, 관계 자원의 중요성을 강조하는 근거로는 사용될 수 있지만 생활보호 무용론의 근거로 사용될 수는 없다.

서의 세계에서의 존재 경험 자체가 빈곤한 것이다.

중고령층 홈리스의 문제가 실업의 문제로 압축될 수 있다고 한다면, 청년 홈리스의 문제는 자기 존재에 대한 긍정 경험의 부재, 그로 인한 무기력의 문제로 나타난다. 그 때문에 청년 홈리스들은 작은 난관에도 쉽게 좌절하는 경향이 있고, 재취업을 알선해도 유지되는 경우가 드물기 때문에 경제적 지원만으로는 한계가 있고, 사회적 자본 자체를 지원할 필요가 있다(服部広隆, 2011. 04. 11. 면접). 그런데 현장활동가들의 경험에 따르면 지자체와 홈리스자립지원법이 '자립'이라는 미명하에 홈리스 공동체를 파괴하고 홈리스들을 아파트라는 고립된 공간에 유배시킴으로써 홈리스의 진정한 자립을 더 어렵게 만드는 측면도 있다. 이 때문에 생활보호를 받아 아파트에 입주한 후에도 홈리스 동료들과 함께 생활하기도 한다. 공동체적 유대/사회적 관계를 상실한 채 고독사하거나 생활보호기간 종료 후 홈리스로 되돌아오기도 한다(高沢幸男·中桐康介·小川てつオ, 2006). 연구 참여자들의 경험과 현장활동가들의 경험은 공히 청년 홈리스 정책에서 관계 자원의 형성과 지원방안을 보다 구체적으로 고민할 필요성을 제기한다.

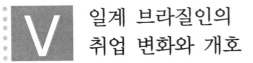

V 일계 브라질인의 취업 변화와 개호

최민경

1. 글로벌 금융 위기와 재일 일계 브라질인

2008년 가을 전 세계를 강타한 금융 위기와 그 후 지속된 경기 침체는 재일(在日) 일계 브라질인[1]의 대량 실업을 야기했고, 그 결과 일본 거주 브라질인 국적자 수도 크게 줄었다. 재일 일계 브라질인의 대부분은 파견 노동자였고, 간접 고용이 경기에 따른 인력 조정 기능을 수행한다는 점을 감안했을 때, 이러한 사태는 피할 수 없는 것이었다. 그러나 2010년도 이후 감소폭은 점차 작아져, 2012년 말 현재 약 20만 명의 일계 브라

---

[1] 19세기 후반부터 20세기 전반, 그리고 1950년대 초반부터 1970년대까지 지속된 일본인 해외 이민의 최대 목적지는 브라질이었고, 그 결과 이들의 자손으로 이루어진 일계 브라질인 커뮤니티가 크게 성장했다. 1990년 '입관법'(入管法: 出入国管理及び難民認定法)이 개정되면서 '일본인의 자손(및 그 자손)'은 '신분'에 근거하여 일본 국내에서 활동의 제한이 없는 '정주자'라는 체류 자격을 부여받을 수 있게 되었고, 이를 계기로 많은 수의 일계 브라질인이 일본으로 '귀환'하였다.

질인이 여전히 일본에 거주한다.[2] 그리고 이와 같은 상황은 재일 일계 브라질인의 정주화(定住化)를 보다 확실한 현실로 다가오게 했다. 즉, 일정 수 이상의 일계 브라질인은 경제적 유인을 넘어서 일본을 지속적인 삶의 터전으로 삼는 경향이 강해졌다고 볼 수 있는 것이다. 그런데 이처럼 정주화의 경향이 명확해진 재일 일계 브라질인을 둘러싼 변화 중 흥미로운 것이 이들의 취업 분야 변화이다. 일본에서의 계속적인 생활을 선택한 일계 브라질인은 실업 상태에서 벗어나는 것이 시급했고, 이는 보다 다양한 분야로의 진출을 불가피하게 했다.

개호(介護)[3]는 오늘날 일본 사회에서 노동력 부족이 가장 심한 분야 중 하나로,[4] 2000년의 개호 보험제도 시행은 '개호의 사회화'가 한 발자국 진전되었음을 의미하였으나(우에노 지즈코, 2004: 196-197), 이를 지탱해줄 노동력을 어떻게 확보할지는 계속해서 전 사회적 과제로 남아 있다. 그리고 이와 같은 배경 속에서 최근 재일 외국인의 개호 분야 취업이 증가하고 있는데, 재일 일계 브라질인의 경우, 전통적으로 제조업 분야에 종사해 왔고 개호 노동력으로는 크게 주목받지 못하였으나, 2008년 글로벌 경제 위기로 인해 제조업 분야의 고용이 크게 악화되고 이후

---

2) 2012년 말 현재, 일본에 거주하는 외국인 중 네 번째로 큰 집단이 브라질 국적자로, 193,571명에 이른다. 그런데 이러한 수치는 브라질 국적자 수가 정점에 달했던 2007년에 비하면 약 40퍼센트가 감소한 것이다(法務省, 2012).
3) 넓게는 장애인, 고령자, 병자 등에 대한 돌봄 전반을 칭하여 'nursing'의 뜻을 가지나, 좁게는 고령자에 대한 돌봄, 즉, 'elderly care'를 의미하며, 일반적으로는 좁은 정의가 통용된다. 이는 '개호 보험' 등의 제도의 실제 대상이 고령자인 것과 일맥상통한다.
4) 2008년 후생노동성에서 발표한 정책 리포트에 따르면 단기적으로는 2016년까지 40~60만 명의 추가 노동력이 필요한 실정이다(厚生労働省, 2008).

에도 좀처럼 회복할 기미가 보이지 않는 상황에서 취업 분야의 다양화가 불가피해졌으며, 그 결과 개호 분야로도 유입하게 된다. 물론 아직까지 재일 일계 브라질인의 개호 분야로의 유입은 매우 작은 규모에 불과하다. 그러나 재일 일계 브라질인의 취업 분야와 형태가 과거 약 20년 간 일본 사회에서 이들의 자리매김을 많은 부분 규정해 왔다는 점을 감안한다면, 이러한 작은 변화는 앞으로의 일본 사회와 재일 일계 브라질인의 관계를 생각하는 데 간과해서는 안 되는 측면이라고 할 수 있다.

이와 관련하여 본 논문에서 주목하고자 하는 점은 재일 일계 브라질인의 개호 분야 유입이 '인재'라는 레토릭의 사용과 더불어 진행되고 있다는 사실이다. 일계 브라질인은 '신분'에 근거한 체류 자격을 부여받아 일본에 입국하였기 때문에 취업에 제한이 없었고, 그 결과 이들은 과거 약 20년간 단순 노동에 종사하는 외국인을 받아들이지 않는다는 일본 정부의 공식적인 입장에 저촉되지 않으면서 실질적으로는 제조업 하청업체에서 활용할 수 있는 단순 노동자로서 자리매김해 왔다. 그런데 이러한 재일 일계 브라질인에게 '인재'라는 낯선 수식어가 주어지기 시작한 것이다. 그렇다면 재일 일계 브라질인의 개호 분야 유입은 과연 이들을 진정한 '인재'로 거듭나게 하여 일본 사회에서의 사회 경제적 자리매김에 근본적인 변화를 야기할 것인가? 본 논문에서는 이러한 문제의식을 바탕으로 재일 일계 브라질인의 개호 분야 유입의 배경과 실태, 그리고 '인재' 레토릭의 교차를 비판적으로 검토하도록 하겠다. 본 논문에서는 기본적으로 각종 통계 자료 및 신문 기사, 그리고 정책 보고서 등의 1차 자료를 분석 대상으로 하되, 필자가 수행한 기초적인 현지 조사의 결

과는 논의의 구체성을 높일 수 있는 부분에 있어서 참고 정도로 제시하
도록 한다.

2. 개호 노동자의 국제 이동과 재일 일계 브라질인, 그리고 '인재'

이 장에서는 ①재일 일계 브라질인과 실업, ②국제 이민과 '인재', 그
리고 일본적 맥락, ③일본 사회와 외국인 개호 노동자에 관한 선행 연구
를 검토하고 본 논문의 특징을 정리하도록 하겠다.

2.1. 재일 일계 브라질인과 실업

1990년을 전후한 재일 일계 브라질인 인구의 급증은 관련 연구의
양적, 질적 증가로 이어졌는데, 이들 논의는 각각 다양한 주제와 시각을
가지고 있음에도 불구하고 어떤 하나의 공통적인 전제하에 이루어졌
다. 그것은 바로 재일 일계 브라질인이 제조업 분야의 단순 노동자로 취
업 중이라는 전제였다. 실제로 재일 일계 브라질인은 파견 대상 기업이
자주 바뀌는 등 불안정한 노동 양태를 보였으나, 한편으로는 파견 회사
를 매개로 계속해서 유사한 업종의 새로운 일자리를 구할 수 있었고, 이
러한 노동 실태는 이들의 생활 전반 및 일본 사회와의 관계를 규정지어
왔다.

그런데 2008년 글로벌 금융 위기 이후, 이와 같은 전제는 완전히 깨

져버리게 된다. 즉 재일 일계 브라질인의 일본 유입이 본격화한 지 20년 가까이 된 시점에서 처음으로 이들의 대규모 실업이라는 미증유의 사태에 직면하게 된 것이다. 이러한 변화된 상황 속에서 재일 일계 브라질인의 실업과 관련하여 새로운 연구가 시작되었다. 실업의 실태를 분석하고 국제 비교를 시도한 후, 기존의 일본 정부의 관련 정책을 비판하는 연구(樋口直人, 2010), 실업 상황이 브라질인 커뮤니티와 일본인과의 관계에 미친 영향을 검토하는 연구(山本かほり・松宮朝, 2011), 그리고 부모의 실업이 자녀 교육, 특히 브라질인 학교에서의 교육에 미치는 영향을 분석한 연구(小島祥美, 2010) 등이 대표적이다.

이러한 연구들은 기존의 재일 일계 브라질인 연구에서 상정하지 못했던 현실에 직면하여 발 빠르게 실태를 파악하려 했다는 의의를 지닌다. 그러나 한편으로는 실업의 국면 자체에만 초점을 맞추고 이후의 재취업과 이에 따른 변화에 대한 검토가 부족하다는 한계가 있다. 실업한 재일 일계 브라질인은 그 상태에 머무르는 것이 아니라 다시 일자리를 찾는다. 그리고 앞으로의 일본 사회에서의 이들의 자리매김을 생각했을 때, 재일 일계 브라질인의 재취업 양상에 대한 검토는 간과할 수 없는 작업이다. 본 논문에서 주목하는 재일 일계 브라질인의 개호 분야 유입과 '인재' 레토릭의 교차는 이러한 작업의 초기적 시도가 될 것이다.

2.2. 국제 이민과 '인재', 그리고 일본적 맥락

오늘날 대부분의 선진 산업국가는 단순 노동에 종사하는 외국인의 유입은 제한하고 '인재'를 적극적으로 수용한다. 글로벌 시대의 국가 경쟁력 제고라는 공통 목표하에 '인재' 획득은 경쟁적인 양상을 보이기도 하며, 이에 따라 각국의 정책을 사례 분석하는 연구가 크게 증가하였다 (Mahroum, 2001; Hawthorne, 2005; Gera and Songsakul, 2007). 물론 일본의 경우도 예외는 아니다. 1990년대 후반 이후 IT산업의 성장을 계기로 외국인 '인재' 획득의 필요성을 국가 차원에서 인지하기 시작했으며 결과적으로 관련 연구도 늘어났다. 일본을 포함한 아시아 지역의 대응을 검토한 연구(井口泰, 2002), 일본의 사례를 보다 구체적으로 다룬 연구 등이 있으며(明石純一, 2009), 최근에는 정책 실패의 원인을 모색하는 연구도 등장하였다(Oishi, 2012).

한편, 외국인을 단순 노동자와 '인재'로 나누어 후자만을 수용하겠다는 방침이 오랜 기간 견고하게 유지되어 온 일본의 경우, '인재'라는 사실은 취업과 장기 체제를 전제로 한 일본으로의 입국을 가능케 함은 분명하지만, 실제로 이들이 일본 사회에서 처하게 되는 현실이 어떠한지는 비판적으로 살펴볼 필요가 있다. 이와 관련해서는 일본에서 일하는 외국인 IT 엔지니어의 노동 실태에 관한 연구가 흥미롭다. 이들 연구에 따르면 인도인 또는 중국인 IT 엔지니어는 '기술'이라는 체류 자격을 부여받고 '인재'로서 영입되었지만, 어디까지나 제품과 시장에 대한 발 빠른 대응을 필요로 하는 IT 분야에서 투입과 철수의 유연성을 보장하는 조정 가능한 노동력으로 활용될 뿐이며, 노동 환경 또한 좋지 않다. 즉, '인재'임에도 불구하고 경제 상황에 따라 유연하게 조절할 수 있는 저가 노동력으로 자리매김하며, 노동의 실상은 단순 노동자와 크게 다르지 않다는 것인데, 이는 '인재' 레토릭과 현실의 괴리를 날카롭게 지적한다

(村田昌子, 2010; 王津, 2005).

　그리고 본 논문에서 분석 대상으로 하는 재일 일계 브라질인은 '인
재'가 아님에도 불구하고 일본에서의 취업과 장기 체재가 보장되어 온
예외적인 존재라는 측면에서 보다 흥미롭다. '인재'로서 수용되지 않은
외국인에게 정주화가 진행되는 과정에서 '인재'라는 수식어가 부여되었
을 때, 그 변화의 배경과 구체적인 의미는 무엇이고 현실은 어떻게 굴절
되며 이들의 사회 경제적 자리매김에는 무언가 변화가 있을 것인가? 본
논문은 이와 같은 질문에 대한 답을 모색함으로써 '인재'의 국제적 이동
에 관해 보다 종합적으로 일본적 맥락에서 논의하는 기반이 될 것이다.

2.3. 일본 사회와 외국인 개호 노동자

　1990년대 이후 활발해지기 시작한 여성의 국제 이동에 관한 연구에
서는 그것이 재생산 영역에서 현저하게 나타난다는 점, 즉, "재생산 노동
의 초국경적 이전"에 주목한다(伊藤るり, 1995). 특히 최근에는 저출산
고령화의 흐름 속에서 개호 노동에 관한 관심이 점점 높아지고 있는데,
이는 일본에서도 마찬가지이다. 오늘날 일본 사회에서 개호 노동력의
국제 이동에 관한 논의는 '경제 동반자 협정'(EPA; Economic Partnership
Agreement)을 통한 개호 복지사 후보생 수용을 중심으로 이루어지고 있
는데,[5] 특히 이에 대해 사회적으로 합의된 의견이 아직까지 없는 상황에

---

5) 2008년과 2009년부터 각각 인도네시아와 필리핀에서 개호 복지사(및 간호
　사) 후보생을 받아들이고 있으며, 베트남과도 최종 협약을 마치고 시작 시
　기를 조율 중이다.

서 누가 어떠한 이유로 EPA를 통한 개호 복지사 후보생 수용을 찬성 또는 반대하는지, 그리고 이러한 의견 불일치를 어떻게 해석할지를 고민하는 연구가 사회 과학 분야에서 시도되고 있다(定松文, 2009; 塚田典子, 2010).

그런데 본 논문에서 보다 주목하고 싶은 측면은 EPA 체결 이전부터 이미 재일 외국인의 개호 분야 유입은 시작되고 있었다는 사실이다. 재일 외국인의 개호 분야 유입은 재일 필리핀인을 중심으로 진행되어 왔다. 필리핀인 여성은 '엔터테이너'(entertainer)로 일본에 입국하여 당초 펍(pub), 클럽(club) 등에서 일을 했지만, 이후 일본인 남성과 결혼하는 경우가 많아졌고 일본 가정의 '며느리'가 되어 가정 내 개호를 담당하는 한편, 개호 시설에 취직하여 일하는 사례가 늘어났다. 이러한 변화를 반영하여 최근 관련 연구가 등장하기 시작하였는데, 이들 연구의 특징적인 점은 재일 필리핀인 여성의 개호 분야 취업이 이들의 사회 경제적 자리매김에 미치는 영향에 거시적인 시각에서 주목하기보다는 개호 노동 현장에 맞닥뜨리는 문제, 예를 들어 일본인 동료, 이용자와의 관계 등에 미시적인 시각에서 초점을 맞추는 경향이 있다는 것이다(高畑幸, 2009). 이는 재일 필리핀인 여성의 개호 분야 취업이 대부분 일본인 남편이라는 세대의 주 수입원이 존재하는 상황에서 '보완적으로' 이루어지는 경우가 많기 때문으로 보인다.

한편, 재일 일계 브라질인의 개호 분야 취업에 관한 선행 연구는 거의 전무하다고 할 수 있다. 이시카와 에우니세 아케미(イシカワ エウニセアケミ, 2009)는 발 빠르게 이들의 개호 분야 취업의 가능성과 과제를

지적하고 있으나, 이는 어디까지나 가능성에 대한 언급으로, 글로벌 경제 위기 직후의 초보적인 조사라는 한계를 지닌다. 따라서 본 논문에서는 2008년 이후 약 5년에 걸친 변화까지를 포함하여 관련 현상을 살펴봄으로써 재일 일계 브라질인의 개호 분야 유입에 대한 보다 본격적인 분석을 시도하며, 이는 근래 활발해지고 있는 일본 사회에서의 외국인 개호 노동자 연구의 하나로서 의미를 지닌다.[6]

3. 재일 일계 브라질인의 실업과 재취업

3.1. 통계를 통해 보는 재일 일계 브라질인의 실업

2009년 11월 후생노동성(厚生労働省)의 발표에 따르면, 2008년 10월부터 2009년 12월까지 고용을 중단하거나 또는 그러할 예정인 비정규직 노동자의 수는 약 247,000명에 이른다. 이는 전국의 노동국(労働局)과 공공 직업 안정소가 사업소를 대상으로 임의 조사를 시행한 결과라는 한계점이 있음에도 불구하고 2008년의 글로벌 경제 위기가 낳은 비정규직 노동자의 고용 중단이 다음과 같은 특징을 가진다는 사실을 파악하기에 충분하다. 바로 고용이 중단된 비정규직 노동자의 약 60%가 파견

---

6) 본 논문에서는 논의의 대상을 재일 일계 브라질인 '여성'에 국한하지 않는다. 이는 재일 일계 브라질인의 개호 분야 취업은 대량 실업이라는 긴급 상황 하에서 본격화 되었고 따라서 규모는 작지만 남성의 유입 또한 존재하며, 이러한 측면은 포함하여 논의를 진행시키기 위함이다.

노동자이며, 취업 분야 별로 보면 제조업 분야가 약 90%에 육박한다는 점이다(厚生労働省, 2009). 그리고 이러한 특징을 가진 비정규직 노동자 고용 중단의 타격을 가장 크게 입은 집단 중 하나가 바로 재일 일계 브라질인이다. 재일 일계 브라질인이 제조업, 특히, 자동차 또는 기계 등의 하청 업체에서 파견 노동자로 일해 왔다는 사실은 잘 알려져 있으며, 일본에서 브라질인 국적자가 많이 거주하는 상위 3개 도도부현이 아이치(愛知), 시즈오카(静岡), 미에(三重)이고(法務省, 2012), 이들 지역이 고용 중단이 많이 일어난 곳과 일치한다는 사실은 결코 우연이 아닐 것이다.

그런데 재일 외국인의 실업에 관한 통계 자료는 체계적으로 정비되어 있지 않고 지방 정부나 지역 사회 NPO 등이 자체적으로 조사하는 경우가 많아 전체적인 상황을 파악하기는 매우 어렵다(渡邊博顕, 2012). 일본 정부가 공표하고 있는 자료로는『국세 조사(国勢調査)』가 있으나, 이 조사 자체가 5년마다 한 번씩 이루어지고, 조사원이 세대를 직접 방문하여 조사표를 배포, 회수하는 방식을 취하고 있기 때문에, 특히 외국인과 관련된 사항의 실태를 종합적으로 검증하기에는 충분하지 않다. 따라서 2008년 가을 이후의 재일 일계 브라질인의 실업 현황을 파악하기 위해서는 기본적으로『국세 조사』에 의거하되, 기타 단편적인 자료들로 보완할 필요가 있다. 우선『국세 조사』를 살펴보면, 2005년 일본에 거주하는 브라질 국적자의 완전 실업률[7]은 약 4.7%로, 이는 일본 전체의 완전 실업률 약 6%보다 낮은 수치이다(総務省統計局, 2005). 그런데 2010년이 되

---

7) 15세 이상의 노동력 인구 중, 실업 상태에서 구직 활동을 하고 있는 자의 비율.

면 이러한 경향은 뒤집혀 브라질인의 완전 실업률은 9.2%로 2005년의 약 2배에 육박하는 반면, 일본 전체의 완전 실업률은 6.4%에 그치게 된다(総務省統計局, 2010). 이는 일본 사회 전체의 상황과 비교했을 때, 브라질 국적자의 경우, 경기 침체의 여파에서 보다 오랜 기간 벗어나고 있지 못함을 말해 준다.

하지만 이와 같은 『국세 조사』의 통계 수치는 다른 조사 결과에 비하면 매우 희망적이다. 일계 브라질인의 집주 지역을 대상으로 이루어진 다양한 조사를 살펴보면, 이들의 실업 문제는 훨씬 심각함을 알 수 있다. 예를 들어 '브라질인 취로자 연구회(ブラジル人就労者研究会)'[8]는 2009년 9월, 일계 브라질인 집주 지역 16개 도시의 파견 업체를 대상으로 설문지 조사를 하였는데, 이에 따르면 2008년 9월과 2009년 5월을 비교하였을 때, 파견하는 기업체 수가 42%(648→378), 파견하는 브라질인 사원 수는 무려 58%(4,714→1,783) 감소했다(ブラジル人就労者研究会, 2009). 이 밖에도 산발적인 조사들이 다수 이루어졌는데, 이러한 조사들을 종합하였을 때, 2009년 당시 재일 일계 브라질인의 약 40%가 실업했다고 보인다(樋口直人, 2010: 622).

---

8) 죠치(上智) 대학, 리쓰메이칸(立命館) 대학, 게이오(慶応) 대학의 관련 연구자로 결성.

3.2. 재일 일계 브라질인의 재취업과 개호 분야로의 유입

재일 일계 브라질인의 실업 문제가 심각해짐에 따라 일본 정부는 아래와 같은 응급 조치적 대응을 잇달아 내놓게 된다(〈표1〉).

〈표 1〉 글로벌 금융 위기 이후의 일본 정부의 정주 외국인 대책

2009년 1월	정주 외국인 지원에 관한 당면의 대책에 관하여 (定住外国人支援に関する当面の対策について)
2009년 4월	정주 외국인 지원에 관한 대책 추진에 대하여 (定住外国人支援に関する対策の推進について)
2010년 8월	일계 정주 외국인 관한 기본 지침 (日系定住外国人施策に関する基本指針)
2011년 3월	일계 정주 외국인 시책에 관한 행동 계획 (日系定住外国人施策に関する行動計画)

그러나 이와 같은 조치에도 불구하고 재일 일계 브라질인의 재취업은 여전히 힘든 상황이 계속되었는데, 가장 큰 원인은 제조업 분야의 고용이 좀처럼 회복되지 않았기 때문이다. 후생 노동성의 『일반 직업 소개 현황(一般職業紹介状況)』에 따르면, 2008년 12월 말과 2009년 12월 말 제조업 분야 신규 구인 수는 전년 동월 대비 43.7%와 15.1% 감소했으며, 2010년이 되어서야 회복 기미를 보이나, 감소폭을 만회하기에는 어려운 수준이었다(厚生労働省 各年月分).

이러한 상황 속에서 재일 일계 브라질인 중 일부는 전통적으로 종사해 온 제조업 분야를 벗어나 새로운 일자리를 찾게 된다. 2005년과 2010년의 『국세 조사』를 비교하면 브라질 국적자의 취업자가 눈에 띄게 늘어난 산업 분야가 두 개 있다. 바로 '농림어업'과 '의료·복지'로, 전체 브

라질 국적자 취업자 중 차지하는 비중이 각각 2배 정도 증가했다(総務省統計局, 2005; 総務省統計局, 2010). 그리고 이러한 경향은 일계 브라질인 집주 지역의『외국인 고용 상황 신고 제도(外国人雇用状況の届出制度)』의 결과에서도 찾아볼 수 있다. 시즈오카 현에서 '의료·복지' 분야에 종사한다고 신고된 외국인은 2008년 0.3%에서 2012년 0.9%까지 늘어났고(静岡労働局, 2008; 静岡労働局, 2012), 아이치 현의 경우 2008년 0.5%에서 2012년 1%로 증가했다(愛知労働局, 2008; 愛知労働局, 2012). 단, 이 제도에 따르면 파견 노동자는 '서비스업'에 해당하기 때문에 실제로 이 분야에 종사하는 재일 일계 브라질인은 더 많을 것으로 예상된다. 오랜 기간 일계 브라질인의 일자리를 알선해 온 파견 업체가 2008년 가을 이후 제조업뿐만이 아니라 개호를 포함한 보다 다양한 업종으로 노동자를 파견하기 시작했다는 점을 생각해보면,[9] 재일 일계 브라질인의 개호 분야 취업은 통계 수치보다 현저할 것이다.

그렇다면 재일 일계 브라질인의 개호 분야 유입은 왜 일어나게 된 것일까? 첫째, 가장 큰 이유는 경기 침체 속에서 개호 분야는 신규 노동력 수용이 가능한 거의 유일한 산업이었다는 점이다. '의료·복지' 분야의 신규 구인 수는 2008년 12월에도 전년 동월 대비 3.3% 늘어났으며, 특히 2009년 상반기에 걸쳐 제조업 분야의 신규 구인 수가 전년 동월 대비 50% 이상 감소하는 상황 속에서도 이 분야는 꾸준히 신규 노동력을 흡수

---

9) 필자가 2010년 아이치 현 이치노미야시(一宮市)의 한 파견 업체 대표를 상대로 인터뷰 조사를 한 결과, 기존에는 제조업에 재일 일계 브라질인을 파견해 왔지만 개호 분야에 새로운 가능성을 찾고 있다는 사실을 알 수 있었다.

할 여지가 있었다(厚生労働省 各年月分).[10] 둘째, 재일 일계 브라질인 집주 지역 중 이들의 재취업 대상 분야로 개호를 설정하고 적극적인 지원을 시작한 곳이 나타났다는 점이다. 재일 일계 브라질인을 주요 대상으로 한 일본 정부의 고용 대책 중에는 지역 사회 NPO나 국제 교류 협회 등이 구상, 신청한 사업을 심사, 채택하는 방식도 있었다. 대표적인 것이 문화청(文化庁)의 '"생활자로서의 외국인"을 위한 일본어 교육'(「生活者としての外国人」のための日本語教育事業) 사업(이하, '생활자 사업')인데,[11] 이러한 사업의 시행은 재일 일계 브라질인의 개호 분야 진출에 일정 부분 영향력을 미쳤을 것이라고 예상된다.

4. 개호 '인재' 레토릭과 재일 일계 브라질인

이 장에서는 2008년 가을 글로벌 경제 위기 이후의 취업 분야 변화, 그중에서도 개호 분야 취업을 둘러싸고 재일 일계 브라질인이 어떻게 '도움이 되는 사람' 그리고 '재능이 있는 사람'으로 그려지고 있는지, '인

---

10) 또한 '브라질인 취로자 연구회'의 조사에 의하면, 2008년 9월과 2009년 5월을 비교하였을 때, 자동차·부품, 가전제품, 컴퓨터·부품, 핸드폰·부품 등 대부분의 업종에서 브라질인 파견 인원이 크게 줄어든 반면, 개호는 절대 수는 적지만 유일하게 늘어난 분야였다(ブラジル人就労者研究会, 2009).

11) 이 사업의 일환으로 개호 분야 취업을 위한 일본어 교육을 제공한 지역의 사례는 하마마쓰의 '개호를 위한 일본어 교실', 사이타마(埼玉)의 '개호 일에 도움이 되는 일본어 교실', 군마(群馬)의 '개호·간호 분야에 도움이 되는 일본어'(介護·看護の分野に役立つ日本語), 야마나시(山梨)의 '개호를 위한 일본어 교실'(介護のための日本語教室) 등이 있다.

재' 레토릭의 구체적인 예를 분석하도록 한다.

4.1. 일손 부족을 해결해 주는 일계 브라질인

가장 기본적으로는 개호 분야의 일손 부족을 해결해 준다는 점에서 재일 일계 브라질인은 '인재'라는 수식어를 얻게 되었다고 할 수 있다. 그런데 이러한 의미에서 '인재'라는 레토릭이 쓰이는 것은 비단 재일 일계 브라질인, 넓게는 재일외국인에 국한된 것이 아니라, 오늘날 일본 사회 전반에 걸친 현상이다. 중앙 정부는 물론, 지방 정부, 각종 관련 단체, 그리고 NPO에 이르기까지 개호 '인재'라는 표현은 광범위하게 쓰이고 있다. 예를 들어, 후생 노동성의 관련 정책 리포트도 '인재'라는 표현을 사용하고(厚生労働省, 2008), 지방 정부 차원을 살펴보면, 일계 브라질인의 집주 지역에 해당하는 아이치 현의 경우, 각각 '아이치 복지·개호 인재 확보 대책사업'(愛知県福祉·介護人材確保対策事業)을 실시하고 '개호 인재반(介護人材班)'을 신설하였다.[12] 저출산 고령화가 그 어느 나라보다 빠르게 진행 중이고 가족의 해체 또는 기능 변화가 현저한 일본에서 개호 노동력 부족은 말 그대로 전 사회적인 문제이며, 이와 같은 상황 속에서 개호 노동자는 '개호의 사회화'를 추진하는 데에 '도움이 되는 사람'으로서 확보해야 할 대상이 되는데, '인재'라는 표현이 주는 긍정적인 어감이 이러한 노동력 확보에 이용되는 것이다.

---

12) 개호 '인재'라는 말이 언제부터 사용되었는지는 명확하지 않으나, CINII(国立 情報学研究所学術情報ナビゲータ)의 검색 결과에 따르면, 이 표현을 사용한 연구는 1990년대 초반부터 이미 시작되었다는 사실을 알 수 있었다.

그리고 이러한 일반적인 맥락 속에서 개호 분야에 진출한 재일외국인과 '인재'라는 레토릭도 교차한다. 예를 들어, 앞에서 언급한 문화청의 '생활자 사업'의 하나로 채택된 사이타마 현 국제 교류 협회의 사업 보고서에는 사업의 취지 및 목적이 다음과 같이 기술되어 있다.

불황의 영향으로 실업자가 증가하는 상황 속에서 단순 노동에 종사하는 외국인은 해고당하기 쉽기 때문에 일본어를 익히고 경기 변동에 영향을 받기 어려운 기술, 자격을 갖추는 것이 중요해지고 있다. 한편, 개호 현장은 일손이 부족한 상황이며 진취적인 직원을 원하고 있다. 따라서 실업 중인 외국인을 대상으로 개호의 기초나 개호 현장에서 필요한 일본어를 학습하는 강좌를 개최함으로써 외국인 주민의 개호직 취직을 지원한다. 이 강좌에서는 일본어 교실뿐만 아니라 실습도 하여 실전에서 즉시 활용할 수 있는 능력을 갖춘 인재 육성을 지향한다.

(埼玉県国際交流協会, 2010)

그렇다면 보다 구체적으로 재일 일계 브라질인의 상황을 언급한 신문 기사를 살펴보도록 하겠다.

실업한 일계 브라질인이 개호 분야에서 구직 활동을 하고 일하기 시작했다. [중략] 미에 현 욧카이치(四日市) 시에서 특별 양호 노인 홈(特別養護老人ホーム)[13]과 그룹 홈[14] 등을 운영하는 사회 복지 법인 '세이잔리

---

13) 노인 복지법에서 규정하는 노인 복지 시설 중 하나로, 65세 이상이고 신체적 또는 정신적 장애가 현저하여 상시 개호가 필요하며, 가정에서는 적절한 개호를 받을 수 없는 경우 입소한다.
14) 고령자나 장애인이 5~10인 정도 모여 아파트 등에서 공동생활을 하며, 동거

카이(青山里会)’ 가와무라 요이치(川村陽一) 이사장은 10월 이후, 21명의 일계 브라질인 여성을 개호 직원으로 채용했다. 이 중 18명이 정규 직원으로, ‘파견 해제’에 힘들어하는 브라질인에게는 소중한 일터가 되고 있다. 일손 부족을 고민하는 동 법인에게도 그녀들은 이미 소중한 일손으로 수요와 공급이 일치하였다.　　(『每日新聞』 2008년 12월 25일 자)

이 기사는 2008년 12월 말에 작성된 것으로, 일계 브라질인의 실업이 점차 가시화되기 시작했을 때라고 할 수 있다. 이미 이 시점에서 일자리를 잃은 일계 브라질인이 개호라는 새로운 분야에 유입되기 시작하였다는 사실과 더불어 주목해야 할 점은 이와 같은 변화로 인해 만성적인 개호 노동력 부족에 시달리고 있던 개호 시설로 하여금 일계 브라질인이 ‘소중한 일손’으로 자리매김하게 되었다는 것이다. 이와 같은 점은 ‘세이잔리카이’의 관계자를 약 3년 후인 2012년 3월에 취재한 다음 기사에서 더욱 확실해진다.

“일손 부족이었던 저희 법인을 구해준 것은 지역의 외국인분들입니다.” 미에 현 욧카이치시의 사회 복지 법인 ‘세이잔리카이’의 미세 마사유키(三瀬正幸) 인사부장은 감격스럽게 말했다. 7개의 개호 시설을 운영하는 이 법인에서 일하는 개호 직원은 약 500명. 그중 50명 이상이 외국인으로, 무려 10명 중 1명꼴이다.　　(『読売新聞』 2012년 3월 13일 자)

그리고 이렇게 개호 노동력의 빈자리를 메움으로써 일손 부족에 시달리던 개호 서비스 제공자를 ‘구하기’ 시작한 재일 일계 브라질인에게

하는 개호 직원이 생활 원조를 한다. 가정적인 분위기가 특징적이다.

앞으로 현장에서 리더로서의 역할을 기대하는 목소리도 있다.

> [도치기 현] 카누마(鹿沼) 시 시라구와다(白桑田)의 특별 양호 노인 홈 '사쓰키장'(さつき莊)에서 일계 브라질인 남성인 개호 헬퍼 노다 사치오 (野田サチオ) 씨(36세)가 활약 중이다. [중략] 커뮤니케이션 능력과 더불어 체력도 필요한 개호 직원이 부족하다. [중략] 사쓰키장의 한다 노보루(半田昇) 시설장은 "개호 분야에서는 앞으로 외국인 인재가 더욱 필요해집니다. [일계인 2세로 자동차 공장에서 해고당한 후 이 시설에 취직한 노다 군과 같은 인재가 현장의 리더가 되어줬으면 좋겠습니다.
>
> (『読売新聞』 2011년 1월 10일 자)

위의 인용은 개호 서비스 제공자가 앞으로도 개호 노동력 부족이 쉽게 해결되지 않을 것이라는 인식하에 일계 브라질인의 유입에 적극적인 평가를 내리고 있음을 말해 주며, 이들이 실질적으로 현장을 이끌어 갈 '인재'로서 역할을 수행할 가능성에 대해서도 긍정적이라는 사실을 알 수 있다.

재일 일계 브라질인은 오랜 기간 일본의 제조업을 아래로부터 지탱해 왔으나, 이러한 실질적인 '도움'은 결코 이들에게 '인재'라는 수식어를 안겨주지 못했다. 이는 1990년대 이후의 재일 일계 브라질인의 제조업 분야 취업은 이 분야의 절대적인 일손 부족이라기보다 노동력의 유연화를 배경으로 했기 때문이다. 즉, 재일 일계 브라질인은 가장 쉽게 채용과 해고가 가능한 노동력으로 활용되어 온 것인데, 이러한 '조정 가능함'은 기업, 지역 커뮤니티 등과의 단절을 야기했을 뿐(丹野清人, 2005a), 이들은 일본 사회에 '도움이 되는 사람'으로 가시화할 수 없었다. 한편, 개호 분야의 경우, 노동력의 확보 자체가 전 사회적인 문제로 심각하게 받아들여지고 있는 상황 속에서 이 분야로의 취업으로 인해 재일 일계 브라질인과 '인재'라는 긍정적인 레토릭이 교차하고 있는 것이다.

4.2. 문화적으로 개호 노동에 적합한 일계 브라질인

재일 일계 브라질인의 개호 분야 유입과 '인재' 레토릭의 교차는 일손 부족 해결이라는 일반적인 의미뿐만이 아니라 보다 특수한 의미를 지닌다. 그것은 바로 문화적으로 개호 노동에 적합한 존재라는 의미에서 이들에게 '인재'라는 수식어가 주어지는 측면이다. 일계 브라질인은 일본인 이민의 후손임에도 불구하고 일본에 귀환함으로써 오히려 브라질인으로서의 문화적 특성이 강조되었다. 일본어 구사 능력이 떨어지고 일본 문화에 익숙하지 않다는 일계 브라질인의 '예상 밖의' 모습 때문에 일본 사회에서 이들은 어디까지나 브라질인으로서 자리매김하였고, 이러한 타자화에 대한 반작용으로 재일 일계 브라질인 스스로 또한 '브라질인다움'을 브라질에 거주할 때보다 더욱 적극적으로 표출하게 되었다.

흥미로운 사실은 여기에서 말하는 '브라질인다움'이란 일본 사회에서 구축되어 온 전형적인 브라질, 넓게는 라틴의 문화적 특성을 뜻하며, 이는 긍정적인 의미와 부정적인 의미를 동시에 가진다는 것이다. 밝은 성격, 높은 친화력 등이 긍정적인 '브라질인다움'을 나타낸다면, 이는 시

끄러움, 예의 없음 등의 부정적인 '브라질인다움'과 표리일체의 관계를 이룬다. 그리고 과거 재일 일계 브라질인을 둘러싸고는 부정적인 '브라질인다움'이 강조되었고, 이는 일본인과 이들을 구별 짓는 근거가 되었다.15) 그런데 개호 분야 취업과 관련해서는 긍정적인 '브라질인다움'이 오히려 강조되고 있다. 대인 서비스를 기본으로 하는 개호 노동의 경우, 커뮤니케이션은 '관찰'과 더불어 가장 기초적인 기술에 해당하는데(岡本民夫·井上千津子, 1999), 이 커뮤니케이션 능력이 재일 일계 브라질인이 갖추고 있는 문화적 특성과 긍정적인 상호 작용을 할 수 있는 것으로 간주되며, 따라서 이들은 타고난 개호 '인재'로 묘사된다. 바꾸어 말하자면, '감정 노동'(emotional labor)의 특성을 지니는 개호 노동의 경우, 일정한 상태로 감정을 통제하며 서비스를 제공할 필요가 있고, 그중에는 명랑함과 쾌활함의 유지도 포함되는데, 바로 이 점이 재일 일계 브라질인을 개호 분야의 능력 있는 '인재'로 자리매김하는 이유 중 하나가 되는 것이다.

'할머니! 잘 지내셨어요?' 하마마쓰 시의 특별 양호 노인 홈, '다이니사큐료'(第二砂丘寮). 일계 브라질인 직원 나카무라 헬레나 사치에 씨(中村ヘレナ幸枝)(40)가 말을 걸자 휠체어에 앉아 있던 어르신이 웃는다. 여성 입소자(77)는 '말을 잘 걸어 준다. 유머감각이 있어 재미있다. 일본어는 완벽하게 하지 못하지만 그다지 신경 쓰이지 않는다'라고 말한다. 동료

---

15) 재일 일계 브라질인이 다수 거주하는 '단지'(団地)에서 소음, 쓰레기 배출, 자치회(自治会) 참가 등을 둘러싸고 일본인 주민과 재일 일계 브라질인 사이의 사고방식 차이와 이에서 비롯된 갈등이 발생하였다는 사실이 한 예가 되겠다.

직원 기노자 노조미(宜野座のぞみ)(35) 씨도 '어르신을 접할 때 정성이 담겨 있다. 그녀에게 배울 점도 많다'라고 말한다.

(『日本経済新聞』 2009년 10월 19일 자)

그리고 이와 같은 측면은 일본인 개호 노동자와의 대비 속에서 더욱 강조된다.

미에 현 스즈카(鈴鹿) 시에서 재일외국인을 대상으로 다양한 지원 사업을 하고 있는 NPO 법인 '아이덴샤(愛伝舎)의 사카모토 구미코(坂本久海子) 이사장이 대답했다. "지금은 정주 외국인을 대상으로 4개월짜리 개호 헬퍼 양성 강좌를 개최하고 있습니다. [중략] 일계 브라질인 여성은 여하튼 착하고, 일본인보다 진지한 면도 있으며 매우 성실합니다. 그녀들은 인사할 때나 헤어질 때 허그[hug]를 하는데, 처음에는 깜짝 놀랐던 할아버지들도 지금은 기뻐합니다." [사카모토 이사장이 말하길] 최근에는 개호 시설 쪽에서 먼저 '브라질인을 고용하고 싶다'고 말한다고 한다.

(『週プレNEWS』 2013년 4월 10일 자)

위의 인용에서 일계 브라질인은 일본인만큼이나 진지하고 성실하면서도 '착하고 적절한 스킨십을 할 수 있는 존재'로 묘사되고 있다. 특히 '허그'라는 행위를 통해 단적으로 표현되는 재일 일계 브라질인의 이국적인 면모가 개호 대상자와의 친밀감을 높이는 데 어떻게 긍정적으로 활용되고 있는지를 보여준다. 즉, 일본인과 달리 재일 일계 브라질인이 체득하고 있는 브라질 또는 라틴의 문화가 개호 노동에 적합한 존재로서 이들을 자리매김하는 하나의 이유가 되고 있는 것이다.

그런데 보다 흥미로운 사실은 이러한 이국적인 '국민성'을 강조하는 '인재' 레토릭은 어디까지나 일본어와 일본 문화의 기초적인 습득을 전제로 하였을 때 적극적인 의미를 가진다는 점이다. 바꾸어 말하자면 재일 일계 브라질인은 '브라질인다움'을 지니면서도 동시에 일본어, 일본 문화에 문외한이지 않다는 점 때문에 보다 적합한 개호 노동력으로 자리매김하는 것이다.

> 아오키(青木) 씨는 12년 전에 일본에 왔다. 하마마쓰 시내의 자동차 부품 공장에서 납땜 일을 했었는데 작년[2008년] 12월 하순 해고되었다. [중략] 아오키 씨를 채용하기로 한 [유료 노인 홈][16] '누쿠롬보'(ぬくとんぼ)의 무코가와 사나에(向川早苗) 시설장은 "브라질인은 어르신을 소중히 여기는 마음가짐을 지니고 있다. 시설에 좋은 바람을 불러일으켜 줬으면 좋겠다"라고 기대한다. 오랜 기간 일본에 거주하여 일본 문화나 언어에 이미 익숙하다는 점이 채용을 결심한 결정적인 이유라고 한다.
>
> (『朝日新聞』 2009년 3월 14일 자)

특히 이와 같은 논리는 EPA를 통해 받아들이고 있는 외국인 개호 노동력과의 차별화를 가능케 하는데, 일본에서의 거주 경험 없이 개호 분야에 진출하는 것이 아니라 이미 일본에서 오랜 기간 생활하여 일본어와 일본 문화에 익숙하다는 점은 재일 일계 브라질인이 보다 적합한 개호 '인재'인 이유가 된다. EPA를 통한 개호 복지사 후보생 수용의 가장 큰 과제가 '언어 장벽'이라는 점이 대중 매체 등에서 빈번하게 지적되고 있는 상황 속에서 개호 시설을 운영하는 고용주 입장에서 보면, 일본

---

16) 상시 10명 이상의 고령자를 수용하며, 식사 제공 등 일상생활에 필요한 서비스를 제공한다.

에서의 거주 경험이 있다는 사실은 개호 대상자에 대한 이해와 기본적인 커뮤니케이션을 어느 정도 보장받을 수 있다는 것을 의미하며, 이를 전제로 한 재일 일계 브라질인이 지니는 '브라질인다움', 즉, 밝은 성격, 높은 친화력 등은 이들에게 문화적으로 개호 노동에 적합한 존재라는 레토릭을 안겨 주고, 보다 매력적인 개호 노동력으로 자리매김하게 한다.

5. 재일 일계 브라질인은 진정한 개호 '인재'인가?

앞에서 살펴본 재일 일계 브라질인의 개호 분야 진출과 교차하는 '인재' 레토릭은 일정 부분 현실을 반영한다. 일손 부족이 심각한 개호 시설, 특히 지방의 개호 시설에서는 재일 일계 브라질인이라는 노동력의 존재가 즉각적인 문제의 해결책이 될 수 있으며, 개호 노동이 인간과 인간의 상호 작용을 전제로 하고 정서적인 측면이 강한 돌봄 노동의 하나라는 점을 감안한다면(문현아, 2012: 20-21) 이들의 문화적 특성이 실제 개호 현장에서 적극적인 의미를 가진다는 사실도 납득할 수 있다. 그러나 이와 더불어 재일 일계 브라질인 개호 노동자의 노동 현실에 대한 구체적인 검토 또한 필요하다. 이 장에서는 재일 일계 브라질인이 개호 분야 진출 후 맞닥뜨리게 될 현실에 대한 분석을 통해 개호로의 취업 분야 변화가 이들을 진정한 '인재'로 거듭나게 하여 일본 사회에서의 자리매김에 근본적인 변화를 야기할 수 있을지 그 가능성을 살펴보겠다.

5.1. 노동 조건의 격하

우선 재일 일계 브라질인의 개호 분야 진출은 노동 조건의 변화를 야기하며 이는 어디까지나 부정적인 변화일 가능성이 크다는 점부터 살펴보도록 하겠다. 개호 분야의 노동 조건이 타 업종에 비해 매우 열악하다는 사실은 잘 알려져 있다. 이는 개호 분야 노동자의 높은 이직률에서도 알 수 있는데, 2011년 일본의 전체 이직률은 14.4%였던 반면, 개호 분야의 경우, 16.1%에 달한다. 게다가 대다수의 재일 일계 브라질인이 오랜 기간 종사해왔던 제조업의 경우, 이직률이 9.7%에 불과하다는 점은 고려한다면(厚生労働省, 2011; 介護労働安定センター, 2011, 2), 이들의 개호 분야 취업은 근본적으로 노동 환경이 다른 영역으로의 이동을 의미하겠다. 개호 분야의 이직률이 높은 이유는 다양하여 길고 불규칙적인 노동 시간, 현저한 비정규 고용, 낮은 사회적 평가 등이 이에 해당하나 이러한 측면은 재일 일계 브라질인이 제조업 분야에서 파견 노동자로 일했을 때와 크게 다르지 않은 양상을 보인다.

그런데 임금과 관련해서는 제조업에서 개호로의 취업 분야 변화가 적지 않은 영향을 미친다. 재일 일계 브라질인이 위에서 언급한 바와 같은 열악한 노동 조건을 감수하면서도 제조업 분야의 단순 노동에 종사했던 이유는 높은 수입을 어느 정도 보장 받을 수 있었기 때문이었다. 한 싱크탱크가 2007년 발표한 조사 결과에 따르면 재일 일계 집주 지역에 해당하는 도카이(東海) 지방에 있어서 이들의 평균 연 수입은 3,600,000엔으로(共立総合研究所, 2007), 한 달 평균 300,000에 육박한다. 이는 일본 전체 산업의 평균 기본 급여 301,100엔과 거의 같은 수준이다. 파견 노동자라는 불안정한 고용 형태는 아이러니컬하게도 보다 임금이 높은 일터로의 이동을 자유롭게 하였고, 당초 단기간의 목돈 마련이 목표였던 재일 일계 브라질인은 야간 잔업 등에 적극적으로 임함으로써 월수입을 높였다. 즉, 항시적인 해고 가능성과 과도한 노동 시간의 대가로 비교적 높은 소득 수준을 유지한 것이었으며, 이는 낮은 사회적 평가를 감수할 수 있는 조건이기도 하였다.

한편 개호는 일본 사회에서 대표적인 저임금 노동 업종이다. 앞서 언급한 바와 같이 개호 분야의 이직률은 상대적으로 높은데 이처럼 개호 노동력의 안정적인 확보를 어렵게 하는 가장 큰 이유가 바로 낮은 임금이다. 2011년 '개호 노동 실태 조사'(介護労働実態調査)(이하, '개호 조사')[17]에 따르면 개호 사업체가 운영상의 문제점으로 주로 지적한 사항은, '양질의 인재 확보가 어렵다'와 '현재의 보수로는 인재의 확보, 정착을 위해서 충분한 임금을 지불 할 수 없다'는 점이었고, 개호 노동자의 고민, 불안, 불만 중에는 '일의 내용에 비하여 임금이 낮다'가 가장 많았다(介護労働安定センター, 2011: 4-8). 단적으로 2011년의 상황을 살펴보면, 개호 노동자의 평균 기본 임금은 216,086엔이다(介護労働安定センター, 2011, 5). 이를 일본 전체 산업의 평균 기본 임금이 296,800엔, 그리고 재일 일계 브라질인이 주로 종사해 온 제조업의 평균 기본 임금이 289,100엔에 달한다는 사실과 비교한다면 개호 분야의 저임금 실태를 확실

---

17) 후생 노동성 장관의 설립 허가하에 개호 노동자의 고용 관리 개선, 능력 개발 및 향상 등을 위한 지원 활동을 하는 '개호 노동 안정 센터(介護労働安定センター)'가 실시한다.

히 알 수 있다(厚生労働省, 2011). 즉, 재일 일계 브라질인의 개호 분야 취업은 평균적으로 보다 임금 수준이 낮은 업종으로의 유입을 의미한다. 1991년부터 2004년까지 일본 내의 포르투갈어 에스닉 미디어(ethnic media)에 게재된 일계 브라질인을 대상으로 한 구인 광고를 조사한 결과에 따르면, 평균 시급은 1,120엔에 육박하고, 2004년의 경우 1,087엔인데(橋本由紀, 2009), 이는 같은 해 개호 분야 평균 시급인 990엔보다 약 100엔이 많다(厚生労働省, 2004). 이와 같은 상황에서 재일 일계 브라질인인에게 개호 분야로의 취업은 고려 대상이 될 수 없었다. 그러나 2008년 글로벌 경제 위기 이후, 갑작스러운 실업이라는 사태에 직면하여 재취업 자체가 시급해 짐에 따라 이들은 저임금을 감수하고 개호 노동에 종사하기 시작한 것이다.

그런데 이러한 개호 분야 노동력 전반의 문제만큼이나 중요한 것이 개호 분야 노동자 간의 차이이다. 현재 일본 사회의 개호는 방문 개호원에 의존하는 비율이 높다. 방문 개호원은 인증 자격으로, 2013년 4월부터는 기존의 '방문 개호원 2급 양성 연수'가 '개호 직원 초임자 연수'로 바뀌어 이를 통과한 사람에게 자격을 부여하고 있다. 방문 개호원 자격의 유무는 일의 내용과 장소에 영향을 미치는데, 자격이 없는 사람이 청소, 세탁, 조리·배식 등의 '생활 원조'를 개호 관련 시설에서만 할 수 있는 반면, 자격을 가지고 있으면 식사, 배설, 입욕 등의 '신체 개호'까지 가능하며, 개호 대상자의 집에 방문하여 서비스를 제공할 수 있다. 그리고 이러한 차이 때문에 자격의 유무에 따라 임금이 달라지며, 방문 개호원 자체가 상위 자격 취득자인 개호 복지사에 비해 상대적으로 임금이 낮다는 점을 감안한다면, 방문 개호원 자격 없이 현장에서 일하는 노동자의 임금 은 개호 분야 노동자의 임금 피라미드 중에서도 가장 하층에 속함을 알 수 있다.

2011년『개호 조사』에 따르면 방문 개호원과 개호 직원, 즉, '방문 개 호 이외의 개호 보험법 지정 개호 사업소에서 일하는 자'의 시급은 각각 1,235엔과 898엔으로, 무려 350엔 가까이 차이가 난다(介護労働安定セ ンター, 2011: 5). 그리고 재일 일계 브라질인의 경우, 바로 이 개호 직원 층에 주로 유입할 가능성이 높은 것이다. 대규모 실업이라는 긴급 사태 속에서 새로운 일자리를 찾아야 했던 재일 일계 브라질인의 개호 분야 취업은 사전 준비, 구체적으로는 관련 자격 취득 없이 이루어졌고, 그 결 과, 노동 조건이 열악한 개호 분야 중에서도 가장 임금이 적은 층에 모이 게 되었다. 이러한 상황을 타개하기 위해 재일 일계 브라질인의 개호 분 야 취업을 지원하는 지역 사회 NPO나 국제 교류 협회를 중심으로 즉각 적인 취업을 넘어서 '개호 직원 초임자 연수' 수료를 목표로 한 강좌를 개 최하는 곳도 있으나, 그 성과는 아직 지켜봐야 할 문제이다.[18]

5.2. 일본어 구사 능력과의 괴리

앞에서 고찰한 바와 같이 재일 일계 브라질인의 개호 분야 유입은 임금 감소를 비롯한 노동 조건의 격하로 이어질 가능성이 있는데, 이를

---

18) 예를 들어, 시즈오카 현 하마마쓰 시의 '개호를 위한 일본어 교실'에서는 초 반에 즉각적인 취업을 목표로 삼았던 것과는 달리, 최근에는 자격증 취득으 로의 연계에도 초점을 맞추고 있다.

극복하기 위해서는 개호 관련 자격증을 취득하는 것이 한 방법이며, 실제로 이를 지원하기 위한 지역 사회 NPO나 국제 교류 협회 등의 활동도 있다. 그러나 재일 일계 브라질인이 개호 관련 자격을 획득하는 데에 가장 큰 걸림돌이 되고 있는 것이 이들의 일본어 구사 능력이다. 당초 일계 브라질은 단기간 내에 목돈을 벌어 브라질로 돌아가겠다는 생각을 가지고 일본에 건너왔다. 그 결과, '귀국의 신화' 속에서 재일 일계 브라질인의 생활은 노동을 중심으로 전개될 수밖에 없었으며, 이러한 생활 양상은 이들에게 충분하지 않은 일본어 구사 능력이 '문제'로서 부상하지 않는 원인이 되었다.

특히 제조업이라는 취업 분야와 파견 노동자라는 취업 형태는 이들로 하여금 일본어 학습의 필요성을 느끼지 못하게 하였다. 우선, 제조업이라는 분야의 특징부터 살펴보면 생산 라인에서 단순 작업을 반복하는 일은 일본어 구사 능력은 특별히 필요로 하지 않으며, 노동 현장에 일본인 자체가 매우 적음으로써 일본어를 통한 커뮤니케이션이 이루어지는 일은 드물어진다.[19] 다음으로 파견 노동자라는 취업 형태의 특징은 재일 일계 브라질인의 파견 업체에 대한 의존도를 높임으로써 일본어 능력을 문제시하지 않게 한다. 파견 업체는 단순히 일계 브라질인 노동자

---

19) 필자가 2010년 기후(岐阜) 현 미노카모(美濃加茂) 시의 한 전자 공장에서 현지 조사를 하며 일계 브라질인이 실제 생산 라인에서 어떻게 작업을 하는지를 살펴보았을 때를 상기해 보면, 핸드폰 및 TV 조립 과정은 일계 브라질인에 의해 독점되어 있었으며, 근무표 및 공장 내 안전 수칙 등은 전부 포르투갈어로 작성되어 있어, 일계 브라질인 노동자가 일본어를 구사하지 못해도 전혀 문제가 되지 않는 근무 환경이 조성되어 있음을 알 수 있었다.

의 노무 관리뿐만 아니라 생활 전반에 걸친 문제, 예를 들어, 주거, 자녀 취학, 행정 민원 등을 처리한다. 이는 단기간 내 목돈을 벌고자 하는 일계 브라질인이 노동에 집중할 수 있도록 함과 동시에 파견 업체는 이들과의 긴밀한 네트워크를 구축하여 리크루팅의 폭을 넓힌다는 상호 호혜적인 관계가 성립되기 때문에 일어나는 현상인데, 그 결과, 재일 일계 브라질인의 생활은 전부가 노동 문제로 귀결되며, 일본어 학습의 필요성은 크게 대두하지 않는다(丹野清人, 2005b).

그렇다면 실제 재일 일계 브라질인의 일본어 구사 능력은 어느 정도일까? 단편적인 조사들을 종합해 보면, 이들의 일본어 구사 능력, 특히 한자어의 독해와 작문 능력이 매우 떨어짐을 알 수 있다. 예를 들어, 2009년 1월부터 2월에 걸쳐 시즈오카 현 하마마쓰 시의 '힘내라! 브라질인 회의'(がんばれ！ブラジル人会議)[20])가 실시한 『경제 상황 악화에 따른 브라질인 실태 조사(経済状況悪化におけるブラジル人実態調査)』의 결과에 따르면, 일본어 회화를 전혀 할 수 없는 사람이 20.41%, 최저한의 회화만 가능한 사람이 52.98%에 달한다. 일본어 독해와 작문 능력은 더욱 떨어져 전혀 할 수 없는 사람이 37.79%, 히라가나와 가타카나로만 가능한 사람, 즉, 한자어 독해와 작문이 불가능한 사람이 53.26%에 육박한다(がんばれ！ブラジル人会議, 2009). 물론, 특정 지역에서 시행된 조사를 일반화할 수는 없지만, 2008년 글로벌 경제 위기 이후 일본 정부가

---

20) 하마마쓰 시, 하마마쓰 국제교류협회(HICE), 하마마쓰 브라질협회, 브라질 은행 하마마쓰 지점 등 8개의 단체로 구성되며, 글로벌 경제 위기로 타격을 입은 외국인 주민 지원을 목적으로 한다.

내놓은 일련의 재일 일계인 관련 시책에서 가장 중요시되고 있는 측면이 생활 일본어의 학습이라는 점을 고려한다면, 이들의 일본어 구사 능력이 높지 않음을 충분히 짐작할 수 있다.

중요한 것은 이러한 재일 일계인의 일반적인 일본어 구사 능력이 개호 '인재' 레토릭과 크게 괴리한다는 점이다. 재일 일계 브라질인은 정주 외국인으로서 일본어와 일본 문화에 익숙하면서도 대인 서비스에 적합한 '브라질인다움'을 겸비하였다는 점 때문에 '문화적으로 개호 노동에 적합한 "인재"'라는 수식어가 주어졌으며, 이는 특히 EPA를 통해 유입하는 개호 인력과 차별화하여 이들의 경쟁력을 나타낸다. 하지만 지금까지의 재일 일계 브라질인의 생활 패턴이 개호 '인재' 레토릭이 상정하는 수준의 일본어 구사 능력을 얼마나 담보할지, 그리고 이들이 노동 현장에서 신규 유입 외국인 개호 노동자보다 나은 일본어를 구사할지는 매우 회의적이다. 특히, 일본어 독해와 작문 능력이 현저히 떨어지는 상황에서 개호 기록 작성 등을 둘러싼 문제가 빈번히 발생하고 있으며, 이는 결과적으로 재일 일계 브라질인이 개호 현장에서 어디까지나 단순 노동에 가까운 업무, 예를 들어 청소, 세탁, 배식 등을 담당할 가능성이 높은 원인이 된다. 게다가 개호 관련 자격증 취득을 염두에 두었을 때 재일 일계 브라질인의 일본어 구사 능력을 둘러싼 레토릭과 현실의 괴리는 더욱 커진다. 실은 일본인을 대상으로 한 개호 사전이 존재할 정도로 개호 현장에서 사용되는 어휘 및 표현은 일상생활에서 사용하는 것과 많이 동떨어져 있고, 난해한 한자어가 많다. 이러한 점을 고려한다면 과연 얼마나 많은 재일 일계 브라질인이 현실적으로 개호 관련 자격증을 취득하여 진정한 개호 '인재'로 거듭날 수 있을까라는 의문을 제시할 수 있으며, 앞으로 그 귀추를 주의 깊게 지켜보아야 할 것이다.

6. 재일 일계 브라질인을 둘러싼 현실의 비판적 검토

본 논문에서는 2008년 글로벌 경제 위기 이후 나타나기 시작한 재일 일계 브라질인의 취업 분야 다양화 중, 개호 분야 진출에 초점을 맞추고 이러한 변화가 '인재' 레토릭과 교차한다는 점에 주목하여 이를 비판적으로 분석하였다. 개호는 경기 침체 속에서도 유일하게 신규 노동력을 흡수할 수 있는 분야였고, 이와 더불어 실행된 정부의 적극적인 시책은 실업한 일계 브라질인 중 일부가 개호 분야에 유입하는 배경이 되었다. 그리고 이러한 변화 속에서 재일 일계 브라질인과 '인재' 레토릭은 교차한다. 오랜 기간 제조업 분야에서 파견 노동자로 일해 온 이들에게 '인재'라는 수식어는 낯선 것이었으나 개호 분야 진출과 더불어 '도움이 되는 사람', '능력이 있는 사람'으로 묘사되기 시작한 것이다. 재일 일계 브라질인은 일손 부족 문제를 즉각적으로 해결해 주는 '인재'이자, 일본 사회 및 일본어에 대한 기초적인 이해와 더불어 '브라질인다움'을 겸비한, 문화적으로 개호 노동에 적합한 '인재'로 그려진다.

그러나 이러한 레토릭은 어디까지나 현실과의 대조 속에서 주의 깊게 살펴보아야 할 것이다. 실제로 개호 분야의 일반적인 노동 조건은 열악한 상황이며, 재일 일계 브라질인은 개호 분야에 취업한 후에도 과거,

제조업 분야에서 파견 노동자로 종사했을 때와 마찬가지로 길고 불규칙인 노동 시간, 현저한 비정규 고용, 낮은 사회적 평가 등의 문제에서 벗어날 수 없고, 임금 감소라는 추가적인 문제에 직면하게 되는데, 특히 이들은 관련 자격증 없이 이 분야에 유입되는 경우가 많아, 보다 저임금 상태에 머무를 가능성이 크다. 게다가 재일 일계 브라질인 대다수의 일본어 구사 능력은 '인재' 레토릭에서 상정되는 것에 크게 미치지 못하며, 개호 관련 자격증 취득이 어느 정도 현실성이 있을지는 미지수이다. 즉, 재일 일계 브라질인의 개호 분야 취업은 이들에게 '인재'라는 수식어를 안겨 주었지만, 실제로는 제조업에 종사했을 때보다 노동 조건이 격하될 아이러니컬한 가능성이 있고, 이들의 현실적인 일본어 구사 능력을 생각해 본다면 개호 노동 시장 내부에서의 상향 이직 또한 쉽지는 않으며, 결과적으로 사회 경제적 자리매김의 큰 변화를 기대하기는 어렵다.

본 논문은 정주화 경향이 보다 확고해진 재일 일계 브라질인의 개호 분야 진출이라는 취업 분야 변화가 일본 사회에서 자리매김하는 근본적인 변화로 이어지기 어렵다는 잠정적인 결론을 도출한다. 바꾸어 말하자면, 재일 일계 브라질인은 취업 분야만 변화하였을 뿐 개호 분야 유입 이후에도 제조업 분야에서 파견 노동자로 근무했을 때와 크게 다르지 않거나 보다 열악한 노동 조건하에 머무르고 '3K(Kitsui: 힘들다, Kitanai: 더럽다, Kiken: 위험하다) 업종 종사자'[21]라는 꼬리표를 떼기는

---

21) 일반적으로 노동 조건이 열악한 업종을 3K 업종이라 하는데, 최근 개호 분야에 관해서는 'Kiken'(위험하다) 대신 'Kyuryogayasui'(급여가 적다)를 포함시키기도 하며, 이는 개호 분야에서 저임금 문제가 얼마나 심각한지를 말해준다.

힘들 것이며, 개호 '인재' 레토릭은 현실과 괴리되는 측면이 크다.

그리고 이와 같은 결론은 앞으로 관련 논의를 보다 심도 있게 진행시키는 데에 다음과 같은 시사점을 제공한다. 바로 재일 일계 브라질인의 개호 분야 취업을 둘러싸고 제기되는 문제들을 통해 지금까지의 일본 사회와 이들과의 관계 맺음을 반성적으로 바라보는 계기를 가질 수 있다는 사실이다. 예를 들어, 재일 일계 브라질인이 개호 분야에 취업할 경우 직면하는 가장 큰 문제, 일본어는 이들의 고립화의 진행 정도를 반증한다. 지금까지 일본 사회는 재일 일계 브라질인의 정주화라는 기정 사실을 외면함으로써 이들의 일본어 구사 능력을 문제시하지 않았으며, 각종 다문화 공생 시책은 장기적인 비전 없이 추진됨으로써 이들의 "얼굴이 보이지 않는 정주화"를 촉진시켰을 뿐이다(梶田孝道·丹野清人·樋口直人, 2005). 그리고 이와 같은 측면은 결과적으로 이들이 계속해서 일본 사회의 주변부에 머무르는 근본적인 원인이라고 할 수 있으며, 이렇게 약 20여 년 동안 구축되어온 일본 사회와 재일 일계 브라질인의 관계에 대한 비판적인 검토는 앞으로의 재일 일계 브라질인, 나아가서는 일본 사회의 정주 외국인 문제를 지켜보는 데에 반드시 병행되어야 할 작업이라고 할 수 있다.

현대일본생활세계총서 6

일본 생활세계의 동요와 공공적 실천

재일코리안의 특별영주제도 논쟁*

이순남

1. 특권집단으로서 재현된 재일코리안[1]

제국주의 식민지시대 이후 일본사회에서 가장 오랜 세월에 걸쳐 가장 큰 규모로 거주해온 외국인인 재일코리안은 1990년 중반까지는 거주 외국인의 과반수를 차지했다. 그들은 조선인 또는 한국인으로 알려졌지만 흔히 '자이니치'(在日)라는 호칭으로도 불려왔다.[2] 특히 일본에서 나

---

* 이 글은 『한국학논문집』 제22집(2014)에 게재된 「旅日朝鮮人的特別永久居住 权问题考察(재일조선인의 특별영구거주권문제에 대한 고찰)」을 본 단행본의 취지에 맞춰 수정·보완한 것이다.

1) 본고에서는 재일한인, 재일한국인, 재일조선인, 재일한국·조선인 등 여러 호칭 중 '재일코리안'을 쓰기로 하였다. 그 이유는 한국국적, 또는 '조선'적을 가진 구식민지 출신자와 그 후손들, 즉 '올드커머'(올드타이머)들이 연구대 상이며, 1990년대 이후 일본에 이주한 '뉴커머'로 분류되는 한국 출신의 재 일한국인과 구별하기 위해서이다.

2) 일본에서 흔히 사용되는 '자이니치'라는 축약어는 오직 한국국적, '조선'적 재 일코리안을 지칭하는 것이며 다른 국적을 가진 재일외국인들은 여기에 포 함되지 않는다. 서경식은 일본에 살고 있지만 '누구인가'가 생략된 이 호칭

고 자란 2세대 이후의 재일코리안 중에는 일본식 이름을 쓰고 일본어를 유창하게 구사하며 일본인과 별반 다름없이 생활하며 '보이지 않는' 외국인으로 살아온 자들도 적지 않다. 따라서 그들의 재류자격에 대해서 대부분의 일본인들은 몰랐으며 특별히 문제 삼을 일도 없었다.

하지만 그들이 2000년대 이후 일본 언론과 인터넷 공간에서 '특별영주자'라는 이름으로 점차 가시화하기 시작한다. 그 경향이 두드러진 것은 2000년대 이후이며 재일코리안이 일본에 정착하게 된 역사적 사실을 왜곡한 악의적인 인터넷 게시글이 '넷우익'(ネット右翼)들에 의해 기하급수적으로 유포되기 시작했다.[3] 이와 더불어 출판물 형태로는 『만화 혐한류(マンガ嫌韓流)』가 유통되는 등 여러 매체를 통해 일본인들에게 특별영주자격에 대한 부정적인 인식을 가지게 하였다.[4] 한편, 비슷한 시기 거리에서는 젊은 층을 중심으로 '혐한시위'가 전개되기 시작했

은 '정체를 알 수 없는 자'가 되어버린 재일코리안을 나타내는 것이라고 하였다. 해방 후 한반도가 분단되기 전의 '재일조선인'이라는 호칭 속에 '조선·조선인'이란 말은 일본인들에게 야만적 식민지 지배의 역사성을 상기시켜 왔다. 그런 역사를 회피하고 싶었던 일본이 '자이니치'에 대한 부정적인 이미지를 만들어왔다고 지적하였다. (중앙일보: 2009년 9월 5일 자)

3) 넷우익(Net右翼)이란 '니첸네루'(2ちゃんねる)를 기원으로 생긴 용어이며 인터넷을 통해서 우익적인 언동을 반복하는 사람들을 말한다. 한국, 북한, 중국을 '반일'적인 국가라고 여기고 혐오하는 것을 주된 특징으로 한다.(김효진, 2011: 32)

4) 2005년 7월 일본 내 인터넷 서적을 판매하는 아마존 재팬에서 판매순위 1위가 된 제1권을 시작으로 제4권까지, 2010년에는 『외국인참정권은 필요 없다(外国人参政権は、要らない)』라는 증보판이 출판되어 선풍적인 인기를 모았다. 책 제목과 내용은 상당한 괴리가 있으며 독도문제, 한일합병, 역사교과서 문제 등 한일 간의 역사문제에 대한 극우파들의 논리 정당화와 재일코리안은 일본사회에서 배제해야 하는 존재라는 주장을 펼치고 있다.

다. 과거 미미하게 진행되었던 독도영유권문제를 비롯한 정치·외교문제에 대한 '반한시위'에 비해 더 넓은 범위에 이르는 한일관계, 재일코리안 문제를 부각시키는 형태로 확산되고 있다. 또한 2011년에는 도쿄 후지TV 앞에서 진행된 대규모 반한시위 등 방송국, 상업시설 등을 포함한 '한류' 관련 산업에 이르기까지 공격범위와 대상을 지속적으로 넓혀나갔다.[5]

이러한 움직임에서 주도적인 역할을 해온 것이 2007년에 설립된 '재일특권을 용납하지 않는 시민의 모임'이다.[6] '자이토쿠카이'(在特會)로 알려진 이 조직은 2013년 현재 일본에서 14,000여 명의 회원이 있는 반한(反韓) 시민단체이다. 그들의 설립취지는 "재일(코리안)문제를 다음 세대에 계승시키지 않"는 것과 "부정재일(不逞在日)의 범죄행위로 고통받는 실태를 알리"는 것이라고 한다. 가장 핵심적인 주장은 "이민도 난민도 아닌 외국인, 즉 재일(코리안)은 특별영주자격이라는 '특권'을 가지고 일본에 존재하고 있"다는 것이다. 구체적으로는 "통명(일본식 이름)과 생활보호대상자(한국의 기초생활수급자에 해당) 등 '기득의' 특권이나 연금 문제, 참정권 문제 등 '추후의' 특권문제"의 심각성을 강력하게 호소하고 있다. 그 특징은 재일코리안들이 당연히 보장받아야 할 사회

---

5) 2011년 8월 21일 한국드라마의 과도한 편성을 문제 삼아 수백 명이 후지TV 앞에서 항의시위를 벌였다.(YTN뉴스 2011년 8월 22일 자) 또한 '오산보'(お散歩)라는 이름으로 그룹을 지어 한국인이 운영하는 식당 등 상권 골목을 돌며 욱일기를 휘두르며 욕설을 퍼붓는 등 직접적 위협을 가했다.(문화일보: 2013년 10월 30일 자)
6) 재일특권을 용납하지 않는 시민의 모임(在日特權を許さない市民の会)에 대해서는 http://www.zaitokukai.info/ 참조.

보장제도 등 기본적인 인권을 부정하기 위한 흑색선전이라고 할 수 있으며, 일반인들의 분노를 유발시키려고 하고 있다. 그들이 펼치는 주장을 뒷받침하기 위한 확고한 논리로 내세우는 특별영주자격은 다른 외국인에게는 절대로 적용되지 않은 특수성을 지니고 있다. 일본에 체류하는 외국인의 재류자격은 외교, 유학, 영주 등 총 27가지가 있는데, 여기에 특별영주자격은 포함되지 않는다. 구식민지 출신자의 역사적 배경을 고려하여 당사자와 그 자손들에게만 대대손손으로 계승되는 '특별'한 영주자격이기 때문이다. 일반영주자의 자녀는 '영주자의 배우자 등'이라는 재류자격으로 분류되고 1년, 또는 3년마다 그 자격을 갱신해야 한다. 이와는 달리 부모 중 어느 한 쪽이 특별영주자라면 혈통주의에 의거하여 그 자녀는 출생과 동시에 무조건 그 자격이 계승된다.[7]

사실 일반 외국인과는 다른 '특별'한 영주자격이기는 하지만 이를 '특권'이라고 규정하기 어려운 이유는 식민지배로 인해 정식 절차를 밟지 않고 일본에 입국하게 된 역사가 있기 때문이다. 일반 외국인은 입국 후 일정한 조건을 충족하면 영주자격을 얻을 수 있으며 정식 여권을 가지고 있기 때문에 본국과의 왕래도 가능했다. 하지만 과거 피식민자였던 재일코리안은 오랫동안 여권이 발급되지 않았으며 일본과 남북한의 국교정상화가 이루어지지 않아 본국과의 왕래가 차단되는 등 많은 불편을 겪어야 하였다. 이러한 역사적 경위를 고려하고 일본정부가 인정한 것이 특별영주자격이다.

---

7) 일본에서는 '특별'영주자와 구별하기 위해 '일반'영주자라는 통칭이 보편적으로 사용되고 있다.

그럼에도 불구하고 이들의 시위규모는 해마다 빠른 속도로 늘어나고 공격형태도 과격해지고 있으며, 최근에는 '헤이트 스피치'(특정 민족이나 소수자, 성 등을 겨냥한 극단적인 혐오 표현)라고 불릴 정도로 심각한 사회문제로 떠오르고 있다.[8] 재일코리안의 주요 거주지인 도쿄 신오쿠보(新大久保), 오사카 쓰루하시(鶴橋)를 비롯한 전국 각지에서 '혐한 시위'를 반복하고 있다. 시위 참가자들은 "좋은 한국인도 나쁜 한국인도 죽이자", "난징대학살이 아닌 쓰루하시의 대학살을 실행해야 합니다" 등의 인종차별적인 발언을 일삼고 주말마다 확성기를 들고 거리에 나온다.[9] 문제는 이 단체의 행동은 지지할 수는 없지만 그들의 주장만큼은 받아들일 수 있다고 생각하는 일반시민들이 '자이토쿠카이'의 실제 회원 수보다 훨씬 더 많을지도 모른다는 것이다(야스다 고이치, 2013). 일본정부가 재일코리안이 일본에 거주하게 된 역사적 경위, 그들의 인권문제에 대해 교육을 제대로 실시하지 않았기 때문에 그 실태에 대해서 제대로 알지 못하는 사람들이 많다. '자이토쿠카이'의 무모한 언행으로 일본인들이 특별영주자들에 대한 오해와 편견을 가지게 되고 그로 인해 인종차별이 증폭될 수 있다는 우려를 배제할 수 없다.[10]

---

8) 국회 외교통일위원회 원유철(새누리당) 의원이 공개한 '최근 5년간 시위 현황 전수조사' 자료에 의하면 2009년 30건에 불과하던 반한시위 건수는 2010년 31건, 2011년 82건, 2013년 301건으로 늘었다. 이러한 시위는 신흥 우익세력으로 떠오른 '재특회'을 중심으로 진행됐지만, 최근에는 '관동일맹회' '일침회' '일본청년사' '간바레 일본' '구국동지회' 등 기존의 보수우익 단체들이 가세했다. (한국일보: 2013년 10월 30일 자)

9) 2013년 2월 24일에 당시 중2 여학생에 의해 행해진 헤이트 스피치는 해외언론에서도 '쓰루하시 대학살' 사건이라는 이름으로 크게 다루어졌고 그녀의 부친이 극우 활동가인 것도 알려졌다. (CNN iReport: 2013년 4월 2일 자)

그런데 2013년 초 특기할 만한 변화가 일어났다. 그것은 이러한 헤이트 스피치에 항의하는 세력을 지칭하는 '카운터'들의 등장이다. 그들과 시위대의 충돌은 점차 심각해졌으며 폭행사건으로 이어져 체포자까지 나올 정도였다(도쿄신문: 2013년 7월 20일 자). 이들 대항세력은 소규모 단위로 움직이기는 했으나 '혐한'시위의 빈도를 현저히 감소시켰다. 이 '카운터'는 '레이시스트 오시바키타이'(レイシストをしばき隊)를 활동의 주축으로 삼고 "친하게 지내요", "헤이트 스피치 그만하라"는 플래카드를 들고 나오는 '프라카대'(プラカ隊), 서명운동을 하는 '서명대'(署名隊) 등 다양한 형태로 진행되었다.[11] 이처럼 재일코리안의 제 문제, 특히 특별영주제도를 둘러싼 일본 시민단체의 대립과 일반시민들의 반응을 통해 보이는 것은 재일코리안 문제에 대한 무관심과 방관의 입장에

---

10) UN의 인종차별철폐조약 제4조는 "인종적 우월 또는 증오에 의거한 사상의 어떠한 유포 및 인종차별의 선동에 대해 법률로 처벌해야할 범죄로 선언할 것"및 "인종차별을 조장하고 선동하는 단체 및 조직적 선전활동 기타 모든 선전활동에 대해 위법으로 금지 할 것"을 명기하고 있다. 일본은 해당조약의 가맹국이지만 일본국 헌법의 집회·결사 및 표현의 자유 기타권리의 보장에 저촉되지 않는 한도 내에서 의무를 이행한다는 유보를 덧붙이고 있다.

11) 소규모 그룹을 이루고 활동하는 카운터들은 2013년 12월 C.R.A.C.(Counter Racist Action Collective)를 별도로 결성했다. '플랫홈' 기반의 이 모임은 가두시위, 언론, 사진, 아트, 음악, 서명, 로비활동, 이벤트, 학습회 등 여러 가지 형태로 인종차별에 대항한다는 취지를 밝히고 있다. 또한 재일코리안 3세인 신숙옥(辛淑玉) 인재육성기술연구소장은 2013년 10월 25일 '헤이트 스피치'와 인종차별을 극복하기 위한 국제네트워크'(이하 노리코에넷; '노리코에'는 '넘어섬'을 뜻하는 일본어)를 출범시키고 '헤이트 스피치'(hate speech) 추방에 나섰다. 이 모임엔 무라야마 도미이치(村山富市) 전 총리, 와다 하루키(和田春樹) 도쿄대 명예교수 등 '거물'들도 참여했다.(한겨레뉴스: 2013년 9월 25일 자)

서 관심과 관여의 태도로 바뀌고 있다는 사실이다.

그렇다면 정작 당사자인 재일코리안이 한발 뒤로 물러나고 일본인들끼리 극심한 갈등을 불러일으킨 씨앗이 된 특별영주제도란 무엇일까? 재일코리안들을 특권화된 집단으로 묶어버리는 이 제도의 성립과 변화과정, 그것이 갖는 역사성을 살펴볼 필요가 있을 것이다. 이 글의 목적은 특별영주제도를 둘러싼 논쟁을 통해 재일코리안의 법적지위의 불안정성과 일본의 외국인관리 정책의 불합리성에 대해 밝히는 것이다. 특히 2000년대 이후를 중심으로 개정된 '재류관리제도'를 검토하고 재일코리안을 특별영주자라는 시각에서 재조명해본다.[12]

재일코리안 문제에 대한 연구는 오늘날까지 꾸준히 진행되어 왔으며 외국인등록 지문날인 철폐와 참정권 요구를 비롯한 인권문제, 일본 국적으로의 귀화 및 동화정책에 관한 연구들이 주류를 이루었다. 하지만 1980년대까지는 재일코리안 학자에 의한 연구가 압도적으로 많았던 반면 한국 국내 학계에서는 그다지 주목을 받지 못했다. 또한 거주권에 대해서는 법적지위의 범주 안에서 다루어지는 것이 전부였다. 국내 최초로 박관숙이 "재일교포의 법적지위"(1965)를 발표한 후 연구 성과는 1970년대 연평균 3편 이하, 1980년대에도 한 해 동안 10편에도 못 미쳤다. 1990년 이후에야 본격적으로 다루어지기는 했으나 특별영주자격에 초점을 맞춘 연구는 거의 찾아볼 수 없다. 그중 김광렬(2004)의 연구는

---

12) 일본에 거주하는 외국인의 정보를 관리하는 제도. 종래의 외국인등록업무를 법무성 출입국관리국과 시구정촌에 의해 이원화 관리하는 체제로 개정하고 2012년부터 시행되었다.

특별영주제도가 도입되기까지의 과정과 그 배경에 대해 매우 상세히 분석하였다. 그는 특별영주자격의 문제점을 조목조목 지적하고 한국정부가 재일코리안에 대한 권익옹호에 나서지 않으면 한국국적을 포기하고 일본국적으로 귀화하는 자들이 더욱 증가할 우려가 있다고 주장하였다.

하지만 이 논문은 2004년에 집필되어 1990년대 초반까지의 상황에 대해서만 구체적으로 다루었고 2000년대 이후에 대해서는 향후 전망과 과제를 제시하는 데 그치고 있으며, 최근 일어난 변화에 대해서는 전혀 다루어지지 않았다. 2005년 한국에서 재외국민선거제도가 법제화되어 그가 지적한 재일코리안에 대한 한국정부의 옹호문제가 큰 진전을 보여 일본 국내에서도 특별영주제도를 둘러싸고 많은 변화가 일어났다. 본고는 선행연구를 보완·계승하기 위해 우선 특별영주제도의 전사(前史)에 해당하는 전후(戰後) 출입국관리체계에 따른 재류자격의 변천 과정부터 살펴본다.

2. 재일코리안의 재류자격의 역사

전후 재일코리안의 거주권은 외국인등록법과 출입국관리법이라는 두 가지 법제도 아래 제한을 받게 되었고 대외적으로는 냉전체제와 한반도 분단이라는 동아시아 역사에 의해 규정 받아야 했다.13) 1945년 8

---

13) 외국인등록법은 원래 외국인등록령이었고 출입국관리법은 1949년 8월 '출입국관리에 관한 정령'으로 시작했다.

월 15일 해방 당시 일본에는 약 200만 명의 재일코리안이 거주했다(도노무라 마사루, 2010: 369). 1946년 말까지 그들 중 150만 명 정도의 재일코리안이 귀환했다. 전후의 혼란 속에서 일본에 잔류하기로 결정한 자들도 있었던 반면, 귀국 후 다시 일본으로 되돌아오는 자들도 적지 않았다(文京洙, 2007: 30). 당시 한반도의 불안정한 정세와 오랜 기간에 걸친 일본에서의 정착생활로 인해 본국에서 생계 기반을 마련하기가 어려웠기 때문이다. 식민지배에서 벗어난 '해방국민' 중 일부가 본국으로의 귀환을 보류하고 구종주국 일본에 잔류하게 된 결과, 해방 후 재일코리안의 역사가 시작되었다. 그들은 1947년 5월 2일 평화헌법 시행 직전에 쇼와천황의 마지막 칙령에 의해 공포된 외국인등록령(1947)으로 "당분간 외국인으로 간주"되었다. GHQ점령기 당시 아직 '일본국민'이라는 신분이었는데도 불구하고 1949년까지 의무적으로 외국인등록이 된 재일코리안은 약 60만 명에 달했다. 법을 위반한 경우 형벌이 가해진 것은 물론이고 강제퇴거 조치까지 취해졌다. 법치주의 아래 '일본국민'으로서 보호받을 권리가 없었던 이중적인 신분이었다.[14]

1952년 샌프란시스코평화조약(이하 평화조약) 발효 직후 재일코리안은 '정식으로' 외국인이 되었다. 이 조약에는 국적 변동에 대한 명문화된 조항이 없었지만 '조선인·대만인 등에 관한 국적 및 호적 사무 처리에 대해서'(법무부민사국장 통달 민사갑 제438호)에 의해 재일코리안은 일

---

14) GHQ점령정책에 의해 문부성은 재일코리안들에게 일본의 교육기본법과 학교교육법을 적용시키고 모국어의 습득 등 민족교육을 금지했다. 외국인인데도 불구하고 '일본국민'으로 되기 위한 교육을 강요한 것이었다.

본국적을 상실한 것이라고 해석되었다. 외국인 신분이 된 재일코리안은 일반외국인과 동일하게 외국인등록법(1952)과 출입국관리령을 적용받게 되었다. 하지만 과거 '일본국민'이었던 재일코리안에게는 재류자격이 없었다. 일본정부는 '법률 126호'를 제정하고 '별도의 법률에 의해' 재류자격 및 재류기간이 결정될 때까지 계속 국내에 거주할 수 있게 했다.15) '별도의 법률'이 언제 정해질지에 대한 언급은 전혀 없었고 잠정적인 재류를 임시로 허가한 것에 지나지 않았다. 이 애매모호한 재류자격을 필두로 동일세대의 구성원이 각자 다른 재류자격을 가지게 된 결과 상당히 불안정한 법적지위에 놓이게 되었다.16) '법률126호' 해당자인 부

---

15) '법률126호'란 "포츠담선언을 수락함에 따라 발령된 명령에 관한 건에 기초하는 外務省関係諸命令의 조치에 관한 법률"(昭和27年 法律126号)을 가리킨다. 하지만 일반적으로 이 법률과 함께 출입국관리령 제22조 2 제1항 규정(일본국적 이탈자는 이탈한 날부터 60일 동안 재류자격 없이 재류할 수 있다는 규정)과는 상관없이 별도의 법률에 의해 그 자의 재류자격 및 재류기간이 결정될 때까지 지속적으로 재류자격을 가지지 않고 本邦에 재류할 수 있다."는 내용까지 포함한 것으로 해석한다.

16) 재류자격은 3가지로 구분되었고 (1) 법률126호 해당자(법126-2-6 적용)는 1945년 9월 2일 이전부터 일본에 지속적으로 재류하고 있었던 자와 법률126의 대상자의 자로서 조약 조인시점인 1952년 4월 28일까지 출생한 자였다. (2) 특정재류자(구출입국관리령4-1-16-2 적용)는 (1)의 자로서 1952년 4월 29일 이후에 출생한 자와 126호 해당자의 손자로 한정되었고 3년마다 재류기간을 갱신할 때 법무대신의 심사를 받아야 하였다. (3) 특별재류자(구출입국관리령4-1-16-3)는 (1), (2) 해당자 중 형사 처분으로 인한 강제퇴거로 재류자격이 박탈된 자, 또는 해방 후에 일시적으로 귀국하고 다시 일본으로 되돌아오거나 정식 입국수속을 하지 않은 채 일본에 입국한 자, 소위 '밀입국자'로서 재류기간은 3년 이내이다(挽地康彦, 2010: 26). 특별재류자는 법무대신의 재량에 의해 재류가 허가된다는 점에서 특정재류자보다도 더 불안정했다. 이 시기의 '밀입국자'는 해방 후 본국으로 일단 귀환하고 다시 되돌아오는 '역류'현상의 폭증과 한반도에 만연한 콜레라의 일본유입을 우려한 GHQ

모가 잠정적인 영주자이며 그 자(子)와 손자들이 특정재류자로 구성된 가정이 많았다. 따라서 부모는 '별도의 법률'이 정해질 때까지 일본에 거주할 수 있었던 데에 반해 그 자와 손자는 재류자격이 보장되어 있지 않았다. 이 시기는 영주자격과는 거리가 먼 임시방편적인 재류자격이라는 형태로 거주권을 지극히 제한하였다. 식민지배로 인해 일본으로 이주하게 되고 동일한 역사적 경위를 가진 자와 그 자손들에 대해 다른 법적지위를 부여하고 강제퇴거 사유를 적용시키는 것 자체가 모순적인 문제를 잉태하고 있었다(趙誠敏, 2001: 95).

이러한 불안정한 법적지위를 벗어나기 위해서는 일본 국적으로의 귀화, 또는 귀국의 길을 선택할 수밖에 없었다. 하지만 그 어느 쪽이든 쉽게 선택할 수 있는 상황이 아니었다. '조선'적으로 외국인등록이 되어 있었던 70% 이상의 재일코리안들 앞에는 국적문제라는 큰 걸림돌이 놓여 있었기 때문이다(鄭栄桓, 2011: 35). 1948년 조선민주주의인민공화국과 대한민국이라는 남북분단 정부의 건립으로 '조선'은 국적을 나타내지 않고 한반도의 지역을 나타내는 기호가 되어버린 것이다. 당시 제국주의 식민지 이전의 '조선'은 더 이상 존재하지 않았고 당연히 공식국가가 아니었다. 무국적자로 여권이 없었던 그들에게 일본에서의 출국은 거의 불가능한 일이었다. 일본영토에서 나가지 못했던, 즉 갇혀버린 재일코리안들에 대해 일본정부가 실시한 일련의 조치는 법적지위를 엄격하게

___

가 본국송환자가 일본에 재도항하는 것을 금지시킨 조치에서 발생했다. 그들 중 외국인등록법 위반으로 강제송환된 자도 있었고 불법체류자의 신세를 면하지 못하고 일본에서 계속 생활한 자들도 있었다(挽地康彦, 2010: 22).

제한하는 것이었다.[17]

　한국전쟁 발발 이후 한반도 정세의 혼란 등으로 재일코리안들의 귀국은 더욱 어려워졌다. 일본정부는 식민지시대 이후 지속적으로 정착해온 그들의 거주권을 인도적인 차원에서라도 보장해주어야 했다. 하지만 거주권 보장보다도 우선 차별적 배제정책을 실시하기에 급급했다. 평화조약을 체결한 지 이틀 후인 4월 30일, 아시아태평양전쟁 참전자를 대상으로 한 군인연금인 '전상병자·전몰자 유족원호법'을 일본국적자에 한해 적용시켰다. 이어 1953년에도 일본국적자에 한해 GHQ 점령 당시 중단되었던 군인은급을 다시 지급하기 시작했다. 하지만 평화조약 체결 후 일본국적을 상실한 재일코리안 참전자는 외국인이라는 이유로 전쟁보상의 지급대상에서 제외된 것이다(우쓰미 아이코, 2010: 68-72). 또한 1957년에 시작된 히로시마·나가사키 원폭피해자에 대한 의료지원도 제대로 받을 수가 없었다.[18] 만약 당시 재일코리안들에게 국적을 선택할

---

17) "在日朝鮮人処遇の推移と現状(1955)"에 의하면 1949년 11월 이후 한국의 '재외국민등록'을 끝낸 자들에 한해서 주일 한국대표부에 의해 국적증명서가 발급되어 '출입국허가'를 신청하고 출국이 가능했다. 한국전쟁 이후에 재일코리안에 대한 재입국 허가 수는 1953년 8~12월이 1,028명, 54년 1~9월이 1,256명, 같은 해 10-12월은 139명으로 급감했다(鄭栄桓, 2011: 35에서 재인용).

18) 군인·군속이었던 재일코리안들은 포로수용소 감시원 등으로 강제동원되었고 도쿄전범재판에서 148명이 전범으로 처리됐다. 이들 중 일부는 사형을, 일부는 도쿄 스가모(巢鴨)형무소에 수감되었다. 1952년 강화조약체결 이후에도 일본국적을 상실했는데도 불구하고 전쟁 당시 '일본국적자'였다는 이유로 1956년이 되어야 모든 수감자가 석방되었지만 그들은 일본정부로부터 아무런 전쟁보상을 받지 못했다. 또한 1959년에 제정된 국민연금법 적용대상자에서도 일본국적이 아니라는 이유, 즉 '국적조항'에 걸려 재일코리안은 그 대상에서 제외됐다. 1981년 '국적조항'이 삭제되고 재일코리안도 연금대상자가 되었지만 그 시점에서 이미 고령에 도달한 재일코리안들은 소급적

권리가 제대로 주어졌다면 그들의 거주권 문제를 포함한 전쟁보상 문제는 해결의 실마리를 찾을 수 있었을지도 모른다.

1965년 한일기본조약이 체결되고 '일본국에 거주하는 대한민국 국민의 법적지위 및 대우에 관한 대한민국과 일본국 간의 협정'도 함께 이루어졌다. 이 협정은 재일코리안을 대상으로 했지만 당시 그들의 대부분은 외국인등록의 국적표기가 '조선'적이었다. 1966년 1월 17일에 발효된 소위 '한일법정지위협정'은 "대한민국 국민이 협정 발효일부터 5년 이내에 영주신청을 하면 일본 내에서의 영주를 허가"하는 것이었다. 개개인의 신청방식이라는 특별조치로 이루어진 협정영주허가는 출입국관리령에 따르는 자동부여가 아니었다. 하지만 박정희 정권은 전술한 '법률126호'에서 규정한 '별도의 법률'이 이에 해당한다고 하며 대한민국 국민등록(현 재외국민등록) 절차를 밟고 한국국적을 취득할 것을 적극 권장하였다(姜徹, 2006: 153). 일본정부 역시 재일코리안의 국적과 거주권 문제의 돌파구를 협정영주자격으로 찾아내려고 했다. 협정영주자격을 취득한 자에 한해서 강제퇴거 사유의 완화, 국민건강보험제도의 적용 등 사회보장제도 대상자로 인정한 것으로 미루어 그 의도를 엿볼 수 있다.[19]

용이 이루어지지 않아 사회보장제도 대상자에서 배제되었다. 이 무연금문제는 군인은급 지급문제와 함께 특별영주자가 된 이후에도 방치된 상태이다. 원폭투하 당시 재일코리안 피해자는 히로시마에서 7만 명, 나가사키에서 2만 명이었으며 그들에 대한 보상문제도 아직 끝나지 않았다.

19) 강제퇴거 사유 중 두 가지가 변경되었다. 하나는 질병자, 장애인, 생활궁핍자가 제외되었고 다른 하나는 형사처벌 기준이 7년 이상의 징역을 선고받은 경우로 되어 그전보다 완화되었다. 전자에 대해서는 그 기준이 애매하며 해

하지만 한국정부와 일본정부는 공통이익을 달성하지 못했고 신청 기한인 5년이 경과한 후 대한민국 국적 선택을 원하지 않았던 자들은 이 조치를 거부하고 종래의 법률126의 지위를 고수했다. 그 결과 '법률126'으로 규정되는 '조선'적자와 협정영주자가 동일세대에 존재하는 일이 벌어지는 등 재일코리안 사회에 혼란을 야기했다. 또한 이 영주자격은 1971년 1월 16일까지 출생한 자, 즉 1세와 2세에 대해서만 해당되었고, 3세대 이후에 대해서는 25년 후에 재논의한다는 과제를 남겼다. 재일코리안의 재류자격은 한반도 분단과 한일 간의 과거의 역사가 그대로 투영되면서 변화를 거듭했으며, 당사자들의 평온한 삶을 위한 것이 아니었다.

1970년대 후반에는 베트남전쟁 종식 후 국외 탈출자가 폭증하고 베트남 난민문제가 발생하였다. 일본은 이에 대응하기 위해 1979년 국제인권규약을 비준하고 이어 1981년에는 UN난민조약에 가입했다. 이에 발맞춰 종래의 '출입국관리령'이 '출입국관리 및 난민인정법'으로 변경되었다.[20] 그 결과 협정영주자격을 취득하지 않았던 재일코리안에게 '특례'영주자격을 허가하는 제도가 도입되었다. '법률126호' 해당자인 '조선'적자도 1982년 1월부터 1986년 12월 말까지 5년 동안에 신청하면 무조건 영주자격을 받을 수 있게 되었다. 이 특례영주자격의 도입은 일

방 후 경제적으로 생활기반이 취약했던 재일코리안들을 향한 차별적인 조치였다고 할 수 있다.
20) 제94회 국회에서 "출입국관리령 일부를 개정하는 법률안"과 "난민의 지위에 관한 조약 등에 가입에 따르는 출입국관리령 기타 관계법률 정비에 관한 법률안"이 성립했다.

본정부가 자발적으로 제정한 것이 아니라 난민의 인도적 수용이라는 구미국가들의 외부적인 압력이 작용한 것이기는 했지만, 남북분단으로 인해 이분화된 영주자격이 일단은 통합되었다는 의미에서 큰 변화를 가져왔다.

3. 특별영주제도의 제정과정과 현황

3.1. 영주권이 아닌 '특별'영주자격의 문제점

특별영주자란 1991년 11월 1일에 법률 "일본과의 평화조약에 따라 일본국적을 이탈한 자등의 출입국 관리에 관한 특례법(이하 특례법)"에 따라 시행된 특별영주허가를 받은 자를 말한다. 법무성 통계에 의하면 2013년말 특별영주자 총수는 373,221명이며, 그중 약 99%에 해당하는 자가 한국국적 또는 '조선'적을 가진 재일코리안들이다. 이 제도가 제정된 계기는 한일협정에서 해결을 미루었던 재일코리안 3세의 거주권문제인 '91년 문제'였다.[21] 1983년 한국정부가 '한일법적지위'에 관한 재협의를 일본정부에 정식으로 제기함으로써 시작되었지만 일본 측은 한일협정

---

21) 1965년에 체결된 한일법적지위협정에서 협정영주자 3세대의 법적지위에 대해서는 합의에 이르지 못한 결과 이 문제의 재협의 기한을 25년 후인 1991년으로 설정했다. 이로 인해 협정영주 3세대 문제를 가리켜 흔히 "91년 문제"라고 부르게 되었다. 이미 1990년을 전후로 한 시기에 협정영주자 3세대들이 태어나기 시작했는데도 불구하고 그들은 부모와는 달리 일단은 일반영주자 자격이 부여되어 또다시 세대 간에 재류자격 격차가 생기게 되었다.

에서 약속된 기한인 1991년이 다가오기 전까지 제의를 받아들이는 의지를 보이지 않았다. 본격적인 논의가 이루어진 것은 1990년 2월 이후의 일이었다. 당시 '91년 문제'라고 불렀던 영주자격 대상이 되는 한국국적 재일코리안 3세는 불과 갓난아기 4명이었다(김광열, 2004: 65). 마침 당시 노태우 정권이 방일을 앞두고 있었던 시점이었기 때문에 이 문제가 중요한 해결 과제로 부각되었다. 일본정부는 한국정부의 적극적인 대응과 재일코리안 당사자들의 강한 요구를 외면하지 못하게 된 결과, 재협의 만료기한을 1주일 앞두고 1991년 1월 10일 서울에서 법적지위에 관한 합의가 이루어졌다.[22] 1991년 11월 1일부터 협정영주 3세 이후의 자손에 대해서 영주자격을 자동적으로 부여하기로 하였다.

하지만 한일협정의 연장선상의 이러한 처우개선은 한국국적자에만 해당되고 '조선'적 재일코리안은 제외되었다. 이에 대해 일본정부는 구식민지 출신자들을 대상으로 '출입국관리에 관한 특례법'이라는 이름하에 모든 세대를 아우르는 재일코리안들에 대한 영주자격을 부여하기로 했다. 그 결과 '법률126' 해당자, 협정영주자, 특례영주자, 일반영주자로 복잡하게 분류된 재류자격은 특별영주허가로 단일화되었다.[23] 일본

---

22) 이상옥 외무장관과 나카야마(中山) 외무대신 간에 "재일한국인 3세 이하 자손의 법적지위에 관한 한·일외무장관간 합의각서"를 교환하였다. 체결 이후에도 연 1회 한일 국장급 회의를 개최하여 91.1 각서상 합의내용에 대한 후속조치 이행상황을 점검하고, 재일한국인의 법적 지위 및 사회생활상의 처우 개선방안에 대한 협의를 지속적으로 진행하고 있다. 1992년에는 특별영주자와 일반영주자에 대한 외국인등록증 지문날인제도가 폐지되었고 1999년 모든 외국인에 대한 지문날인이 폐지되었다. 1952년 제도 시행 이래 외국인을 예비범죄자 취급한다는 점에서 인권침해 논란이 제기되어온 제도가 막을 내렸다.

측이 이와 같이 크게 양보하게 된 명백한 이유에 대해서는 여전히 밝혀지지 않고 있다. 일반적으로 1990년대 초 100만 명을 초과한 외국인등록자에 대한 행정업무 처리의 포화상태가 주된 이유로 거론되어 왔다. 당시 거주외국인 중 가장 많았던 재일코리안(약 68만 명, 2위 중국인은 15만 명)의 제 문제를 일차적으로 정리해야 할 시기였다. 또한 1985년에 재일코리안의 외국인등록 지문날인 거부자가 만 명을 초과한 사태와도 무관하지 않았을 것이다.[24]

이처럼 전후 '법률126호'라는 재류목적을 명백히 나타내는 명칭도 없었고 재류기간도 불분명한 재류자격이 47년이라는 세월을 거친 후에야 '특별'영주자격이라는 형태로 종지부를 찍었다. '특정', '특례', '협정', '특별'이라는 영주자격의 수식어는 일본정부의 정책이 재일코리안들의 정착을 고려하고 일본사회로 포용하는 것이 아니었다는 것을 여실히 보여주고 있으며 거꾸로 바라보자면 재일코리안이 일본에서 살아온 역사를 상징하고 있다. 하지만 '특별'영주자격은 기한을 두지 않은 거주만을 허가한 것에 지나지 않으며 기본적인 인권문제까지 해결된 것이 아니었다. 그들에게 가장 큰 문제는 일본의 공권력이 정한 제도나 법률에 의한 지배를 받으면서도, 참정권 행사를 통한 자신의 의사를 반영할 수 있는 제도상의 지위가 없다는 점이다. 그럼에도 불구하고 법을 어겼을 때는

---

23) 여기서 일반영주자란 평화조약으로 일본국적을 이탈한 자, 또는 그 직계자손에 해당하는 경우로 한정된다. 본고 각주 32 참조.
24) 최선혜(崔善愛, 2000)는 지문날인거부로 '재입국허가'를 거절당한 채 출국하였다. 일본으로 재입국이 금지되어 본인 부재로 일본정부를 상대로 소송을 제기, 패소한 후 1999년 외국인등록법 일부를 개정하는 법률 부칙13조에 의해 특별영주자의 지위를 회복했다.

엄연한 처벌을 받아야 한다. 이처럼 오랜 세월에 걸쳐 일본에 정착하여 왔는데도 모든 재일코리안 특별영주자들은 단 한 명도 빠짐없이 '제도적 종속상태'에 놓여 있다(재일코리안 변호사협회, 2010: 262).[25] 따라서 영주에 동반하는 기본적인 권리가 보장되지 않으므로 영주권이라고 하기보다 영주자격에 지나지 않다.

3.2. 특별영주자 수의 감소요인과 그 배경

냉전붕괴와 세계화의 영향으로 1990년을 전후로 하는 시기 외국인 유동인구가 증가했는데, 이 시기 일본으로 입국한 외국인 중 주로 중국·대만 출신자들이 정착하기 시작했다.[26] 여기에는 한국에서 건너온 소위 '뉴커머'로 불리는 한국출신자들도 포함된다. 이들이 거주를 시작한 지 거의 10년이 되는 시기가 2000년대이며 영주자격 심사의 가장 중요한 기준이 되는 재류기간 10년이라는 조건을 충족시키는 시점이기도 하다.

---

25) 참정권에 관해서는 극히 제한적이기는 하나 2002년 시가현마이바라초(滋賀県米原町議) 의회를 필두로 일부 지자체에서는 영주외국인이 주민투표를 할 수 있게 되었다.

26) 같은 시기 과거 이민으로 출국한 일본국적자와 그 자손에 해당하는 일계 브라질인과 일계 필리핀인 등이 일본으로 대거 유입하게 된다. 1930년대 만주로 이주한 중국잔류 일본인들, 또한 구식민지 출신자였음에도 불구하고 불법재류자가 된 재일코리안(본고 각주16 참조)도 여기에 해당한다. 그들은 출입국관리 및 난민인정법의 개정(1990)으로 신설된 '정주자'라는 재류자격으로 정착하게 된다. '정주자'는 5년 이상의 거주로 영주자격의 신청조건을 갖추게 된다. 단 '정주자' 중 '특례법' 제5조에 의해 법무대신의 재류자격 심사를 거쳐 허가를 받을 수 있으면 특별영주자가 될 수 있다. 하지만 현재까지도 특별영주자격을 받지 못한 채 '정주자', 또는 일반영주자의 자격으로 3년마다 갱신 신청을 하고 있는 자들도 존재한다.

일반영주자가 증가하기 시작하기 시작하는 것 역시 이 시점이라고 해도 무난하다.

한편, 특별영주자는 1991년 제도시행 이후 평균적으로 만 명씩 감소하고 있다. 그 요인에 대해서는 선행연구의 검토결과와 일본 법무성의 통계자료에서도 이미 언급되어왔고, 이에 대해 대체적으로 이견이 없다. 그 요인 중 하나는 일본의 전체적인 출생률 감소, 고령자의 사망 등 자연적인 인구 감소경향이 재일코리안들에게도 그대로 반영된 결과라고 한다. 1985년 이후 일본의 국적법이 종래의 부계혈통주의에서 부모 양계주의로 개정되고 출생아동의 일본국적 취득이 용이해진 까닭에 재일코리안 아동이 대폭 감소한 것도 빼놓을 수 없는 사실이다.[27]

다른 하나는 혼인이 계기가 아니지만 한국국적이나 '조선'적을 이탈하고 일본국적으로 귀화하는 경우도 특별영주자의 감소 요인으로 작용하고 있다(최영호, 2013: 3-4). 국적변경은 일반적으로 거주국 생활의 편의를 도모하기 위한 수단으로서 여겨지기는 하지만 재일코리안의 특수한 역사성으로 인한 다른 문제점들이 그 배경에 존재한다. 양대 민족조직인 조총련과 민단의 입장 차이, 그리고 실제로 귀화한 재일코리안들을 대상으로 한 설문조사 결과를 보면 그 배경을 더 잘 알 수 있다.

조총련 측은 근래 해마다 만 명 규모로 귀화가 늘고 재일(코리안)의

---

27) 후생노동성이 발표한 '인구동태통계'(2007)에 의하면 2006년 한국국적·'조선'적 여성의 혼인건수 86.4%가 일본국적 남성과의 혼인이며, 한국국적·'조선'적 남성의 경우 그 70%가 일본국적 여성이었다. 국제결혼으로 인한 차별로서 재일코리안이 일본인과 결혼할 경우 일본국적으로 변경하지 않으면 부모로부터 결혼을 인정 못 받는 경우가 여전히 있다.

70%가 일본인과 결혼하고 있다는 사실을 우려하고 있다. 또한 귀화하는 자가 끊임없이 이어지는 것은 일본국적을 취득하지 않으면 진학에서 취직, 결혼에 이르기까지 모든 장면에서 사회적 차별에 노출되는 환경을 만들고 있기 때문이라고 지적했다. 2006년 1월 변호사 강유미 씨가 외국인이라는 이유로 건물입주를 거부당한 사건이 대표적인 사례이다.[28] 이에 대해 민단 측은 일본어를 모어로 태어난 세대들에게 끝까지 한국국적을 요구하는 것은 가혹하다는 것, 또한 어느 나라 국적으로 살아갈 것인지는 개인의 자유이기 때문에 (민족)조직이라고 해서 귀화를 막을 수 없다고 표명했다. 이처럼 귀화는 1980년대 말 이후 양대 민족단체를 비롯하여 재일코리안 사회에서 전반적으로 금기시되어 왔다. 하지만 1990년대 말에 이르러서는 조총련이 반대입장을 고수하고 있는 데 반해 민단은 용인하는 쪽으로 태도가 바뀌었다(佐々木てる, 2006: 70).

그러면 귀화를 선택한 자들은 일본국적 취득 후 실질적으로 사회적 차별에서 벗어날 수 있었을까? 그렇게 판단하기에는 어려운 측면이 있었다. 1998년과 1999년 법무성에 의한 일본국적 귀화허가자 1,000명 중 359명으로부터 얻은 조사결과에 따르면 본명을 사용하는 자는 낮은 수준에 머물렀고 여전히 차별을 느끼고 있다고 한 자가 과반수를 넘었다. 그들이 일본국적을 취득한 이유 중 45%를 차지한 것은 '일본에서 살아가기 위해서'였고, 국적 취득후 일본사회에서의 차별이 없어졌는가에 대

---

28) 그는 건물주와 오사카시를 상대로 소송을 일으켰다. 건물주와는 화해금을 지불하고 차별을 인정하는 조건으로 화해했다. 하지만 오사카시가 국적에 의한 입주차별을 방치했다는 문제에 대한 지방판결은 기각, 2008년에는 고등재판소 항소심에서도 기각되었다.

한 대답은 '그렇지 않다'가 51%, 국적취득 후 본명을 사용하고 있는 경우는 15%에 해당한다는 결과가 나왔다(김명재·임채완·홍기문·장신·송오식·이승우·조상균·이준 편, 2005: 100). 일본국적자로서 참정권을 행사하고 공무원 임용에 관해서도 아무런 제한을 받지 않은 등 제도적인 차별은 면할 수 있어도, 피부로 느끼는 차별에서 벗어나지 못하고 있다는 현실을 알 수가 있다.

결혼을 할 때 당사자들은 재일코리안이라는 이유만으로 상대방 가족들로부터 차별을 받을 때가 있다.(李仁子, 2009: 145) 그리고 이미 일본국적으로 귀화하고 일본식 이름을 사용하고 있다고 해도 친인척 중에 재일코리안이 있다는 이유로 혼인을 반대하거나 거절당하는 케이스도 있다.

4. '특례귀화' 추진과 '코리아계 일본인'의 대두

1990년대 재일코리안 사회 내부에서 귀화에 초점을 맞춘 논의가 진행된 것과는 달리 2000년을 전후한 시기 외국인등록자 수 증가에 따라서 특별영주라는 재류자격을 둘러싼 논의가 전개되었다. 아래와 같은 두 가지 주장을 통해서 특별영주제도가 어떤 기능을 수행하고 있는지를 점검해보았다.

첫째로 출입국관리국장을 역임한 사카나카 히데노리(坂中英德)의 주장인데, 그는 발표 당시 동화추진 정책이라는 비판이 쏟아진 '사카나카논문'(1975)을 비롯하여 재일코리안 정책에 대한 견해를 지속적으로 발표해온 것으로 알려져 있다. 1998년 "재일(코리안)은 어떻게 살아왔을까-사카나카 논문으로부터 20년-"에서 한국국적·'조선'적 재일코리안 인구는 연간 1만 명의 추세로 감소하고 있고 그들은 21세기 전반(前半)에는 자연 소멸할 가능성이 높다고 했다. 이 '자연소멸론'의 구체적인 이유로서 "재일한국·조선의 법적지위의 안정화, 외국인으로서 가장 우대받는 특별영주자의 지위 다음에는 일본국민의 지위밖에 없다"는 점을 강조하였고, 일본에서 나고 자란 재일코리안이 "일본사회에 완전히 동화했다"는 점을 들었다(2004: 66-71). 1999년에는 "장래 재일한국·조선인 사회는 일본국적을 가지는 사람들이 다수를 차지하게 되지만 한국·조선의 문화를 공유하는 집단으로서의 결속을 언제까지나 유지하기를 바란다."고 하였다(2004: 72). 1990년대 그의 주장은 특별영주자격의 한계를 극복하자는 것이 아니라 70년대 이후 진행되어온 동화정책을 종결시키는 의미에서 귀화를 적극 권장하는 것이었다. 귀화하더라도 '문화'의 공유만이 존재하고 역사, 특히 재일코리안의 역사, 즉 식민지배 이후 전쟁보상을 포함한 역사에 대해서는 전혀 언급이 되지 않았다.

특별영주제도 실시 후 10년이 경과한 시기인 2000년대 전반에는 '자연소멸론'의 보론으로서 "21세기를 사는 제3세대 이후의 재일한국·조선인이 20세기를 살았던 제1세대·제2세대와 같은 민족의식을 가지고 살지는 않을 것이다. 시간의 경과와 함께 민족의식이 풍화하고 일본으로의 동화와 일본국적화가 진행되는 것은 어쩔 수 없는 일이지만 적어도 이름에 대해서는 시대의 흐름에 대항해서 민족명을 대고 태생을 밝히고 살아가시기를 바란다."고 하였다. 귀화 수속절차에서 1985년 이후 행정지도상 통명(일본식 이름)으로의 귀화를 권하지 않도록 지시가 내려졌다. 하지만 실제로 이루어지는 일본사회에서의 각종 차별을 피하기 위해 민족명(본명)으로 귀화하는 것을 꺼리는 재일코리안들이 많다(김명재 외 7인, 2005).

그런데 2000년대 후반에 사카나카는 "민족명을 그대로 유지하고 일본국적을 취득하는 것은 국적은 바꾸어도 민족성을 짊어지고 살아가는 것과 다름없다. … 인구감소와 귀화로 인한 재일한국·조선인의 자연소멸의 흐름을 막을 수가 있을 것이다."라고 하였고 종전의 본인 주장을 뒤집었다(坂中英德·浅川晃広, 2007: 39-40). 이 주장이 뒷받침되어 '코리아계 일본인'이라는 호칭이 나왔다.[29] 단일민족 신화가 깊숙이 자리 잡은 일본에서 '순수한' 일본인이 아닌 이민족 출신임이 나타나는 이 호칭이 재일코리안의 민족성을 어디까지 보장해 줄지는 불투명하며 일본국적자 내부에서 또 다른 소수자 집단을 형성할 가능성도 배제하기 어렵다. '코리아계 일본인'으로의 동화는 재일코리안의 자연소멸을 막는 것이 아니라 오히려 그 문제를 심화시키고 있다.

둘째로, 이시하라 신타로(石原慎太郎)를 비롯한 일본의 대표적인 정계, 학계의 보수우파들이 성립한 국가기본문제연구소에 의한 제언이다.[30] "특별영주자는 10년간에 11만 명이 감소하여 41만 6,309명(2008년

---

29) 사카나카(坂中英德)는 또한 2004년 2월에 설립된 '재일코리안 일본국적취득 권확립협의회'를 획기적인 운동단체라고 평가하며 본명을 유지한 귀화를 적극 권장하고 있다.
30) 2007년 12월에 설립된 이 연구소는 저널리스트 사쿠라이 요시코(櫻井よし

당시)이다. 이 추세로 가면 수십 년 내에 자취를 감추게 된다." 그래서 "전전부터 거주하는 자와 그 자손에게만 인정되는 특별영주제도에 대해서는 특례귀화 실시 후에 일반영주로 통합해야 한다."는 주장을 펼쳤다.[31]

여기서 말하는 '특례귀화'란 2001년에 자민당 등 여당 3당에 의해 2001년에 최초로 제출되었던 '특별영주자 국적취득 특례법안'이다. 당시 이 법안성립을 주도한 오타 세이치(太田誠一) 의원은 "전후 본인의 의사를 물어보지도 않고 한국·조선적으로 된 특별영주자에게 죄송하다"라는 뜻에서 용이한 일본국적 취득을 허용하는 것이라고 했다. 외국인 지방참정권 실현을 추진해온 민주당 등 야당 내에서 '특례귀화'가 참정권 부여 문제와 서로 대립하는 법안이라는 지적이 나왔다(니혼케이자이신문: 2008년 1월 24일 자). '특례귀화'는 참정권을 가지고 싶으면 귀화하라는 입장으로 일관해왔던 보수우파들의 논리가 한계에 봉착한 결과의 산물이다. 참정권문제와 귀화를 단번에 처리하기 위해 무리수를 두었지만 반대파들을 설득하지 못했다. "본인의 의사를 물어보지도 않"았다는 언급은 평화조약 체결 후 일본국적을 일방적으로 박탈당했다고 주장하는 특별영주자들에게 서명 하나만으로 다시 국적회복을 약속한 것이었지

こ)를 이사장으로 하며 와타나베 토시오(渡辺利夫) 타쿠쇼쿠대(拓殖大) 학장, 테이 다이킨(鄭大均) 수도대학도쿄(首都大学東京)교수 위안부문제, 강제연행의 역사적 사실을 부정하는 니시오카 츠토무(西岡力)도쿄기독교대(東京基督教大) 교수 등으로 구성된 재단법인이다.

31) 2010년 2월 개정판(http://jinf.jp/suggestion/archives/2506)에 앞서 2008년 3월과 2009년 9월에 외국인에 대한 참정권부여에 반대하는 제언을 발표했다. 국가기본문제연구소 제언2(2008.3) "참정권행사는 국적취득이 조건-특별영주자에게는 특례귀화제도 도입을!"에 대해서는 http://jinf.jp/suggestion/archives/103 참조, 국가기본문제연구소 정책제언(2009.9.)

만 현재까지도 이루어지지 않았다. 특별영주자격과 일본국적을 맞교환하고 참정권을 허용하는 공식은 성립하지 못한 것이다.

또 한 가지 공식인 '특례귀화'의 실시로 정리되지 않은 특별영주자를 일반영주자와 통합시키는 것인데, 전후 47년에 걸친 재류자격의 역사를 다시 거꾸로 되돌리는 것과 마찬가지 일이다. 일본국적이 아니라는 이유로 각종 사회보장제도에서 배제되고 여전히 전후 보상을 전혀 받지 못하고 있는 재일코리안 1,2세대들과 주로 냉전 후에 자발적으로 일본에 입국한 일반영주자, 다시 말하자면 식민지배와 전쟁책임문제와는 관련이 없는 외국인들을 동일선상에 배치시키는 것이기 때문이다. 과거에도 이미 그런 시도는 있었다. 오타카 히로시(大鷹弘) 전 출입국관리국장은 '특례'영주제도가 제정되었던 당시 1981년 국회에서 "손자, 증손자 등 3세대 이하의 사람들은 우리가 일반영주의 요건을 완화하였으니 그를 통해 영주자격을 취득할 수 있다."고 하였다.[32]

이 통합으로 특별영주자격이 사라진다면 한일협정에서 모든 식민지배와 전후보상문제가 해결되었다고 하는 일본정부의 논리가 확고해지며 재일코리안 문제해결의 근간이 크게 흔들리게 된다. 이미 고령에 이른 1, 2세대가 사망하면 그들의 보상문제도 더 이상 추궁하기가 어려워질 것이라고 우려되지만 특별영주제도가 상징하는 역사까지 망각되어서는 안 된다.

사카나카의 '자연소멸론'과 국가기본문제연구소의 특별영주자의

---

32) 김광열(2004)에서 재인용. 1981년 5월 15일 중의원 법무위원회.

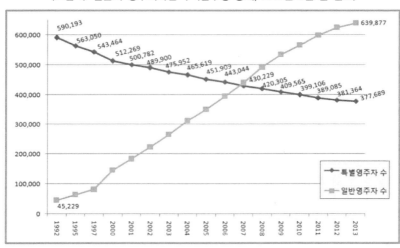

〈그림 1〉 일본의 영주외국인 수 (법무성 통계, 2013년 6월 말 발표)

수십 년 내에 자취를 감추게 된다는 추론은 통계상으로 볼 때 수긍할 수는 있다. 2005년 말 일본에 거주한 외국인 총수가 처음으로 200만 명을 넘었다. 다음 페이지의 그림 〈일본의 영주외국인 수〉에 나타나는 바와 같이 2006년까지 일본에 거주하는 외국인 중 가장 많던 특별영주자는 2007년에 일반영주자에게 1위 자리를 내주었다. 그 결과 2008년에는 외국인등록자 구성에 커다란 변동이 일어나 모든 영주자가 전체 외국인등록자의 절반 이상을 차지하게 되었다. 또한 일반영주자는 폭발적으로 증가해 2011년 9월 말에는 그 수가 59만 명을 넘는다.

2000년대 후반 이후 급격하게 증가하는 일반영주자에 대해 특별영주자는 매년 약 만 명씩 감소하고 있는 것도 사실이다. 하지만 감소 현상만을 앞세우고 특별영주자를 소멸시키려고 하는 것은 문제시되어야 할 일이다. 왜냐하면 2012년 말 특별영주자는 381,364명으로 전년대비

7,721명의 감소에 그쳤기 때문이다. 마찬가지로 일본국적으로의 귀화나 일반영주자와의 통합으로 유도하는 움직임에 대해서도 경계할 필요가 있다. 재일코리안들은 과거 평화조약 체결 직후 일방적으로 일본국적을 상실하게 된 경위가 있다. 국적 선택은 어디까지나 자유의사에 맡겨야 한다. 타의에 의한 국적 변경이나 영주자격의 상실은 기본적 인권의 침해와 다름없다.

재일코리안이 일본에 정착하게 된 역사적 경위를 고려하지 않는 일본정부의 태도가 변화하지 않는 한 한국국적·'조선'적 특별영주자, 또는 일본국적 귀화자 중 어느 쪽을 선택해도 근본적인 문제는 해결되기 어려울 것이다. 국적을 내세우는 일본정부의 배외주의적인 조치는 재일코리안들에게 무거운 짐이 될 수밖에 없다. 위 논의를 종합해보면 재일코리안의 안정적인 법적지위로 기능해야 할 특별영주제도가 그 본질을 비켜나가고 과거의 역사문제를 부정하고 참정권 부여 여부를 가리는 정치의 도구로 전락하고 있다.

5. 외국인관리정책의 강화와 주민기본대장의 개정

일본정부는 2009년에 전후 줄곧 시행되어온 외국인등록체계와 주민등록시스템을 쇄신했다. 이번 제도 개편, 즉 새로운 '재류관리제도'의 배경에는 국내 거주 외국인 인구의 폭발적 증가가 크게 자리 잡고 있다. 외국인등록법은 제정 당시 주로 재일코리안을 대상으로 시작한 것이었으며 그들이 대대손손 거주할 것이라고는 고려되지 않았다(原尻英樹, 2013: 136). 그러나 1991년 특별영주제도 실행 이후 20년이 지난 시점에서 재일코리안들이 5, 6세대에 이르기까지 정착하고 있고 해외로부터 유입된 외국인 재류자 수의 폭증으로 2008년 말 외국인등록자 수가 221만 명을 웃돌며 사상 최대치를 갱신했다. 이에 따른 국제결혼의 증가로 인해 동일세대에 일본국적자와 외국 국적자가 혼재한 다문화가정의 비율이 급증한 데 대한 관리·대응책이 필요했던 것이다. 한 가정에서 모든 구성원이 외국 국적이면 외국인등록원표로 관리가 가능했지만, 한 명이라도 일본국적자가 있으면, 그는 주민표에 의해 관리되기 때문이다. 따라서 정부는 오랫동안 주민등록체제에 포함하지 않았던 외국인들을 대상으로 주민기본대장법을 개정하고 주민표에 편입시키기로 하였다.33)

소수민족의 존재에도 불구하고 오랫동안 단일민족국가관이 지배해왔던 일본에서는 외국인정책이 일본국민과 외국인이라는 단순 이분법적 관점으로, 또한 차별적 포섭과 배제의 틀을 유지하면서 실시되어왔다. 재일외국인을 외국인노동자의 '활용' 혹은 재류 '관리'의 관점에서만 대응해온 일본정부의 외국인정책은 저출산·고령화로 인한 인구감소와 노동력 부족이라는 위기상황과 외국인의 수적 증가 및 장기체재화, 정주화 경향에 따라 변화할 수밖에 없게 되었다(정미애, 2011: 239).

한편, 2012년 7월부터는 종래의 외국인등록법이 폐지되고 새로운 '재류관리제도'가 실시되었다.34) 이 법 개정은 얼핏 보기에는 특별영주

---

33) '주민기본대장법의 일부를 개정하는 법률'이 제171회 국회를 통과하여 2009년 7월 15일에 공포되었다.

자들에게 종전의 불편을 해소하고 많은 편의를 도모하는 것처럼 보이지만 실질적으로는 외국인을 관리하는 강도가 더 높아졌다. 특히 재일코리안들에게 미치는 영향에 대해서 세 가지 특징을 들 수 있다.

첫째로 기존에는 외국인등록증 하나로 모든 거주외국인의 신분증이 통용되었던 데에 반해 이번 개정으로 재류카드와 특별영주자증명서 두 가지로 이분화하였다. 종래 외국인등록증에는 본명과 통명의 병기가 가능했던 반면, 이번 개정으로 새로 발급되는 특별영주자증명서에는 통명 기재가 법률상 금지되어 본명만이 기재된다.[35] 외국인등록법이 폐지되어 두 가지 이름이 기재된 종래 외국인등록원표에 기초하여 진행되어 왔던 부동산 등기, 상속 등에 관한 실무가 사실상 어려워질 것으로 우려된다.[36] 단 통명 사용을 완전히 못 하게 하지는 않고, 주민표(주민등록등본에 해당)의 이름란에 본명과 통명을 병기할 것을 허용하였다. 이로 인해 일상생활에서 신분증 기능을 제대로 수행하지 못하게 된 특별영주자

---

34) 새로운 관리제도란 2009년 7월 15일 공포되고 2012년 7월에 시행된 '출입국 관리 및 난민인정법 및 일본국과의 평화조약에 근거하여 일본 국적을 이탈한 자 등의 출입국 관리에 관한 특례법의 일부를 개정하는 등의 법률'을 말한다. 후자는 특별영주자격에 해당되며 1991년에 제정된 '특례법'에 대해 개정된 '신특례법'이라고 부른다.

35) 가령 대학졸업증명서는 통명으로, 특별영주자증명서가 본명으로 되어있으면 취직할 때 본인확인이 어려워질 수 있다.(마이니치신문: 2012년 8월 21일 자)

36) 외국인등록원표는 법무성 본성(도쿄 소재)에서 보관되어 열람, 또는 복사본 신청을 하기 위해서 '개시청구(開示請求)'의 절차를 거쳐 허가결정을 통보받아야 진행할 수 있다. 그 기간은 신청일로부터 30일 이내로 되어 있지만 안건마다 그 기간이 상이하므로 얼마나 기간이 소요되는지는 확실하지 않다. http://www.moj.go.jp/hisho/bunsho/hisho02_00016.html(법무성: 정보공개·공문서관리·개인정보보호 참조)

증명서 대신 주민기본대장카드(주민등록증에 해당)를 발급받도록 하는 통로를 열어놓았다.[37]

한영혜는 재일코리안의 이름문제에 대해 다음과 같이 지적하였다. 해방 후 외국인등록 관리하에 놓이게 된 재일코리안은 법적 근거를 갖는 '본명'이 있는데도 일본정부가 통명을 '사실상의 본명'으로 공증해주었다. 여기에 각종 등록, 상거래, 취직 등 생활상의 편의와 민족차별로부터의 도피 등 복합적인 요인이 작용하여, '창씨개명'이 새로운 '민족명'(본명)-'일본명'(통명)이라는 이중구조로 재구축되었다.[38] 즉 외국인등록법의 '본명-통명'의 이중구조가 개정된 주민기본대장법에 계승된 셈이다.

둘째로 특별영주자와 기타 외국인에 공통적으로 적용되는 벌칙규정과 차등 적용되는 규정의 혼재로 거주외국인 사이에 분단 조치를 낳고 있다.[39] 특별영주자를 제외한 거주 외국인 중 3개월 이상의 중장기

---

37) 2013년 9월 필자가 해당 구청에 거주지 변경 신청을 하러 갔을 때, 담당자가 특별영주자이면서 통명을 사용한다면 주민기본대장카드를 발급받을 것을 권장하였다.

38) 이러한 이중구조는 과거(창씨개명)와 달리 '개인의 선택'이라는 조건과 함께 주어졌다는 점에 특징이 있다. 명백한 강제의 부재, 사용할 이름을 본인이 신청서에 기입하도록 하는 선택권의 부여, 일본명 선택 시의 편의 등은 이름 사용의 책임을 재일코리안 본인이 온전히 떠안게 되는 장치였다. 이름 선택은 내면화된 차별 구조에서 스스로를 차별하거나 아니면 차별에서 도피하기 위한 자기 은폐를 선택하는 것이 되었고, 어느 쪽을 선택해도 마음의 부담을 벗을 수 없게 되었다(한영혜, 2010: 65-72).

39) 특별영주자, 즉 재일코리안과 기타 외국인에 대한 벌칙의 차등 적용은 2007년 11월부터 시행된 일본의 국제공항 입국심사대의 생체인식시스템을 도입했을 때도 이미 문제가 되었다. 테러 방지를 목적으로 하여 일본에 입국할 외국인에게 얼굴인식과 양쪽 엄지손가락의 지문조회가 의무화되었는데, 재일코리안은 특별영주자라는 이유로 심사 면제대상에 포함시켜 일반영주자들과의 분단과 차별을 낳았다. 2007년은 '자이토쿠카이'가 결성된 해이며,

재류자에 대해서 재류카드의 상시 휴대의무와 제시의무 양쪽이 요구되며, 경찰관 등의 제시요구에 응하지 않은 경우 1년 이하의 징역 또는 20만 엔 이하의 벌금이 부과되며 형사처벌에 처한다. 특별영주자에 대해서는 상시 휴대의무 폐지를 전면적으로 내세워 제도의 대폭 개선을 강조했다. 하지만 엄밀히 말하자면 출입국관리관이 요구하는 경우에는 보관장소로까지 동행, 제시의무가 남아 있으므로 사실상 휴대의무와 다를 바 없다는 허점이 드러났다.

일본에 거주하는 외국인도 다양화하고 있으며 재일외국인들의 입장에서 바라본다면 재일코리안이 정치적으로 (정부에) 저항하는 상징적인 존재라는 측면을 배제한다면 '이모(異母)형제'와 같은 가까운 관계라고 할 수 있다. 그들이 오늘까지 눈에 띄지 않게 살아왔던 것, 그렇게 살도록 강요해왔던 일본사회에 문제가 있다는 것을 다른 외국인층이 점차 자각하게 된 것이다(佐久間孝正, 2011: 121). 특히 특별영주자와 일반영주자는 같은 영주외국인으로서 지역사회에서 오랜 세월을 더불어 살아오면서 같은 지역주민으로서 일종의 관계망을 형성해왔다.[40) 그런 역사적 배경을 고려하지 않는 이들에 대한 법적 규제의 차별화는 진정한 다문화사회 형성의 흐름을 가로막고 있다.

중국인 일반영주자가 최초로 특별영주자를 웃도는 등 일본 국내에서 특별영주자를 둘러싼 변화가 일어난 해이기도 하다.
40) 정부차원에서 '다문화공생'이라는 용어가 처음으로 등장한 것은 2006년 이후이다. 정미애는 이에 대해 1980년대부터 이미 시민사회에서는 외국인의 인권을 위한 활동을 해왔으며 특히 1995년 한신·아와지 대지진 이후 지자체나 중앙정부보다 앞선 시민사회의 '다문화공생' 활동은 일본사회의 외국인에 대한 인식과 제도변화를 견인했다고 하였다.(정미애, 2011: 261).

셋째로 특별영주자들을 대상으로 하는 '간주재입국' 허가의 신설이다. 일본 출국시 입국심사관에게 여권과 특별영주자증명서를 제시하고 2년 이내에 재입국할 의사를 표시하면 종래 재입국허가 수속이 불필요하게 된다.[41] 단, 법무성에 따르면 '유효한 여권'을 가지고 있지 않은 '조선'적자는 이 제도를 적용받지 못한다. 조경희(2011: 211)는 이번 조치에 대해 표면적으로 외국인의 출입국관리제도의 합리화, 혹은 관리 완화라는 성격을 가지면서도 동시에 '조선' 적자들에 대한 배제를 합리화·정당화한다고 지적했다.

현재 일본에 거주하는 '조선'적자는 통계가 제대로 이루어지지 않아 약 4만 명, 또는 5만 명이라고도 한다. 그들은 분단되기 전 식민지조선의 부의 유산으로 남겨진 무국적상태의 특별영주자이다. 현재까지는 보고된 바가 없지만 만약에 이들 중 "내란죄(부화수행을 제외함), 내란예비죄, 내란음모죄, 내란 등 방조죄로 금고형 이상에 처해"지고 강제퇴거 조치('신특례법' 제22조) 대상자가 될 경우 '조선'이라는 국가가 존재하지 않은 이상 갈 곳이 없다.[42]

결과적으로 새로운 재류관리제도와 개정된 주민기본대장법은 외

---

41) 일반영주자의 '간주재입국' 허가 기한은 1년이다. 또한 정해진 기한 이내의 재입국이 불가능한 경우는 종래 해왔던 대로 미리 재입국허가를 받으면 유효기간 6년이 적용된다.
42) 한일법정지위협정 체결 이후 강제퇴거 대상이 된 특별영주자는 85명이며, 그 중 무기 또는 7년 이상의 징역 또는 금고형에 처한 자는 19명이라는 기록이 있다. 실제로 한국에 강제송환 된 자는 3명 있었다. ("중의원회의록정보-제120회 국회 법무위원회 제10호", 1991년 4월 20일(금요일), http://kokkai.ndl. go.jp/SENTAKU/syugiin/120/0080/12004120080010a.html 참조

국인등록법이 담당해왔던 관리 기능을 국가와 지자체가 분담하는 제도일 뿐, 더 많은 문제를 노출하고 있다. 외국국적자의 주민표 등재는 행정업무의 관리 수단이며 특별영주자들의 생활상 편의를 도모하는 것도 아니며 진정한 다민족·다문화사회의 실현을 위해 지역주민의 일원으로 받아들이는 것도 아니다(原尻英樹, 2013: 35). 재일코리안은 일본의 거주 외국인 중 가장 오랜 세월에 걸쳐 정착하고 있는데도 불구하고 특별영주자격을 가지고 있는 이상 주기적으로 이러한 제도적 모순에 봉착하게 되는 것이 현실이다.

6. 특별영주제도의 의의와 새로운 가능성

앞서 일본의 재류자격 중 매우 특이한 특별영주제도를 둘러싼 논의와 변화에 대해서 2000년대 이후를 중심으로 살펴보았다. 특별영주자 중 그 비중이 가장 많은 재일코리안에 한정시켜 검토한 것은 그들의 재류자격의 변천과정을 통해 특별영주제도가 가지는 의의를 명백하게 하기 위해서이다.

일본정부가 '특별'한 영주제도를 시행한 목적은 식민지시대 이후, 즉 제2차 세계대전 이전부터 일본에 재류하는 재일코리안 및 중국·대만 출신자들의 법적지위의 안정화를 도모하기 위한 것이었다. 1991년 제도 제정 후 10년 동안은 재류자격 심사를 일체 거칠 필요 없이 거주권이 보장된 결과, 종전과 비교하면 훨씬 심적 부담도 줄고 본국 귀국보다도 일

본에서의 정주를 결정하는 자들도 증가하였다.[43]

하지만 2000년대 이후, 특히 후반부터는 특별영주자들에 대한 이유 없는 비난이 인터넷 매체를 통해 확산되면서 차츰 생겨난 가두시위 집단은 '헤이트 스피치'를 전개하기까지에 치달았다. 여기에 2012년부터는 외국인 관리가 한층 강화되어 새로운 재류관리제도와 개정된 주민기본대장법이 시행되었다. 이 두 제도는 종래 외국인등록법을 분담, 계승하는 것이며, 그중에서도 본명과 통명이라는 두 가지 이름문제로 다시 특별영주자들은 일상생활에서 난항을 겪게 되었다. 또한 '간주재입국' 허가 대상자에서 '조선'적자들을 배제시킨 조치는 한일협정 당시처럼 한국국적 변경자 증가 요인이 되고 있다고 할 수 있다. 이러한 일련의 외국인 관리 정책의 불합리성은 재일코리안의 법적지위 안정화로 기능해야 될 특별영주제도에 제도적 모순을 낳고 있다.

결과적으로 말하자면, 재류자격의 범주를 초월하며 역사성과 정치성을 집약하고 있는 특별영주제도의 현주소는 재일코리안이 일본에 정착하게 된 역사적 경위를 고려하려고 하지 않는 일본정부의 자세를 반영하고 있다.

재일코리안은 일본 사회에서 시뮬라크르적인 존재이다. 질 들뢰즈

---

43) '재일본 대한민국거류민단'(약칭 민단)의 이름이 45년 만에 '재일본 대한민국민단'(韓國民團)으로 명칭을 바꾸고 강령에서 사용되고 있는 '在留동포'라는 말도 '재일동포'라는 표현으로 수정할 예정이라고 발표하였다. 이같이 이름을 바꾸는 것은 지금까지와는 달리 일시적인 체재가 아닌 '定住'라는 의미를 강조하기 위한 것으로 '거류'라는 표현을 삭제하는 것이라고 밝혔다(연합뉴스: 1994.02.14).

(Gilles Deleuze)가 말하는 시뮬라크르(simulacre)는 복제의 복제물이며 존재하지 않은 원본과의 유사성을 인정받지 못한 타자적 존재이다. 이는 복제를 거듭할수록 원래 복제보다 퇴색된다.

식민지시대 36년 동안 '일본국민'으로 살았던 재일코리안은 해방 후 일본국적을 상실하고 외국인이 되었다. 일본은 식민지배의 반성 없이 일본국적자가 아니라는 국적에 의한 차별로 재일코리안을 전후보상과 사회보장제도 대상자에서 제외시켰다. 동시에 일본국적으로 귀화를 하지 않은 한 거주권마저도 제한했다. 해방 후 47년 만에 특별영주제도가 실시되고 굳이 일본 국적으로 귀화하지 않아도 되는데도 불구하고 본인보다도 후속세대들의 사회제도적인 제약과 민족차별에서 벗어나기 위해 일본 국적을 선택하는 자들이 증가하였다. 그 결과 역설적으로 특별영주자가 꾸준히 감소하기 시작했던 것이다.

그와는 반대로 일본국적보다도 특별영주자격을 유지하는 자들도 결코 적지 않다. 그들에 대해 사카나카(坂中英德)는 재일코리안의 '자연소멸론'과 함께 "외국인으로서 가장 우대받는 특별영주자의 지위 다음에는 일본국민의 지위밖에 없다"는 논리를 펼친다. 하지만 사실은 일본국적을 선택해도 순수한 '일본국민'이 될 수 없으며 존재하지 않는 원본과는 거리가 멀어질 수밖에 없다.

2000년대 일본에서 특별영주자의 가시화와 더불어 재일코리안들을 둘러싼 환경도 그전과는 달리 많은 변화가 일어났다. 특별영주자 재일코리안은 이전 복제와는 전혀 다른 독립성을 지니고 새로운 자신의 시공간을 창조할 수 있는 두 가지 가능성을 제시하고 있다.

첫째로, 법학자 고마무라는 재일코리안들에 대해 한반도 분단으로 인해 '(식민지)조선'이라는 정치공동체와의 단절한 결과 '귀속되지 않은 신분'이 되었다고 하였다(駒村圭吾, 2007: 68). 하지만 특별영주자는 한국의 재외국민이며 일본의 영주자격자라는 사실상 이중국적에 해당하는 기능을 수행하고 있다. 따라서 한국과 일본 양국 간에 한해서는 왕래와 거주가 보장되고 있다는 점에서 제한적이기는 하나 상당히 유리한 거주권을 확보하고 있다.

냉전체제하에서 오랫동안 국가권력에 의해 사람들의 이동은 억압되어 왔다. 그러나 냉전붕괴와 세계화로 인해 이동과 이주가 자유로워졌다. 즉 과거 국가권력에 의해 그어진 국경선을 넘는 타율적인 이동이 강요·제한되었다면, 현재는 개인차원의 자발적인 이동의 활성화로 이주를 선택하는 시대가 도래했다. 특별영주자 재일코리안들도 한국과 거주국 일본의 생활권 단절이 풀려 왕래가 가능해졌다. 그들은 본국으로의 귀국, 한곳에 머물지 않고 이동·이주를 반복하면서 한일 양국을 국경 없는 생활권으로 형성할 수도 있다. 또한 한일 간에 국한하지 않더라도 국교가 체결된 국가로 이동하기가 용이해졌다.[44] 이처럼 물리적인 국경

---

44) 2012년 법무성에 따르면 일본을 출입국한 특별영주자 중 한국 국적자는 약 139,000명, '조선'적자는 2,500명이었다. '조선'적자는 이명박 정권 이후 전면적으로 한국입국이 금지되기 전까지는 한일간 왕래는 제한적이나마 가능했다. '조선'적자는 한국정부가 발행하는 여행증명서(임시여권)와 일본정부가 발행하는 재입국허가서가 있어야 한다. 그들의 인권보장과 전후보상 문제는 한반도 분단이 낳은 태생적인 문제로 치부되어서는 안 된다. 왜냐하면 통일된 한반도가 그 해결 가능성을 담보한다는 것도 매우 불확실한 상황이기 때문이다. 한국의 국적법이 만들어진 1948년 정부는 한국인을 '조선에서 출생한 자, 부 또는 모가 조선인인 자'로 정했다. 이 규정에 따른다면 국적을

선을 허무는 움직임은 국민과 주민, 국가와 민족의 불일치, 나아가 하이
브리드한 정체성을 인정하는 지역사회의 형성으로 진정한 다민족·다문
화주의를 촉진시키고 있다.[45] 일본에서 나고 자란 재일코리안 중 한국
에 귀국하고 정착한 자, 한국과 일본 사이를 빈번하게 왕래하는 자, 한국
과 일본 양쪽의 역사와 문화를 공유하면서 생활하는 자들이 생겨나고
있으며, 다문화사회 실현을 위한 견인차 역할을 하고 있다.

제한적이기는 하지만 참정권 실현의 길이 열렸다는 것이다. 재일코
리안 특별영주자는 일본에 거주하는 지역주민으로서 교육, 납세, 노동
의 의무를 성실히 지켜왔고 만약에 법을 어겼을 때는 엄연한 처벌을 받
게 된다. 즉 일본이라는 국가권력에 의한 지배를 받는데도 불구하고 참
정권을 행사하지 못함으로써 자신의 의사를 적극적으로 반영할 기회가
거의 없어 공적 제도의 틀 속에서 배제되고 있다. '제도적 종속상태'에 놓
인 그들은 일본 국적자가 아니라는 이유로 후속세대까지도 본인의 의사
를 반영할 수 있는 제도적 지위가 없다.

일본의 한반도 식민지배를 원점으로 여러 차례 변화를 거듭한 끝에
제정된 특별영주제도로 인해 재일코리안들은 영주는 보장받으면서도

'조선'으로 표기했던 당시의 재일코리안은 모두 한국인이 되므로 전혀 무관
한 일이라고는 할 수 없다.
45) 특별영주자의 국적과 출신지역은 한국·'조선'적·중국·미국·독일·태국·호주
등 총 53개국에 달하며 무국적자들도 포함된다. 구식민지 출신자와 그 자손
들에게만 계승되는 특별영주자격의 특성상 그들이 어느 나라 국적으로 변
경을 하더라도 그 자격은 계승된다. 전체 특별영주자 중 한국·'조선'적·중국
을 제외한 국적자는 1,191명(2012년 11월, 법무성)이었다. 그 수치는 미미하
지만 지속적으로 관찰한 필요가 있다고 보고 추후 과제로 미루기로 하겠다.

기본적인 권리가 없는 삶을 선택해야만 한다. 하지만 2012년 이후 한국의 재외국민으로서 국정·지방참정권을 행사할 수 있게 되었다.[46] 일단 참정권을 획득하기 위해 일본국적 귀화를 선택할 수밖에 없는 상황에서는 벗어날 수 있게 되었다. 추후 특별영주자격을 가진 외국인 주민으로서 일본의 지방참정권을 행사할 수 있게 된다면 국정참정권은 본국에서, 지방참정권은 거주국에서 행사할 수 있을 것이다. 특히 아시아태평양전쟁에 동원된 후 일본정부로부터는 아무런 보상조차 받지 못한 전쟁피해자인 특별영주자 1, 2세들은 고령에 이르러 이들의 사회제도적 권리문제 해결은 시급하게 이루어져야 할 것이다. 해방 후 현재까지 지속되고 있는 식민주의의 극복이라는 관점에서도 매우 중요한 문제다.[47]

이처럼 특별영주제도는 재일코리안이 '귀속되지 않은 신분'으로서 이동과 이주를 반복할 수 있게 됨으로써 탈국가(탈경계)라는 새로운 가능성을 제시하고 식민지배와 전쟁희생자들의 탈식민의 가능성을 마련하였다.

---

46) 제19대 국회의원 선거에서 처음 실시되었으며 선거일 현재 19세 이상의 재외국민에게 대통령선거와 임기만료에 따른 국회의원선거(비례대표 한정, 국외 일시체류자는 지역구 가능)에 대한 투표권을 부여하는 선거제도를 말한다. 2012년 3월 28일부터 실시된 재외선거에서 재일코리안은 선거권을 갖게 되었지만 이 투표권은 한국국적자에 한하여 인정되어 '조선'적자는 제외되었다.

47) 아시아태평양전쟁 BC급전범 전쟁피해자인 이학래 씨(당시 87세)는 도쿄 주일 한국대사관에서 해방후 67년 만에 생애 첫 투표를 하였다(NHK뉴스: 2012. 3.28.).

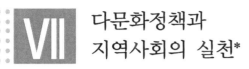

VII 다문화정책과 지역사회의 실천*

박경민

1. 정책으로서의 다문화주의

1990년대 초 미국의 다문화적 사회 변화와 증가하는 다문화 정책 프로그램을 보며 "다문화적 폭발(multicultural explosion)"이라고 했던 글레이저의 논평처럼 오늘날 수많은 사회가 폭발적인 다문화적 변화를 경험하고 있다(글레이저, 2009: 32). 지난 수십 년 동안 일어났던 신자유주의적 글로벌 정치·경제의 영향과 트랜스내셔널 인구이동의 결과, 전 세계 인구의 3%(2012년 현재, 약 2억 2천만 명)가 자신이 태어난 곳을 떠나 다른 나라에서 살아가고 있으며, UN의 국제 이주 보고서는 더 많은 사회들이 급속하게 다문화하고 있음을 보여준다.

---

* 이 글은 『한국문화인류학』 제47권 1호(2014)에 게재된 「정책으로서의 '다문화공생사회' 이념과 다문화공생 프로젝트의 지역적 존재방식」을 본 단행본의 취지에 맞춰 수정·보완한 것이다.

한편, 다문화주의는 한 사회 내에 민족적, 인종적으로 다양한 사람들이 늘어나면서 나타난 인구학적 이질성의 증가와 그에 따른 사회적 변화와 더불어 다양성을 어떻게 인식하고 바라보는가 하는 문제와도 깊이 관련된다. 여기서 다문화주의는 민족적 소수자들 혹은 이주자들이 동반하는 신념체계, 가치, 습관, 종교의 차이에 대한 관용과 문화적 다원성을 인정하고 지지하는 철학적 혹은 이데올로기적 관념이나 태도라는 의미를 가진다(Taylor, 1992; Citrin, Sears, Muste and Wong, 2001: 249; Bloemraad, 2011). 이러한 의미에서의 다문화주의는 개인의 자유와 권리에 기반을 둔 정치적 행동의 슬로건과 모델로서 다양한 수준에서 논쟁을 불러왔다(Inglis, 1996). 비판자들은 다문화주의가 잠재적으로 사회의 분열과 갈등을 초래할 가능성이 있고, 따라서 문화 간 차이를 인정하는 다문화주의 모델이 사회의 통합과 양립될 수 있는가에 대해 의문스러워한다. 또한 문화적 차이라는 이름으로 소수집단의 경제적, 정치적 불평등의 문제를 간과하고, 학교 교육과 미디어 등에서 반복적으로 소수 문화를 재현함으로써 이들의 문화를 스테레오타입화하며 주변화시킬 수 있다고 비판한다(Banting and Kymlicka, 2012; Palmer, 2012).[1] 그럼에도 불구하고, 많은 사회들에서 사회 내 소수자들을 대하는 다문화주의적

---

1) 최근 유럽 평의회에서는 노동시장, 지역사회, 교육, 공공장소 등에서 나타나는 이주민들에 대한 사회적 배제가 문화적 요인에 의해 야기될 수 있다는 문제의식 속에서 인터컬처럴 시티(Intercultural cities)에 대한 관심이 높아지고 있다. 인터컬처럴 시티는 다양성에 대한 기존의 접근방식의 장점을 강화하고 다양성을 자산으로 여기는 전략을 기반으로 정책을 육성하는 시민과 행정의 협력 거버넌스 모델을 채택한다(Palmer, 2012).

인정과 태도는 현재적 상황에서 인권, 민족 및 인종적 다양성의 문제와 같은 보다 큰 가치와 연결되는 중요한 사안임은 분명하다(Kymlicka, 2012).

사회 내의 인종적, 민족적 다양성에 따른 인구의 변화라는 사실과 다원성을 인식하는 철학적 정향은 또한 사회적 다양성을 인정하는 공적 정책을 통한 정부의 제도와 정책적 실천을 필요로 한다. 사회마다 내재적 소수민족이나 이민으로 등장한 뉴커머(newcomer) 집단의 특성에 따라 정책적 접근이 다르지만, 정책으로서의 다문화주의는 "공정한 통합, 재분배와 인정을 통한 사회정의의 실현을 목표로"(김현미, 2008: 323)하여 중앙/지방정부 수준의 다문화주의의 승인, 교육 커리큘럼, 차별철폐, 소수집단의 언어 교육 및 문화 활동을 위한 정부지원금, 이중 국적허용 등과 같은 소극적, 적극적 정책들을 모두 포함한다(Kymlicka, 2012). 이러한 의미에서 다문화주의는 공공 정책 혹은 정치적-법제적 원칙을 의미한다. 1970년대 이후 다문화주의 정책이 주요하게 대두하게 된 것은 이렇듯 다문화주의가 시민적 통합과 다양성의 균형을 맞추려는 "정치원리 또는 정책 구상"으로서 사회문제에 관련된 정부의 정책 의제로 설정될 필요가 있었기 때문이다(최성환, 2009: 16). 정책으로서의 다문화주의는 인구의 다양성이라는 사실로서의 다문화주의와 관념 혹은 태도라고 하는 이데올로기로서의 다문화주의를 포괄한다(Inglis, 1996). 다양성을 다루는 이러한 사회정책은 사회의 역사적, 사회적 상황에 따라 접근 방식이 달랐으며, 국가마다 다르게 적용되어 왔다.

다문화 정책은 서구 유럽 국가들에서 1970년대 이후 사회 내에 소수민족 혹은 이민 노동자의 정착으로 야기된 민족적, 문화적 다양성의 문제를 관리하기 위한 정치적 목적으로 시행되기 시작하였다(Knight, 2008). 서구 유럽사회에서 이민은 1970년대 초반까지 주로 경제적 논리와 동화주의의 측면에서 다루어졌다. 이민 노동자들은 경제적 편의에 따라 호스트 국가의 사회 구조에 추가된 보충적인 노동력으로서 해당 사회 노동시장의 최하층을 이루며, 호스트 국가의 경제적 상황이 악화되면 언제라도 본국으로 돌아가야 하는 일시적인 존재로 간주되었다. 이러한 관점에서 볼 때 추가된 노동력으로서 단기 체류하는 외국인들에 대한 장기적인 정책은 필요하지 않았다. 그러나 이주 노동자들이 정착하기 시작하면서 이민 노동자 1세대뿐만 아니라 그 자녀 세대들에 대해서 기존의 경제적 편의에 따른 노동력의 관점만으로는 해결될 수 없는 보다 복잡다단한 사회·문화적 문제들이 나타나기 시작했다(마르티니엘로, 2002 참조). 사회 내 다양한 집단에 대한 사회적 정책의 필요성이 제기된 것이다.[2]

정책적인 필요에 따라 국가 다문화주의를 우선적으로 도입하였던 서구 사회의 경험과 달리 일본의 다문화공생 이념은 현실적 필요로 시

---

[2] 몇 년 전, 유럽 일부 국가의 정치 대표자들이 '국가 다문화주의 정책의 실패'를 선언한 바 있다. 이 선언을 통해 유럽사회에서 이민과 사회통합이라는 이슈를 둘러싸고 다문화주의에 대한 논쟁이 새롭게 일어났다. 다문화 반대론자들은 다문화주의 정책이 주류사회의 국가 정체성을 심하게 흔들고 있으며 오히려 사회 내 갈등을 증가시키고 있다고 비판하며 다문화 정책에 대한 재검토와 축소를 주장한다. 다른 쪽에서는 이들 국가가 전면적인 다문화주의 정책을 철회를 의미하는 것은 아니며, 유럽 내의 정치적, 경제적 어려움을 이민자들의 탓으로 돌리려는 정치적 수사일 수도 있음을 지적하고 있다(한경구, 2011; Banting and Kymlicka, 2012).

민의 차원에서 먼저 적극적으로 논의되기 시작하여 후에 정부정책에 반영되었다. 일본 정부는 1980년대 말 이후 노동시장을 개방하면서 도입했던 외국인 노동자들을 유럽사회의 초기 관점과 마찬가지로 단기 체류자 혹은 귀국을 전제로 한 보충적 노동력으로 간주하였다. 따라서 입국하는 외국인들에 대한 국가 수준의 장기적인 정책 없이 '출입국 정책'(入管政策)과 '사회통합 정책'(統合政策)을 각각 중앙 정부와 지방자치단체가 담당하는 이원적인 시책을 펴왔다(近藤敦, 2011: 4; 山脇啓造, 2012). 1990년대 이후 급증하기 시작한 이주 노동자들이 집중적으로 거주하는 지역을 중심으로 지역의 지자체와 시민사회는 증가하는 외국인 이주자들에 대한 활발한 지원 활동을 펼쳤다. 이주 외국인들과 그 자녀 세대들의 정주화와 글로벌화하는 국내외적 상황과 맞물리면서 일본정부는 2006년에 이르러 다문화공생의 정책 프로그램을 지역사회에 제시하였다.

이 연구는 일본의 다문화주의 정책인 다문화공생 플랜에 초점을 맞추어, 지역의 경험적 실천으로부터 시작된 다문화공생 이념이 정부에 의해 정책적으로 차용되어 다시 지역사회로 이행되는 과정에 주목한다. 2006년 다문화공생 정책이 시행된 이후 지역의 현재적 지형이 어떻게 그려지고 있는지에 관심을 두면서 연구자의 문제의식은 다음과 같은 두 가지 질문으로 구체화된다. 첫째, 정부가 글로벌 담론과 연계된 다문화공생 정책을 제도화하는 과정에서 지역사회에서 이행하려고 했던 정책의 내용과 의도는 무엇인가?(Wedel et al., 2005: 34). 연구자는 일본의 다문화공생 정책을 "개념적, 이론적 체계에 바탕을 두기보다" 글로벌 정책

담론의 필요성 속에서 나타난 "전략적, 정책적 함의를 더 많이 가진"(최병두, 2011: 118, 160) 외국인 정책 프로그램이라는 입장에서 논의하고자한다. 따라서 국가가 다문화공생 정책을 통하여 지역사회에서 일본의다문화적 상황에 대한 시민적 수준에서의 관점과 태도를 논의하기 위한 장을 마련하기보다 다문화공생을 외국인 시책으로 접근하여 지역사회에서 운용하는 데 보다 초점을 맞추어 왔다고 본다. 정부가 정책의 "조정자로서" 증가하는 외국인 주민에 대응하기 위해 지역사회와 "연계"(cooperation)하여 현실사회에서 펼쳐지고 있는 다문화적 상황을 국가의 정책 의제로 설정하고 외국인 시책에 대한 모델을 제시하는 것은정부의 정책 시행의 목적에 부합한다고 할 수 있다(AIDEN, 2011). 그러나 국가의 사회통합 모델과 지역사회의 현실이 불일치하는 가운데 정책시행의 의도가 불분명하다면 지역사회에서의 정책 수용과 실천의 범위는 한정될 수밖에 없을 것이다. 이러한 의미에서 일본의 다문화공생 정책이 이국적인 것의 소비와 '국제교류를 넘어설 것'(総務省, 2006)을 강조했음에도 불구하고, 종래의 지역의 '국제화'(고쿠사이카) 담론과 국제교류 방법론에 의존함으로써 지역의 외국인 주민들의 삶을 '문화화'하고소비하는 방식에 머무르고 있는 것은 한계라고 지적할 것이다.

둘째, 시민적 수준에서 큰 반향을 일으키며 일본사회의 지역성과시민사회의 성숙을 보여주었던 다문화공생의 실천이 국가의 정책적 용어로 재정의되어 지역사회에 전달된 후, 지역주민들이 경험하고 해석하고 있는 다문화공생의 현재적 지형은 어떠한가? 연구자는 국가의 다문화공생 정책 프로그램이 지역사회에서 국제교류협회들에 의해 다양한 스펙트럼상에서 실천되고 있음을 확인하면서, 다문화공생이 정치적으로 재개념화되고 시행되는 과정에서 지역 현장의 실천성과 적극성이 탈락됨으로써 주민들에게는 일종의 정치적 슬로건으로서 이해되고 있음을 강조할 것이다. 이는 외국인 주민들이 다수 거주하는 일부 지역의 지자체와 시민사회를 중심으로 전개되었던 다문화공생의 이념과 실천이 보다 넓은 일반의 시민적 수준에서 논의될 기회를 가지지 못했기 때문이며, 여전히 일본의 많은 지역의 주민들이 외국인 주민들과의 관계를 이분법적인 "guest-host paradigm"(Nagy, 2009: 173) 속에서 구조화하는 인식이 잔존하고 있기 때문일 것이다.

일본에서 지역의 다문화공생은 지방정부, 국제교류협회, 시민단체, 학교, 자치회 등 공공기관과 민간단체들의 다양한 활동 주체들이 참여하는 지역 거버넌스 체제를 통해 추진되어 왔다(양기호, 2006). 특히 지방정부는 국가와 지역의 국제교류협회를 연결해 주는 주요한 행정의 통로이자 실천의 주체로서 지금까지 많은 연구자들의 주목을 받아왔다(Flowers, 2012). 이 글에서는 다문화공생 정책 실현에 지방정부 역할의 중요성을 인지하지만, 논의의 초점을 국가의 정책 시행과 커뮤니티 내 주민의 수용과 해석에 두고자 한다. 따라서 아래에서는 일부 외국인 집주지에서 출발한 다문화공생의 전개과정을 간략하게 제시하고, 이후 중앙정부에 의해 정책화되는 과정과 그 의미에 대해서 밝힐 것이다. 그리고 1년간의 현지조사 기간 동안 실시한 오사카부(府) 내 3개 도시의 '국제교류협회'에 대한 참여관찰과 심층면접 사례를 통하여 정책화 이후 다문화공생이 지역사회에서 어떻게 경험되고 이해되는지를 보여 줄 것이다.

2. 일본의 다문화주의: 지역의 경험으로부터

　1970-80년대를 거치면서 문화적 다원성과 권리에 대한 세계적인 관심의 확산과 잇따른 국제 인권조약의 비준으로 일본사회에서는 국제적 인권의식이 크게 고양되었고, 사회 내에 존재하는 사회적 실체로서의 소수자에 대한 관심이 증대되기 시작하였다. 이에 따라 대표적인 외국인 집단으로 존재하던 재일 한국·조선인들의 집주 지역을 중심으로 공민권 운동이 활발히 전개되었다.[3] 그리고 1980년대 말부터 이주 노동자, 유학생, 일본인의 배우자 등과 같은 외국인들이 증가하기 시작하면서 '타문화', '타민족'과의 '공생'[4]의 문제가 지역적 수준에서 매우 현실적인

---

3) 특히 1970년에 시작된 재일 한국인 2세 박 군의 히타치 '취직 차별투쟁'을 계기로 일본 사회 내에서 민족교육이나 차별 철폐를 위한 시민운동이 본격화되었다(金侖貞, 2011).

4) 일본에서 주로 생물학 및 생태학적 용어로 사용되던 '공생'(共生)이 사회적 개념으로서 본격적으로 등장하게 된 것은 재일 한국·조선인들에 의한 인권운동에 사용되면서부터이다. 재일 한국·조선인을 위한 인권운동의 선두에서 활동했던 '민족차별과 투쟁하는 연락 협의회'(민투련)가 1982년 아마가사키(尼崎)에서 개최된 전국 집회에서 「함께 살며 함께 싸우는 새로운 전망을 개척해 나가자」라는 테마의 부제로 「공투(共鬪), 공생(共生), 공감(共感)」을 제시했다. 이때 인권운동에서 사용된 '공생'이라는 용어는 재일 한국·조선인에 대한 일본사회의 동화주의 정책과 기존의 재일 한국·조선인 민족단체(민단, 조총련)가 재일 한국·조선인을 본국과 일체화시키면서 일본사회와의 관련성을 부정하는 것에 대한 안티테제였다. 1980년대 「함께 사는 일본 사회」라는 구호를 내걸고 활발하게 전개되었던 지문날인 거부운동에서도 '공생'

이슈로 떠올랐다. 일본에 다문화주의나 다문화 교육은 1980년대에 소개된 바 있지만, 다문화주의와 '공생'이 결합한 '다문화공생'5)이라는 용어가 일본의 시민사회에서 처음으로 사용되기 시작한 것은 1980년대 후반 가나가와(神奈川) 현 가와사키(川崎) 시의 한 시민 단체에 의해서였다.6) 그리고 이 용어가 일본 사회에서 대중적으로 널리 알려지게 된 것은 1990년대 후반부터이다(山脇啓造, 2005).7) 그러나 지자체 및 지역사회

은 주요한 키워드였다(徐正禹, 2007 참조). 그리고 1980년대 후반부터 일본 선주민족의 차별과 동화주의의 문제를 논의하면서 '공생'이라는 단어의 사용이 증가하기 시작하였다. 마침내 일본 내 기업과 행정에서도 기업경영과 행정적 편의를 위한 개념으로서 '공생'을 "일본사회가 지향하는 새로운 비전"이라는 의미로 발 빠르게 도입하면서 다양한 분야에서 대중화되어 왔다(村井忠政, 2003; 한영혜, 2006: 156; 이태주·권숙인, 2007: 163).

5) '다문화공생'은 다양한 사회적 배경 속에서 나타나 개념에 대한 기본 합의 없이 지역의 풀뿌리 시민단체와 지자체에서 사용되어 왔기 때문에, 단어의 영어식 표현도 통일된 표기 없이 각 활동 주체의 신념에 따라서 multicultural coexistence 혹은 multicultural living-together(생물학·생태학적 개념으로서의 공생), multicultural conviviality(인간과 환경과의 자율적, 창조적 관계라는 이반 일리치의 공생개념), multicultural symbiosis(로버트 파크의 인간생태학적 개념으로서의 공생) 등과 같은 여러 형태의 표기를 사용해 왔다(岡本耕平, 2010; 村井, 2003).

6) 1993년 가나가와 현에서 개최된 '개발 교육 국제 포럼'의 개최를 안내하는 신문에서 '다문화공생'이라는 용어가 처음으로 등장했다고 알려져 있다(田村太郎·北村広美·高栁香代, 2007). 그리고 같은 해 11월 가와사키 시의 오힌지구(大近地区)의 마을 만들기 협의회가 마을 조성의 기본 방침을「녹화, 환경정비」와「다문화공생 마을 만들기」로 정하고, 계획안을 시에 제출하면서 '다문화공생'이라는 용어가 본격적으로 사용되기 시작하였다. 오힌 지구 마을 만들기 계획의 전문에는 다음과 같은 내용이 담겨 있다. "우리는 마을의 100년 역사를 근거로 하여 지역에 사는 사람들의 문화적 배경을 존중하는 '다문화 공생의 마을 만들기'를 기본이념으로 한다. 또한 아이, 여성, 고령자, 장애인, 새로이 일본에 온 외국인 등 모든 사람에게 좋은 마을, 인권을 소중히 하는 마을을 조성하는 것을 목표로 한다."(川崎市議会議員 飯塚正良 홈페이지 참조)

7) 1995년 1월 한신·아와지 대지진 당시 재해를 당한 외국인들을 지원하기 위

의 수준에서 논의되고 있었던 타문화 혹은 타민족 집단과의 공생의 문제에 대하여 일본 정부는 오랫동안 소극적으로 대처하고 있었다.

이민의 수용과 그에 따른 사회 내부의 다양성을 둘러싼 문제를 공식화된 사회 통합의 모델로 규정하고 있지 않았기 때문에, 일본정부는 오랫동안 입국 이후의 외국인 이주자들의 정주화 문제를 지역사회에 맡겨 두고 있었다. 오랜 단일 민족 이데올로기에 기반을 둔 일본정부의 국가 통합 담론은 외국인 이주자들에 적극적으로 대응하고 있었던 지역사회의 현실과 불일치하고 있었다. 다문화하는 사회적 상황에 대한 사회 통합 모델을 제시하지 않고 있는 중앙정부에 대하여 지역의 외국인 통합 정책을 담당하고 있던 지방정부는 역설적으로 지역의 국제화 담론에 의존하여 "글로벌 규범으로서의 다문화주의"를 도입하면서 단일 문화의 국가 담론을 거부해 왔다(Flowers, 2012). 예를 들어, 이타미 시(伊丹市)에서 발표한 「내향적 국제화 추진 지침」(1996년)에서는 이미 주민으로서의 외국인에 대한 사회적 규정에 지자체법과 주민 기본 대장법에서 불일치가 있음을 보여주면서 "외국인도 지역주민"(Tegtmeyer Pak, 2003)이라는 인식의 전환 및 제도의 수정을 역설한 바 있다.

하여 '외국인 지진정보센터'가 시민들에 의해서 오사카 시에 설립되어 재해 지역에 거주하던 8만여 명의 외국인들을 대상으로 다국어 전화 상담과 소식지 발행으로 외국인 이재민을 지원했다(多文化共生センター大阪 홈페이지). '외국인 지진정보센터'는 같은 해 10월 다문화공생 센터'로 이름을 바꾸고, 일본에 거주하는 외국인에 대한 다양한 지원활동을 전개하면서 매스컴 등을 통해 전국적으로 알려지게 되었다.

지역에 거주하는 외국인은 국적, 문화, 언어가 다르더라도 지역에서 활동하고, 지역에서 하루하루를 살아가는 똑같은 '주민'이다. 지방자치법에는 국적의 구별 없이 해당 구역에 주소를 두고 있는 사람을 '주민'으로 간주한다. '주민은 법률이 정하는 바에 따라 그가 소속된 지방공공단체의 서비스를 동등하게 제공받을 권리를 가지며, 부담을 분담할 의무를 지닌다 (제10조)'라고 규정되어 있으나, 지자체가 주민 서비스를 제공하는 경우 종래는 주민 기본대장이 그 기초가 되고 있는 것은 부인할 수 없다. 주민 기본대장은 일본적(日本籍) 주민만이 주민으로 기록되며, 따라서 주민은 곧 일본인이라고 하는 사고방식에 빠지기 쉬워 「외국인은 '주민'이다」라는 의식이 희박해질 수밖에 없다(伊丹市, 1996).

이러한 인식을 바탕으로 지역사회는 외국인 밀집 지자체들을 중심으로 지역 거주 외국인들을 지역 구성원으로서 인정하고 지원활동을 전개하는 "아래로부터의 다문화주의"(한승미, 2003; 김현미, 2008)를 실천하고 있었다. 따라서 지역에 살고 있는 외국인들에게 필요한 정책과 지원은 각 지자체에 의해 독자적으로 제공되어 왔다. 그러나 이런 정책들이 단일화되고 공식적인 법률에 근거하고 있지 않았으므로, 각 지자체의 상황에 따라 지역 외국인 시책이 자주 변경되는 문제점이 있었다.

국가의 정책적 부재와 지자체와 지역사회 수준에서의 가변적 정책에도 불구하고, 지역사회에서는 외국인들을 외국인 주민으로서 이해하는 방식들을 조금씩 다르게 발전시켜왔다(Tegtmeyer Pak, 2003; Nagy, 2009; Flowers, 2012: 523). 정부의 외국인 통합정책에 대한 구체적인 논의가 이루어지지 않은 상태에서 1988년 오사카 시는 외국인 주민들을 위한 정책을 자체적으로 수립하였고, 가와사키 시에서는 이미 1996년에 외국인 이주자들이 참여하는「외국인 시민 대표자 회의」를 설치하였다. 그리고 2001년부터 외국인들이 많이 거주하는 지자체들의 네트워크로서「외국인 집주 도시 회의」를 구성하여 정보교류와 이주자 문제 해결을 위한 공동 체제를 구축해 오고 있다. 2004년에는 미에 현, 아이치 현, 시즈오카 현 등에서 '통합'이라는 이슈를 다루면서 다문화공생이라는 말을 본격적으로 사용하기 시작하였다. 이와 함께 지역현장에서는 다문화적 상황에 대해 국가의 체계적, 종합적인 정책을 요구하였다. 한편, 오랫동안 다문화공생이라는 용어의 직접적인 사용을 피해 왔던 일본정부는 2006년 공식문서에서 '다문화공생'을 처음으로 사용하였다(岡本, 2010). 총무성은 기존에 지역사회가 지향하고 있던 다문화공생의 이념을 거의 그대로 채용하여[8] '지역에서의 다문화공생'의 의미를 '국적이나 민족 등이 다른 사람들이 서로의 문화적 차이를 인정하고 대등한 관계를 구축하면서 지역사회의 성원으로서 함께 살아가는 것'으로 정의하였다(総務省, 2006).

---

8) 1995년 설립 당시 '다문화공생센터 오사카'는 다문화공생을 '국적, 문화, 언어 등의 차이를 인정해 서로 존중하는 것'으로 정의하였다(多文化共生センター大阪 홈페이지).

3. '다문화공생'의 정책적 차용
:「지역에서의 다문화공생 추진 플랜」

3.1. 국제화 정책과 다문화공생 정책

일본의 다문화공생 정책은 외국인 주민들을 지역사회에 통합시키는 통로로서 기존의 국제화의 수사(rhetoric)에 기대고 있다. 국제화 정책은 전국 지자체의 주요 정책과제로서 지자체를 중심으로 1980년대 전반 "국제교류", 1980년대 후반 "내향적 국제화"(うちなる国際化), 그리고 1990년대 "국제협력"이라는 키워드를 통하여 전개되어 왔다(初瀨龍平, 1993). 여기에 2000년대의 '다문화공생'이라는 키워드가 추가된다. 1980년대 전 세계의 정치, 경제, 사회적 변화 속에서 일본사회가 경제 대국으로 성장함에 따라 나카소네 내각은 메이지유신에 이은 "제3의 개국"의 필요성을 역설하고, "열린 일본"을 실현하기 위한 정책적 모델로서 "국제화" 추진에 대한 강력한 의지를 피력하였다(外交青書, 1986). 국가주도의 국제화 정책은 외부세계(외국)를 타자로 상정함으로써 일본의 자기인식을 새롭게 하는 기회를 가져다주었다(Ivy, 1995; Robertson, 1997: 98).[9] 전 세계를 향하여 일본사회의 민족적 단일성을 역설했던 나카소

---

9) '국제화'는 물건, 돈의 국제화와 더불어 "사람의 국제화", 즉 "국제적 인간 만들기"를 목표로 하였다. 따라서 지역의 국제교류는 주민의 국제의식과 국제이해를 환기하고, 세계에 대하여 일본인으로서의 자긍심을 높이면서 일본인 스스로 국제인으로서의 감각을 배양하는 데 초점을 맞추었다. 일본 지역사회에서의 국제화 정책은 "전통문화를 계승하고, 일본인으로서의 자각을 하여 국제사회에 공헌하는 국민을 육성하는 것을 목표"로 하였다(田中圭治郎·ナカニシマ, 2003).

네 내각이 적극적으로 표방했던 정부 주도의 국제화 정책은 "외부와의 교통의 부재" 속에 있었던 일본이 대내외의 변화에 직면하여 타자로서 등장하기 시작한 위협적인 외부로서의 외국을 "다룰 수 있는 정치적 질서의 기호"로 변형한 정치적 개념이다(Ivy, 1995: 3). 국제화 정책의 구체적인 실천방법은 국내화(domestication), 즉 "일본 밖에서 외국의 일본화"와 "일본 내에서 외국의 일본화"라고 하는 담론 속에서 발전해왔다(Burgress, 2012: 12). 이후 "국제적 국가, 일본" 만들기라는 목표 속에서 '국제화'는 1980년대 이후 일본에서 가장 대중적인 단어가 되었다(大阪大学教授グループ, 1991; Robertson, 1997).

정부는 2006년 다문화공생을 시책화하면서 정책의 기조를 기존의 '국제화' 및 '국제교류'의 연장선상에서 상정하였다. 총무성 보고서에서는 1980년대 후반부터 지역에서의 '국제교류'와 '국제협력'을 주축으로 지역의 국제화를 추진해왔던 일본사회가 이제 "지역에서의 다문화공생' 정책을 제3의 축으로 하여 지역의 국제화를 한층 추진해 나가야 할 것이 요구된다"라고 밝히고 있다. 이러한 다문화공생에 의한 지역의 국제화 정책은 기존의 "지역주민과 외국인이 차이를 인정하며 공생해 나가는 지역 만들기"에서 더 나아가, "타문화에 대한 이해와 커뮤니케이션 능력을 갖춘 세대를 육성"하고, "다양한 문화적 배경을 가진 주민이 공생하는 유니버설한 지역 만들기"를 강조하고 있다(総務省, 2006). 이는 타문화(異文化)와의 차이를 인정해 나가는 지역 만들기(1987년)로부터 다양한 배경의 주류 일본인들과 외국인들이 지역의 주민으로서 공생하는 국제적 지역 만들기라는 다문화(多文化)적 이념을 적용(2006년)한 것이라 볼 수 있다. 이처럼 국제화 정책의 제3의 축으로서 2006년 이후 국가로부터 발신된 공식적인 다문화공생 정책은 현(県)의 차원에 설치되어 있는 '다문화공생추진의회'와 더불어 전국의 지역 국제화 담당 부국의 연락조직인 '국제교류추진협의회' 및 지역사회의 '국제교류협회', NPO/NGO 등의 민간단체 등에 의해서 구체적으로 실천될 것이 기대되었다.

3.2. '다문화공생'의 정책 패러다임

일본 정부는 마침내 2005년부터 '지방행정 중점정책'으로서 '다문화공생 추진'을 시책화하였다. 이에 따라 2005년에 「다문화공생 추진에 관한 연구회」를 설치하고, 지역에서의 다문화공생의 추진 과제 및 필요한 조직 등에 관해 처음으로 총체적으로 검토하여 2006년 3월에 「다문화공생 추진에 관한 연구회 보고서: 지역에서의 다문화공생 추진을 위하여 (Research Report on the Promotion of Multicultural Coexistence)를 발표하였다. 보고서는 지역사회에서의 다문화공생을 실천하기 위하여 외국인 주민을 위한 '커뮤니케이션 지원'(정보의 다언어화, 일본어 교육), '생활지원'(거주, 교육, 노동 환경, 의료, 보건·복지, 방재 등), '다문화공생의 지역 만들기'라는 3가지 세부적인 지침을 제시하였다. 이어서 정부는 지자체의 다문화공생 정책 실행 조직에 대한 지원과 외국인 노동자의 노동환경, 외국인 아동의 교육, 외국인 등록제도 등에 대한 제도적 보완과 수정을 예고하였다(総務省, 2006). 그리고 전국의 지자체에 하달하여 다문화공생 시책을 종합적, 계획적으로 추진하도록 의뢰하였다. 일련의 다문화공생의 정책적 시행 과정에서 총무성은 2008년도에는 다문화공생 추진사례에 관한 조사를 하여 다문화공생 사례집을 공표하고, 2009년과 2010년에는 지역의 실정에 맞는 다문화공생 추진을 위한 지자체의 조직에 대한 지원을 강조하고 있다(財団法人自治体国際協会). 이에 따라 2012년 현재 전국 559개(전국 지자체의 약 30%)의 지자체에서 다문화공생 추진을 위한 방침이나 계획을 하고 있다(総務省, 2012).

총무성이 밝히고 있는 지역에서의 다문화공생 추진 플랜의 목적은 "국적이나 민족 등이 다른 사람들이 상호 문화적 차이를 인정하고 대등한 관계를 구축하는 가운데 지역사회의 구성원으로서 함께 살아가도록 하는 다문화공생 지역 만들기 추진의 필요"에 따른 것이다(総務省, 2006; 総務省自治行政局国際室長, 2006). 이러한 「지역에서의 다문화공생 플랜」은 외국인 집주 지역의 지자체가 중심이 되어 실천해 왔던 외국인 시책에서 국가의 정책적, 제도적인 불충분함을 인식하고 이를 정부수준에서 종합적으로 검토하고자 하는 것이다. 나아가 외국인을 경제적 관점에서의 노동력 정책 혹은 재류 관리의 측면에서 단순히 단기 이주 노동자, 관광객 혹은 일시적 체류자로서 간주하던 기존의 관점으로부터 전환하여, 일본사회에 정주화하고 있는 외국인들을 생활자(주민) 혹은 지역사회의 구성원으로 범주화하였다. 이러한 인식의 전환은 외국인 집주 지역에서의 재주 외국인 문제가 앞으로 일본 내의 인구감소 및 경제적 글로벌라이제이션의 확대에 따른 국제적 이주의 증가로 인해 일본 전체 지역사회에서 공통적인 문제가 될 것이라는 인식에서 출발한다.

이런 점에서 일본 정부에 의한 다문화공생 추진 시책은 사회 내에 급증하는 민족적, 문화적 다양성을 정부 수준에서 공식화하고, 사회 내 소수 민족 및 문화에 대한 정책적 개입을 시사한 것으로 이해될 수 있을 것이다. 뉴커머 이주자들의 유입 이후 이주자 1세대 및 그 자녀들의 정착이 더는 지역적 수준에서 문화적 차이라는 이슈만으로 다룰 수 있는 문제가 아니라는 사실을 인식하고, 이들을 중앙 정부 수준에서 정책적으로 포섭하기 위한 의식의 전환이 필요하다는 것을 직시했다고 보인다. 그러나 지역사회로부터의 목소리를 시책에 반영한 일본의 다문화공생 정책이 '다문화'를 외국인 시책에 정책적으로 도입하고 이전까지 지자체, 주민단체에 맡겨 놓고 있던 외국인 문제를 정부 수준에서 공식적으로 검토하고 있음에도 불구하고, 기본적인 이주민 정책의 전면적인 변화를 보여준다고는 할 수 없는 듯하다. "일본의 다문화주의 정책은 '이민정책'이나 '통합정책'이라는 용어를 사용하기보다, 지자체 수준에서의 통합정책을 '외국인 주민 시책'이나 '다문화공생 정책'"이라고 부르는 경우가 많기 때문이다(近藤敦, 2011).[10] 또한, 국가적 모델로서의 다문화주의 정책을 제시하면서 '지역 수준에서의' 다문화공생이라는 제한적 용어를 사용함으로써 여전히 기존의 지역 중심, 지자체 중심의 외국인 대책을 지속하고자 하고 있다. 이런 면에서 다문화공생 정책이 중앙정부, 지방정부, 그리고 지역사회가 역할을 담당하며 주체적으로 참여하도록

---

10) 곤도(近藤敦, 2011)는 또한 일본 정부가 다문화공생 정책을 통하여 사회의 통합을 지향하면서도, '통합'이라는 용어를 직접적으로 사용하지 않는 이유를 지적하고 있다. 그는 외국인들이나 시민단체들에 '통합'(統合)이라는 일본어가 "동화주의적, 관리주의적" 의미로서 받아들여지는 경향이 있기 때문에 다양한 배경을 가진 사람들을 대응하게 사회에 참여하도록 하는 '공생'이라는 용어가 '통합'을 대신하여 사용되고 있다고 보았다.

하고 있음에도 불구하고, 지역적 특성과 외국인 정주자들의 다양한 특성을 고려하지 못하고 있다(최병두, 2011: 144-150). 장기적으로 일본 사회의 대·내외적인 환경의 변화로 인한 사람들의 국제적 이동이 증대될 것을 예측하고 공식적으로 고급두뇌 및 전문 인력의 도입과 이들의 정주(定住)정책을 적극적으로 시행하고 있으면서도 일본사회의 기본적인 국가 통합모델은 여전히 이민정책이 아니며, 따라서 이미 정주화하고 있는 외국인들과 그 후세대들의 문제를 국가 통합의 전면적인 모델의 변화로 접근하지 않고 있다.

이러한 일본 정부의 다문화공생의 "국가적 차용"은 두 가지 의미에서 사회통합 및 정책담론과 관련된다. 첫째, 일본 정부의 다문화공생의 시책화는 "정주형 이주자들의 사회 통합을 위한 담론"과 관련된다(김현미, 2008:324). 일본의 다문화공생은 실질적으로 외국인 시책이지만 통합 이데올로기가 반영되어 있다(近藤敦, 2011). 2012년 7월부터 정부는 다문화공생 정책의 하나로서 장기 거주 외국인에 대하여 기존 외국인 등록제를 폐지하고 주민증을 발급하여 외국인들을 지역사회에 통합시키는 제도를 실시하고 있다.[11] 특히, 최근의 경제상황의 악화로 타격을

---

11) 이전까지 일본에서 거주하는 외국인은 기본적으로 외국인 등록법에 따라 관리되고 있었다. 따라서 법률적으로 외국인 등록을 해야 하는 외국인은 주민 등록의 대상으로부터 배제되어, 각 지방 자치단체에서 개별적으로 이들을 파악하는 시스템을 가지고 있었다. 그러나 2012년 7월부터 외국인 등록 제도를 폐지하고, 외국 주민에 대한 기초적 행정서비스를 제공하기 위한 새로운 주민 대장제도를 실시하고 있다. 이로써 외국인을 '주민'의 범주에 포함하여 외국인도 주민 기본 대장법의 대상이 되어 주민표를 발급받을 수 있게 되었다. 또한, 지방입국관리국과 시읍면에 재류자격과 기간을 신고해왔던 것을, 법무부 산하 지방입국관리국으로 일원화하였다. 정주 외국인에 대해

받은 뉴커머 이주자들을 위한 시책으로서 다문화공생이 실업 및 위기에 처한 외국인 이주자들을 사회 내로 통합시켜 내는데 실질적으로 적용되고 있음을 볼 수 있다. 정책적 모델로서의 다문화공생사회 이념은 이주자들의 정주화 문제를 국가적 차원에서 직시하고, 이들을 정책시행의 대상자로서 간주하여 '곧 돌아갈 것이 전제되지 않는' 생활자(주민)라는 범주로 포함시켰다는 데 의미가 있다. 이는 일본 사회가 다문화주의를 국가의 공식적 모델로서 채택하지 않더라도 다문화공생 플랜을 통해 사회의 통합을 이끌어 내고자 하는 시도이다. 이러한 의미에서 1980년대 국제화가 외부(외국)와의 관계 설정을 내적으로 다룰 수 있는 방식으로써 정치화한 맥락에서처럼 정부의 다문화공생 정책은 증대하는 내부의 다양성과 이질성을 다루기 위한 익숙한 방식의 정치적 기호의 변형으로 볼 수 있을 것이다.

둘째, 다문화공생은 신자유주의적 "글로벌 경제로의 적극적인 편입을 위한 정책 담론"과 관련된다. 일본의 다문화공생은 국가의 이민정책 및 소수민 통합 정책으로서 새롭게 제시되었다기보다 기존의 '국제화' 정책 담론의 연장선상에 있다. 1980년대 세계 경제에의 편입을 목표로 시작된 일본의 '국제화' 정책과 병렬시킴으로써, 다문화공생의 정책화는 국가의 국제 경쟁력을 강화시키고자 하는 글로벌 시책과 관련된다. 보다 구체적으로 현재 정책 실현 과정 속에서 일본정부의 고급 인재

주민으로서 접근하는 이러한 정책적 변화는 각 지자체에서 개별적으로 다루던 관리체계를 중앙으로 일원화시켜 행정의 편의와 정책적 수혜를 위한 근거를 마련함과 동시에 국가에 의해 단일화된 외국인 관리 정책으로의 전환으로 보인다.

유치를 위한 국가 전략에 다문화공생의 담론이 적용되고 있다. 이주 노동자들에 대한 기존의 관리 시스템을 유지하면서 지역사회의 다문화공생의 실천을 강조하는 한편, 국가적 수준에서 인구감소에 대한 대응과 경제적 활성화를 위한 전략적 정책으로서 고급 인재의 이주와 정주화 정책을 적극적으로 추진하고 있는 것이다.[12] 따라서 다문화공생의 정책적 차용은 이주 노동자들의 정주화에 대한 일본정부의 대응이 "지역 수준에서의 다문화공생"이라고 하는 형태에 의존하고 있는 반면에, 고급 인재 유치와 정주화의 공식적 추진은 정부 수준의 다문화 정책의 적극적인 시도이다. 현재의 일본 정부의 다문화공생 플랜은 기존의 외국인 입국 및 관리에 대한 기본 관점을 유지하면서 구체적인 국가 정책전략의 접근방식의 전환으로서 다원주의적 유형을 도입하고 있다고 할 수 있겠다.

그러나 당초 계획과 달리 2008년 리만쇼크 이후의 불황으로 「다문화공생 추진 플랜」은 외국인 실업자들을 위한 긴급 위기대책의 성격이 강해졌다. 특히 일본 경제의 불황으로 크게 타격을 받은 닛케이진(日系人) 집주 지역의 닛케이진 실업자를 주 대상으로 하는 경향을 보이고 있

---

12) 일본 정부는 국가적 「글로벌 전략」의 일환으로서 법무성, 문부과학성, 후생노동성, 경제 산업성의 4개 부처가 공동으로 추진하는 해외의 「고도 인재 유치를 위한 대책」(2008)을 발표하였다. 대책은 자격을 갖춘 외국인에 대해 5년의 재류자격을 허가하고, 영주허가 요건을 완화하는 등의 출입국 및 재류자격에 우대조치를 취하는 것을 골자로 하고 있다. 그리고 외국인 고도인재로서 유학생을 중심에 두고, 유학생을 수용하여 산업계와 연계함으로써 경제 활성화에 도움이 될 수 있도록 「유학생 10만 명 계획」(1983-2003)에 이어 「유학생 30만 명 계획」(2008-2020)을 실시하고 있다(茂住和世, 2010; 文部科学, 2008; 厚生労働省, 2008; 共立総合研究所, 2011; 内閣府, 2012).

다. 2010년 이후 중앙정부의 다문화공생 관련 예산은 축소되고 있으며[13], 지자체 수준에서는 2012년에 「다문화 공생사회 실현 검토회」를 통해 주민으로서의 외국인에 대한 언어교육, 취업지원 등의 사업을 강조하고 있다(김남국 외, 2012: 263). 정부는 2009년에 내각부에 「정주외국인 시책 추진위원회」를 설립하여 닛케이진을 중심으로 한 고용, 교육 문제 등을 집중적으로 논의하고 있다. 그러나 이와 같이 뉴커머 중심의 다문화공생 정책의 시행은 기존의 소수집단인 재일 한국·조선인들과 뉴커머 이주자들을 아우르는 전체 사회통합의 모델로는 한계가 있을 수밖에 없다.

전술한바, 다문화공생의 이념은 일본의 지역사회를 배경으로 주민으로서의 외국인들을 인정하고 함께 살아가고자 하는 풀뿌리 시민운동으로 등장하기 시작하였다. 물론, 애초의 다문화공생 담론이 일본의 모든 지역사회와 지역주민들에게 유의미한 실천적 의미로 받아들여져 왔던 것은 아니다.[14] 그러나 지역에 거주하는 외국인들에 대해 직접적인

---

13) 예를 들어, 2010년부터 내각부에서 집행되기 시작한 "정주외국인시책 추진의 팔로우-업, 다언어에 따른 정보제공 등 정주 외국인 시책 추진"을 위한 예산은 신규 책정된 2010년에 4천9백만 엔에서 2011년 1천3백만 엔, 2012년 1천2백만 엔, 그리고 2013년에 1천만 엔으로 매년 감소하고 있는 추세이다 (内閣府 홈페이지). 따라서 지역에서는 중앙정부의 예산외에 지역의 국제교류재단 및 국제교류협회, 민간, 그리고 지역의 기업과 함께 "다문화공생 추진 기금"을 마련하고 있다.

14) 일본계 남미 출신자(특히 닛케이 브라질인)들의 증가와 정주화가 급속화되는 경향을 보이면서 다문화공생 정책이 추진되고 있는 지역들 중 많은 경우가 일본계 외국인들의 집주지역인 경우가 많다(최병두, 2011: 119). 이러한 이유로 자치체에 따라서는 「다문화 공생」 시책이 브라질인과의 공생만을 의미하는 것으로 이해되기도 한다(宮島橋, 2009).

대응을 하면서 '공생'의 의식을 발전시켜 온 것은 지방정부와 시민단체를 비롯한 지역사회이다. 그렇다면, 정책적 테두리 안에서 재정의된 다문화공생은 지역 현장에서 어떻게 존재하는가? 트랜스내셔널 인구이동이 가속화되고 있는 상황에서 다문화공생이 "특정 지역만의 문제가 아니라 전체 사회 공통의 문제가 될 수 있다는 인식"(総務省, 2006)을 함께 한다면, 다문화공생이 시책화 이후에 어떤 방식으로 지역의 주민들에게 경험되고 해석되고 있는지를 보아야 할 필요가 있다. 다음 절에서는 오사카부(府)의 3개 도시의 국제교류협회 사례를 통해 정책적으로 재개념화된 다문화공생이 지역사회에서 어떻게 수용, 해석, 실천되고 있는지를 살펴보고자 한다.

4. 다문화공생 프로젝트의 지역적 존재방식

4.1. 지역으로 돌아온 다문화공생: 정책적 수사

오사카부(府)는 인구 40명 중에 1명이 외국인으로, 이 가운데 1/4이 재일 한국·조선적(60.1%)이며, 이어서 중국적자 25.4%, 필리핀과 베트남이 각각 3.0%와 1.7%를 차지하고 있다(大阪府外国人登録上位10カ国の市町村別外国人登録者数, 2010). 2012년 현재 오사카부의 재류 외국인 비율은 2.4%로 도도부 현(都道府県) 가운데 동경에 이어 두 번째로 높다. 특히 오사카부는 높은 외국인 거주 비율과 함께 부락 해방운동의 주요 거점으로서 1967년부터 전후 해방교육 및 민족교육, 인권을 오사카부와 오사카 시의 주요 시책으로 삼아왔다. 도요나카(豊中) 시, 다카쓰키(高槻) 시 등은 1980년대부터 이미 외국인 교육의 지침을 책정하여 재일 한국·조선인 학생들에 대해 한반도의 역사 및 사회적 배경에 대한 교육을 시행해오고 있으며, 오사카부의 대표 도시인 오사카 시 역시 국제화 프로젝트와 다문화공생 정책을 시책화하고 있다. 1999년 이후 오사카부는 「인권교육 기본방침」, 「인권교육 추진 플랜」을 수립하여 어린이, 동화(同和)문제, 남녀평등, 장애인, 재일외국인의 인권 교육을 주요한 정책으로 추진해 왔다.

한편, 오사카부는 1989년부터 외국인 시책에 대한 연구를 시작하여, 1992년에 「오사카부 국제화 추진 기본 지침」과 2002년 책정한 「재일외국인 시책에 관한 지침」을 근간으로 '모든 사람이 인간의 존엄과 인권을 존중해 국적, 민족 등의 차이를 서로 인정해 함께 살 수 있는 공생 사회의 실현'을 추진해 오고 있다. 지역 인구의 많은 비율을 차지하고 있는 재일 한국·조선인들과의 공생의 문제만이 아니라 늘어나기 시작한 외국적 주민들과의 공생의 문제에 현실적으로 접근하기 위하여 1980년대 이후부터 국제화 프로젝트를 비롯하여 1980년대 후반부터 다문화공생 사회 이념을 수용하여 정책에 반영해 왔다. 이러한 흐름 속에서 1989년에 오사카 부 국제교류재단(OFIX: Osaka Foundation of International Exchange)을 설치하여 민간 국제교류, 오사카 국제화 촉진, 국제협력, 유학생 지원 등의 사업을 실시하고 있다. OFIX에 의하면 2008년 현재 부(府) 내의 43개 시에서 115개의 국제교류단체가 활동하고 있다. 이들 국제교류단체는 일부 재단법인이나 각 시에 의해서 관리되는 대규모의 국제교류협회를 포함하지만, 많은 수가 1980년대 말에서 2000년대 초반에 설립되어 '국제교류협회'라는 명칭을 달고 활동하고 있다. 이 가운데 상당수가 1998년에 제정된 "특정비영리활동촉진법"의 시행 이후 비영리활동법인(NPO: Non-Profit Organization)자격을 취득하였다. 국제교류협회의 활동은 대개 해외와의 교류, 유학생 및 재주 외국인 지원(생활상담, 정보제공, 통역), 일본문화 소개, 일본어 교실, 국제이해 교육, 교류 이벤트, 자원봉사(호스트패밀리) 등을 중심으로 하고 있다. 외국인의 분포, 지역의 성격 등에 따라서 국제교류협회의 활동 규모와 내용은 상당한 차이를 보이지만, 이들 협회는 지역의 외국인들을 위한 문화 이벤트, 일본어 교실, 일본인 주민들을 위한 국제 이해 교육 등을 통해 지역의 국제교류를 담당해 왔다.

그러나 앞으로 제시되는 사례에서 보이듯, 다문화공생 정책 수행의 최전선에서 국제교류를 통하여 외국문화, 지역사회 내의 외국인과의 관계를 설정하고 있던 주민들에게 아이러니하게도 다문화공생은 이해하기 쉽지 않은 용어이자 개념이다. 연구자가 오사카부에 거주하는 일본인 주민들과 행한 인터뷰(2011년~2012년)는 국제교류의 의미에 대해서 "상호 문화를 존중하고 이해하는 것", "자신과 다른 자연과 환경의 사람에 대해서 알고 싶어 하는 욕구", "일본 이외의 사람과 지식, 문화, 정보를 교환하는 것", "어떤 나라의 사람을 자연스레 알게 되는 것"으로 익숙하게 정의하고 받아들이고 있음을 보여준다. 반면, 다문화공생에 대해서는 용어조차 들어 보지 못했다는 사람이 많았다. 경우에 따라 다문화공생을 '다국어 서비스'로 이해하거나, '다언어 국가'가 되는 것으로 받아들이고 있었다. 다문화공생이라는 단어를 들어 보거나 기본적인 개념을 이해하고 있더라도 외국인들과의 문화적 교류를 하고 있던 기존의 활동인 '국제교류'와 동일한 것으로 인식하는 경우가 많았다. 무엇보다 많은 사람들이 다문화공생을 정치화된 정책적 용어로 인식하고 있었다.

> "다문화공생이라는 것은 정책적으로 하는 것이다. 우리 시 쓰레기 처리장에서 중국어 표기가 없어서 엉망이다. (다문화공생은) 시(市)에서 중국인들을 위해서 중국어 번역서비스를 하는 것과 같은 것이다."
> (63세 남성, 오사카부 H시 거주, 은퇴 후 국제교류협회에서 자원봉사)

> "다문화공생이란 말은 들어 본 적이 없다. 음… 아마도 다문화공생이라는 것은 싱가포르, 중국, 말레이시아처럼 여러 가지 언어를 말하는 것, 다국어로 말하는 나라가 되는 것 아닌가?"
> (시코쿠 출신의 20대 남성, 미국 유학 중 만난 홍콩 여성과 2년 전 결혼하여 오사카부 S시 거주)

> "다문화공생이라는 말은 '사람들이 평화적으로 인정하면서 살아가자'는 것이 목적인 것 같다. 최근에 생긴 개념이다. 언젠가부터 말하는 방식이 달라졌다. 국제교류와 비슷한 말이다.
> (60대 여성, 오사카부 H시 거주)

> "다문화공생이라는 말에서 '다문화'는 '국제적' 혹은 '국제화한다'는 의미이고, 공생은 '함께 산다'는 뜻인 것 같다. 다문화공생은 국제교류와 같은 의미이다. 이 단어는 이곳 국제교류협회에서 활동하면서 들었다. 아, 그리고 NPO팸플릿이나 기관지에서 본 적 있다. TV 같은 데서는 들은

적 없다. 이해하기 어려운 단어이다."

(40대 여성, 오사카부 S시 거주,
S시 국제교류협회 스태프, 6년 활동)

"다문화공생은 인도네시아처럼 여러 언어, 종교가 달라도 서로 함께 사는 것이 가능하다는 의미인 것 같다. 다문화공생의 진정한 정책적 의미에 대해서는 잘 모르겠다. 일본은 기본적으로 단일민족이었으니까 다문화가 없었다. 다른 외국인들보다도 재일한국·조선인들과의 공생이 더 필요하다. 아메리카인들과의 공생에 대해서는 생각해 본 적 없다(웃음)."
(70대 남성, 오사카부 K시 거주, K시 국제교류협회 회장, 22년 활동)

"다문화공생은 일상적으로는 사용하지 않는 언어이다. 현실적으로는 이해가 가지만…."   (60대 여성, 오사카부 K시 거주)

이처럼 인터뷰를 실시한 지역의 주민들은 다문화공생이 기존의 국제교류와 어떤 점에서 다른지 명확히 이해하지 못했다. 지역적 편차가 있겠지만 (뉴커머)외국인 집주 지역과 달리 외국인의 인구분포가 높지 않은 지역의 국제교류협회의 경우에서 다문화공생은 일상적인 단어가 아닌 것으로 보인다. 이는 국가의 정책적 지원이 기존의 문화 이벤트 중심의 국제교류의 한 축으로 전달되면서 다문화공생은 일반적인 지역의 주민들에게는 그 의미가 명확하게 전달되지 않기 때문이다. 따라서 많은 경우에 기존의 '국제교류협회'라고 하는 협회의 명칭을 유지한 채, '국제교류'라는 단어 대신 '다문화공생'이라는 용어로 대체하면서도 다문화공생에 대한 이해가 선행되지 않은 상태에서 활동이 이루어지는 사례도 많았다.

4.2. 다문화공생의 지역적 스펙트럼
: '익숙한' 국제교류에서 '무거운' 다문화공생까지

국제교류에서 다문화공생으로 정책적 지향이 변화하는 가운데 현지조사를 실시했던 지역의 다문화공생으로의 이행은 넓은 스펙트럼상에 위치하고 있음을 보여준다. 국제교류 초기에는 외국인과의 문화적 차이에 대한 이해가 주요 화두로서, 국제교류협회들의 사업은 이처럼 일본인 관객을 대상으로 한 외국의 음식, 의상, 관습 등을 소개하는 이벤트가 많았다. 문화 이벤트는 지난 20여 년 동안 쌓아온 노하우를 바탕으로 현재에도 많은 국제교류협회가 선호하는 형태로 실시되고 있다. 이처럼 일본의 다문화공생은 외국의 민속의상, 민속음식 등에 대한 문화적 소비를 통해 차이를 인정해 나가는 '온건 다문화주의' 혹은 '소비되는 다문화주의'의 형태로 일본의 지역사회에서 차츰 받아들여져 왔다고 할 수 있다(Short, 1995; 마르티니엘로, 2002; Carruthers, 2004).15)

아래에서 연구자는 오사카부의 사례를 통하여 현재적 다문화공생의 지역적 프로젝트가 지역의 특성 및 지자체의 접근 방식, 그리고 지역주민들의 실천양상에 따라 다양한 스펙트럼 위에 놓여 있음을 보여주고자 한다.16) 구체적으로 2006년 정부의 「지역에서의 다문화공생 추진 플

---

15) 오스트레일리아 역사학자 존 허스트(John Hirst)는 다문화주의 성격을 온건 다문화주의와 강경다문화주의로 구분한 바 있다. 허스트에 따르면 온건 다문화주의는 이주자들에 대해 가지는 태도를 나타내는 것으로, 이주자들이 오스트레일리아에서의 삶에 충분히 참여하는 것에 대한 관용, 만족과 허용이라는 태도를 의미한다. 반면에, 강경 다문화주의는 이주인 문화가 정부의 지원에 의해서만 수정될 수 있는 중대한 결점들이 오스트레일리아 사회에 있다고 보는 관점이다(Short, 1995).

랜」이 주요 시책으로 삼아 온 '커뮤니케이션 지원', '생활지원', '다문화공생 지역 만들기'라고 하는 세 가지 주요 정책 의제를 통해 지역의 국제교류협회의 활동 사례를 제시할 것이다. 국제화 프로젝트의 과정 속에서 지역의 국제화 프로젝트의 선두에 있었던 국제교류협회의 활동은 유사한 활동내용을 보여주기도 하지만 각 지역적 특성에 따라 다양한 면모를 보여주기도 한다. 일본의 다문화공생 정책은 앞서 논의한 바대로 크게 국제화 정책의 연장선상에서 전개되어 왔으며, 이러한 전개과정은 정부의 국제화 전략 그리고 국제교류협회의 보다 일상적 수준에서의 국제교류 방식과 밀접하게 연결되어 있다고 할 수 있다. 따라서 다문화공생의 정책화 이후 국제화 프로젝트로부터 다문화공생으로의 과정이 다양한 스펙트럼 위에서 공존하고 있는 다문화공생 프로젝트의 현재적 지형을 보여주기 위하여 지역 국제교류협회의 실천을 '다문화공생형', '국제교류형', 그리고 '과도기형'이라는 크게 세 가지 형태로 구분하여 분석

---

16) 야마와키(山脇啓造, 2003)는 다문화공생을 적극적으로 추진해 온 지자체를 대상으로 "인권형", "국제형", 그리고 이 둘의 혼합형태인 "통합형"으로 구분한 바 있다. 그에 따르면, "인권형"은 1970년대 이후 재일 한국·조선인들을 대상으로 인권시책을 해 온 지자체로서 '오사카 시'가 대표적이며, "국제형"은 1990년대 이후 뉴커머들을 대상으로 하는 지자체로서 '하마마쓰 시'를 대표적으로 꼽고 있다. 그리고 "통합형"은 이상의 두 가지 성격이 혼합된 형태로 '가와사키시'를 사례로 제시하고 있다. 이 글에서 연구자는 다문화공생을 특정 지역만의 문제가 아니라 전체 사회 공통의 문제라는 인식 속에서 오사카부의 사례를 통하여 지역사회에서의 다문화공생 정책의 이행과정에 초점을 맞추어 분석하고자 한다. 본 논문에서 제시된 사례들은 특정 외국인 집주 지역에서의 적극적인 다문화공생 실천이라는 측면보다 일본 사회전체의 다문화공생을 둘러싼 넓은 스펙트럼 위에서 존재하는 지역들의 성격을 드러내고자 하는 시도로 이해될 수 있을 것이다.

하고자 한다. 이를 통해 정부의 다문화공생 시책의 3가지 중점 과제는 '국제화' 정책의 일환으로 이미 지역의 국제교류협회가 실시해 온 활동을 수렴한 것이며, 국가의 다문화에 대한 정책적 정향에 대한 논의 없이 이루어진 수렴 과정이야말로 정부의 다문화 정책이 기존 지역사회 활동의 연장선상에서 다루어지게 하고, 지역주민들이 다문화공생 프로젝트를 각각 다른 수준에서 인식할 수밖에 없게 하는 한계를 보여준다고 강조할 것이다.

① **다문화공생형:** 스펙트럼의 한쪽에 다문화공생의 정책 시행 이전부터 국제교류를 넘어 일본인과 외국인 주민 모두를 위한 다문화공생을 지향하는 형태를 볼 수 있다. 이러한 지역은 다문화공생의 실천을 통하여 정부정책의 필요성을 강조하고 그에 대한 보완을 꾸준히 제기해왔으며, 정부에 의해 제시된 다문화공생 정책을 비판적으로 수용한다. 이 유형은 설립 당시에 붙여진 '국제교류협회'라는 단체 명칭을 유지하고 있더라도 외국인 주민 및 일본인 주민 모두에게 협회의 활동 이념을 '다문화공생'의 실천으로 명확하게 제시하고 있다. 따라서 외국인과의 문화적 교류만이 아닌 지역의 외국인들을 주민으로서 인지하고 적극적인 다문화주의 프로젝트를 실시하고 있다.

[사례1: '재단법인 Y시 국제교류협회' (가칭)]
　　Y시는 오사카 북부에 위치하여 '1970년 오사카 세계만국박람회'의 개최와 함께 개발되면서 외부인들의 유입이 활발하였다. 오사카 시에

인접한 지리적 이점으로 오래전부터 오사카의 위성도시로서 지역 개발이 이루어져 왔다. 예로부터 오사카부의 남쪽 지방이 농어업이 중심이었던 데 반해, 오사카부 북부는 상당수의 기업, 금융기관, 학교 등이 일찍부터 집중되어 있었다. 따라서 도시기반 시설이 잘 갖추어져 있고 교통이 편리하여 다른 부(府)나 현(県)으로부터의 이주가 많았다. 인근에 대학 및 연구기관 등이 소재하고 있는 시의 특성상 유학생이나 전문직, 고급 인력의 외국인 이주자들이 많이 거주하고 있으며, 외국 생활을 경험한 일본인 주민들도 상당수 거주하고 있는 것이 특징이다. 시의 남부에는 과거 행정 단속 이전엔 흥행비자를 가지고 입국한 외국인 엔터테이너들의 업소들이 많았다.

현재 Y시의 인구수는 약 40만 명으로 오사카부 내에서도 상당한 인구 규모를 가지고 있으며, 외국인의 비율은 약 1.2%이다. 외국인 인구 중 거주 외국인은 재일 한국·조선인(뉴커머 포함)이 55%로 절반이 넘고, 중국인(중국 귀국자 포함)이 28%, 필리핀인이 4%를 차지하고 있다. 재일 한국·조선인이 가장 많지만 감소 중인 추세이고, 닛케이 브라질인, 페루인 노동자들이 2008년 이후로 1/4가량 감소했다. Y시는 오사카부 내에서도 이미 1980년대부터 외국인 교육의 지침을 책정하고, 재일 한국·조선인 학생들에게 민족 교육을 실시해왔다. 2000년에 「국제화 정책 추진 기본 방침」을 근간으로 하여 외국인 인권존중과 생활지원을 추진하면서 다문화 공생사회 실현을 정책 목표로 추진하고 있다. 2005년부터 외국인 시민의 정책 참여를 촉진하기 위하여 「외국인 시민회의」를 개최해 오고 있다.

'Y시 국제교류협회'의 활동 역시, 오사카부의 국제교류협회 가운데에서도 활발한 정책을 펼치는 것으로 잘 알려져 있다.[17] 1980년대 말 시장의 의뢰로 시작되어 1990년에 시청 내에 국제교류계를 신설하였고, 1993년에 '시민의 국제교류, 다문화공생의 거점 만들기'를 위해 시에 의해서 설립되었다(2012년 공익재단 법인화). 설립의 이념은 "시민이 주체적으로 광범위한 참가에 의해 인권존중을 기조로 한 국제교류 활동을 지역으로부터 진행하고 세계와 연결되는 다문화공생 사회 만들기"를 기본으로 삼고 있다. 'Y시 국제교류협회'의 활동은 시민운동가와 지역의 자원봉사자를 중심으로 행해지지만, 시에 의해서 설립되어 행정 및 운영이 시에 의해서 관리되었기 때문에 초기에는 시의 직원이 사무실에 상주하면서 유급 스태프 및 자원봉사자들과 함께 협회의 운영에 참가하였다. 대학과 연구기관 등이 위치한 지역적 특성으로 다른 지역의 국제교류협회들이 40대 이상의 중장년층의 자원봉사자가 많은 것과 달리, 20대 초중반의 대학생/대학원생들의 참여가 매우 활발한 것이 큰 특징이다. 최근 오사카부와 Y시의 재정문제로 운영비가 삭감되어 독립적이었던 협회의 사무실을 인근의 국제교류센터 건물로 이전하는 등 운영에 어려움을 겪고 있으나, 협회의 다문화공생 프로젝트는 활발하게 전개되어 오고 있다.

---

17) "우리 시와 Y시와는 시민의식이 전혀 다르다." (오사카부 남부의 H시 국제교류협회의 스태프들과의 인터뷰에서). 그리고 2002년부터 Y시는 오사카부 내의 국제교류협회들 간의 정보교환 등을 위해 "행정과 엔지오의 협력"세미나를 발의한 바 있다. 오사카 시를 비롯하여 오사카부의 10여 개 시의 국제교류협회가 참여하여 지금까지 계속되고 있다.

협회의 활동 내용은 1) 시민활동 중심의 외국인 교류와 지원, 2) 상담 중심의 '시민'으로서의 외국인 권리 보장, 그리고 3) 일본인, 외국인을 포함한 미래의 어린이들을 위한 교육이라는 3개의 중점 프로그램을 중심으로 하고 있다. 'Y시 국제교류협회'는 외국인 시민의 자립이나 사회 참여를 위한 종합적인 외국인 지원뿐 아니라 어린아이부터 고령자까지 전 세대를 포함한 활동을 중점적으로 수행하고 있다. 일상적으로 실시되는 사업의 참여자는 연간 700여 명으로, 외국인들의 참여율이 48%를 차지할 정도로 높은 편이다. 특히 이 협회는 지역에 거주하는 일본인의 외국인 여성 배우자들이 처한 가정 폭력, 이혼, 육아 등의 국제결혼 문제와 외국적 자녀들의 정체성 및 교육 문제, 그리고 일반 구직, 인간관계 등과 같은 일상적인 생활지원에 집중하고 있다.

〈'재단법인 Y시 국제교류협회' 사무국장과의 인터뷰〉
"우리 협회의 특징은 '인권'을 기본으로 하여 외국인의 권리보장을 중점에 두고 있다. 그 가운데 무엇보다도 주변화되고 있는 어린이들과 여성 ―특히 가정 폭력에 노출된―들이 스스로 힘을 기를 수 있도록 하는 것을 주요 목표로 하고 있다. 이러한 의미에서 '지원한다는 것'은 시민활동 이상으로서, 이 사람들이 안심하고 살아갈 수 있는 장소를 확보하도록 하는 것이다. 특히, (인권) 보장과 관련된 사업에서는 담당할 스태프들을 면밀히 선택하고 있는데, 이것은 (스태프) 능력이 아니라 (외국인 주민들과의) '피어(peer)'로서의 관점에서 출발하고 있기 때문이다. … '국제화'는 세계에서 통하는 일본인을 의미하는 것으로, 경제단체연합회의 영향으로 도입된 영어 정책을 그 예로 들 수 있다. 다문화공생이라는 것은 주로 닛케이진이라고 불리는 뉴커머들에 대한 대책으로, 일반

시민에게는 동의를 구할 수 없는 어려움이 있다. 이는 '역사인식의 결여', '인권의식의 결손'과 같이 단숨에 시장원리 도입으로 좌지우지되어 버리는, 성숙하지 못한 일본이라고 하는 나라가 걸어온 잘못된 길에 있다고 생각한다. 따라서 정책이나 이념이 지역의 차원에서 만들어진 것은 이러한 카테고리에서의 격차 때문이라고 생각한다."

(2011년 7월 인터뷰)

'Y시 국제교류협회'의 사무국장은 국제화와 다문화공생을 구분하면서, 다문화공생이 일본 사회에서 일반의 동의를 폭넓게 얻지 못하고 있는 것에 대하여 지금까지의 국가 정책을 비판적으로 바라보고 있었다. 이 단체의 활동은 기존의 국제교류에서 취했던 방식과 유사하게 문화 페스티벌, 일본어 교육 및 통번역 서비스 등을 제공하지만, 무엇보다 지역의 외국인에 대해 생활자(주민), 시민이라는 관점에서 접근하여 외국인 주민들의 인권보장을 위해 활동하고 있었다.

② **국제교류형:** 스펙트럼의 다른 한쪽에는 지금까지 해왔던 지역의 국제교류의 연장선상에서 다문화공생 정책을 이해하고 받아들이고 있는 형태가 있다. 국민국가의 경계를 전제로 한 타문화와의 문화적 차이의 이해라고 하는 기존 국제교류의 방식이 지속되고 있는 것이 특징이다. 따라서 이곳에서는 '익숙한' 국제교류와 비교해서 다문화공생은 '무거운' 개념으로 인식된다. 다문화공생 정책이 시행된 후 최근 몇 년 사이에 많은 지역의 국제교류형의 국제교류협회들이 활동의 내용에서는 크게 변화 없이 지금까지 사용해 온 「국제화 시책」이나 「국제교류 사업」의

명칭을 「다문화공생 시책」이나 「다문화공생 사업」으로 변경한 예도 많다(阿部一郎, 2005). 그러나 지역의 일본인과 외국인 주민들을 대상으로 하는 활동에는 이해하기 어렵고 '무거운' 다문화공생이라는 용어를 의도적으로 배제하고 익숙한 국제교류라는 단어를 그대로 사용하기도 한다.

이러한 지역에서는 국제교류협회 등과 같은 지역 기반의 민간단체들이 활동하고 있으나, 외국인들이 다수 거주하는 지자체나 도시에 비하면 상대적으로 외국인 시책에 대한 관심이 낮은 지자체인 경우가 많다(山脇啓造, 2003). 대도시 인근에 위치하여 이주 노동자들이나 외국인 배우자들이 다수 거주하고 있기도 하지만, 외국인들의 가시적 증가를 체감하지 못하기 때문이다. 그리고 '외국인'은 아직 지역주민으로서보다는 일본문화에 익숙하지 않고 일본어가 서툴러 지원을 받아야 하는 '대상'으로서 접근되는 경우가 많다. 따라서 국제교류형에서는 일본어를 모국어로 하지 않는 외국인을 대상으로 한 커뮤니케이션 지원과 문화 교류를 중심으로 하며 일본인 스태프들에 의한 일방적인 지원의 형식을 띠는 경우가 많다. 이 지역에서는 정책적 차원에서 다루어지고 있는 '다문화공생 사회'의 이념을 기존 '국제화의 지방적 버전으로서의 국제교류'의 연속선상에서 이해함으로써 여전히 일본 주류의 지역주민과 이주자들의 삶을 문화적 차이에 의한 문제로서 접근하여 지역의 '외국인'과 관계 맺기를 지속하고 있다.

[사례2: 'NPO법인 S시 국제교류협회'(가칭)]
오사카 남부에 위치한 S시는 현지의 주민들이 중심이 된 오랜 농어

업 지역으로 특별한 산업기반을 갖추지 못했으나, 최근 15여 년 사이에 대대적인 재개발사업으로 지역의 많은 부분이 재개발되었다. 개발 이후에는 일부 제조업 및 서비스업이 증가하고 외부인들의 왕래가 잦아지긴 했으나, 여전히 현지 지역민의 산업은 크게 발전된 형태는 아니다. S시는 재개발을 통해 지역 경제 활성화와 외국기업 유치 및 방문 외국인들의 증가를 기대했지만 일본 전역의 경기 침체와 함께 지나친 개발 사업으로 인해 심각한 재정적 위기를 겪고 있다. 'S시 국제교류협회'가 위치한 곳은 재개발된 구역으로 협회에서 자원봉사를 하는 일본인 참가자들은 현지에서 세대를 걸쳐서 거주해온 토착 주민보다 10~30여 년 전에 다른 지역에서 이주해 온 사람들인 경우가 많다. S시의 인근에는 재일 한국·조선인의 집주 지역과 몇 군데 전통적인 부락민 거주 지역이 있다. S시는 1993년부터 「S시 부락차별 폐지와 차별 없애기 조례」를 시작으로 2004년에 「S시 부락차별 폐지 인권옹호심의회」를 설립하고 '인권기본방침'을 책정하여 '공생'을 시의 정책 기조로 삼아 오고 있다.

재일 한국·조선인 외에 거주 외국인들의 분포가 많지 않았던 S시이지만, 1990년대 초반에 인근의 공업단지에 취업 연수로 온 닛케이, 중국계 노동자와 근처 대학에 온 한국, 중국인 유학생들이 증가하였다. 10만여 명의 전체 주민 중에서 거주 외국인의 비율은 약 1%이다. S시의 외국인 국적별 거주자는 중국적자가 38%로 36%의 재일 한국·조선인보다 높은 비율을 보인다. 그리고 필리핀인이 10%, 브라질인이 9%를 차지하고 있다. 그리하여 한때 협회의 일본어 교실에는 닛케이진, 중국인, 한국인 등이 상당수 참여하기도 하였으나 2008년 경제위기 이후 일본 경제의 침체로 외국인의 수가 급감하였다. 이후 국제교류협회의 활동은 특정 외국인 집단을 주 타깃으로 하지 않고 있지만, 협회에 참여하는 외국인 주민들은 주로 지역의 결혼 이주여성들(중국, 한국, 필리핀 순)이 높은 비율을 차지하고 있다.

전체 인구 대비 외국인의 비율이 아주 높은 것은 아니지만, 1980년대 후반 지역 만들기를 목적으로 설립된 'S시 국제교류협회'의 활동은 상당히 활발한 편이다. 이 협회는 '민간 수준에서의 국제교류 추진'을 통하여 '인간미 넘치는 지역 만들기'를 목표로 시민들의 자발적인 참여로 설립되었다(2003년에 특정비영리활동법인화). 1980년대 말 정부의 지원금으로 민간의 참여를 통해 설립되어 시로부터 지역의 국제화 사업에 대한 위탁금을 받고 있으며, 지역의 후원금과 언어교실 등의 독자적인 사업으로 다른 국제교류협회들에 비해 재정적으로 상당한 독립을 이루고 있는 편이다. S시의 국제교류 업무는 협회가 대부분 담당해왔다. S시에는 국제교류과가 따로 설치되어 있지 않지만, 1980년대 후반 정부의 국제화 정책이 활발하게 전개될 당시 지역 국제교류 담당 공무원이 배정되어 'S시 국제교류협회'와 긴밀한 관계를 맺어 왔다. 지금은 시청에 국제교류를 전담하는 담당자는 없으며, 도시진흥과에 소속된 1인의 공무원이 'S시 국제교류협회'와 행정의 통로가 되고 있다. 이 공무원은 국제교류협회의 운영위원회나 각종 이벤트에 참석하여 정부나 시로부터 하달되는 정책을 알리고 협회의 활동 내용을 시와 공유한다.

협회의 활동은 외국인들의 일본어 운용 능력과 일본 문화, 사회 시스템 등에 대한 이해를 높이는 데 중점을 두고 있다. 사무국장에 따르면

협회의 등록 회원 수 600여 명 가운데 300여 명의 자원봉사자 및 외국인 회원이 산발적으로 활동하고 있으며, 지난 20여 년간 각종 문화 이벤트, 일본어 교실, 어학교실(영어, 한국어, 중국어), 홈스테이, 지역민을 위한 국제 요리강좌를 주요 사업으로 추진하고 있다. 따라서 외국인 주민들에 대한 거주, 취업, 양육, 노동환경 등과 같은 생활지원에 대한 적극성은 떨어지는 편이다. 특기할 점은 S시 인근에 1990년대 초반 설립된 국가기관인 '국제교류센터'(가칭)가 존재하고 있어 이 지역에 단기 체류 외국인들의 왕래가 잦다는 사실이다. '국제교류센터'는 일본에 온 단기 체류 외국인들을 위해 'S시 국제교류협회'를 비롯하여 근처 8개 지역의 국제교류협회에 홈스테이나 언어교실 등에 참여를 의뢰하고 있으며, 협회는 이들 단기 체류 외국인들에 대한 문화교류 사업도 활발하게 전개하고 있다. 이처럼 'S시 국제교류협회'는 20여 년 간의 국제교류 노하우를 바탕으로 지역을 방문하는 외국인과 지역의 외국인 주민, 그리고 일본인 주민들을 위한 다양한 문화행사를 꾸준히 전개하고 있었다. 이러한 배경에서 'S시 국제교류협회'의 외국인 대응방식은 국제교류가 기본이 되고 있으며, 다문화공생은 중요한 키워드로 제시되고 있지 않았다. 오히려 다문화공생은 행정 문건에 쓰이는 '무거운' 주제로서 인식되고 있었다.

〈'NPO법인 S시 국제교류협회' 사무국장과의 인터뷰〉
"협회에서 일하는 외국인 스태프는 없다. 하지만 운영위원(한국인 1명)으로 활동하는 경우는 있다. 적당한 외국인이 있으면 좋겠지만, 일본어에 어려움이 많으므로 (스태프로 참여하도록 하는 게 어렵다) 일본인으로서도 컴퓨터 사용이 불가능하다거나 한 문제가 있다(그래서 외국인들은 더 어려울 것이다). … 참여하는 외국인들은 주로 국제결혼을 한 여성들이 많다. 중국인, 한국인, 필리핀인 등. 닛케이 브라질인들은 지속적으로 참여를 안 하는 편이다. 일하는 사람들이 많아서 (협회에 자주 오기에는) 여러 가지 조건이 나쁜 경우가 많다. 지역주민들이 외국인과의 국제교류에 관심이 그다지 없으므로, 협회는 일본인 주민들의 소셜 네트워크를 가능하게 하는 장이다. … 외국인 여성들의 상담과 같은 것은 우리가 해 주기가 힘들다(직접 개입이 힘들다). 상담을 요청해 오는 외국인 여성들이 없기도 하지만, 만약에 그런 문제가 있으면 외부 관련 기관에 연결해 줄 수는 있다. 지금까지는 없었다. … 국제교류라는 것은 일본인들만이 아니라, 국가를 넘어서 교류하는 것이다. 우리 협회는 외국인들이 일본에서 살아가기 쉽도록, 일본인들에게 여러 다른 사고방식을 알려주는 것이다. … 국제교류가 취미활동이라는 비판에 대해서는…좀 틀린 것 같다. 우리의 활동도 시민활동이라고 생각한다. 취미활동이 아니라, 자신에게 맞는 것, 흥미가 있는 것을 한다는 게 맞다. … 우리에 비해서 오사카 북부 쪽에는 재단법인이 많다. 따라서 시의 지원이 많은 편이다. 구체적인 활동 내용에 대해서는 잘 모르겠지만, 각자가 이런저런 일을 하고 있다고 생각한다. … 다문화공생과 관련해서, 1999년에 캐나다에 있을 때 다문화공생 사회를 본 느낌이다. 그곳에 사는 다양한 민족들이 대부분 영어로 의사소통하고, 서양인들과 아시아인들이 평범하게 사귀고 있었다. 그런데 일본에서는 외국인들의 얼굴을 보는 것만으로도 영어를 사용해야 한다는 두려움이 있다. 다문화공생이라는 말은 시에서 내려오는 공식문서에 많이 등장하는 말이다. 그러나 이 말을 협회에서는 사용하지 않고 있다. 다문화공생이라는 말은 너무 '무거워서' 이 말을 쓰면 사람들이 (일본인 자원봉사자) 오지 않는다."

(2012년 6월 인터뷰)

시로부터 협회의 사무국장에게 전달되는 수많은 문서에는 '국제화', '국제교류', '외국인 시책'이라는 단어들과 함께 '다문화공생'이라는 용어가 기재되어 있지만, 이 용어는 스태프들이나 자원봉사자, 그리고 외국인 주민들과 일상적으로 공유되고 있지 않았다. 사무국장은 국제교류협회의 활동의 주체를 외국인 주민이 아니라, 협회의 일본인 자원봉사자들로 보고 있었다. 'S시 국제교류협회'의 활동을 흔히 제기되는 은퇴자들에 의한 소일거리 혹은 흥미로서 바라보는 '국제교류'에 대한 비판에는 선을 그으면서도, 협회의 존재가 일본인 주민들의 사회적 연망을 가능하게 하는 장으로서 주요하게 기능하고 있다고 강조했다. 이러한 의미에서 '국제교류조차도 관심을 두지 않고 있는 지역사회의 주민들'에게 타문화를 이해하게 하는 통로가 되고 있는 것에 대해 자부심을 가지고 있었다.

그들의 활동은 정부의 다문화공생 정책이 제시하고 있는 '커뮤니케이션 지원', '생활지원', '다문화공생의 지역 만들기'와 많은 부분 겹치고 있었다. 협회가 2년에 1차례 6개월간의 과정으로 직접 일본어 지도자 양성을 할 정도로 이 협회의 일본어 교실은 상당한 노하우를 가지고 있으며, 따라서 오랫동안 지역의 외국인 주민들을 대상으로 커뮤니케이션 지원을 해 오고 있었다. 다만, 관찰되었던 것은 인식의 차원에서 다문화공생 정책이 강조한 '생활자', '지역주민'으로서의 외국인들의 존재에 대해서 희박한 의식을 가지고 있었다. 국제교류를 중심으로 해왔던 협회의 성격에서는 외국인들을 지역주민으로서 보다는 아직도 여전히 하나의 문화를 대표하는 단기체류자, 여행자로서의 외국인을 상정하는 경우가 많았다.

③ **과도기형:** 중간적 형태로서 국제교류에서 다문화공생을 이념형으로 채택하면서 국제교류와의 차별성을 적극적으로 시도하는 형태이다. 이 과도기적 형태는 국제교류로서 시작하였으나, 다문화공생을 주요 활동 목표로 상정하면서 활동의 이념으로 삼고 있다. 이 유형이 나타나는 지역은 외국인의 거주 비율이 낮고 주민들의 다문화적 의식이 아직 강하지 않지만, 협회의 활동 이념을 확장하여 국제교류를 중심으로 하는 여타의 국제교류협회의 문화 이벤트 중심의 활동을 비판적으로 바라보고 있었다. 따라서 '국제화' 혹은 '국제교류'라고 하는 간판을 의도적으로 떼어내려고 한다. 지금까지의 '국제교류'가 가지고 있는 단속적인 '흥미 위주'의 문화 이해에 대한 한계와 고정관념을 탈피하고자 하기 때문이다.

[사례3: 'NPO법인 N시의 국제교류협회' (가칭)]

오사카부의 동남부에 위치한 N시는 오사카 시의 베드타운화 된 도시로 특별한 산업 기반은 없으며, 농업이 주요 산업의 반 정도를 차지한다. 전체 인구 12만여 명 중 외국인의 비율은 0.7%이며, 대부분 국제결혼 이주자와 기업의 연수생들이다. 국적별 외국인 주민은 재일 한국·조선인이 51%로 절반이 좀 넘고, 중국인이 27%, 베트남인이 10%, 필리핀인과 닛케이 브라질인들이 각각 4%와 3%를 차지한다. N시는 '인권의 실현을 이념으로 한 시민이 참여하는 마을 만들기'를 목표로 하여 2009년 국제화와 다문화공생을 정책 목표로 하는 「N시 다문화공생 기본 정책」을 발표하여 다문화공생을 추진하고 있다. 'N시 국제교류협회'는 2000년대 초반 "국제교류 거점 만들기"를 목표로 하여 "지역 국제교류 행정 만들기"라는 정책적 목적으로 설립되었다(2005년에 특정비영리활동법인화).

'N시 국제교류협회'는 협회 명칭 아래 "다문화공생 사회를 목표로"라는 부제를 붙이고 있다. 2003년에는 주민들을 대상으로 "국제교류에서 다문화공생으로"라는 공개강좌를 개최한 바 있다. 주요 활동 내용은 지역의 공민관이 1992년부터 실시하던 일본어 교실을 이어받아 계속하고 있으며, 외국인 출신 강사를 초대하여 일본인을 대상으로 한국어, 영어, 포르투갈어 등의 언어 강좌도 진행하고 있다. 통번역 서비스, 일상생활, 의료복지, 취업, 행정, 교육 등에 관한 상담 지원을 하고 있으며, 중국 적자들의 상담요청이 많아 중국어 상담 서비스를 하고 있다. 그리고 오사카부에서 2002년부터 시행하고 있는 '귀국, 도일(渡日) 아동의 학교생활 서포트 사업'에도 참여하고 있다. 협회의 재정은 시의 보조금과 협회 사업을 통해 충당하고 있지만, 자원봉사 베이스의 지원활동으로 인해 재정적인 어려움을 겪고 있다.

이 협회의 특기할 만한 점은 협회에서 실무를 담당하는 스태프의 일부가 외국인 주민(중국인)이라는 점이다. 많은 소규모 국제교류협회들이 주로 일본인 스태프와 자원봉사자들이 주도적으로 참여하여 외국인들에 대해 일방적인 지원을 하는 경우가 많다. 그러나 이 협회에서는 협회 내부의 외국인들이 단지 지원과 수혜의 대상으로서만이 아니라 '활동의 주최자'로서 참여할 수 있도록 참여를 유도해 내고 있었다.

〈'NPO법인 N시 국제교류협회' 사무국장 인터뷰〉

"다문화공생은 일반적이지 않은 단어이다. 2006년도부터 당연한 단어
가 되어왔다. 우리는 협회의 영어 이름에 국제교류라는 의미의 익스체인
지(exchange)라는 단어를 쓰지 않고 있다. 대신에 인터컬쳐(inter-culture)
라는 단어를 쓰고 있다. 이벤트는 교류가 메인이지만, 정주자들, 특히
국제결혼 여성과 어린이들에 대한 생활 지원과 학습언어 지원을 한다.
생활자라는 것은 지역에 살고 있는 사람이며, 외국인은 언제라도 돌아
가는 사람을 말한다. … 지역의 국제결혼 비율은 한국〉중국〉베트남〉타
이 순이다. 시와는 우리 협회가 연계하고 있다. N시의 정책으로서 보조
금을 받고 있다. … 다문화공생이라는 말은 다양한 생각과 문화를 가진
사람들을 인정하는 것이다. 곧 타자와의 관계이다. 그러나 이것은 제도
만으로는 실현되지 않는다. 지도하는 제도는 있겠지만……. 국제교류는
차이를 보고, 자신에게 없는 것을 하고 싶어하는 것이다. 여기에는 참여
하는 자신은 변하지 않는 부분이 있다고 생각한다. 이국적인 패션, 페스
티발, 푸드 등을 즐기지만, 막상 집에 돌아가면 이전의 태도로 돌아간
다. 차별의식 그대로 돌아가는 것이다. 우리의 활동은 풀뿌리 시민단체
의 활동에 기여하고 있다고 생각한다. 국제교류협회는 일본인들의 '바
쇼'(場所)가 되어 버리는 경우가 많다. 외국인은 그 대상이 되어 버린다.
그러나 우리는 외국인 스태프들을 참여시키고 있다."

(2012년 5월 인터뷰)

많은 지역의 소규모 국제교류협회들이 시와는 긴밀한 관계를 가지
고 활동을 하고 있었지만, 다른 지역의 국제교류협회들 간 정보를 공유
하고 연계하는 경우는 드물었다. 그러나 'N시 국제교류협회'는 다른 지
역의 국제교류협회들과의 연계를 지향하면서 2002년부터 앞서 다문화
공생형의 사례로 제시한 Y시의 발의로 시작한 "행정과 엔지오의 협력"

세미나에 적극적으로 참여하고 있었다. 이 협회의 사무국장은 행정과 엔지오 사이에 'N시 국제교류협회'를 위치지우고 있었다. 한편, 이 국제 교류에서 다문화공생으로 나아가고 있는 유형은 다른 지역들에서 여전히 기존 방식대로 진행하고 있는 '국제교류' 활동에 대해서 비판적인 시선을 보내고 있었다. 다문화공생으로의 이념적 지향을 가진 국제교류협회들은 '국제교류만을 지속하는' 단체들이 여전히 지역민들의 취미생활 만족에 그친다고 비판하고 있다. 나아가서 지금까지 해왔던 자신들의 문화 이벤트 중심의 활동들에 대해서 반성하고 있었다. 즉 기존의 국제교류가 이벤트성으로 문화적 차이만을 강조하게 됨으로써 이벤트에 참여하는 일본인 주민들이나 외국인 주민들이 이벤트가 끝나면 다시 각자의 세계로 돌아가 마치 다문화적 공생과는 관계가 없는 것처럼 행동하게 되는 것을 비판적으로 바라보고 있었다.

이와 같이, 오랫동안 외국인 시책을 정책화해 온 오사카 부 내에서도 각 시의 지역적 특성 및 외국인 주민들과의 역사적 관계에 따라 다문화공생 정책을 수용하는 모습은 넓은 스펙트럼상에 있을 수 있음을 보았다. 이와 더불어 지역적 편차를 보여주는 것은 일본 정부가 다원화된 다문화적 정책으로서 도입하고 있음에도 불구하고, 그 근본적인 관점에 대한 사회적 합의를 이루어 내지 못하고 있기 때문으로 보인다. 일본 정부가 국제화 정책을 사회 시책화하면서 매우 체계적이고 일관되게 중앙에서 지역사회까지 저변을 확대시키기 위해 대대적인 홍보와 지원을 했던 것과 달리, 다문화공생 정책은 지역성을 강조하는 반면 정부의 일관된 정책이 부재하는 가운데 지역사회에서 각기 다른 방식으로 재현되고 있는 것으로 보인다. 정부가 방법론상으로 기존의 국제화의 수사와 국제교류의 한 축을 빌려 진행함으로써 지역주민들이 다문화공생을 기존에 경험해 오고 있던 국제화와 국제교류 위에서 해석하게 하는 한계를 가지게 된 것으로 생각된다.

4.3. 정책과 현실 사이

4.3.1. '관제 다문화공생'

정부에 의해 재개념화되어 지역으로 하달된 다문화공생 정책에 대한 우려의 목소리는 지금까지 지역사회가 적극적으로 요청해 왔던 체계적, 제도적 보완의 의미와 달리 다문화공생 이념과 실천이 정부에 의해서 주도되는 것에 대한 비판 및 한계와 관련된다. 먼저, 외국인이 모여 살고 있는 지자체들은 국가가 제시한 '다문화공생사회' 계획에서 기본 개념에 대한 충분한 논의와 그에 대한 명확한 방침이 부재한다고 비판한다(多文化共生社会推進に関する展望, 2007). 즉, 총무성의 다문화공생 플랜이 지자체를 통한 다문화공생 시책 추진의 방향성은 제시하고 있으나, 정작 국가의 역할이나 지자체와의 제휴를 위한 실제적인 방침이 부재하고 있다는 것이다. 또, 외국적자를 '주민'이라는 범주에 포함함으로써 이들을 행정 서비스의 대상으로서 간주하고 있음에도 불구하고, '국민'이나 '시민'이라는 용어 대신 '지역의 주민'이라는 범주만을 분명히 함으로써 이민자를 받아들인 호스트 사회에서 문제시되고 있는 이주자들의 '시민권'이라는 문제에 대한 논의는 피해 갔다고 보인다.

한편, 비판자들은 다문화공생 정책 이념에서 "공생이라는 배너 아래에 감춰진 동화주의"를 경계한다(Chapman, 2006에서 Kim, 1999 재인용). 공생의 개념이 일본의 정체성을 유지하는 선에서 다양성을 인정하도록 하는 '조화로운 공생'이라는 관념을 통하여 '단일화시키는' 또 다른 방법으로 이용될 수 있다는 것이다. 이러한 관점에서는 현재의 다문화공생 정책이 여전히 이전의 동화주의 모델에 기반을 둔 채, 안정된 재주(在住)외국인 관리를 도모하기 위한 전략이라고 비판한다. 따라서 재일 한국·조선인들과 같은 올드커머(old-comer)에 대해서는 일정 조건의 제한을 둔 일본 국적 부여를 통해 동화를 촉진하려 한다고 본다. 그리고 뉴커머 외국인들에게는 재일 한국·조선인들에 대해 했던 이전의 일본정부의 대응방식과 마찬가지로, "외국인으로서의 관리를 강화하는 한편, 다른 문화와의 교류를 통해 사회에 융합시켜 지역사회에서 저항운동을 힘들게 하는 환경을 양성"하려고 한다는 것이다(徐正禹, 2007).

더욱이 국가가 제시한 다문화공생이 여전히 대외국인 시책의 일환으로 접근된 '위로부터의 다문화주의', 즉 '관제 다문화공생'이라는 비판도 있다. 정부의 다문화공생 정책이 주로 일본어로 커뮤니케이션을 할 수 없는 사람들을 대상으로 함으로써 실제적으로 다문화 사회에서 공생을 실천하기 위해 주요한 대상으로 접근되어야 할 재일 한국·조선인들, 선주민족, 비등록 외국인 등을 배제하고 있다는 것이다(榎井縁, 2013). 따라서 '국적이나 민족적 배경이 다른 사람들이 상호 문화적 차이를 인정하고 대등한 관계 구축'을 목표로 하는 정부의 다문화공생 플랜의 시행 이후에 사회 전역에서 다문화공생 프로그램 자체는 다양해지고 활발해졌지만, 국가, 지자체, 경단련 등이 일본 내 다른 소수자들의 목소리를 배제함으로써 "다문화공생을 미화"하고 있다는 것이다(藤岡美恵子, 2007). 이러한 상황에서는 전통적인 일본 내 소수자들이었던 재일 한국·조선인들 그리고 아이누와 같은 선주민족이나 오키나와 사람들에 대한 현재진행형의 불평등과 억압에 대해 언급하지 않음으로써 다문화공생은 이들과 "관계가 없는" 단지 하나의 "슬로건"에 지나지 않는다고 느낄 수 있다(樋口直人, 2007). 따라서 다문화공생 정책을 통해 이주자를 일본 사회의 소수집단으로 인지하게 되는 데에는 의미가 있을지라도 "미화된 다문화공생" 아래에서는 이주자들이 처한 사회 구조적 격차와 배제가 은폐될 수 있다고 우려한다. 이러한 비판들은 정치적으로 수렴되는 과정에서 현장이 필요로 하는 다문화공생의 현실이 누락되어 버린 결과 때문으로 보인다.

4.3.2. 문화화된 타문화 소비와 '시작과 끝이 있는 다문화공생'

앞서 보았던 것처럼 지역적 편차가 있으나 많은 지역사회에서 국제화 정책과 지역의 국제교류의 연계 속에서 전개되고 있는 다문화공생 정책은 '문화화'된 방식에 의존하는 경향이 크다. 지금까지의 국제교류 방식이 주로 소위 3F라고 알려진 페스티발, 푸드, 패션이 강조된 문화 이벤트를 통하여 이주민들과의 문화적 차이와 다양성을 이미지화하고 문화적으로 소비하는 방식을 취해 왔기 때문이다. 이미지화된 이주민들의 문화는 곧 일본인들에게 익숙하고 원하는 방식으로 소수자들에게 다시 체현하도록 요구되고 소비된다(テルミハタノ, 2011; 김현미, 2008;

Carruthers, 2004). 이러한 문화 이벤트는 '다문화공생'이라는 이름 아래 국제교류협회, 지자체, 정부의 정책 시행에서도 자주 등장한다. 일부 이주자들은 이러한 다문화공생 이벤트를 비판적으로 바라본다.

> 다문화 사회를 향한 이벤트를 전체적으로 관찰해보면 많은 경우 머저리티 쪽의 담당자가 주도권을 가지고 있다고 생각된다. 그들이 기획과 입안, 계획 등 결국 무대 설정 등을 담당한다. 그리고 마이너리티 쪽 담당자는 그 설정된 무대 위에서 춤을 추거나 노래하거나 머저리티 관객들에게 '다문화공생'의 좋은 점을 어필할 것이 요구된다. 필자가 보기에 그러한 이벤트에서 전개되는 것은 그때뿐인 '국제교류'이며, 머저리티 쪽 담당자에게 일시적인 즐거움이 주어지는 것으로 막을 내리는, "시작과 끝"이 있는 "다문화공생"에 지나지 않다고 할 수 있다.
>
> (テルミハタノ, 2011: 64)

도쿄 도(都)의 코다이라(小平) 시의 문화 이벤트인 시민축제를 분석하면서 Robertson(1997)은 문화 이벤트가 갖는 국제적 이미지가 문화적 차이에 대한 존중을 기반으로 하기보다, "일본인 주민들에 의한 차이의 선택적 동화와 흡수"를 기반으로 하고 있다고 지적한 바 있다. 따라서 문화 이벤트에서 국제화 담론은 "일본 내의 '실제' 외국인을 위한 장소를 확보하게 하기보다 이주 노동자로서 입국한 수많은 비 일본인들(외국인)에 노출되어 있는 대다수 일본인들이 경험하게 되는 존재론적 불안을 감소"시키는 것과 관련된다(Robertson, 1997: 101). 이러한 논의는 앞서 언급한 바 있듯, 일본 정부에 의해 적극 표방되었던 국제화 담론이 "다룰 수 있는 타자로서의 외국"에 대한 불안을 감소시키기 위한 정치적 수사로 등장한 것과 같은 맥락에 있다.

지방 정부가 다문화공생을 정책적으로 지향하고 있음에도 불구하고 많은 지역 사회에서 다문화공생의 구체적 실천은 국제교류와 상호 차이의 이해에 근거하고 있음을 보여준다. Nagy(2009)는 도쿄 시의 신주쿠구와 아다치구의 다문화공생 정책 사례 연구를 통하여 각 지자체에서 시행되고 있는 다문화공생 프로그램이 정책의 내용에는 차이가 있을지라도, 다문화공생 프로그램의 구체적 실천에 국제교류 프로그램이 일본 문화 대 외국문화라는 차이를 강화하고 있음을 보여준 바 있다. 문화적 차이가 강조된 문화 이벤트가 단기체류 외국인들에게는 새롭게 느껴질 수 있을지라도, 지역에서 줄곧 살아오고 있는 외국인 주민들에게 있어서는 매번 반복되는 단발성 이벤트로서 단순한 이국적인 문화의 소비로 느껴지는 경우가 많다. 사실, 문화 이벤트는 국제교류 및 다문화공생의 주요사업이면서 또한 국제교류 단체의 고민거리이기도 하다. 지역 국제교류 단체의 '이벤트성 국제교류'의 매너리즘은 국제교류협회 설립이 붐을 이루었던 1990년대 초 이후 20여 년 이상 지속되어 오고 있다. 매년 반복적인 일본문화와 타문화 소개 중심의 문화 이벤트를 중심으로 한 활동들은 자원봉사자들 및 지역주민들의 관심을 끌어내는 데에도 한계가 있다. 다른 한편, 국제교류협회가 주도적으로 지자체의 국제교류 사업을 대신 담당해 왔던 지역에서는 국제교류협회에 의존하여 국제교류와 다문화공생 정책을 시행하는 경우가 많으므로 국제교류협회가 기존의 방식들을 그대로 고수하는 경우에는 지자체 수준의 다양한 다문화공생의 실천을 기대하기 어렵다. 이와 같은 온건한 이미지로서의 문화 이벤트의 소비를 통해 지역의 일본인 주민들이 타문화에 대한 친밀감을 높일 수 있지만, 외국인 주민들이 당면하고 있는 문제나 그러한 문제를 재생산해내는 일본 사회의 구조에 접근하는 데는 한계가 있을 수밖에 없다(阿部一郎, 2005).

기존의 국제교류의 방법론적 유사성에 기대어 실천되고 있는 지역의 다문화공생 정책 프로젝트는 문제의 해결방식에서도 '문화화'된 경향을 보이기도 한다. 따라서 이주자들과의 관계 설정은 문화적 차이에 기반하여 언어의 문제, 생활 곤경의 문제로 접근되며 이주자들의 삶을 사회적 이슈로서 간주하기보다 문화화시키고 있음을 보여준다. 예를 들어, 지역의 다문화공생 실천의 스펙트럼상에서 S시와 같이 '국제교류형'의 형태가 지속되고 있는 경우, 지역 일본인 주민들과 외국인 주민들과의 관계에서 생기는 갈등은 언어와 문화적 차이에 의한 문제로 인식되며, 외국인 주민들의 생활에 관련된 구체적인 사안들은 그들이 이주자이기 때문에 일본 문화에 부적응한 결과에서 비롯된 것으로 여겨지기도 한다. 외국인 주민들이 가지는 현실적인 문제들은 국제교류협회 및 자원봉사자들의 관계에서 해결될 수 없는 난제로 남게 되고, 같은 이주민 커뮤니티에서 해소되어야 하는 문제로 이해되기도 한다. 다양성에 대한 논의가 문화적 영역에 한정되어 버리는 결과가 발생하게 되는 것이다. 이러한 문화화된 접근방식은 문화적 차이만이 강조됨으로써 소수집단의 문화적 차이를 존중한다는 구실로 문화를 정형화시키고, 공동체 안에서 인종적이고 문화적인 분리를 강조하며 고립을 조장할 수 있다. 결국 이주자 개인은 특정 문화에 소속되어 있는 개인으로서 해석되고, 그

개인은 문화적으로 다르다고 간주되어 결코 "국민 안에 포섭되지 못하는 것"이다(마르티니엘로, 2002: 120-122참조). 정부에 의한 다문화공생 정책이 보다 넓은 지역에서 수용되지 못하고 있는 이유는 구체적인 실천적 이념을 제시하기보다 기존의 문화적 차이에 대한 이해를 강조하던 국제교류를 통해 타문화를 소비하는 것이 이주민을 비롯한 소수집단을 이해하고 공생할 수 있을 것이라는 인식이 여전히 존재하기 때문이다.

5. 실제적인 삶의 중심에서부터

일본의 다문화공생 정책은 지역사회에서 중앙정부와 지방정부의 국제화 정책 및 외국인 시책 담론을 둘러싼 연계를 통하여 전개되어 왔다. 아래로부터 실천되었던 다문화공생 이념을 정책적으로 차용하여 지역사회에 통합의 모델을 제시하면서 일본 정부는 다양한 실천방식을 제시하고 행위 주체들 간의 연계를 강조하였다. 그러나 다문화공생 프로젝트의 현재적 상황은 지역주민들이 정부 정책으로서의 다문화공생을 수용하지 못하고 있는 것으로 보이며, 이는 일본 정부의 다문화주의에 대한 철학적, 이념적 지향성과 시민적 차원에서의 논의의 장이 부재하고 있음을 반증한다. 먼저 일본사회의 다문화주의적 상황을 경험적이고 실천적인 용어로 담아낸 다문화공생을 정부가 하나의 정책으로서만 접근하고 있는 것을 지적할 수 있다. 다시 말해서, 정책화 이전에 다문화 사회화되어가는 일본적 상황에 대한 정부 차원의 다문화주의의 이데올로기적, 철학적 이념과 시민적 수준에서의 수용의 문제에 대한 검토를 미루어 둠으로써 다문화공생의 정책 프로그램이 지역주민들에게는 다가가기 어려운 정책적 용어로서 인식되고, 그 가치와 의미를 이끌어내는데 한계를 가지게 되었다.

그리고 다문화공생이 활발하게 논의되어 온 외국인 집주 지역을 제외하고는 아직 보다 많은 지역들에서 다문화공생과 그 정책이 주요한 실천적 이념으로 자리 잡고 있지 못하고 있다는 점을 지적할 수 있을 것이다. 다문화공생이 일부 지역사회, 특히 닛케이진 및 뉴커머 외국인 중심의 특정 지역 시민단체의 운동 '슬로건'으로서 이해되어 온 것도 주민의 차원에서 공유된 의미를 이끌어내지 못한 원인일 것이다. 이에 따라 지역사회에서 이주자 집단이 호스트 사회에서 처한 다양한 사회적, 경제적, 정치적 위치가 논의되기보다 언어와 문화적 서포트에만 집중된 형태로 당면 문제의 해결방식을 제시하게 된다는 한계가 있다.

그러나 지역의 국제화와 국제교류를 담당했던 지역 국제교류단체들이 지금까지의 국제교류 방식과 국가의 다문화 정책에 대해 비판적으로 수용하려는 움직임이 나타나고 있음을 볼 수 있다. 그러한 가운데 다문화공생이라는 말을 사용하지 않더라도 지금까지의 문화 이벤트의 소비를 통해 타문화를 '이미지화'하고 '문화화'해 온 국제교류의 현실적 한계를 비판적으로 수용하고, 지역의 거주자들인 외국인 주민 및 그 자녀들에 대한 실제적인 삶의 중심에서부터 외국인 이주자들의 문제에 접근해야 한다는 인식을 하고 있음을 볼 수 있다. 마르티니엘로(2002: 41)가 지적한 대로, 중요한 것은 "다문화사회를 건설하느냐, 문화적으로 동질적 사회를 건설하느냐의 문제가 아니라 해당 사회의 성원들과 역사적 맥락에 따른 문화와 정체성의 다양성을 어떻게 정치적, 사회적으로 조화시키는가"일 것이다.

참고문헌

서문: 포스트 전후체제로의 전환과 공공성의 재편

가도쿠라 다카시(이동화 옮김), 2008, 『워킹 푸어』, 상상예찬.

민현정, 2009, "일본 시민사회 성장과 공공성 재편 논의", 『민주주의와 인권』 9(2): 281-315.

김영, 2011, "녹지 않는 빙하와 청년의 취업상황: 경기회복기의 도쿄를 중심으로", 『한림일본학』 18: 121-153.

미우라 아츠시(이화성 옮김), 2006, 『하류사회』, 씨앗을뿌리는사람.

사이토 준이치(윤대석·류수연·윤미란 옮김), 2009, 『민주적 공공성』, 이음.

야마다 마사히로(최기성 옮김), 2010, 『희망격차사회』, 아침.

야스다 고이치(김현욱 옮김), 2013, 『거리로 나온 넷우익』, 후마니타스.

양준호, 2011, "'격차사회' 일본과 빈곤층 재생산: 고용·소득격차에 의한 저축·교육 격차의 확대를 중심으로", 『일본비평』 4: 18-47.

유혁수, 2014, "재일한국/조선인 사회의 갈등과 과제: 올드커머와 뉴커머 관계를 중심으로", 『일본비평』 10: 308-329.

이수진, 2011, "'잃어버린 20년'간의 일본인의 경제생활: 가계구조·소비행동·생활의식", 『일본비평』 4: 138-169.

이정환, 2014, "장기불황, 구조개혁, 생활보수주의", 『일본비평』 10: 98-123.

이지원, 2006, "현대 일본의 교육개혁: 유토리교육과 교육기본법 개정 문제를 중심으로", 이숙종 엮음, 『일본사회의 변화와 개혁: 소자·고령화사회의 도전』, 한울아카데미, 195-246쪽.

한영혜, 2012, "새로운 '공공' 창출의 논리와 구조: 가와사키 시의 정책과 시민활동을 중심으로", 한영혜 엮음, 『도쿄 메트로폴리스』, 박문사, 35-84쪽.

橋本健二, 2009, 『格差の戦後史: 階級社会日本の履歴書』, 河出ブックス.

橋木俊詔, 2006, 『格差社会』, 岩波新書.

貴戸理恵, 2012, "教育: 子ども·若者と社会のつながりの変容", 小熊英二 編, 『平成史』, 河出書房新書, 295-359쪽.

小熊英二, 2002, 『民主と愛国: 戦後日本のナショナリズムと公共性』, 新曜社.

小熊英二, 2012, "総説: 先延ばしと漏れ落ちた人びと", 小熊英二 編, 『平成史』, 河出書房新書, 13-89쪽.

Allison, Anne, 2013, *Precarious Japan*, Durham: Duke University Press Books.

Brinton, Mary, 2011, *Lost in Transition: Youth, Work, and Instability in Postindustrial Japan*, Cambridge: Cambridge University Press.

Coulmas, Florian, 2007, *Population Decline and Ageing in Japan: The Social Consequences*, London: Routledge.

Fackler, Martin, 2010, "Japan Tries to Face Up to Growing Poverty Problem", *The New York Times*, http://www.nytimes.com/2010/04/22/world/asia/22poverty.html?_r=0.

Graburn, Nelson, John Ertl, and Kenji Tierney (eds.), 2008, *Multiculturalism in the New Japan: Crosing the Boundaries Within*, New York: Berghahn Books.

Ogawa, Akihiro, 2009, *The Failure of Civil Society?: The Third Sector and the State in Contemporary Japan*, Albany: State University of New York Press.

Onishi, Norimitsu, 2006, "Revival in Japan Brings Widening of Economic Gap", The New York Times, http://www.nytimes.com/2006/04/16/world/asia/16japan.html?ex=1145419200&en=472dc2191f00fa60&ei=5087%0A.

박신영, 2007, "고령자 주거지원과 정책방향", 『경기논단』 9(1): 21-40.

발렌타인, 질(박경환 옮김), 2009, 『사회지리학』, 논형.

이희성, 2012, "노인의 주거안정과 주거복지증진을 위한 법제도적 개선방안", 『노동법논총』 26: 181-223.

이현정, 2007, "일본의 고령자 주거지원정책 및 고령자 주택 특성 분석", 『대한건축학회논문집, 계획계』 23(12): 11-18.

みずほ情報総研株式会社, 2012, 『低所得高齢者の住宅問題に関する調査研究事業報告書』.

高齢者住宅財団, 2009, 『高齢者の住まい ガイドブック: これからどこでだれと住みますか』.

高齢者住宅財団, 2012, 『低所得高齢者の住宅確保と介護施設の将来像に関する調査・検討』.

高齢者住宅財団, 2013, 『サービス付き高齢者向け住宅等の実態に関する調査』.

橋本俊明, 2011, "老人ホームから高齢者集合住宅へ: 高齢者集合住宅の経営と今後の展開", 『地域ケアリング』 13(5): 6-14.

内閣府, 2000, 2005, 2010, 『高齢者の生活と意識に関する国際比較調査』.

稲見直子, 2012, "日本の高齢者居住政策の歴史と自治体による公営コレクティブハウジングの事業化", 『年報人間科学』 33: 15-26.

『読売新聞』, 2009년 3월 3일 자 〈要介護の生活困窮者　都市に住む場ない〉.

『読売新聞』, 2009년 10월 20일 자 〈生活保護者に支援付き住宅〉.

『読売新聞』, 2010년 11월 9일 자 〈NPOが家族的な支援〉.

東京都福祉保健局, 2012, 『平成23年度東京都医療機能実態調査の結果』.

『東京新聞』, 2010. 10. 6일 자 〈低所得・単身・要介護の高齢者 入所せず在宅の道〉.

山梨恵子, 2012, "サービス付き高齢者向け住宅: 高齢期の豊かな暮らしを支えていくために", 『ニッセイ基礎研究所』 No.12-006 October 09, 2012.

野口定久, 外山義, 武川正吾 編, 2011, 『居住福祉学』, 有斐閣.

外山義, 2003, 『自宅でない在宅, 医学書院』.

油井雄二, 2010, "高齢者向け住宅政策の展開と介護保険", 『成城・経済研究』 187: 267-298.

『日本経済新聞』, 2010년 3월 15일 자 〈老後の住居遠い安心〉.

『朝日新聞』, 2009년 4월 23일 자 〈終のすみか探るNPO〉.

『朝日新聞』, 2009년 5월 4일 자 〈行政無策受け皿ない〉.

『朝日新聞』, 2013년 5월 16일 자 〈鳥取全県, 過疎はいま 鳥取・用瀬町社協　独居高齢者失態調査〉.

『朝日新聞』, 2009년 6월 24일 자 〈削減8兆円、偏る「痛む」〉.

週刊ダイヤモンド, 2013.4.27. / 5. 4 合併号, 〈特集　親子で選ぶ老後の住まい〉.

総務省 統計局, 2009, 『平成20年住宅・土地統計調査』.

太田貞司, 2005, "高齢者の長期ケアにおける地域ケアへの転換過程に関する研究", 北九州市立大学博士論文.

河畠修・厚実薫, 2008, 『現代日本の高齢者生活年表 1970-2007』, 日本エディタースクール出版部.

厚生労働省, 1989, 『高齢者保健福祉推進10ヵ年戦略』.

厚生労働省, 2006, 『市町村・都道府県における高齢者虐待への対応と養護者支援について』.

厚生労働省, 2008, 『終末期医療に関する調査』.

厚生労働省, 2010, 『介護保険制度の現状について』.

厚生労働省, 2011, 『高齢者の住まいと地域包括ケアの連帯推進について』.

厚生労働省, 2012, 『平成23年度版 高齢社会白書』.

厚生労働省, 2013, 『在宅医療の最新の動向』.

黒岩亮子, 2008, "高齢者の孤立に対応する福祉政策の変遷", 『社会福祉』 49: 59-77.

Cho, Ara, Forthcoming, "Post-tsunami recovery and reconstruction: governance issues and implications of the Great East Japan earthquake", *Disasters*.

Cutchin, M., 2001, "Deweyan integration: Moving beyond place attachment in elderly migration theory", The *International Journal of Aging and Human Development* 52: 29-44.

Cutchin, M., 2003, "The process of mediated aging-in-place: A theoretically and empirically based model", *Social Science & Medicine* 57: 1077-1090.

Cutchin, M. P., 2004, "A Deweyan case for the study of uncertainty in health geography", *Health & Place* 10: 203-213.

Davey, J., Nana, G., de Joux, V. and Arcus, M., 2004, *Accommodation options for older people in Aotearoa/New Zealand*, NZ Institute for Research on Ageing/Business & Economic Research Ltd, for Centre for Housing

Research Aotearoa/New Zealand: Wellington, New Zealand.

Wiles, J. L, Leibing, A., Guberman, N., MSW, Reeve, J. and Allen, R.E.S., 2011, "The meaning of Ageing in place to older people", *The Gerontologist*, doi:10.1093/geront/gnr098.

Fields, N.L., Anderson, K. A. and Dabelko-Schoeny, H., 2011, "Ready or not: transitioning from institutional care to community care", *Journal of Housing for the Elderly* 25: 3-17.

Frank, J., 2001, "Chapter 1 how long can I stay", *Journal of Housing for the Elderly* 15: 1-2, 5-30, DOI: 10.1300/J081v15n01_02.

Harris, D., 1988, *Dictionary of Gerontology, Greenwood Press*, Wesport, CT.

Hockey, J., Penhale, B., and Sibley, D., 2001, "Landscapes of loss: Spaces of memory, times of bereavement", *Ageing and Society* 21: 739-757.

Hostetler, A. J., 2011, "Senior centers in the era of the Third Age: country clubs, community centers, or something else", *Journal of Aging Studies* 25: 166-176.

Kearns, A., 1995, "Active citizenship and local governance: political and geographical dimensions", *Political Geography* 14(2): 155-175.

Lawton, M. P., 1990, "Knowledge resources and gaps in housing for the aged", in David Tilson (ed.), *Aging in Place: Supporting the Frail Elderly in Residential Environments*, Glenview, IL.: Scott, Foresman, and Company.

Rowles, G. D., 1983, "Place and personal identity in Old Age: observations from Appalachia, *Journal of Environmental Psychology* 3: 299-313.

Rowles, G. D., 1993, "Evolving images of place in aging and aging in place. *Generations* 17: 65-70.

Tahara, Y., & Kamiya, H., 2002, "Attachment of the elderly to their home places fostered by their insideness: A case study of Kamioka Town, Gifu Prefecture", *Human Geography* 54: 209-230.

Townsend, P., 1962, *The Last Refuge: A Survey of Residential Institutions and Homes for the Aged in England and Wales*, Routledge & Paul.

www.mlit.go.jp (国土交通省 홈페이지).

www.min-iren.gr.jp (全日本民医連 홈페이지).

「千里山タイムス」, 「千里」, 「千里ニュータウン」(신문자료).

강효민, 2011, 「도시공동체로서 향우회 스포츠클럽활동과 정체성의 재구성」, 『한국스포츠사회학회지』, 제24권 제2호, 125-49쪽.

문옥표, 2002, 「일본사회의 조직과 개인: 임의결사를 중심으로」, 한경구·이토 아비토 공편, 『한일사회조직의 비교』, 아연출판부, 9-36쪽.

박미혜, 2010, 「'도시촌락민'으로 살아가는 자영업자: 자영업자의 근린활동과 호혜관계」, 서울대 인류학과 석사학위논문.

박주형, 2013, 「도구화되는 '공동체': '서울시 마을공동체 사업'에 대한 비판적 고찰」, 『공간과 사회』, 제43호, 5-43쪽.

박태호, 2012, 「도시텃밭의 운영프로그램이 참여자의 공동체의식에 미치는 영향 - 서울시 도시텃밭을 중심으로」, 서울시립대 조경학과 석삭학위논문.

신명호, 2000, 「도시 공동체운동의 현황과 전망」, 『도시연구』, 제6호, 51-81쪽

NHK무연사회 프로젝트팀, 김범수 역, 2012, 『무연사회』, 용오름.

이성희, 2011, 「도시 여성 친목계 연구: 장위 재개발 지역 여성 친목계를 중심으로」, 『비교민속 학』, 제45집, 263-90쪽.

이시재 외, 2001, 『일본의 도시사회』, 서울대 출판부.

이은주, 2009, 「서울시 영구임대주택 도시빈민의 삶의 경험: 주민관계를 중심으로」, 『사회이론』, 제36권, 29-77쪽.

이재열, 2006, 「지역사회 공동체와 사회적 자본」, 『지역사회학』, 제8권 제1호, 33-67쪽.

임석회·이철우·전형수, 2003, 「아파트 주거공간에 기초한 지역공동체 형성에 관한 연구」, 『한국지역지리학회지』, 제3호, 314-28쪽.

임채성, 2012, 「타마뉴타운의 인구전환과 시민사회」, 한영혜(편저), 『도쿄 메트로폴리스』, 박문사, 85-120쪽.

정규호, 2012, 「한국 도시공동체운동의 전개과정과 협력형 모델의 의미」, 『정신문화연구』, 제35권 2호, 7-34쪽.

정형호, 2011, 「20세기 서울 지역 도시공동체의 특징과 변모 양상」, 『실천민속학연구』, 제17권, 285-320쪽.

조용훈, 2012, 「기독교 도시빈민공동체운동의 현황과 미래적 과제에 대한 연구」, 『신학사상』, 제157권, 117-151쪽.

진필수, 1999, 「경제주의의 확산과 문화의 위기: 택지개발에 따른 토지보상의 사례를 중심으로」, 『한국문화인류학』, 제32집 2호, 61-100쪽.

진필수, 2008, 「군용지료와 오키나와 촌락의 사회조직 – 오키나와(沖繩) 킨쵸(金武町)의 사례를 중심으로」, 『비교문화연구』 제14집 2호, 167-200쪽.

진필수, 2011, 『오키나와 문화론: 미군기지와 촌락공동체』, 민속원.

진필수, 2012, 「한국의 아파트단지 경관과 '도시 노마드(nomad)'의 문화」, 『현대사회과학연구』, 제16권, 1-26쪽.

진필수, 2013, 「일본 신도시의 고령화 문제와 이에(家)제도의 해체 양상 - 오사카 센리(千里)뉴타운의 사례」, 『비교민속학』 제50집, 225-262쪽.

최병두, 2000, 「공동체 이론의 전개과정과 도시 공동체운동」, 『도시연구』, 32-50쪽.

하민철·진재구, 2009, 「환경보호운동과 지역공동체 형성에 관한 고찰: '산남두꺼비마을'의 사회적 자본 형성 과정을 중심으로」, 『韓國地方自治研究』, 제28권, 245-66쪽.

한영혜, 2004, 『일본의 지역사회와 시민운동』, 한울.

프랜시스 후쿠야마, 1996, 『트러스트』, 한국경제신문사.

大阪府, 1970, 『千里ニュータウンの建設』, 大阪府企業局.

大阪府千里センター, 1973, 『千里ニュータウン: 人と生活』, 大阪府千里センター.

倉沢進·秋元律朗, 1990, 『町内会と地域集団』, ミネルヴァ書房.

千里ニュータウン50周年記念行事実行委員会, 2012, 「千里ニュータウンウォーク・ガイド」. 千里ニュータウン50周年記念行事実行委員会

吹田市, 2012, 「吹田市自治会ハンドブック」, 吹田市.

田中康裕, 2007, 『主がしつらえる地域の場所に関する研究』, 大阪大學大学院建築学専攻博士学位論文.

東海自治体問題研究所, 1996, 『町内会・自治会の新展開』, 自治体研究社.

豊中市, 2012, 「豊中市ガイドブック」, 豊中市.

吹田市·豊中市千里ニュータウン連絡会議, 2011, 「千里ニュータウンの現況(資料集)」.

内閣府, 2012, 「高齢社会白書平成24年度版」.
中尾英俊, 2003, 『入会林野の法律問題』, 東京：けい草書房.
山本茂, 2009, 『ニュータウン再生: 住環境マネジメントの課題と展望』, 学芸
　　　出版社.

박명희, 2012, "일본의 고령자 복지 거버넌스와 NPO: 지역 정치구조의 개방성, 연계성, NPO 애드보커시", 『일본연구논총』 35: 93-126.

박희숙, 2011, "1990년대 이후 일본의 생활보장시스템과 시민참가", 『일본비평』 4: 80-107.

사이토, 준이치(윤대석·류수연·윤미란 옮김), 2009, 『민주적 공공성』, 이음.

샐러먼, 레스터(이형진 옮김), 2000, 『NPO란 무엇인가?』, 아르케.

우석훈, 2009, 『혁명은 이렇게 조용히』, 레디앙미디어.

유아사, 마코토(이성재 옮김), 2009, 『빈곤에 맞서다』, 검둥소.

이숙종, 2005, "공공서비스 제공자로서 일본 시민단체의 대두", 이숙종 엮음, 『작은 정부와 일본 시민사회의 발흥』, 한울, 25-66쪽.

이진경·신지영, 2012, 『만국의 프레카리아트여, 공모하라!: 일본 비정규 노동운동가들과의 인터뷰』, 그린비.

정정숙, 2005, "일본 시민사회의 여성적정대표성과 시민사회의 평등화", 이숙종 엮음, 『작은 정부와 일본 시민사회의 발흥』, 한울, 127-157쪽.

푸코, 미셸(오르트망 옮김), 2011, 『안전, 영토, 인구: 콜레주드프랑스 강의 1977~78년』, 난장.

푸코, 미셸(오르트망 옮김), 2012, 『생명관리정치의 탄생: 콜레주드프랑스 강의 1978~79년』, 난장.

加藤政洋, 2011, "釜ヶ崎の歴史はこうして始まった", 原口剛·稲田七海·白波瀬達也·平川隆啓, 『釜ヶ崎のススメ』, 京都: 洛北出版, 157-184쪽.

なすび, 2004, "寄せ場·野宿者運動をめぐるNPO問題", 『ピープルズ·プラン』 28: 55-61.

逃亡者こと内田, 1995, 『釜ヶ崎越冬小史: 第1回から第23回まで』, 大阪: 遊星プリント.

島和博, 2001, "労働市場としての釜ヶ崎の現状とその変容", 『人文研究』 53(3): 23-49.

大倉祐二, 2011, "生活手段の変容: 労働市場から福祉へ", 釜ヶ崎支援機構 編, 『回報NPO釜ヶ崎 第45号 新しい社会保障をめざして: 釜ヶ崎支援機構の取り組み』, 9-17쪽.

藤井利明, 1999, "生きるための反失業闘争: 釜ヶ崎日雇労働者の闘い", 『飛礫』 25: 18-28.

釜ヶ崎支援機構, 2010,『2009年度高齢者特別就労事業就労者調査報告書』.

福原宏幸, 2012, "就労・雇用状況の推移", 大阪市立大学都市研究プラザ 編,『あいりん地域の現状と今後: あいりん対策のあり方検討報告書』, URP GCOE Report Series 23, 78-92쪽.

原口剛, 2003, "寄せ場の生産過程における場所の構築と制度的実践: 大阪・釜ヶ崎を事例として",『人文地理』55(2): 23-45.

原口剛, 2011a, "労働運動による空間の差異化の過程: 1960-70年代の寄せ場釜ヶ崎における日雇労働運動を事例として",『人文地理』63(4): 22-41.

原口剛, 2011b, "騒乱のまち, 釜ヶ崎", 原口剛・稲田七海・白波瀬達也・平川隆啓,『釜ヶ崎のススメ』, 京都: 洛北出版, 235-255쪽.

原口剛・稲田七海・白波瀬達也・平川隆啓, 2011,『釜ヶ崎のススメ』, 京都: 洛北出版.

山田實, 2009, "インタビュー　いま釜ヶ崎では: 社会的労働を作り出せ",『情況, 第3期』85: 42-49.

生田武志, 2007,『ルポ最底辺: 不安定就労と野宿』, 東京: 筑摩書房.

水内俊雄, 2007, "釜ヶ崎1999年転回と多様な市民知の邂逅",『日本ボランテイア学会 学会誌』8: 16-29.

水内俊雄・平川隆啓・富永哲雄, 2011,『大阪府簡易宿泊所衛生同業組合50年誌』, URP GCOE Report Series 17.

小柳伸顕, 1993, "労働と生活", 釜ヶ崎資料センター 編,『釜ヶ崎歴史と現在』, 東京: 三一書房, 68-112쪽.

松繁逸夫, 1999, "野宿生活者問題とNPO: 釜ヶ崎支援機構のめざすもの",『市政研究』124: 60-67.

神田誠司, 2012,『釜ヶ崎有情: すべてのものが流れ着く海のような街で』, 東京: 講談社.

沖野充彦, 2009, "就労支援における課題と釜ヶ崎支援機構の役割",『市政研究』164: 25-35.

青木秀男, 2010, "権力と社会運動: 野宿者運動の問い",『理論と動態』3: 87-106.

平河隆啓, 2011, "釜ヶ崎の住まい", 原口剛・稲田七海・白波瀬達也・平川隆啓,『釜ヶ崎のススメ』, 京都: 洛北出版, 113-142쪽.

橋口昌治, 2011,『若者の労働運動』, 東京: 生活書院.

海老一郎, 2011, "日雇い労働者のまちの五〇年 高度経済成長～バブル経済",

原口剛・稲田七海・白波瀬達也・平川隆啓, 『釜ヶ崎のススメ』, 京都: 洛北出版, 207-234쪽.

Aoki, Hideo, 2000, "The World of Meaning of the Winter Struggle", *Japan's Underclass: Day Laborers and the Homeless*, Melbourne: Trans Pacific Press, pp. 225-254.

Fisher, William, 1997, "Doing Good? The Politics and Antipolitics of NGO Practices", *Annual Review of Anthropology* 26: 439-464.

Foucault, Michel, 1982, "Is it really important to think? an interview translated by Thomas Keenan", Philosophy and Social Criticism 9(1): 29-40.

Foucault, Michel, 2003, "The Ethics of the Concern of the Self as a Practice of Freedom", in Paul Rabinow and Nikolas Rose(eds.), *The Essential Foucault: Selections from Essential Works of Foucault 1954-1984*, New York: The New Press, pp. 25-42.

Kamat, Sangeeta, 2004, "The privatization of public interest: theorizing NGO discourse in a neoliberal era", *Review of International Political Economy* 11(1): 155-176.

Kawashima, Nobuko, 2000, "The Emerging Non-Profit Sector in Japan: Recent Changes and Prospects", *Global Economic Review: Perspectives on East Asian Economies and Industries* 29(4): 89-105.

Nakamura, Karen, 2002, "Resistance and Co-optation: the Japanese Federation of the Deaf and its Relations with State Power", *Social Science Japan Journal* 5(1): 17-35.

Ogawa, Akihiro, 2009, The Failure of Civil Society?: *The Third Sector and the State in Contemporary Japan*, Albany: State University of New York Press.

Osborne, Stephen, 2003, "The voluntary and non-profit sector in contemporary Japan", in Stephen P. Osborne (ed.), *The Voluntary and Non-Profit Sector in Japan*, London: RoutledgeCurzon, pp. 7-22.

Pekannen, Robert and Karla Simon, 2003, "The Legal Framework for Voluntary and Non-Profit Activity", in Stephen P. Osborne (ed.), *The Voluntary and Non-Profit Sector in Japan*, London: RoutledgeCurzon, pp. 76-101.

Schwartz, Frank J. and Susan J. Pharr (eds.), 2003, *The State of Civil Society in Japan*, Cambridge: Cambridge University Press.

Stevens, Carolyn, 1997, *On the Margins of Japanese Society: Voulunteers and the Welfare of the Urban Underclass*, London: Routledge.

Yamashita, Junko, 2013, "Citizen Participation or Low-Cost Care Providers? Welfare Non-profit Organizations in Japan", *Social Science Japan Journal* 16(1): 45-62.

강신욱, 2006, "사회적 배제 개념의 정책적 적용을 위한 이론적 검토", 『동향과 전망』 66: 9-31.

구인회·김소영·유아마 아쓰시, 2012, "한국과 일본의 노숙문제 비교연구", 『경제와 사회』 96: 328-359.

김영, 2011, "녹지 않는 빙하와 청년의 취업상황: 경기회복기의 도쿄를 중심으로", 『한림일본학』 18: 121-153.

밀즈, 라이트(강희경·이해찬 역), 2004, 『사회학적 상상력』, 서울: 돌베개.

사사누마 히로시(김영수 역), 2008, "홈리스 또는 세계의 상실", 고병권 외 편, 『목소리 없는 자들의 목소리』, 서울: 그린비, 94-119쪽.

오사와 마리(김영 역), 2009, 『현대 일본의 생활보장체계』, 서울: 후마니타스.

이희영, 2005, "사회학 방법론으로서의 생애사 재구성", 『한국사회학』 39(3): 120-148.

전홍규, 2002, "홈리스 커뮤니티의 공생형 거주에 관한 연구: 시부야구 미야시타 공원의 당사자 참가형 조사를 중심으로", 『도시와 빈곤』 57: 80-159.

NHK, 2013, "放置できない若者ホームレス", 2013.6.28.

高沢幸男·中桐康介·小川てつオ, 2006, "討議 ホームレスへの招待 自立と排除", 『現代思想』 34(9): 34-67.

島和博, 2008, "ホームレス問題の過去、現在、そして未来", 『「若年不安定就労·不安定住居者聞取り調査」報告書』, iii-vii쪽.

林真人, 2006, "若者野宿者の形成と現存", 『社会学評論』 57(3): 493-509.

飯島裕子·ビックイシュー基金, 2011, 『ルポ若者ホームレス』, 東京: ちくま親書.

生田武志, 2007, 『ルポ最底辺ー 不安定就労と野宿』, 東京: ちくま親書.

西澤晃彦, 1995, 『隠蔽された外部』, 東京: 東京: 彩流社.

岩田正美, 2000, 『ホームレス·現代社会·福祉国家』, 東京: 明石書店.

岩田正美, 2007, 『現代の貧困ー ワーキングプア·ホームレス·生活保護』, 東京: ちくま親書.

岩田正美, 2009, 『社会的排除 参加の欠如·不確かな帰属』, 東京: 有斐閣.

青木秀男, 2000, 『現代日本の都市下層 寄せ場と野宿者と外国人労働者』, 東京: 明石書店.

湯浅誠, 2007, "若年ホームレス: 「意欲の貧困」が提起する問い", 本田由紀(編),『若者の労働と生活世界』, 東京: 大月書店, 329-362쪽.

特定非営利活動法人ビックイシュー基金, 2010,『若者ホームレス白書』.

特定非営利活動法人釜ヶ崎支援機構・大阪市立大学大学院創造都市研究科, 2008,『「若年不安定就労・不安定住居者聞取り調査」報告書—「若年ホームレス生活者」への支援の模索』.

厚生労働省, 2003,『平成15年 ホームレスの実態に関する全国調査』.

厚生労働省, 2007,『住居喪失不安定就労者等の実態に関する調査報告書』.

厚生労働省, 2013,『平成24年 ホームレスの実態に関する全国調査』.

문현아, 2012, "글로벌 사회변화 속 젠더화된 돌봄노동의 이해", 정진주 외, 『돌봄노동자는 누가 돌봐주나?: 건강한 돌봄 노동을 위하여』, 서울: 한울아카데미, 20-21쪽.

우에노 지즈코(김찬호 역), 2004, "5. 아이를 낳을 수 없는 미래 시대, 인류의 미래를 위한 기도: 우에노 지즈코의 다섯 번째 편지", 우에노 치즈코·조한혜정, 『경계에서 말한다』, 서울: 생각의 나무, 196-197쪽.

Gera, Surendra and Thitima Songsakul, 2007, "Benchmarking Canada's Performance in the Global Competition for Mobile Talent", *Canadian Public Policy* 33(1): 63-84.

Hawthorne, Lesleyanne, 2005, "'Picking Winners': The Recent Transformation of Australia's Skilled Migration Policy", *International Migration Review* 39(3): 663-696.

Mahroum, Sami, 2001, "Europe and the Immigration of Highly Skilled Labour", *International Migration* 39(5): 27-43.

Oishi, Nana, 2012, "The Limits of Immigration Policies: The Challenges of Highly Skilled Migration in Japan." *American Behavioral Scientist* 56(8): 1080-1100.

岡本民夫·井上千津子, 1999, 『介護福祉入門』, 有斐閣.

介護労働安定センター, 2011, 『介護労働実態調査』, 介護労働安定センター.

高畑幸, 2009, "在日フィリピン人介護者——足先にやって来た'外国人介護労働者'", 『現代思想』37(2): 106-118.

橋本由紀, 2009, "日本におけるブラジル人労働者の賃金と雇用の安定に関する考察——ポルトガル語求人データによる分析", 『日本労働研究雑誌』584: 54-72.

吉岡なみ子·定松文·小ヶ谷千穂, 2010, "国家のはざまの外国人ケア労働者", 『女性労働研究』54: 89-103.

丹野清人, 2005a, "労働市場のミクロ分析——顔の見えない定住化の進展", 梶田孝道·丹野清人·樋口直人, 『顔の見えない定住化』, 名古屋大学出版会, 52-75쪽.

樋口直人, 2005b, "企業社会と外国人労働市場の共進化——移住労働者の包摂過程", 梶田孝道·丹野清人·樋口直人, 『顔の見えない定住化』, 名古

屋大学出版会, 186-205쪽.

渡邊博顕, 2012,『外国人労働者の失業の現状』, 労働政策研究・研修機構.

明石純一, 2009, "グローバル化と人の越境：外国人高度人材と日本の入国管理",『国際日本研究』1: 1-21.

梶田孝道・丹野清人・樋口直人, 2005,『顔の見えない定住化』, 名古屋大学出版会.

山本かほり・松宮朝, 2011, "リーマンショック後の経済不況下におけるブラジル人労働者―A社ブラジル人調査から",『社会福祉研究』13: 37-62.

イシカワ, エウニセアケミ, 2009, "在日日系ブラジル人ヘルパー―経済不況により工場から介護現場へ", 国際移動とジェンダー研究会編,『アジアにおける再生産領域のグローバル化とジェンダー再配置』, 一橋大学大学院社会学研究科・伊藤るり研究室, 175-186쪽.

小島祥美, 2010, "多文化共生のとびら　経済不況で苦境にあるブラジル学校の実態-'ブラジル人学校等の準学校法人設立・各種学校認可の課題'研究から",『自治体国際化フォーラム』248: 16-18.

王津, 2005, "日本の外国人高度人材導入政策と在日中国人―中国人IT技術者に対する実態調査を中心に",『中国系移住者から見た日本社会の諸問題』, 財団法人社会安全研究財団, 67-138쪽.

伊藤るり, 1995, "もう一つの国際労働力移動―再生産労働の超国境的移転と日本の女性移者", 伊豫谷登士翁・杉原達　編,『講座外国人定住問題第一巻日本社会と移民』, 明石書店, 241-271쪽.

井口泰, 2002, "高度人材の国際移動とアジアの対応",『経済学論究』56(3): 135-170.

村田昌子, 2010, "外国人高度人材の国際移動と労働―インド人ITエンジニアの国際移動と請負労働の分析から",『移民政策研究』2: 74-89.

樋口直人, 2010, "経済危機と在日ブラジル人",『大原社会問題研究所雑誌』622: 50-66 .

〈자료〉

共立総合研究所. 2007.『ブラジル人の消費が地域経済に及ぼす経済的影響力の試算について』.

埼玉県国際交流協会, 2010,『委託事業実施内容報告書平成21年度「生活者としての外国人」のための日本語教育事業【日本語教室設置運営】』

(http://www.bunka.go.jp/kokugo_nihongo/kyouiku/seikatsusya/h21/
pdf/kyoushitsu_saitama_01.pdf(검색일: 2013.11.3.)).

法務省, 2012, 『在留外国人統計』.

愛知労働局, 2008, 『愛知県における外国人雇用状況の届出状況』.

_____, 2012, 『愛知県における外国人雇用状況の届出状況』.

_____, 2008, 『静岡県の外国人雇用届出状況』.

_____, 2012, 『静岡県の外国人雇用届出状況』.

総務省統計局, 2005, 『平成17年国勢調査』.

_____, 2010, 『平成22年国勢調査』.

厚生労働省, 2004, 『賃金構造基本統計調査』.

_____, 2008, 『福祉·介護人材確保対策について』(http://www.mhlw.go.jp
/seisaku/09.html(검색일: 2013.12.5.)).

_____ 2009, 『非正規労働者雇止め等の状況について【11月報告:速報】』
(http://www.mhlw.go.jp/stf/houdou/2r98520000002nhe-img
/2r98520000002niw.pdf(검색일: 2013.12.10.)).

_____, 2011, 『雇用動向調査』.

_____, 2011, 『賃金構造基本統計調査』.

_____, 各年月分, 『一般職業紹介状況』.

がんばれ！ブラジル人会議, 2009, 『経済状況悪化におけるブラジル人実態
調査』, (www.hi-hice.jp/doc/aboutus/report/Pesquisa_Gambare.pdf (검
색일: 2013.12.10.)).

ブラジル人就労者研究会, 2009, 『ブラジル人就労調査報告書』(http://pweb.sophia.
ac.jp/cmita/haken_report.pdf(검색일: 2013.11.10.)).

『週プレNEWS』, "介護業界では日本人よりブラジル人が求められている？",
2013.4.10.

『読売新聞』, "外国人と共に(下)日系人 お年寄りのそばに", 2012.3.13.

『毎日新聞』, "生活危機：08世界不況 三重·四日市の社会福祉法人日系ブラジル
人女性21人採用", 2008.12.25.

『日本経済新聞』, "日系ブラジル人介護現場へ", 2009.10.19.

『読売新聞』, "ブラジル人介護ヘルパー活躍 鹿沼市の特別養護老人ホームで",
2011.1.10.

김광열, 2004, "전후 일본의 재일조선인 법적지위에 대한 정책-1991년 '특별영주'제도를 중심으로-", 『한일민족문제연구』 6: 37-91.

김명재·임채완·홍기문·장신·송오식·이승우·조상균·이준 편, 2005, 『재외한인의 법적 지위와 기본권 현황』, 서울: 집문당.

김효진, 2011, "기호(嗜好)로서의 혐한(嫌韓)과 혐중(嫌中)-일본 넷우익(ネット右翼)과 내셔널리즘", 『일본학연구』 33: 31-56, 단국대 일본연구소.

도노무라 마사루(신유원, 김인덕 역), 2010, 『재일조선인사회의 역사학적 연구』, 서울: 논형.

박관숙, 1965, "재일교포의 법적 지위", 『법학논총』 5, 단국대 법학연구소.

야스다 고이치(김현욱 역), 2013, 『거리로 나온 넷우익』, 후마니타스.

한영혜, 2010, "'민족명'사용을 통해 보는 재일조선인의 정체성-디아스포라'민족'의 새로운 의미", 권숙인·한영혜·조아라·김백영·아사노 신이치·통얀·신기영·와타도 이치로 편, 『다문화사회 일본과 정체성 정치』, 서울: 서울대학교출판문원, 59-105쪽.

우쓰미 아이코(김경남 역), 2010, 『전후보상으로 생각하는 일본과 아시아』, 서울: 논형.

정미애, 2011, "일본의 단일민족국가관에서 다문화공생으로의 인식변화와 다문화공생의 거버넌스", 『한국정치학회보』 45(4): 239-264.

조경희, 2011, "재일조선인의 국적과 지연된 '탈식민' -'조선적'자에 대한 처우과정을 중심으로-", 『제54호 전국역사학 대회 발표논문집: 국경을 넘어서 -이주와 이산의 역사』, 201-218쪽.

재일코리안 변호사협회(박인동 역), 2010, 『일본재판에 나타난 재일코리안』, 서울: 한국학술정보원.

최영호, 2013, "2012년 재외선거와 재일한인", 『재외한인학회 춘계학술회의 발표논문: 통일과 글로벌 시대 '민족'개념변화와 '재외동포'』.

姜徹, 2006, 『在日朝鮮の人権と日本の法律(第3版)』, 雄山閣.

駒村圭吾, 2007, "特別永住者の法的地位と「帰属なき身分」のゆくえ", 『法学教室』, No.319, 有斐閣, 61-69쪽.

文京洙, 2007, 『在日朝鮮人問題の起源』, クレイン.

法務研修所, 1975, 『在日朝鮮人処遇の推移と現状』, 湖北社: 133쪽.

佐々木てる, 2006, 『日本の国籍選択とコリア系日本人』, 明石書店.

坂中英徳, 2004, 『日本の外国人政策の構想』, 日本加除出版.

坂中英徳・浅川晃広, 2007, 『移民国家ニッポン-1000万人の移民が日本を救う』, 日本加除出版.

佐久間孝正, 2011, 『在日コリアンと在英アイリッシュ-オールドカマーと市民としての権利』, 東京大学出版会.

李仁子, 2009, "在日コリアン同士のお見合い", 川村千寿子・近藤敦・中本博皓編, 『移民政策へのアプローチーライフサイクルと多文化共生』, 東京: 明石書店, 144-145쪽.

鄭栄桓, 2011, "「再入国許可」制度の歴史と現在: 在日朝鮮人に対する運用を中心に", 明治学院大学国際平和研究所 『PRIME』(33): 31-46쪽.

趙誠敏, 2001, "在日韓国・朝鮮人政策論の展開"の一考察-出入国管理特例法上の法的地位を巡って-', 『東アジア研究』, 第32号, 大阪経済法科大学アジア研究所, 91-103쪽.

挽地康彦, 2010, 第1章"ポストコロニアルな交換の政治──退去強制と在留特別許可の歴史社会学─', 『非正規滞在者と在留特別許可─移住者たちの過去・現在・未来』, 東京: 日本評論社, 17-34쪽.

崔善愛, 2000, 『'自分の国'を問い続けて ある指紋押捺拒否の波紋』, 岩波ブックレット.

原尻英樹, 2013, "外国人登録法廃止と在留管理制度としての住民基本台帳-外国人管理の理念-', 『立命館産業社会論集』, 48(4), 通巻156号, 立命館大学産業社会学会, 135-145쪽.

〈자료〉

『중앙일보』, 2009년 9월 5일자.

『한국일보』, 2013년 10월 30일 자.

『문화일보』, 2013년 10월 30일 자.

『연합뉴스』, 1994년 2월 14일 자.

『日本経済新聞』, 2008년 1월 24일 자.

『東京新聞』, 2013년 7월 20일 자.

『毎日新聞』, 2012년 8월 21일 자.

『CNN iReport』, 2013년 4월 2일 자.

『NHK뉴스』, 2012년 3월 28일 자.

『YTN뉴스』, 2011년 8월 22일 자.
『한겨레뉴스』, 2013년 9월 25일 자.
『国家基本問題研究所』, http://jinf.jp/
『在日特権を許さない市民の会』, http://www.zaitokukai.info/
『国会會議録檢索システム』, http://kokkai.ndl.go.jp/
『法務省』, http://www.moj.go.jp/

김남국 외, 2012, 『한국의 다문화 사회통합 정책: 종합평가와 대안』, 사회통합 위원회 용역보고서.

김현미, 2008, "한국사회 다문화 담론과 정책", 세계인권선언 60주년 기념 『2008 제주 인권회의 자료집』.

네이선 글레이저(서종남·최현미 역) 2009, 『우리는 이제 모두 다문화인이다』, 서울: 미래를 소유한 사람들.

양기호, 2006, "일본의 다문화 거버넌스와 한국에의 함의", 다문화사회연구 2(1): 135-191.

이태주·권숙인, 2007, "일본의 '다문화공생' 이념의 대두와 정책적 전개", 『다 민족·다문화사회 진전에 있어서의 사회 갈등 양상과 극복과정』, 한 국여성정책연구원.

마르티니엘로, 마르코(윤진 역), 2002, 『현대사회와 다문화주의』, 서울: 한울.

최병두, 2011, 『다문화공생: 일본의 다문화 사회로의 전환과 지역사회의 역할』, 서울: 푸른길.

최성환, 2009, "다문화주의의 개념과 전망: 문화형식(이해)의 변동을 중심으 로", 문화콘텐츠기술연구원 엮음, 『다문화의 이해: 주체와 타자의 존재방식과 재현양상』, 서울: 경진.

한경구, 2011, "다문화주의를 넘어서, 국제이해 교육으로", 『한국적 다문화 주의, 새로운 패러다임 모색』, 국회 다문화가족 정책연구 포럼 발 표문.

한승미, 2003, "일본의 '내향적 국제화'와 다문화주의의 실험: 가와사키시 및 가나가와 현의 외국인 대표자회의를 중심으로", 『한국문화인류학』 36(1): 119-147.

한영혜, 2006, "일본의 다문화공생 담론과 아이덴티티 재구축", 『사회와 역사』 71: 155-184.

阿部一郎, 2005, 『自治体国際化フォーラム』 2005.02月号, 財団法人 自治体国 際協会.

榎井縁, 2013, "多文化共生の実践を通じた地域づくり", 日本平和学会2013年 度春季研究大会発表文.

大阪大学教授グループ, 1991, 『世界の中の日本経済―国際国家日本の条件』, 有 斐閣.

岡本耕平, 2010, "多文化共生をめぐるいくつかのキーワードと日本の状況", 『中部圏研究』2010年6月.

金侖貞, 2011, "地域社会における多文化共生の生成と展開, そして, 課題", 『自治総研通巻』392号.

共立総合研究所, 2011, 『グローバル時代の人材として外国人留学生を考える』.

近藤敦, 2011, "多文化共生政策とは何か", 近藤敦 編著, 『多文化共生政策への アプローチ：多文化共生政策の基礎講座』, 東京：明石書店, 4-14쪽.

徐正禹, 2007, 『在日コリアン人権運動の理論構築について』, 兵庫県立大学院 修士論文.

田中圭治郎・ナカニシマ, 2003(1996), "第7章日本の国際化と国際理解・異文化理解 教育", 『多文化教育の世界的潮流』, 京都：ナカニシヤ出版, 126-137쪽.

田村太郎・北村広美・高柳香代, 2007, "多文化共生に関する現状及びJICAでの取 り組み状況にかかる基礎分析", 『JICA 最終報告会兼公開セミナー』.

初瀬龍平, 1993, "自治体の国際化政策：住民との関連", 『国際協力論集』1(2).

樋口直人, 2007, "「共生」が隠蔽する格差問題と一国主義思考－移住者の視点か ら", 『NGOと社会』3.

藤岡美恵子, 2007, "'官製多文化共生'と問う", 『NGOと社会』3.

宮島橋, 2009, "'多文化共生'の問題と課題", 『学術の動向』.

村井忠政, 2003, "'共生'をめぐる若干の疑問一共生概念の再検討ー", 『多文化共 生研究年報』創刊号, 名古屋多文化共生研究会.

茂住和世, 2010, "'留学生30万人計画'の実現可能性をめぐる一考察", 『東京情報 大学研究論集』13(2): 40-52.

山脇啓造, 2012, "日本における多文化共生の取り組みとインターカルチャル・ シテイ", International Symposium on Intercultural Cities in Asia and Europe 발표문.

山脇啓造, 2002, "多文化共生社会の形成に向けて", 明治大学社会科学研究所 ディスカッション・ペーパー・シリーズ.

山脇啓造, 2003, "地方自治体の外国人施策に関する批判的考察", 明治大学社会 科学研究所 ディスカッションペーパー・シリーズ.

山脇啓造, 2005, "2005年は多文化共生元年？", 『自治体国際化フォーラム』 2005年5月号.

山脇啓造, 2011, "第1章日本における外国人政策の歴史的展開", 近藤敦 編著,

『多文化共生政策へのアプローチ: 多文化共生政策の基礎講座』, 東京: 明石書店, 22-39쪽.

リリアン・テルミハタノ, 2011, "第3章 在日ブラジル人と取り巻く'多文化共生'の諸問題", 植田晃次・山下仁 編著, 『共生の内実』, 東京：三元社, 55-80쪽.

AIDEN, Hardeep Singh, 2011, "Creating the 'Multicultural Coexistence' Society: Central and Local Government Policies towards Foreign Residents in Japan", *Social Science Japan Journal* 14(2): 213-231.

Banting, Keith and Kymlicak, Will, 2012, "Is There Really a Backlash against Multiculturalism Policies: New Evidence from the Multiculturalism Policy Index", CESEM Seminar August 31 2012, Centre for the Study of Equality and Multiculturalism.

Bloemraad, Irene, 2011, "The Debate over Multiculturalism: Philosophy, Politics, and Policy", Migration Policy Institute.

Burgess, Chris, 2012(2004), "Maintaining Identities: Discourses of homogeneity in a rapidly globalizing Japan", Electronic Journal of Contemporary Japanese Studies at http://www.japanesestudies.org.uk/articles /Burgess.html.

Carruthers, Ashley, 2004, "Logics of the Multicultural and the Consumption of the Vietnamese Exotic in Japan", *Positions: East Asia Cultures Critique* 12(2): 401-429.

Chapman, David, 2006, "Discourses of multicultural coexistence (Tabunka Kyōsei) and the 'old-comer' Korean residents of Japan", *Asian Ethnicity* 7(1): 89-102.

Citrin, Sears, Muste and Wong, 2001, "Multiculturalism in American Public Opinion", *British Journal of Political Science* 31(2): 247–275.

Flowers, Petrice R., 2012, "From Kokusaika to Tabunka Kyosei: Global Norms, Discourses of Difference, and Multiculturalism in Japan", *Critical Asian Studies* 44(4): 515-542.

Inglis, Christine, 1996, "Multiculturalism: New Policy Responses to Diversity", MOST Policy Papers 4, UNESCO.

Ivy, Marilyn, 1995, "National-Cultural Phantasms and Modernity's Losses",

Discourses of the Vanishing: Modernity, Phantasm, Japan, Chicago and London: The University of Chicago Press, pp. 1-28.

Knight, Kirsty, 2008, "What is multiculturalism", *Pragmatics and Intercultural Communication* 1(2): 106-118.

Kymlicka, Will, 2012, "Multiculturalism: Success, Failure, and the Future", Migration Policy Institute.

Nagy, Stephen R., 2009, "Local Government and Multicultural Coexistence Practices in the Tokyo Metropolitan Area: Integrating a Growing Foreigner Minority Population", in Huhua Cao (ed.), *Ethnic Minorities and Regional Development in Asia: Reality and Challenges*, Amsterdam: Amsterdam University Press, pp. 165-182.

Palmer, Robert, 2012, "Intercultural City Encounters Europe-Asia Joint Event of the Council of Europe and the Japan Foundation", International Symposium on Intercultural Cities in Asia and Europe 발표문.

Robertson, Jennifer, 1997, "Empire of Nostalgia: Rethinking 'Internationalization' in Japan Today", *Theory, Culture and Society* 14(4): 97-122.

Short, Jim, 1995, "Multiculturalism and Australian Identity", Global Cultural Diversity Conference Proceedings, Sydney.

Taylor, Charles, 1992, "The Politics of Recognition", in Amy Gutman (ed.), *Multiculturalism: Examining the Politics of Recognition*, Princeton, New Jersey: Princeton University Press.

Tegtmeyer Pak, Katherine, 2003(2000), "Foreigners are Local Citizens too: local governments respond to international migration in Japan", in Mike Douglass and Glenda S. Roberts (eds.), *Japan and Global Migration: Foreign Workers and the Advent of a Multicultural Society*, University of Hawaii, pp. 244-274.

Wedel, Janine, Cris Shore, Gregory Feldman and Stacy Lathrop, 2005, "Toward an Anthropology of Public Policy", *Annals of the American Academy of Political and Social Science* 600: 30-51.

〈자료〉
自治省, 1987年3月,「地方公共団体における国際交流の在り方に関する指針」.

自治大臣官房企画室長, 1988年7月, 「国際交流のまちづくりのための指針について」.

自治大臣官房企画室長, 1995年4月, 「自治体国際協力推進大綱の策定に関する指針いついて」.

総務省, 2006, 『多文化共生の推進に関する研究会報告書 -地域における多文化共生の推進に向けて-』.

外務省, 1986, 「外交青書」.

総務省, 2007, 『多文化共生の推進に関する研究会報告書』.

総務省, 2010, 『多文化共生の推進に関する意見交換会報告書』.

総務省, 2012, 『多文化共生の推進に関する研究会報告書: 災害時のより円滑な外国人住民対応に向けて』.

日系定住外国人施策推進会議, 2007, 「日系人定住施策に関する基本指針」.

伊丹市, 1996, 「内なる国際化推進基本指針」.

大阪府, 2002, 「大阪府在日外国人施策に関する指針」.

大阪府, 1999, 「人権教育基本方針」.

大阪府, 2010, 「大阪府外国人登録上位10カ国の市町村別外国人登録者数」.

大阪府在日外国人問題有識者会議, 1992, 第1回『内なる国際化の推進』.

大阪府在日外国人問題有識者会議, 1998, 第4回『多文化日本における条件』.

厚生労働省, 2008, 「留学生等の高度人材受け入れ推進に関する施策について」.

内閣府, 연도별 예산자료.

大阪府国際交流財団(OFIX), 多文化共生センター大阪, 財団法人自治体国際協会, 総務省, 法務省, 文部科学省, 内閣府 각 홈페이지.

飯塚正良(川崎市議会議員), 홈페이지, 第29号 http://www32.ocn.ne.jp/~iizukahotline/syoukai/clip-029.htm.

현대일본생활세계총서 **6**

일본 생활세계의 동요와 공공적 실천

박지환

현재 서울대학교 일본연구소 조교수로 재직하고 있다. 서울대학교 인류학과에서 학사, 석사 학위를 받았고, 2011년 캘리포니아대학 버클리교(University of California, Berkeley)에서 인류학 박사학위를 취득했다. 서울대학교 일본연구소에서 HK연구교수를 지냈다. 주된 연구 분야는 사회분화론, 정치인류학, 일본지역연구이다. 주요 업적으로는 「현대 일본사회에서 부락문화의 형성」(2011), 「교육열망의 차등적 구성」(2012), 「불안정과 재미의 정치: 2000년대 일본 시위문화와 탈원전운동」(2012) 등이 있고, 공저로는 『현장에서 바라본 동일본 대지진』(2013)이 있다.

조아라

현재 한국문화관광연구원 부연구위원으로 재직하고 있다. 2007년 서울대학교에서 지리학박사학위를 받았다. 리쓰메이칸(立命館) 대학에서 객원연구원을 지냈으며, 서울대학교 일본연구소에서 HK연구교수로 재직하였다. 관광정책과 문화정치, 일본지역연구 등 분야에 관심을 가지고 연구하고 있다. 주요 업적으로는 'Post-tsunami recovery and reconstruction' (Disasters, 예정), 「일본 전통경관의 생산과 변화」(2011), 「문화관광지의 문화정치와 정체성의 사회적 구성」(2009) 등 수편의 학술논문과 『관광으로 읽는 홋카이도: 관광산업과 문화정치』(2011), 『현장에서 바라본 동일본대지진: 3·11 이후의 일본 사회』(2013, 공저), 『관광목적지 브랜딩』(2007, 공역) 등의 저역서가 있다.

진필수

서울대학교 인류학과를 졸업하고 동대학교에서 인류학 박사학위를 받았으며 서울대 일본연구소 HK연구교수로 재직 중이다. 2002년 4월부터 2005년 9월까지 류큐대학 외국인객원연구원을 지냈으며, 2010년 3월부터 현재까지 오키나와 연구자들의 국제학술단체인 〈琉球・沖繩學會〉 총무를 맡고 있다. 박사학위 논문 이래 오키나와 미군기지 문제와 오키나와인들의 소수민족 정체성에 관해 주로 연구해 왔으며, 최근에는 오키나와. 일본, 한국에 대한 비교문화론적 연구와 함께 섬과 해양을 통해서 보는 동아시아 연구로 관심을 확대하고 있다. 저서『오키나와 문화론: 미군기지와 촌락공동체』(2011), 공저『기지의 섬 오키나와』(2008), 『경계의 섬 오키나와』(2008), 『나무를 껴안아 숲을 지킨 사람들』(2011) 등이 있다. 최근의 논문으로는 「오키나와의 무라아스비(村遊び)와 전통예능의 전승양상」(2010), 「하토야마 내각에 있어 후텐마기지 반환문제와 미일안보체제의 재인식 - 오키나와 주민들의 시점」(2011) 등이 있다.

김영

부산대학교 사회학과 부교수로 재직하고 있다. 행위자의 전략적 행위와 구조의 상호작용에 초점을 맞추어 일본의 유통업 파트타임 노동에 대한 조사연구를 수행해왔다. 최근에는 한국과 일본의 비정규노동시장 및 청년층의 고용상황에 관한 비교연구를 진행 중이다.『젠더연구의 방법과 사회분석』(2006, 공저), 『세계화와 아시아 여성』(2007, 공저), 『行為者戦略とパートタイム労働市場』(근간) 등의 저서와『현대 일본의 생활보장체계』(2009), 『여성 노동 가족』(2008, 공역) 등의 역서를 비롯해 일본의 파트타임 노동에 관해 다수의 논문을 발표했다.

최민경

현재 서울대학교 일본연구소 박사후 연수 연구원으로 재직하고 있다. 2013년 일본 히도쓰바시(一橋)대학에서 사회학 박사학위를 취득했다. 관심 분야는 이민, 에스니시티 연구이며, 일본을 둘러싼 국제적인 인구 이동과 일본 사회의 다민족, 다문화화 현상에 관심을 갖고 연구를 진행 중이다. 특히 일본인 디아스포라, 일계인(日系人) 연구에 초점을 맞춘다. 주요 논문으로는 「戦後国際協力の担い手の連続性とその意味世界の変容ー＜海外移住事業団出身＞JICA元職員へのインタビューから」(2013), 「전후 일본 정부의 일계인에 대한 인식 변화: 1960-80년대 재외 국민 정책과의 관계를 중심으로」(2012), 「戦後日本のナショナル・アイデンティティと日系人ー1960・70年代日本の対南米技術協力に注目して」(2011) 등이 있다.

이순남

일본 간사이가쿠인(關西學院)대학 문학부 동양사학과 졸업후 서울대학교 국제대학원에서 한국학 석사학위를 받고, 동대학원 국제지역학 박사과정을 수료했다. 서울대학교 일본연구소에서 HK연구보조직을 맡았으며, 아주대, 배화여대에서 강의했다. 일본역사교과서문제, 재일코리안의 법적지위 등에 관심을 가지고 연구하고있다.

박경민

미국 미시건주립대(Michigan State University) 인류학과 박사과정. 2011-2012년 일본 오사카에서 박사학위 논문을 위한 현지조사를 수행하였다. 1980년대에 공적담론화하여 여전히 대중적 영역에서 주요하게 논의되고 있는 국제화담론과의 연관성 속에서 1990년대 버블경제 붕괴 전후의 일본 이주민 정책과 지역사회의 변화에 관심을 가지고 연구를 진행하고 있다.

◗ IJS 서울대학교 일본연구소

현대일본생활세계총서 6

일본 생활세계의 동요와 공공적 실천

초판1쇄 인쇄 2014년 05월 26일
초판1쇄 발행 2014년 05월 31일

저 자 박지환 외
발행인 윤석현
발행처 도서출판 박문사
등 록 제2009-11호
전 화 (02)992-3253(대)
전 송 (02)991-1285
주 소 서울시 도봉구 창동 624-1 북한산현대홈시티 102-1106

편 집 자 주은혜
책임편집 김선은
전자우편 bakmunsa@hanmail.net
홈페이지 http://www.jncbms.co.kr

ⓒ 서울대학교 일본연구소, 2014. Printed in Seoul KOREA.

ISBN 978-89-98468-30-9 93330   **정가** 21,000원